精神医学選書●第９巻

# おもちゃと遊具の心理学

J. ニューソン・E. ニューソン著
三輪弘道・後藤宗理・三神広子・堀真一郎・大家さつき訳

黎明書房

Toys and Playthings
by
John and Elizabeth Newson



REIMEI SHOBO

# 精神医学選書版への序

数えてみれば、本書が刊行されたのは一九八一年七月であるから、今年（二〇〇七年）で二十六年たったことになる。

私が訳者代表として本書を翻訳したのは、黎明書房から依頼されてのことであった。当時私が大学の付属幼稚園の園長をしており、名古屋市私立幼稚園協会の天白支部長や愛知県私立幼稚園協会の理事もしていて、幼児と関係が深かったこと、そして、アメリカのワシントン州立大学から帰って間もない頃だったので、翻訳は得意だろうと思われたであろうこと、また、出身大学大学院では心理学を専攻し、名古屋女子大学では一般心理学を担当していたことなどから、本書の翻訳には最適と考えられたのだろう。

発行後は数年にわたって、ゼミナール、卒業論文指導で玩具の科学的な研究をしたが、学会で発表できるほどの成果を上げることはできなかった。

本書の発売後には、愛知県内の私立幼稚園に、刊行案内や愛知県私立幼稚園協会の会長（加藤暁園長先生）の推薦書が郵送されたと記憶している。また、恩師である故大西誠一郎先生（元名古屋大学教授）が、幼稚園の先生方を対象とした大規模な講演会で本書を細部にわたり紹介されたと聞く。同じく恩師である故依田新先生（元東京大学教授、元日本心理学会会長）は、「児童心理」の書評欄に詳しく紹介された。

それもあってか、本書は読者の支持を得て、長く版を重ねることとなった。そして、この度精神医学選書の第九巻として、装いも新たに出版されることになった。訳者としては嬉しい限りである。

ただ、本書は精神医学的な治療目的の本ではなく、健常者・障害者一般とおもちゃとのかかわりについて書かれたものであることを一言申し添えて序としたい。

最後に、黎明書房社長の武馬久仁裕様、編集部の吉川雅子様には、長期間にわたり色々な点で大変お世話になった。改めてこの機会に感謝申し上げたい。

二〇〇七年十月

訳者代表　三輪弘道

# 謝辞

われわれは本書を書くにあたって、まずわれわれの研究に多大のご援助を賜り、またさまざまな洞察を与えてくださったたくさんの方々に、深く感謝の意を表さねばならない。

ナッフィールド財団と身体障害児のための活動研究（Action Research for The Crippled Child）には、治療効果のある遊具の設計についての研究をご支援いただいた。さらにそういったおもちゃを親たちも利用できるように、トイ・ライブラリーの発展のためにも大いに寄与していただいた。われわれは彼らの寛大な行為に対して心より感謝している。

当時、英国王立芸術大学の学生だったジム・サンドゥーとロジャー・ヘイドンのふたりは、身体障害児のためのおもちゃの展示を計画した際に、われわれと協力して仕事をした。ひとりの盲児の母親であるベリル・フォスタージョンは、トイ・ライブラリーの必要性について、初めてわれわれに考えさせるきっかけをつくってくれた人であった。英国の最初のトイ・ライブラリーの創設者であるジル・ノリスは、当時まだ一般的ではなかったトイ・ライブラリーに関する彼女の貴重な専門的技術を、われわれのために提供してくれた。これら四人の方々からうけた厚意は、特に長年にわたっている。

われわれは、次の人々からも遊びに対する理解を深めるために、多くの示唆を得ることができた。ピーター・アレン、ロゼマリ・エヴァンズ、ジョン・ハリス、パム・ハリス、スーザン・リー、スーザン・ポールビィ、コリン・プリオ、ジョン・ショッター、デレク・ウィルソン、とオルウェン・ウィルソンらである。われわれはまた、遊戯室でわれわれの訓練を受けている人たちが、子どもといっしょに〝作業をしている〟様子をながめながら、いつも大切なことを学びとってきた。これらすべての方々に対して感謝を捧げたい。

われわれのおもちゃについての知識の多くは、子どもたちが、ひとりで、あるいは子どもどうしで、あるいはまた、親とともに遊んでいる様子を観察することによって得られたものである。また多くのことが、子どもの遊びについて親たちと話し合うことによって得られた。われわれは遊びという経験をわれわれとともに分かち合った何百人もの子どもとそのご両親に、感謝せずにはおれない。その中には、われわれがすべてのうちでもっともよく知っている三人の子ども、つまりわれわれ自身の子ども——今はもう、子どもではないが——も含まれている。

われわれが、本書を書くにあたってご援助をいただいた方々はあまりにも多すぎて、いちいちお名前をあげることができない。たとえばおもちゃ業者の方々、すなわちデザイナーの方、生産者の方、また製品の企画から宣伝・販売に至るまでを研究なさった方々、あるいは小売段階で実際におもちゃを大勢の人々に売ってくださった方々、そして、さらに、トイ・ライブラリーの収集担当の職員の方々等。「ナーシング・タイムズ」(Nursing Times)と「どこなの」(Where?)は以前発行した資料を使用することを許可してくれた。コ

# 謝辞

ンサルタント小児科医ピーター・バーバー博士は、本書の病気の子どもに関する章について、読みかつ批判してくださった。ジェフリー・マシューズ博士は、第4章において彼の著書から引用することを快く承諾してくだった。サム・グレインジャーは、写真家としての彼の技術と感受性をわれわれのために駆使し、それらをもとにして、本書のさし絵が描かれるところとなった。ベリル・ウェストンは、ひっきりなしに中断されたにもかかわらず、まごつかずに毎章毎章熱心にタイプを打ってくれた。われわれはこれらのすべての力になってくれた人びとに対して、感謝している。

著者のひとりが、本書を書くに至った経過のもっとも初期の記憶をたどれば、それは、ポールとマージョリー・アバットの先駆者的なおもちゃ店のカタログにざっと目を通したことであった。数年後、おもちゃ店連盟の論文として本書の第1章を書くよう説得し、他の10章まで引き続いて励ましてくれたのは、ほかならぬマージョリー・アバットであった。彼女と亡き彼女の夫ポール・アバットに対して、われわれは本書を献呈するものである。

# 目次

目　次

目次

目　次

# 凡例

(1) 本書は、John and Elizabeth Newson, *Toys and Playthings*, Penguin Books, London, 1979. の全訳である。

(2) 文中、訳者注は、〔……〕内の小活字で補注しておいた。

(3) 原注の番号は、１２３…とし、巻末に各章ごとに一括して掲げた。原注番号は、引照文献が同じ場合、二度以上出てくることもある。

(4) 原書の脚注は、*印を付して、本文左寄りに小活字で掲載した。

# 第1章　なぜ、おもちゃが問題になるのか

## なぜ、本書を書くのか

子どもの活動が一握りの特殊な人ばかりでなく、もっと広範囲の人々によって少しでも興味があるものだと考えられるようになってきたのは、ほんのここ八十年かそこらの間である。その間に、遊びについてのおびただしい数の本が書かれるに至った。しかし、それらの本を主に書き著した心理学者たちは、遊びの中心をなし、遊びをささえているおもちゃについては、一般に無関心であった。おもちゃそのものは、二つの傾向の副産物として、もっと漠然とした関心をそそり始めたにすぎない。その第一はアンティックブームである。古い道具への郷愁は、一九七〇年代に頂点に達し、どの書店にも昔のおもちゃの写真集が並べられた。第二は、とても少ない予算で運営されている地域社会の遊戯団体の活動である。それらは、いかに多くの金を使わないで基本的なおもちゃを集めるかについての実用的な書物を必要としていた。そして、さらに第三の動きが生起してくる。すなわち、子どもの発達障害に立ち向かうため、遊びを医療に使う方法を学ぼうとする心身障害児の親たちの要求は、トイ・ライブラリーの著しい発展に導いたし、おもちゃが、子どもに対して何をすることができるかを、再び多

くの人々に考えさせた。
われわれが本書で試みようとしていることは、未発達段階にある子どもを出発点とし、彼らの成長とともに、長期的展望にたっておもちゃを研究することである。これは、われわれが「適当な年齢に適切なおもちゃを」というこことよりも、むしろ、一つの段階から次の段階へと成長していく子どもの動きに対する論理的な基礎をふまえ、さらには、ある種のおもちゃがこの成長をどのように補完し、発展させることができるかについて検討することのほうに、より強い関心を抱いているということを意味しているといってよい。けれども、まったく最初からわれわれは、パーソナリティの発達は、ユーモアを解する心、そして自ら楽しんだり、魅了されたりする能力を含んでいることを強調したい。そしてわれわれは、なぜ子どもが特定のおもちゃが好きなのか、そして子どもが、そのおもちゃからどんな楽しみを得ているのかについて関心を持っていると同時に、おもちゃが学習意欲をそそることができるということにも少なからず興味を抱いているのである。いずれにしても、他ならぬ子ども自身が、おもちゃを好きになり、おもちゃを使って遊ぶと面白いと感じているときだけ学習意欲がそそられるのであろう。

次に、成長過程にある子どもを観察しはじめてのち、われわれは必然的に、何らかの点で心身に障害があるために発達上の問題をもっている子どもにも、関心を抱かざるをえなくなった。ここでわれわれは、一つ二つの章を費やして、心身障害児についての概略に、少々触れる程度で満足するのではなく、障害児の特別の要求について考えることに本書の相当部分を当てることにしている。われわれは、書こうと思えば二冊の別々の書物を書けたであろう。一冊は、健常児のおもちゃについてであり、もう一冊は、心身障害児のおもちゃについてである。われわれがなぜ、そうしなかったかという理由の一つは、障害児のたいていの親は、健常児も持っているし、たいていの障害児は、正常な家庭の中で成育するからである。だが最も重要な理由は、われわれが学習して得た次のような経験によっている。すなわち〝健常〟児を対象に研究を重ね、一五年を経過して初めて、われわれは障害児とその家族とにかかわりをもつようになった。そうなったとき、健常児にとって成熟することがどのようなことであったか、その背景を詳細に研究することは、障害の結果として生じた困難を理解するための指針としてとても重要な意味をもっていた。そして同じように、心身障害児と健常児を対象に、この後十年余り並行して研究してきたことが、とりもなおさず健常児の発達の重要な部分にも、絶えず新しい洞察を与えてきた。そこで、われわれが、希望することは、障害児に直接関与していない人々も、正常な発達がうまくいかないときにどんなことが生ずるか、普通の成長のパターンと照らし合わせながら、それを明らかにすることは、無駄なことではないとわかってくれることである。

子どもの発達は、心理学者や小児科医によって研究のテーマとして取り上げられずとも、たえず存在していたのであるから、遊びの中心としてのおもちゃは、ずっと過去にさかのぼり、長い歴史をもっている。これは、本来、昔のおもちゃに関する本ではないけれども、われわれが、何世紀にもわたってその時代の技術と精神に合うよう形を変えて現われるおもちゃに関心を持たねばならないのは、確かなことである。したがって、本書のいくつかの資料は、何年もかかって博物館や図書館から集められ、また現代のおもちゃ製造業者やおもちゃのデザイナーとの共同研究からも収集してきた。そして製造業者と消費者のいずれがリーダーシップをとっているともいえない、あの販売市場における両者のつばぜり合いによっても、われわれは少なからず有益な材料を得られたと信じるし、専門家はだしのおもちゃ屋はわれわれのよき相棒として、常に豊富な資料の提供者であった。おもちゃが単に遊び道具として好きな人にも、われわれは、本書の中で関心を呼びさます何かを見出してもらえると思う。本書を開ける理由が何であれ、すべての読者が共通して持っているものは、おもちゃが好きであるということではあるまいかと思う。

## なぜ、おもちゃを問題にするのか

以前、心理学者の学会が開かれたとき、われわれは昼食をすませて、ぶらぶら帰って来る途中、たまたま有名な政府の科学者夫妻と会話をはじめた。われわれのうちのひとりが、われわれの心理学科で小さいけれどとても高価なコンピューター装置を購入したばかりであると、たまたま述べた。さらにつづけて、心理学科の連中が喜んで遊べるような素敵な新しいおもちゃを、これで作ってみたいと思うと言ってしまった。科学者の妻は、この軽率な言葉にショックを受け、納税者の多額な金を、そんなことに濫用するなどとんでもないと、明らかに動揺したようすであった。そして彼女は、そのことを言わずにおれなかった。しかしそこで彼女の夫が素早く間に入って、遊びという語は明らかに冗談に用いられたのだと彼女をなだめた。つづけて、心理学者というものは元来とても責任感の強い人たちで、何か非常に重要な科学的な問題を追求しているときは、自分たちがそれに熱心に専念していることをあからさまに表現せず、このようにわざと冗談めかした、つつましい言い方をするものなのだという意味のことを述べた。これらの態度の中のどれが、われわれの言わんとしたことをまったく完全に誤解しているか、軽々しく決めつけることはできないので、われわれはあえて何も言わずにその場を済ませた。しかし、そのでき事でしみじみ感じたことは、遊びの本質に関する発達心理学者の考え方、すなわち、逆説的な言い方をすると、遊びはたぶんあらゆる人間の活動の中で最も真剣で有意義なものであるという考えを、だれもがごくあたりまえのようにもっているわけではないのだということであった。

いやしくもおもちゃの役割を考えるからには、この遊びの概念とその意味を簡単にながめることが必要である。基本的には、遊びはある程度行きあたりばったりで無限に柔軟性のある活動のように思われる。そしてその活動をとおして心と精神の両方を伸びやかにし、新たな方向づけを得たりする。遊びの本質は、それに規則がないことである。ところでわれわれが理解している「遊び」(play) というものと、ゲームに加わる活動、それはまたしばしば「競技をする」(playing) ともいわれるが、その両者の区別をここでしておく必要があるだろう。ゲームの本質的な特徴は、ゲームには競技者とその相手（あるいはひとりで二つの相対する役割を受けもつ場合もあるが）が公式に対決することであり、対決中の活動はすべて、合意のもとに決められたルール体系の中でおこなわれる。これらのルールは非常に勝手に気ままに定められたものもあるかもしれない。そしてそこに賭けられるものも、単に勝利という名声だけのこともあるし、あるいはもっと深刻に生とか死といったものにかかわる場合もある。しかし、いずれの場合にしてもルールは守られなければならない。なぜなら、基本的に、ルール構造こそゲームを明確に成立させるものであるからである。ひとたびルールが明らかに無視されたり破られたりするようになれば、参加者はもうこれ以上ゲームを続けることができなくなってしまう。

ゲームと比較すると、遊びは合意に基づいてあらかじめ決められたルール構造がないということで、そのほとんどが定義されよう。すなわち、もし遊びを実施するうえで、少しでも何かルールがあるとしたら、それはあくまで個人的、主観的、特異的なものである。真の遊びをしている子ども（あるいは大人）は、活動がちょっとした形式とか、一つの決まりきった、それゆえに慣れ親しんだ行動様式にこだわっているようにみえることもあるかもしれないが、しかし、これらが子ども自身の作った形式であるがために、いつなんどきでもそれらを捨て去り、まったく新しい方向に思いのまま進んでいくことができるのである。この、この上ない柔軟性こそ、遊びを創造的思考力と豊かな創作にとって理想的な場面もしくは、その出発点とするのである。

だからといって子どもは、遊んでいるとき注意を集中していないということではない。そして実際子どもの一つの目標に向かうひたむきな集中心と、日常の繁雑さから自身を切り離す力は、しばしばだれよりもきわだっていることさえある。たぶん、今、遊んでいるという現実に強くひきつけられ、それに夢中になることで日常世界を締め出してしまうこの能力は、遊びながら思考力を育てたり、伸ばしたりするうえで非常に有効な助けとなるであろう。子どもも大人も遊び始めるときは、こんな目標を達成したいなどということを必ずしも意識していない。考えたり、感じたりする両面で、おそらく何ら特定の目的にしばられずに遊ぶこと——想像力にまかせて自由奔放に振舞うこと——によってはじめて、これらの目標が明々白々となり、やがて、遊びが特定の方向へ進んでいくのが見えてくるのである。遊びにとっての一つ一つの新しいできごとは、その中に子ども自身が過去に経験したいくつかの要素を含んでいて、どの子どもも遊びに自分の独自のパーソナリティを持ち込んでくる。基本的に遊びは知的あるいは情動的創造性のどちらにとっても、それを刺激する環境を提供するものであり、そして、おそらくおのおのの子どもの遊びは、成長しつつあるひとりの人間としての自分自身を、完全に表現しているものということがいえよう。

まず、遊びがあって、おもちゃは単にそれについてくるのである。われわれは、おもちゃをもっていることの結果として遊ぶわけではない。おもちゃは単に、われわれの遊びを続けさせるための一つの小道具にすぎない。しいていえば、おもちゃは必要ないのである。すなわち、想像によってほしいものがすべて手に入れば、子どもは空想の世界の中を楽しく歩き回ることができるであろう。しかしたぶん、人間の想像力が非常にはてしなく、複雑なものであるからこそ、いわばものとして触れることができ、それだけ自由に動き回るための準拠点を子どもたちは求めているように思われる。ちょうど言語が、微妙で複雑な思考を可能にするのと同じように、おもちゃも遊びにとって同様な役割を果たすのであろう。いわゆるおもちゃをもたない子どもは、「遊びの小道具となるもの」を自分でつくり出すようになる。棒切れで地面に書かれた円は、遊びの家となる。つる植物をつるせばブランコになり、スプーンやサンダル、靴、あるいは木の切れ端をボロで包むと、たちまちかわいらしい赤ちゃん人形となる。中のがらんどうなひと節の竹は、おもちゃのカヌーである。多くの「正式な」おもちゃをもっているかなりめぐまれた子どもでさえ、しばしば自分たちのひそかな想像遊びに必要となれば、身のまわりにあるものでまにあわせて自分で即席のおもちゃをつくることがある。四歳のとき、われわれのひとりは、大好きな「お人形」をもっていた。その人形はお風呂へ入るたびに、木製のつめブラシと二本の湿ったフランネルから新しく作り直されるのである。それは（マシュー・アーノルド〈英国の詩人、1822―88〉の物語詩にちなんで）「捨てられし人魚」と名づけられた。それは子どもの母親が、わらべ歌を歌うことよりも、むしろアーノルドの詩を読むことの方を好んだことと、子ども自身がこの詩にうれしそうに反応したことの結果である。そしてその人形は、その子どもが成長してやがて大人になっても、なお、生き生きとした個性をもちつづけていた。ここに英国のおもちゃデザイナーの言葉を引用しておこう。「私が今していることを遊びだと表現できるなら、そのとき用いているものは、どんなものでもおもちゃである！」

もしかすると、赤ん坊の最良のおもちゃは自分自身の母親かもしれない。赤ん坊が母親の目をじっと見つめ、母親の指で遊び、母親の声に注意深くなり、母親の顔をいじり、母親の口をまさぐるのを眺めてみなさい。よく見慣れているが、変化している、ある点では融通がきくが他の点では融通のきかない、時には自分をおどろかせるようなこともしたりする。赤ん坊の要求にこたえて、勇気を与え、そして力強く励ましてくれることもあり、やさしいときも、ときには厳しいときもある。生き生きしているときも、また精彩を欠くこともある。赤ん坊をぴょんぴょん飛び上がらせたり、揺すったり、なだめたりと、いろいろなことをあとからあとからしてくれる機械。非常に複雑な音声装置を持ち、赤ん坊はそれを何とかコントロールできて魅力的なものだとわかるが、うんざりさせられるほどではない。この機械こそ、万能のおもちゃである。どのおもちゃ製造業者も、これくらい何でもできるおもちゃを作れたら誇りに思うであろう。幼児期の大半を、自分を相手に子どもに遊ばせることをする母親は、最も高価なおもちゃをしのぐ存在になる。しかしながら、母親はいつも子どもの周囲にいるわけではないし、子どもにしても、いつも母親に遊んでもらいたいと思っているわけではない。また、もちろん、われわれは本当は子どもが母親から乳離れできず、ほかのおもちゃへ関心がゆかないことを望んでいるわけでもない。というのは、子どもが独立の喜びをうるように助けてやることは、おもちゃのもつ機能の一つであるからである。

実のところわれわれは、子どもにとって、ただ一つの、あるいはただ一種類の、「最上の」おもちゃといえるものがあるとは思っていない。多くのさまざまな種類のおもちゃが、いろいろな方法、いろいろな気分、いろいろな年齢段階で、子どもの多くの要求に見合ったはたらきをする。

赤ん坊と歩きはじめくらいの子どもは、ある行為を完全に自分でやった、ないしは、ある「できごと」が思いがけなくも起こったと感じられるような体験を、そのおもちゃで味わうことができるとき、とくに喜ぶようである。つまり、うば車からがらがらを落して、それを返させることは、満足を感じられる「できごと」である。そして赤ん坊が完全に納得がゆくまでその行為が何回も繰り返されるであろう。またほかの人が造った積木を押し倒すこと、投入箱の穴に、ある形のものだけを落し、貯金箱に一ペニーのコインを落し、型をはめこむ盤に一つの型を入れること、これらはすべて「できごと」である。それは子どもが、緊張をたかめ、ついで事をなしとげたあと周囲の人をみて、さも満足気ににっこり笑うことで証明される。完全な「できごと」というのは、たとえば母親の顔がかくれてはまた現われるイナイ、イナイ、バアのある変形であろう。「ママはどこ」――期待緊張――「ほらここよ」。赤ん坊が、もう少し知恵づいてくると、たとえば、閉じた箱の上部の穴からボールが押し入れられると、箱の四つの側面のいずれかから、「ほい」と現われる、といった意外性に対しても大喜びで反応するようになる。

非常に小さな子どもにとって、自分の世界の中でこのように小さいながらも感情のほとばしりを体験することができれば、それでもう十分なのである。子どもが、何かを起こさせた。そしてそれに満足する。ただ同じことをもう二、三百回繰り返したいと思っている点を除けば。保育学校（通例五歳以下）の年齢の子どもは、もっと多くのことを要求する。すなわち、因果的関連や時間の観念を把握する力がつくにつれて、子ども自身の技術を含めて、物事をさらに発展させ、成長させることを望むようになる。これは、機能的万能性をもつおもちゃは、子どもの心に芽生える明確な要求を満足させるという一つの論拠となるものである。すなわち、われわれのいわんとすることはあるおもちゃは固定し、限定された仕方で使用することができるだけである（花嫁人形はよい見本であるが、びっくり箱もそうである）のに対して、おもちゃの仲間には、子どもの気分、パーソナリティ、能力に合うようにあらゆる種類のいろいろな役割の子どもによって、活用されることができるものもあるということである。装飾のない木の箱は、小さなテーブルとか、腰掛け、人形のベビー・ベッドに、お城の小塔、舟あるいは小型の人形の部屋に、要求しだいでどのようにも利用することができる。たくさんの板、クッション、毛布は、テント、要塞あるいは病棟にすることができる。すなわち、山のような積木は積み上げて塔にしたり、並べて道路をつくったり、また押し動かして列車のように長い列にしたり、兵隊のように整列させたりすることもできるのである。一般に、高度の機能的万能性をもちあわせているおもちゃは、これといった特徴のないところが、いわば特徴であって、子どもが心に抱いている特定の対象がどのようなものであろうと、その代役をうまくこなすのは、まさしくこの特徴があるからこそである。おもちゃがあいまいであるというその事実こそ、その細部を埋めるべく子どもに、その想像力をはたらかせるのである。

しかしながら、子どもの遊びには、まったく実物そっくりのおもちゃが活躍できる場はないというつもりはない。なぜなら、明らかに子どもは自分の生活している世界を忠実に再現している実物通りの精巧な部分に多くの喜びと満足をえているのは事実だからである。おもちゃの自動車の小さな窓とちょうつがいのついたボンネットの下に型に入れて作られた金属製のエンジン、あるいは引き出しや、実際に開閉できる戸棚のドア、すなわち、これらは無視できない格別の喜びを子どもに与えている。時には、われわれは度を越した「地味な磨かれた木で造ったおもちゃ」志向にかたより、大人一流の美学でもって、精巧さに対する正当な評価さえもふみにじってしまうこともある。われわれは大学の遊戯室に、簡略化された形の木製の動物をおいた。われわれはそれを美しいと思って購入したのである。ところが子どもたちは、それをはっきり無視し、大量生産されたポリエチレン製の動物でとても豊かな想像力と創造力をはたらかせて遊んでいる。子どもたちのそういった反応は当然といえばいえるかもしれない。というのは、それは、現代の工業技術が生産できる最も代表的なおもちゃのうちの一つであったから。ポリエチレンの動物は、また安価なので小さなプラスティックの子羊のおもちゃをだれかが、手にしっかり握ってそっと持ち帰ってしまうのではないかと心配する必要もない。

広くおもちゃを選ぶ機会を与えられる子どもたちは非常に折衷的で片寄りのない仕方で、いろいろな種類のいろいろな質と特性をもったおもちゃを選択する。複製の自動車と動物が、パイプ掃除の人形といっしょにうまく混じりあっている。そして木製の積木、木綿糸巻き、小型マッチ箱、それから、古いボール紙製の筒、それで足りないところは、年上の兄弟の電動式鉄道おもちゃからミニモデルの鉄橋をちょっと拝借して空想の街がつくられ、子どもはそこの住人になったつもりになる。まさしく想像的な自由遊びに夢中になっている子どもは、手にはいるものは何でも利用するし、さらに空想の世界を広げるために、それらの新しい使いみちを工夫したり、開発したりするのである。

想像的な遊びにおいては、子どもは身体的技能があるかないかによるよりも、空想の広がりの範囲によって制約される傾向がある。しかし子どもたちは、身体的操作技能、筋肉の協応性、平衡感覚、筋力、持続力を活発に完成しようとしている過程の中にある、本来成長途上の生き物である。田舎の子どもたちは、その肉体を自然環境と対抗させることによって、技能を上達させ、小川の流れとか雪のすべりやすさを利用することを学ぶ。都会にいる子どもたちは、交通戦争や高層建築のある環境の中で身体的危険から身を守ることがまず要求されそうである。だからこそ彼らにとっては、自分の身体的な技量を精一杯働かせるおもちゃが、どうしても必要になる。このようなおもちゃは、それ自体が発達的であるという点で特に価値がある。――つまり、子どもの誕生間もない段階でも大いに満足を与える一方で、子どもの技能をほとんど無限に伸ばすことができるものである。ぶらんこ、とくに曲芸用のロープつきぶらんこはそのよい例であろう。六ヵ月の赤ん坊は支えのズックの椅子の中で揺れているだけである。三歳の子どもは、ぶらんこをしだいに高くこいでいきながら、背中、腕、脚の補助的な運動を学習する。やがて時がたつにつれて腕まえによっては、いろいろな姿勢でぶらんこをこぎ、ロープの間でとんぼ返りをするようになる。そしてついには、子どもは、もし望むなら、空中ぶらんこの芸人たちのするようなさらにスリリングな技能を獲得することもできるのである。同じように、スクーター、三輪車、自転車、ローラー・スケート、スケート・ボード、竹馬は、要するに足以外のものを使って、おそるおそる動き回るに過ぎないものから、大人の見物人を驚かし感動させるほどの軽わざ的な技術に及ぶものまで、きわめて広範囲の技術が獲得できるものである。この種のおもちゃはともに、子どもの体の一部となって、子どもの体だけではできない、より大きな身体運動を可能にするという点で共通した機能をもっている。

ぶらんこ、あの昔ながらの、だれからも愛されているおもちゃは、以上のような機能とはまた別の特性をもっていて、子どもにある特別の何かを感じさせる、不思議な力、いわゆる催眠的な特性を持ち合わせている。そういう意味で、ぶらんこは、単なる身体運動のための遊具とは別の範疇に分類することができるだろう。ぶらんこがなぜ催眠的かといえば、最小の注意力を働かせることで、体全体を一つのリズム運動に巻き込んでしまうからである。ただし、肉体のリズムそのものはおもちゃの催眠的特性には必ずしも必要ではない。手中でなんの目的もなくもてあそばれるものはどんなものでも——石の卵、一連のいわゆる「悩みのじゅず」〔訳注 気晴しのために指先でまさぐるもの〕は——この機能をもちうる。大人はよく大きな指環とかパイプをこのようなおもちゃがわりにして、もてあそぶことがある。日常生活におけるこのような経験は、しかしながら通常、視覚的なものである——炎の色、煙、動く雲とか水をじっと見ることなどがそうである。次にあげる三つの視覚的おもちゃは、特に催眠状態にさそいやすい。一つは指で回す小さな木製のこまである。もう一つは、旧式の「吹雪」というおもちゃである。それは景色とか花が描かれているからのガラス球に、ほとんどいっぱいになるまで水を満たし、そこに白い微片が少しはいっている。そのおもちゃが振られると、白い微片が球の回りにうず巻き、それからまるで〝雪〟がふるように、静かに景色の上におりていく。第三のおもちゃは、われわれの研究集団のジョウン・ベッドが発明したが、それには名前がない。それは単に両端が封印された透明のプラスティックの管にすぎない。その中にはその大きさにぴったりのピンポン球が入っている。垂直に保たれると、球は空気圧に逆らって、管の底の方へゆっくりと落ちていく。それをひっくり返すと、また同じことがおこる。それは実に単純で、何度やってみてもただそれだけのことなのであるが、これで遊んでいる人々は、いつまでもあきることなく、くりかえしつづけるのである。

催眠をもたらすおもちゃの主な機能は、おそらく子どもにしばし完全に現実を忘れさせることであろう。これは非常に気分を楽にする経験である。しかしそれは、さらにそれ以上の意味ももっている。すなわち子どものある部分の注意力をうばうことによって、創造的もしくは想像的な思考に向かう意識が自由に、のびやかに解放されることである。たぶんおもちゃの催眠性が、意識の一部を満たし、安定した状態をつくるのである。そうでなかったら、その意識は、もっと強い刺激をうけると、たちまち乱されてしまうであろう。比較行動学者なら、あるいはそれを置換行動（displacement activity）と呼ぶかもしれない。なぜならその催眠性によって、ふつうならもっと妨害する形で現れる〝緊張〟を何ら害なく解消してしまうからである。たとえそうであっても子どもたちは前に後ろにと静かにぶらんこをこぐときたくさんのことを考える。そしてわれわれの遊戯室で話しながら立っている研究者は、ちょうど思考を解放するのと同じ意味でおもちゃを用いるように思われる。おもちゃによって催眠状態にならせるには、使用する者にあまり多くの活動を要求してはいけないということがまず不可決の条件であろう。つまり、これは子どもの成長のいろいろの段階で、おもちゃのもつ意義もまた変化していくということである。木製のがらがらは、赤ん坊には行動の刺激にはなるが、大人には催眠状態を引きおこすのかもしれない。透明のプラスティック製の円筒をスチールのコイルに通すことは二歳の子どもにはむずかしい問題であるが、一〇歳か一一歳の子どもには、まさに催眠をもたらす仕事となる。

催眠的な性質をもつおもちゃにやや類似しているが、また違った仕方で人の心をふくらませるおもちゃもある。それは、単に人の注意の一部分をうばうのではなく、もっと積極的に人の心を動かさずにおかないものであ

り、夢中にならせるものである。基本的に、これらのおもちゃは、子どもに新しい世界観を与える。これらのおもちゃの最も単純なものとしては、一枚の着色ガラスがあれば十分だが、あるいは透明のプラスティックでもよい。それを持ち上げると、世界はしゃれて楽しいあるいは妖しげで神秘的なものとなる。プリズムは、ものを今までと違ったアングルで描きだす。像を拡大したりゆがめたりする凸面鏡は、子どもに、今までみたことのないような自分自身の奇妙な姿を映してみせる。蓄音機とかテープ・レコーダーはスピードを上げたり下げたりすると、聞きなれた音がまた違った感覚でうけとられる。筆者自身の好みのものは、一種の万華鏡のようなもので、それを通して自分の周囲をみてみると、ごく平凡な場面がいくつも重なって、複雑な対称をなし、不思議な模様を描きだすのである。これらのおもちゃの魅力の本質は、いつも見慣れた（あるいは聞きなれた）ものを、まったくはじめてみるような（あるいは聞くような）ものに変えてしまう、ということである。そうなってはじめて、子どもは刺激を受けて、今まで無意識だったものを改めて意識して見たり、聞いたりするようになる。たいていの人には、突如として意識がある誘発的感覚——たぶん臭覚とか触覚——によって活発化されるように思われるときがあるにはあるけれども、われわれは、こういうおもちゃによらないでこの状態が達成されるような他の方法（ある種の薬を用いることを除いて）を知らない。したがって、数は少ないけれどもこれらのおもちゃは、子どもの経験においてきわめて重要な地位を占めているといえる。

次に子どもに役割演技の機会を与えるおもちゃについて述べなければならない。なぜなら、それを論じないでいてはおもちゃの話をしたことにならないからである。よく、赤ん坊のきょうだいとか愛玩動物は、子どものおかあさんごっこにとって「よりよい」相手であるということが言われる。なぜなら、それがおもちゃよりリアルなものであるから。親が子どもに、自分の弟妹をやさしく保護してやるようにひたすら励ましの言葉をかけてやるのは当然のことである。しかし両者の関係は、あまりにも両面価値の感情に満ちているので激励の言葉がいつも成功するとも限らないし、ほんとうに満足するとも限らない。さらに赤ん坊がきょうだいからしてもらえる母親のような世話（マザーリング）の量には限度がある。われわれは、また、子どもが単に保護者の役割ばかりでなく、（自分の現実の母親のように）権力者の役割も演じながら人形と遊んでいることにも気づかなければならない。小さな女の子がもっと小さな家族をしつけているとき、それがとくに自分の威張り散らす声をまねしていることがわかった母親にしてみれば、それは実に面くらう場面であろう。子どもがある種の権力をもっている人の役割を演じてみることは、両親と自分とを同一視し、両親の行動基準を胸の中に刻んでいく過程にとって、非常に重要なことなのである。しかし、相手にされている弟妹にとっては、あまり面白いことではない。そこでわれわれはまだ人形を必要とするし、もちろんそれとともに、おかあさんごっこをするときのそれぞれの役割に必要な人形の所有物も必要とする。ここでは、一応文化的習慣に従って、小さな女の子について話すことにしよう。しかしこのごろでは父親が、赤ん坊や小さな子どもの世話に、しだいに多くの役割を分担するようになっている。やがてこの新しいお父さん像といったものが、今後の男の子のあそび方の中に必ずや反映されるであろう。事実私は小さな男の子が、完全武装した兵隊人形をいとおしそうに乳母車の中に押し込むのを見たことがあるのである。女の子の人形と同じように、男の赤ん坊の人形が今後はもっと多くあってほしいし、それをあやすのを恥ずかしがらないような小さな男の子がもっと多く出てくるように希望しようではないか。

おもちゃが果たす役割の中で、さらに一層重要な機能の一つは、所有する喜びを与えるということである。そのことを、われわれは忘れてはならない。どの子どもも、ほんのブリキ製の兵隊であろうと、ぼろをまとったペグ人形であろうと、手の中に何か小さなものをもったり、他人の持ち物かも知れないと心配せずに「これは私の物よ」と言いたいという要求をもっているものである。われわれは、自分の子どもを欲深で手前勝手にはしたくない。がしかし、同時に所有感は、人間たるものの条件として、本質的なものである（それこそ家族が生き残るために必要不可欠なものであるという人さえもいる）。そしてその所有感は子どもが、自分を一個の人間として認識するためになくてはならないものであるように思われる。われわれは今、施設にいる家のない子どもたちを世話しながら、次のようなことを実感として感じはじめている。すなわち、子どもが自分のものといえるものをもっていなかったり、また、それを他の人のものとは別にしてしまっておく場所がないとしたら、ひとりの人間としての彼らをいかに小さくしてしまうかということ、さらに、もし彼らから所有経験を奪ってしまったら、彼らが自分をどういう人間であるかと認識するうえで、いかに壊滅的なダメージを与えてしまうかということをでである。

## これからのおもちゃ

あるとき、同僚のひとりが、かなり形式ばったヨーロッパ風の会議で、これからの子どもたちのためにどのようなおもちゃが考案されたらよいかをテーマに講演してほしいと依頼された。そして、その問題がわれわれの間に若干の物議をかもしたのである。われわれは、何か特別の遊びを経験させることによって、これからの時代に対処できるような子どもを生み出そうとしていると思われていたのだろうか。あるいは次の世代の生活環境を中し分のないように整えるため、その一部に、おもちゃを組み入れることを計画しようとしていたのだろうか。このような問題については一考してみる価値がある。

これからの子どもたちは、われわれが今日求めている子どもと別段異なっている必要はない。彼らは、素直で、冒険心に富み、よく気がつき、変化に適応することができなければならないだろう。それというのも高度な技術社会において、われわれが確信できることはただ一つ、すなわち、どのような変化であれ、それらはますますその量と速さを増していくであろうということだからである。人口密度が高くなると社会関係により大きな緊張をもたらすだろうが、家族関係までも破壊することはない。なぜなら家族というものはきわめて弾力性に富んだ集団だからである。したがってこれからの子どもは、他の人々と安定した、愛情に満ちた、しかも寛大な人間関係をつくることができなければならない。これらの特質のすべては、つまりわれわれがわれわれ自身の子どもに期待していることのようである。

これからのおもちゃは、われわれがそういったものを作る計画があるなしにかかわらず、技術的にさらに凝ったものになることは明らかに避けられないと思われる。すでに伝統的なヨーヨーは、上下運動によってピカッピカッと光るようになった。話す人形、話す電話は次々に内容がかわる磁気テープをうまく使っている。そして内側が本当に冷たく感ずるおもちゃの冷蔵庫がある。たとえ、われわれが普通の子どもには、これらの技術的に手の込んだものを特に歓迎しないとしても、それが身体障害者の特別の要求にかなうときには、それを喜んで受け入れなければならない。たとえば、耳のきこえない赤ん坊が、何か声を発すると、それがひきがねになって着色光の明りがつくといった一種のおもちゃがある。彼女は自分には聞こえないけれども、とにかく声を発すれば、このような形で応答があるために、沈黙することなく声を出しつづける。このようにして、このおもちゃで遊んでいるうちに、あるとき言葉が発生し、そしていったん生じた言葉は、はかりしれないほどの発達をみせるのである。

未来の環境のためのおもちゃを考えているうちに、自然の事物に合わせて日々を過ごして、小川をせき止めたり、木に登ったり、長くのびた草の中のねずみや、かぶと虫を眺めたりして日がな楽しんでいた、子ども時代の昔風の田園での牧歌的生活に対して、ついつい郷愁をおぼえてしまう。われわれもこれらの経験をして成人に達し、愛着をもってそれを振り返るために、子どもたちもそうした経験をしないと何か大切なものを奪われているように考えてしまいがちである。

われわれが未来について予期している、より都会的な環境にあっては、たくさんのことが試みられてよいように思われる。たとえば、小川をせき止めたり、木に登ったり、自然のままを探険できるような冒険公園の形で、われわれの子ども時代の田舎の環境を人為的に作り出すことを慎重に計画してみるのもその一つである。そういった環境を再現するうえでとくに困難な点は、もちろん生きた自然のままの田舎の無限の多様性、ひっそりとした田舎で子どもが持つプライバシーの感覚、そして自分以外の者には絶対に知られていない秘密の場所を探検する真の冒険などを、いかに人為的につくり出すかということである。環境設計者によってつくられた秘密の場所は、決して今述べた意味あいでの秘密の場所となることはないだろう。

第二に、子どもが自然の中で発見したものを加工品として直接に贋造することも試みられてよい。われわれがみてきた中で、もっともよくできた例は、プラスティック製のトチの実である。「トチの実遊び」というのはトチの木の実を一つ糸につなぎ、糸の端はしっかりと結び目をつくり、互いに相手のトチの実を交替でねらって、打ち合う遊びで、敗者はトチの実が最初に割れた子どもである。プラスティックのトチの実は、実の中に四つの黄色の種が入れられて、中心の部分に止められており、それにひもがつけられている赤いボールである。二つのボールがお互いにぶつかり衝突することによって、ついには中に入れられている種が出てくる。敗者は、最初に四つの種全部がなくなった子どもである。それは、代用品として非常に効果的なおもちゃであるが、少しでもこのように正確な代用品が作り出されたということは興味深いことである。

第三に、われわれは自然物によって与えられる経験を分析し、また現代風にではあるが、それを再生しようとすることもやってみたい。たとえば、トイ・デザイナーのロン・ダットンは、スチールの棒と幅広い輪ゴムを組み合せて、胸をときめかすような木登り装置を作った。われわれの知る限りでは、彼は最初から木登りをするときの特有な身体運動を再現するつもりで、この装置をつくったわけではなかった。しかし、結果的にはそういうことになったのである。というのは、その装置がしっかりした基礎構造と、子どもに急速な身体的反応を調整させる弾力性との、二つの重要な要素をあわせもっていたからである。物理的に欠けている唯一のものは、枝が時おり折れて、みしみしという音である。それは二、三のスナップ留めを使えば十分に改善されるであろう。もちろん、木の情緒的味わい――種類、手ざわり、取り巻いている木の葉の秘めやかな感じ――は、そんなにたやすく再現できるものではない。

第四のわれわれのとるべき道は、もはやわれわれ自身の経験を子どもたちのために拾いだそうとすることはやめにして、その分を、われわれもまだ予想もできないような新しい経験で埋めあわせてやろうとすることである。ちょうどわれわれが子どものころ、当時わが祖先の間では子どもにとって面白くてためになると考えられていたクマいじめ〔訳注　英国の昔の見世物。犬をけしかけて、杭につながれているクマをいじめた。一六、七世紀ごろ流行したが、一八三五年法律で禁止された。〕や、公開の絞首刑をおしつけられずにすんでいるように。しかしながら、われわれは、おそらくこの第四の方法を喜んで実行するわけにはいかない。実際、なぜわれわれがそうしなければいけないかの理由もない。ここに示された提案は、あるいは決して二者択一を迫られている問題ではなくて、他の要素と連係した形で受けいれられることはあるかもしれない。子どもは、可能性と機会を豊かに混合したものの上に成長していくように思われる。そして、われわれは、子どもたちの可能性が今までに満足されたという証拠を持ち合わせていない。実際、最近の研究結果のすべては、むしろ否定的な方向を指摘している。大多数の子ども、とくに赤ん坊は、目下刺激を受けつつ成長している段階にあるために、その潜在した能力は決して十分に開発されていない。それだけでも、これからもずっとおもちゃを発明しつづける理由（もし理由を必要とするならば）になるように思われる。

# 第2章　おもちゃとしての人の役割
## ―ひざとゆりかごの遊び―

赤ん坊のおもちゃとしての人と、その役割について語る際、われわれは主として、その子どもの家族のことを思い浮かべる。なぜなら、赤ん坊はたいてい家族の中の一員として育てられるからである。家族集団の中で、誕生後しばらくの間赤ん坊と最もよく接触するのは、今でもやはり母親であろう。父親が主たる養育者である場合、彼のファーザーリング（父親の赤ん坊に対する人間的な、また個人的な世話を意味する）は、母親のマザーリング（それは父親の場合と同じ意味である）と基本的に異なったものとは必ずしもいえない。そこで、本章でわれわれが単に「母親」とか「マザーリング」と表現する場合、赤ん坊の個人的な世話を主にだれがしようとも、その人に当てはまるものと理解していただきたい。

J・ボウルビィ〔訳注　一九〇七〜、英国の心理学者。母子の情緒的結合は生得的なものであると主張した。〕に対する反発感にもかかわらず、赤ん坊には単なる身体的な世話や保護以上の何かが必要であることを、今日、ほとんどの人は疑っていない。「よいマザーリング」によって赤ん坊に伝えられる暖かさと愛は、子どもが全体にすくすく育つために、同じように必要であると思われる。しかしながらマザーリングの正確なメカニズムが科学的に究明されるようになったのは、比較的最近のことにすぎないのである。母性の暖かさは、かつては生来やさしくて明るい母親から発散される神秘的な「何か」と考えられていた。幼児が、もしかすると危害を加えられるような体験をしたとき、その暖かさがやさしく包みこんで守ってくれる。しかし、本当には科学的に定義され、観察されることはできないものとされていた。何年もの間、母親の上手な世話のしかたは（とくに子どものこれからの情緒的発達にとって）きわめて重大なものとみなされてきたが、実践技術としてのマザーリングは、あたかもそれが分析できないかのように、うまく表面をつくろわれ、軽視されてきた傾向がある。「マザーリングは、あなたが不適応でさえなかったら、あなた自身がもっているにちがいない何かである」と。

それと対照的に、幼児自身については、とくに病院にいて人が接近しやすい状態にある新生児の段階では、直接的かつ、かなり徹底して研究されている。初期の研究者が用いた方法は、一時的に母親から赤ん坊を引き離して、念入りに工夫されかつ注意深く統制された、しかし非常に非人間的な観察条件のもとで、幼児の反応を記録するものである。このために独創的な道具が発明された。たとえば、（乳を吸う強さや、持続時間を記録するための）器具つきの人工的な乳首とか、赤ん坊のあらゆる動きを自動的に記録でき、時には情報を直接コンピューターに中継できる「科学的なベビー・ベッド」などである。これら初期の研究における赤ん坊たちは、電線と電子機械装置が複雑にもつれ合っている、ともすれば危険な箇所に巻き込まれがちであった。おそらくこのために母親たちは研究がおこなわれている間、しばしば故意に、実験室から遠くに離されていたのであろう。

しかし、間もなく必然的に研究者たちは、普通の母親たちだったら十分予期できた問題に彼ら自身で対処しなければならないことがわかってきた。すなわち、赤ん坊が検査できる状態にあるかどうかということは、ひとえに検査時の彼らの特定の気分と状態にかかっているということである。特に、誕生後間もないころは、赤ん坊は、相当時間眠って過ごす。目覚めているとき、赤ん坊はあまりにも容易に疲労し、すぐに検査ができなくなる。したがって実際には、赤ん坊をたびたび実験装置からはずして、気分を楽にし、歩き回り、話しかけ、抱きしめ、なだめてやらなければならなかった。このようにしてはじめて、「普通の」行動が最もよく観察でき証明できる、あの独得の「満足し、かつ敏感」な状態にさせることができたのである。

ある研究者たちが、研究の焦点として赤ん坊をなだめる技術そのものに注意を向けはじめたのは、まさにこのことの帰結としてであっただろう。やがてどのような種類の刺激を与えれば、手におえない赤ん坊をなだめるのに最も効果があるだろうかということが問われるようになった。この方面の研究は、多くのかなり明確な、そして一見して有益な結論に導いた。たとえば、低周波の音は、高周波の音よりもっと赤ん坊をなだめる効果があることが示された。このことによって、乳児を泣きやませるために母親が昔からやってきた言葉かけ、つまり人間らしい声の響きがこの目的に最も有効であることが確認された（すでにそう推測していた人はいたが）。そればかりでなく、誕生直後の赤ん坊が自分をきちんと世話してくれる特定の人の声を聞き分ける能力をもっているということも研究されるに至ったのである。同じような考え方に従って、反復的、律動的な刺激の効果が研究された。新生児にとって、泣くのをやめさせるために、揺りかごがゆすられる最適の速さがあり、さらにこの速さは百％有効であったということが示された。この研究では、いろいろな振動率でベビー・ベッドを律動的にゆする機械装置が用いられ、そして最も効果的な速さは、一分間に六〇回という驚くほど速い完全な上下運動であったことがわかった[1]。またどちらかといえば同一の音の一定のリズムをもった反復は、むずかっている赤ん坊の心を和らげる効果があるといわれ、そしてこのことが、誕生前の在胎期間中どの幼児も非常に聞きなれていた人間の心臓の鼓動の音が、とくに赤ん坊をなぐさめる効果をもつものではないかと推測させるに至った。そして今や、赤ん坊が安眠できなかったり、あるいは睡眠前に静かにさせるのがむつかしいときなど、母親が赤ん坊のごきげんをとるために、他の子宮内の音と一緒に純粋に母親の鼓動の音を録音したカセット・テープを買うことができるようになったのである*。日本では、大人の呼吸率に相応した上下運動をするビニール製の模造の乳房にも、同様な主張がなされている。

しかしながら、明らかにわれわれがこの種の研究結果を応用する段階になると、いくつかの限界が生じてくる。たとえば一群の新生児が、彼らをとりまく環境に特定のリズムをつけると、かなりの程度までなだめられることを明らかにすることと、すべての赤ん坊が、これによっていつもいつも自動的にあやされ、成長しても日々同じ形の機械的刺激を繰り返せば必ずあやされるだろうと考えることとは、まったく別の問題である。実際、もしわれわれが、いつまでも間違いなく作用する本当に催眠術的な刺激を発見したのならば、睡眠薬の場合のように、長期に及ぶ副作用がないことを保証する研究がなされなければならない。たぶん母親自身もその技術があまり効果的すぎて、自分の赤ん坊がまるでロボットのように、きちんきちんと反応するのを見れば、いやな感じをもつことだろう。われわれは、赤ん坊にはある程度予期できないところとひねくれたところがあってほしいと思うものであり、この問題に答えることが、たぶんマザーリングとは一体どういうものかということを解明することになるであろう。

さらに最近になって、実験室において新生児を実験するという考え全体が疑問視されつつある。その一つの理由は、実験者が科学的だと信じてきた人為的条件が、実際には、赤ん坊が日常場面でみせるような典型的な行動を示す妨げになっているということである。そのような行動は、赤ん坊の特性をよく理解している人々とともにいるときに現れるものであろう。また、一般に行われている実験では、同じ刺激を継続することがしばしば要求されるが、そういう同一の刺激を何回も繰り返すことより、むしろ与えられる刺激のパターンが変化していくほ

*われわれが発見したのは、オランダ版であった。(われわれがカセット・テープを与えたイギリス人の赤ん坊と何らかの相違を生み出すところのカセット・テープではない)「ママの音楽」EMI—ボヴェマ社、オランダ。イタリアのおもちゃ会社であるチッコ社も母親の脈搏に合わせてセットされていると思われる。したがって、個々の子どもにとくに合わせたリズムを打つ、子どもあやすおもちゃを市場に出している。

うが、赤ん坊は、よく反応し、楽しそうにしているという研究結果も集まりつつある。このことは、実際の生活の点から考えてみれば理解できる。母親は、赤ん坊を喜ばせてみたり、気持ちよくさせてみたり、あるいは気をそらせるようなことをしてみたり、様々に自分の行為を変化させていくことで赤ん坊の注意を自分にひきつけていく。すなわち、母親は、絶えず赤ん坊の反応をみながら、次の自分の行動を決定していくのである。

組織的な観察によって、また、次のようなことがわかってきた。赤ん坊は、はじめて提示される新しい刺激パターンにはとくに敏感であるが、繰り返し提示されると、その関心はたちまち消失する。特に赤ん坊が見たものに自分で何か直接ふれてみたり、操作したりすることができる場合には、赤ん坊は、最初、急にワッと行動をするが、それにつづいて自分のやったことの効果がありきたりのもので、予測できるようになると、関心の方も同じように急におとろえていきがちである。これは、たとえば新生児を気楽にまっすぐにすわらせ、一方にちょっと頭を向けると光をはなつような装置をととのえたときにはっきりとみられた。理想的な条件下では、生後一週間の赤ん坊はすぐに、ちょうど光をはなつスイッチが入れられる角度だけ頭を向けることを学ぶ。しかし赤ん坊はまた、相当早いうちにその効果にあきてくるように思われる。しかしこれは疲労のせいではない。もし今、赤ん坊が、今度は頭を反対の方向に向けたときだけ光をつけることができるように装置をととのえたならば、赤ん坊は、前の動きが、もはや効果がないことを確認するかのように、まず前の動きで光がつくかどうか「実験」してみる。そして偶然反対方向へ頭を向けなければ光がつかないことに気がつくと、彼は再び新たな興味にかられてスイッチを入れようと行動する。あたかも前と同じように、自分でその効果をコントロールできることを確認するかのように、しかしもう一度新しい動きが十分予測できるようになると、まもなく興味を失っていく。このような観察によってわかることは、もしわれわれがその機会さえ与えれば、幼児は非常に急速に学習能力を進歩させることができるということである。しかし、機械的で反復的な種類の刺激は、赤ん坊を敏感に、注意深くさせるより、眠らせてしまう傾向がある。多くの親ならわかるように、小さい赤ん坊は、車に乗っていると、とくによく眠ってしまう。

普通の幼児が実際にどれほど「賢く」なりうるかを実証する場合、赤ん坊がすわらされる姿勢が相当重要な意味をもっていることが今では広く知られている。新生児が何分間でも、注意深くしていられそうなのは、赤ん坊が、かなり直立した姿勢で気持ちよく身体を支えられているときのみである。誕生時には、その後に比べると、他の体の部分に比して相対的に大きい頭部を持っている。一部にはこういう理由で、まず、周囲を見るために長い間頭をもち上げていることは、赤ん坊にとって非常に骨の折れることがわかろう。しかし、もし赤ん坊がほどよく目を覚ましていて、優しい手もしくは肩で頭をちょっと支えてまっすぐにしてもらえれば、赤ん坊はまもなく目で辺りを見回して好奇心を示しはじめる。興味深い点は、人間の養育者は、赤ん坊が不快にならないよう、また苦痛を感じないよう、赤ん坊の動きに絶えず合わせて支えなおしてやることができるが、そのような効果的な支えの構造を実験者が考案することは非常にむつかしいということである。

赤ん坊の顔にあらわれるぼんやりした表情のいくつかは、比較的遠くにあるものをあまりはっきりみることができないことの結果である。眼科医の説明によると、赤ん坊は彼らに非常に近いところにある物体にしか焦点を合わせることができない。したがって幼児の視界の中には、物と人が、いつも出たりはいったりしているわけで、それにいちいち驚いたり、とまどったりしているにちがいない。しかしながら、別の詳細な研究によると、最適な条件のもとでは、二つの眼は、焦点を保つことは困難かもしれないが、ほぼ完全な協同の形で視線を一点に集中させることができるということから、全体としての視覚器官は、非常によく組織化されている。そして赤ん坊は、ごく小さなものが動いていくとき、それを正確に追っていく「視線」に合わせて、正しく頭も動かすことができるのである。とくにその〝的〟が背景ときわだった対照をなして、視界にとらえられるときは（たとえば、ぽっと浮き出た小さなたいまつの光など)。

次に一般的にいって、誕生後数日たった赤ん坊は、まだ十分手は働かなくても、眼をそそいで環境を探ることができる。そしてこの生来の詮索活動が、実は探究的遊びの初期の形であることは、今ではよく知られていることである。赤ん坊がこの年齢で、自分のまわりを眺めながらどれほど学習することができるかを断定することはむつかしいが、赤ん坊が眼をあけている間、気持ちよく支えられ、かつ視界に興味あるものがあるときには、多くは、はっきりと、一層満足したようすをみせる。明らかに、この種の研究は、赤ん坊を抱いて歩いてやることがどれほど必要であるかという、古くからの主張に、新しい光明を投げかけるものである。文化的分野の研究が、ずっと観察してきたことによると、赤ん坊が何かを要求してむずかるのをやめるが早いか、一種の檻、あるいは車のついた箱の中に「押し込める」ことを一つの道徳的義務と考えること、これは、どちらかといえば、わが英国民の風変りな習慣であると思われるが、そのことよりもむしろ、母親の身体にもたれて、つり帯で赤ん坊を運ぶのを普通と考える人びとの間で育てられた場合が、泣くことがいちばん少ないということである。六ヵ月をかなり下まわる赤ん坊は、あおむきにして、横のながめが不明確で、天井以外にみるものがないままで放置されると、退屈し、不機嫌になるであろうことは、相当明白である。

いくつかの研究によると、赤ん坊の誕生直後の行動のみならず、その後の発育のはやさも、このまっすぐの姿勢によって促進されることがいわれている*。たしかに、自分のまわりを眺め情報をとり入れる機会は、直立した姿勢にして歩いてもらうことによって、高められる。同じように、赤ん坊の頭と背中を十分に支えるリクライニングシートのラックは、目覚めている赤ん坊に、目の前に広がる世界を探索させる。乳母車に乗せることは、運動感と景色の変化をあたえる。そして乳母車は、このごろでは、赤ん坊が容易に外を眺めることができるよう

*たとえば、ウガンダとモロッコの赤ん坊たちは、つり帯でまっすぐの姿勢で周囲を歩いてもらう期間に成長するといわれる。

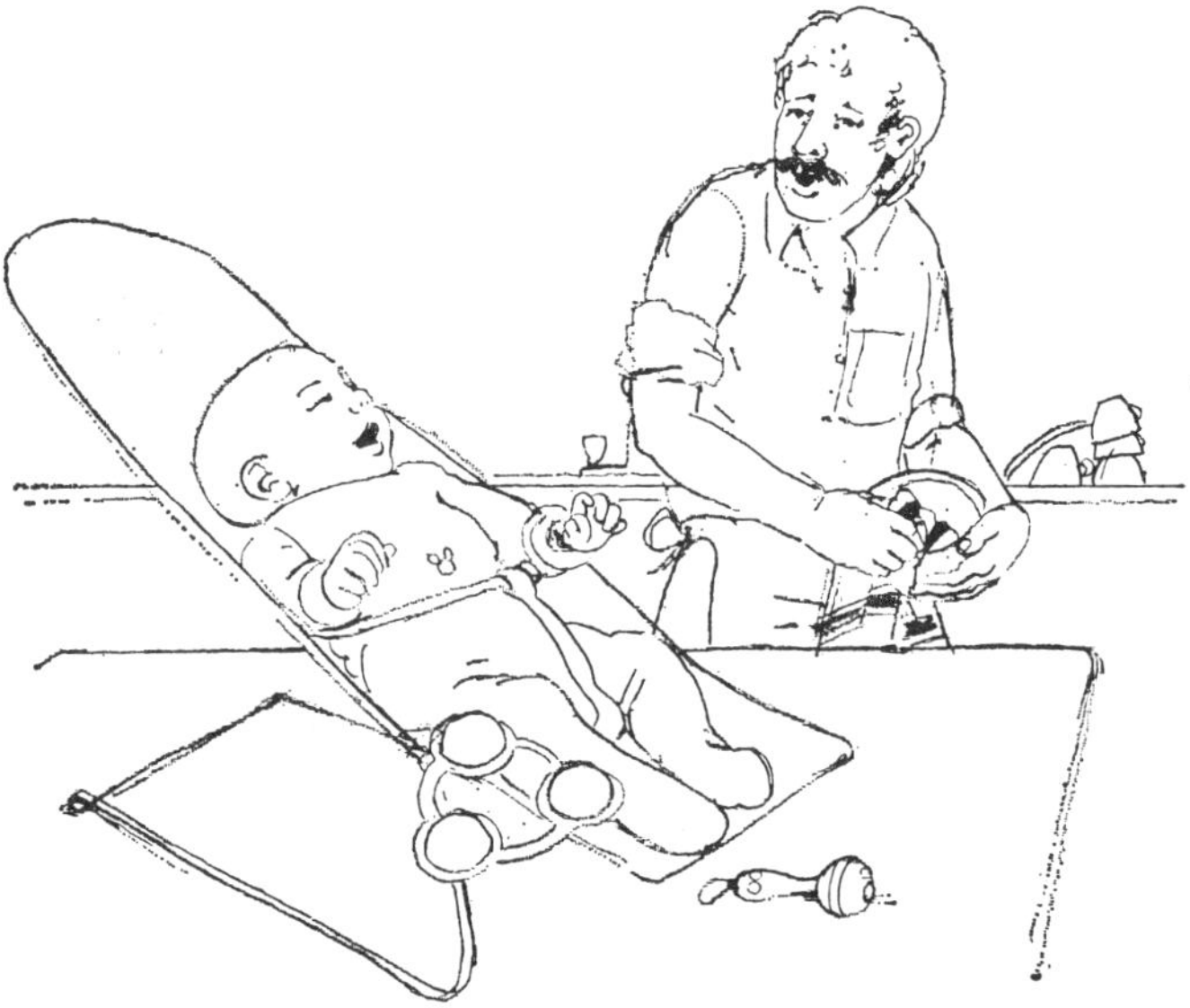

に設計される傾向にある。また、生活の場に持ち込まれたつり帯と赤ん坊のラック、あるいは、乳母車は、赤ん坊が、まわりの人びとと何らかのコミュニケーションを交わすのに格好の場所となる。身体障害児の環境デザイナーであるジム・サンドゥーは、彼が保育園で保母の顔の近くにまで身動きできない子どもたちを持ち上げたとき、彼らは実際にずっとよく話しかけられるようになったことを見出した[2]。

## ものと顔に視線をむける：見つめる遊び

赤ん坊が、好んで視線を向けるものにはどんなものがあるかということについては、今までたくさんの研究がなされてきた。そして赤ん坊は生まれてまもないころから、目に見える種々のものの違いを見分け、さらにそれらを今までにみた（あるいは聞いた）ことのある類型と新しく経験するものの類型とに区別することさえできるという驚くべき能力を持ち合わせていることが、すでに明らかになっている。生まれてすぐの赤ん坊でも、新しい刺激に「注意をよびさます」ことができるという事実は、特に興味深いことである。なぜなら、それは、赤ん坊が以前考えられていたよりも、はるかに高度で複雑な記憶能力を持っているにちがいないということを意味しているからである。それなら、われわれは、赤ん坊が家庭生活の雑然としたざわめきの中から自然に獲得するものとは違って、入念に、計画的に赤ん坊に刺激を与えてやろうとすべきであろうか。

類型認識に関する研究結果が、はじめて知られるようになったころ、ある人びとは、たとえばベビー・ベッドの横に、赤ん坊の動きによって統制される自動映写機をとりつけて、そばに次々と映像をうつしだすといったような、何か特別の器機を用意すれば、赤ん坊は特別の学習経験を与えられ、ことによったら、もっと知的にされることができるのではないかと結論づけんばかりであった。もしわれわれが、このことをつきつめてとことんまで考えるとしたら、誕生した時点から可能な限りに遊び、かつ学習するよう、コンピューターによって計画された超赤ん坊という新しい世代を想像するかもしれない。しかし全体からして、非常に高性能なコンピューターでさえも、赤ん坊が過去にやってきたこと、あるいはこれからしようとしていることに十分心を配っている敏感な注意深い人間の養育者をしのぐことはなく、せいぜい可もなく不可もないごく普通の代用品をあてがう程度にすぎないであろう。人間、特に（ウィニコットの文句をかりると）[3]「月並みに子を愛する母親や父親」は、赤ん坊を満足させ、まわりでおこっていることに興味を持たせることとなると、精巧なコンピューター装置などよりも、よほど大きな効果を持ちつづけるものらしい。

その一つの理由は、実際に、赤ん坊の静止している物体に対する興味は、生後三、四ヵ月までは、非常に限られたものだということである。そのため通常は、普通のものを取りあげてそれを揺り動かすか、それとも子どもの手に持たせることによって、なんとかそのものへの反応をうることができる程度である。そのときでさえ、自分の今つかんでいる物がどんなものか、気がついていないように思われる。そして、いったん物が落ちるとそれを探そうとしない。

対照的に、誕生直後の赤ん坊でも他の生きているもの（とくに人間を含めて）はしっかりとみつめようとするのである。三つの事柄が、この赤ん坊の選択に基本的な重要性をもっているように思われる。一つは「自己変形」とか内的変化という自発的に動く性質をもっているものは、主として生きているものであるということである。興味あることは（手袋の人形とか、空気を入れてふくらませる風船玉のように）この特性をもっている普通の物体のほとんどが、命あるものの力をかりて、その特性をもち得ていることである。例外的に、そよ風によって動くモビール（動く彫刻）とか木の葉のようなものもまた、赤ん坊の注意をひき、そしてそれをはなさない力をもつ。第二の要因は、動物と人間は、動き方で、ある質的な面での特徴を共通にもっている。すなわち、両者は、その行為が繰り返し積み重ねられ盛りあがり、そして再び静まっていくという点で、特有なリズム的類型を示す。これは、赤ん坊にとって本来興味を抱かせる一連の「できごと」をつくり出していると思われる。われわれは、後でできごとの観念にもどることにしよう。

第三に、大人や年長の子どもが赤ん坊に反応するとき、その反応のタイミングも、内容も、赤ん坊が今何をしているのか、何をし終えたところなのか、あるいは、これから何をしようとしているのかによって、影響を受けることに気づくことが大切である。したがって、赤ん坊の立場からいうと他の人びとは、一瞬一瞬赤ん坊自身の行為に反応してくる非常に特別の性質をもった対象として認められよう。すでにみてきたように、赤ん坊は、自分を刺激してくるものを自分の思いのままに支配下におくことができるという意味で、その敏感な刺激となるものにとくに、油断なく気を配るように思われる。わかりやすくいえば、赤ん坊は、何かをだれかにするとき（たとえ、それが単にその人の方を向いて、頭をちょっと傾けることであるとしても）その人は、それに答えて、何かをしてくれるだろうと期待している点では、われわれが赤ん坊に対して思うことと同じである。両者の違いは、われわれが、赤ん坊に、われわれの行動に答えさせることができるのに対して、赤ん坊には、それがまだできず、ただわれわれを支配しているだけだということである。

さてわれわれは、お互いに[4]「会話の」相互作用をしている母親と赤ん坊を撮影し、一こま一こまフィルムを分析するとき、そこに何をみるであろうか。大人がまったく自然に無意識に、赤ん坊を面白がらせるためにやっていることは、赤ん坊自身が大人に反応するときにしている行為に、実にもっとも手がこんだデリケートな仕方で調子が合わされていることにまず気がつく。さらに、母親は、直観的に、次にやることが、赤ん坊にとって決してうんざりするほどくどくならないように、彼の相手をしながら、その都度自分の反応様式を変化させている。要約すると、ごく普通の感受性をもった人間の養育者は、赤ん坊たちの注意をひき、かつその注意をある程度の時間ひきつけておくために、自分をあわせていける比類ない能力をもちあわせたものということがいえる[5]。重要なのは母親の一瞬一瞬の反応性であり、母親が赤ん坊を非常によく知っているかどうかということではない。エディンバラ大学でジョン・タタムは、ガラスのスクリーンを通して話す母親に対する赤ん坊の反応を、まず母親が赤ん坊をみることができる場合と、次にみることができない場合とに分けて、比較して、このことを示した。第二の場合には、赤ん坊はただちに、まずとまどい、次に、不安な様子をみせた[6]。今までみてきたように、赤ん坊は、抱き起こされると、活発にものを見つめ、注意力を持続することが可能な姿勢がとれる。この事実から、われわれは、次のような結論に達する。すなわち、生後間もない赤ん坊は、気心のあった養育者によって助けてもらえば、最も注意力を働かせて学習することができそうであること、そしてその養育者もまた、赤ん坊をひとりの人間としてよく知り、かつ反応してやることによって、最も適切で、最も説得力のある刺激を、赤ん坊に与えることになるだろうということである。

本章は、マザーリング——あるいは愛情に満ちた赤ん坊の世話——が、なぜ、それほど重要であるかを理解できれば、それは、きわめて詳しく分析をしてみる価値があるという示唆からはじまった。しかしながら、これでなにも、親としてわれわれが自然に振舞うときに起こる、赤ん坊との相互の複雑な反応のメカニズムを意識するようになれば、もっとよい養育者になれそうだ、というのではない。この分析の結果は、単に以下のことに対する納得のいく理由を提示しているにすぎない。すなわち普通の赤ん坊が発する執拗な要求から、彼らの何らかの意志を探りとることを恐れるべきではないということ、そして赤ん坊を親と同じような要求と感情をもった、敏感に反応できるひとりの人間としてとらえることをためらってはいけないということ、である。実際、大ていの親たちは、幼児がしていることに対して非常に敏感であり、彼らが自分の子どものことをよく知るようになるにつれて、子どもが実際にまだやらないうちから、今から何をしようとしているのかがわかってしまうようになる。要するに、われわれは、最も複雑かつ正確な仕方で、「本能的に」赤ん坊に反応しているのである。したがって、そのときの行動や応答は、何ら意識して行なう必要がない。しかしながら、実はわれわれが瞬間、瞬間のタイミングをとらえて赤ん坊に反応しているのだということは、スローモーションの映像のフィルムで再現して観察してみると、簡単に実証されるのである。

これがまず第一に、いかなる種類のおもちゃも用いない、一対一で向かい合ってする遊びが、なぜ赤ん坊を完全に満足させるかという理由である。第1章で、われわれは、人間の顔が最初のおもちゃであり、まったくのところまさに特別製のおもちゃであるといった、このことをもう一度考えてみよう。目は、非常にキラキラと輝いている。そしてそれは頭のゆっくりした動きとは違って、絶えずすばやくて微妙な動きをしている。眼には、まぶたがあり、まるでシャッターのようにときどきピクッと閉じては再び開き、ときには眼球そのものをしばらくの間隠してしまう。さらに顔の残りの部分、特に口は、非常によく動き唇が開くと、キラッと光る白い歯とそしてこれもまた動いている、しっとり光った舌の先端がみられる。これらすべての動きにともなって、それと結合

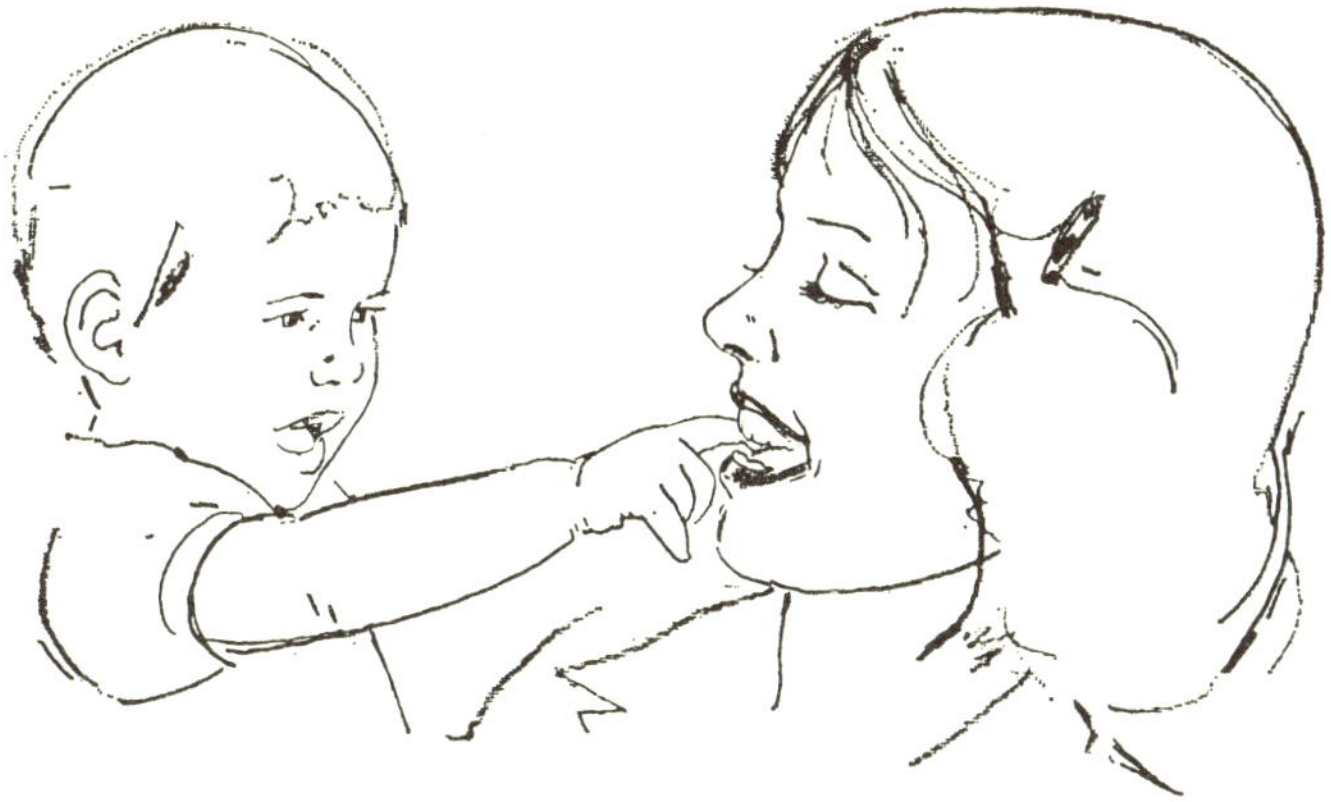

された興味ある音声のパターンが生ずる。人間の顔を、全生涯にわたって、このように力強い刺激とするものは、赤ん坊のもつリズムに調子を合わせながらかつ根本的な生物的リズムを反映している視覚と音声との、この無類の力学的結合であることは確かである。

顔ほど明らかに説得力はないが、大人の手は、第二の有力なおもちゃになる。子どもが、もののおもちゃに関心を持つようになるずっと前に、ものを手でもってゆすらせると、子どもの注意はものの方に引きつけられるが、そのあとで手でそれを下に置くと、もうものへの関心はなくなってしまい、手だけをみつめつづけるであろうということは、すでに述べたところである。手は動いているが、ものはそうでないというわけではない。機械的にゆすぶられるおもちゃは、赤ん坊の初期のころには、それほど関心が持たれない。ここでもう一度いうと、手の機能は、それが幼児に応答しながら動き、さらにその注意を「つる」ために、わざと向きをいろいろに変化させてみたりできることである。それは機械のおもちゃにはできないことだろう。親たちは、すぐさまひざやゆりかご遊びのために手を使用するようになる。たとえば、指を前の方へ歩かせて、急にくすぐったいところをついたり、人さし指でやさしく赤ん坊の顔形をたどったり、親指と他の指をかちっと鳴らしてトントンリズムをとったり、ついには、「回れ、回れお庭の中を」や「この小さな小ブタちゃん」という歌をうたいながら、こうした指遊びにはっきりした形を与えるようになるのである。

## 会話と順番

親は、赤ん坊と遊んだり、赤ん坊に気持ちを伝えたりするとき、当然言葉を使用するけれども、この段階では、言葉そのものは、一方通行であるにちがいない。しかし、注目すべきことは、誕生以来ずっと健康で、刺激も十分受けてきた赤ん坊が、すでに、言葉を必要としない親密な会話に参加できるということである。母親が赤ん坊に面と向かって話しかけるとき、赤ん坊は、こうした会話の中に、どうしたら入り込めるかを、正確に知っているように思われる。赤ん坊は、ちゃんとした会話の順序に従って、まず聞き、それから、自分で何かを「言おう」とする。たとえそのとき、口と鼻と目の動きといったものでしか自分を表現できなくても、あるいはまた、実際の言葉の代わりに、ブツブツ、クークー、エヘン、ゴホゴホなどの音しか出せなくても、ともかくも、赤ん坊はそういう表現手段で会話に参加しているのである。非常に年齢の低い幼児が、顔つき、身振り、少しばかりの言語によって、相互の社会的交流をもてるようになる自然のレディネスについて、最近になってようやく組織的に調査され論じられるようになった[7]。しかし、その重要性が過大に評価されることはない。その意味は、赤ん坊は生まれつき社会的であって、他の人びとを自分と密接な相互作用に導いて、積極的な役割を演ずるよう、すでに十分用意ができているということである。赤ん坊は、すでに言葉なき言語を使用することができる。それがやがて、ほほえみやしかめっ面が快と不快を表わすのに用いられはじめ、そしてその他のいろいろな種類の発声が、喜びや苦しみの記号としての意味をおびはじめる。また、非常に早い年齢から、赤ん坊は息を吸い込んで、口をすぼめ、目を大きく開いて期待やおどろきを示し、つづいて息を吐き出し、声をあげて笑って、情動的緊張の高まりと、その解消を表現することもできる。まもなく赤ん坊は、抱き起こされ、あやされ、授乳され、おむつを取りかえられ、入浴をさせてもらうといったできごとに応じて関心と期待を示しはじめる。このようにして、赤ん坊とその親たちは協同して、相互のコミュニケーションのためのさまざまな信号の体系を確立していく。そこでは、それぞれ相手の働きかけに対する応答のくり返しによって、すでにコミュニケーションへの参加の仕方は双方が承知しているところとなる。

　発育初期のこうした信号のやりとりが一種のゲームのような、遊戯のような性質をもっていることこそ、特に興味深いことである。というのは、まだ小さい赤ん坊は、ものの遊具よりも、遊具としての人との関係の中で、もっとも複雑な遊びの水準に到達することが、明らかであるからである。これは一部には、子どもの行為には実際にはまだ何の意味がなくても大人が意味のあるものだと想定するためであると思われる。つまり、この仮定によって、大人は子どものために、あえて意味をつくりあげるのである。赤ん坊の行為は、目的があるとみなされ、したがって、事実行為はすぐ目的をもつようになる。言葉をかえていえば、子どもの理解の自然な発達の歴史は、彼と接している大人によって、より満足のゆく、より重要な意味をもった内容として、いわば書き直されるということである。もし、子どもの理解のほどが、ちゃんと答えてくれる大人の養育者の前に表わされなかったら、それほどの意味をもち得なかったであろう。そして子どもがうける反応が、やさしく思いやりに満ちているときだけでなく、いささかの敵意を含んでいたり、腹立たしげなときですら、このことは真実であろう。われわれは第5章で、この問題にふれることにしよう。

## できごと

赤ん坊の経験の流れは、なめらかで連続的なものではない。それは絶え間なく起きる「できごと」によって区切られる。しかし、赤ん坊は、単に経験の受動的受容者ではない。赤ん坊自身が活発に経験を得ようとすることは、最も重要なことである。そして赤ん坊は、できごとを見出すか、つくり出すかのどちらかを決定づけられているように思われる。R・キップリング〔訳注 一八六五〜一九三六、英国の作家。『ジャングル・ブック』の作者〕の象の子のように、子どもは、あくことのない好奇心をもっていて、それが子どもの内面で、できごとへの渇望となってうずいてくる。そして発育の進行の観点からみると、できごとへの渇望は、食物と飲み物に対する生物的渇望と同じくらいに必要なものであるとさえいうことができる。

われわれは、第1章で、いくつかの「できごと」について記述した。そしてわれわれがいいたいことは、ちょっとしたいくつかの事件が子どもの経験の中で一つにつなげられ、完成したまとまりになる。なぜなら、それにはたいていいつも、わくわくするような、満足ゆく結果がもたらされるものだから。できごとには、劇的な結末があるために、それは子どもの注意を喚起するようになる。しかし、できごとは、通常子どもの外部でおき、子ども自身の活動、期待、そして意図から独立した事件として存在している。なるほど外部に何かある事件（とつぜんの雑音のような）がおこると、子どもは、それまでやっていたことを即座にやめるかもしれない、そして一時的に遊びの型を壊してしまうかもしれない。しかしこうなるのも、子どもは、ずっと前から、このようなサインが、やがておこるできごとの前兆だと知っていたからである。

できごととみなせるものは、子どもの以前の経験と期待に、依存しているように思われる。もしわれわれが、子どもと子どもの今までの状況を十分よく知らなければ、われわれはどのような一連の事件が、いわゆる「できごと」の性質をもちうるのか、予測することはできない。一方でまたわれわれは、このことを観察を通して知ることもできる。なぜなら、それまでみてきたことを振り返って考えてみれば、ある特定の事件が、決まってその性質をもちうることがわかるからである。

たぶん、最も興味あるできごとのグループは、子どもが、自分自身の自発的な活動の中から、独力で発見し、創造するものである。ある楽しい事件が経験され、それが子どもの側に次のあるつながりをもった行動を引き起こすと、子どもは、その一連の行動を繰り返すという特有の性質を持つようである――すなわち、できごとを再びつくり上げるのである――。それから、子どもは徐々に緊張を高めていき、ついにそれが頂点に達すると、つづいてはっきりした緊張の解消が、しばしばみられる。すなわち、満足のため息をもらし、大人の方をちらっと見て微笑み、あるいは、もう少し後になると声に表わして「ダー」とか「デア」と言ったりする。とくに興奮させる行動パターンは、急速に発展してできごとゲームとなるが、そのゲームでは、子どもは非常に劇的に効果をつくり出し、その自分の力に、狂喜して同じことを何度もくり返す。この段階で子どもたちが一番楽しむ社会的ゲームは、「予想ゲーム」である。そのゲームでは、子どもは、自分のできごとを創造するために、他の人をある程度、自分の思い通りに動かすことができる。その代表的なものは、イナイ、イナイ、バア・ゲーム（赤ちゃんどこ？　ほらそこよ）であろう。そのほかにも、何かものを投げ捨てて、それをだれか他の人に拾わせるゲーム、最後に抱きしめたり、くすぐったり、倒れたふりをして、終りになるゲーム、たとえば、ポンとたたいてケーキ台、「回れ、回れお庭の中を」、そして「こんなふうに、お百姓さんが馬さ乗って」など[8]。あるいはまた、生活の中の決まった習慣をまねたゲーム、あるいは相手のやっていることをそのまままねるゲーム、そこでは、からせき、くしゃみ、口笛、などの急に発する日常なじみの音声を、双方が、彼らの相互期待に一層興趣をそえるためにできるだけ長くひきのばして用いる。――アーアーといってから、やっと、チュー！　こういった形式のあそびは、赤ん坊の胸をときめかすものではあるが、びっくりさせるものではない。なぜなら、これらのあそびがもっている「驚くべき」結末は、赤ん坊が期待して待ち望んでいたものであり、それだからこそ、かえってそれを喜び、楽しむのである。

言語によるコミュニケーションが可能になる（子どもが言葉の実際の意味を理解するという意味で）ずっと前は、母親が赤ん坊にやらせたいと思っていることに、何らかの面で符合したできごとをうまくつくりあげることによって、赤ん坊と意思を伝達し合っているように思われる。赤ん坊が、いろいろな形を弁別することをどのようにして覚えはじめるかについて研究していた発達心理学者スーザン・グレゴリイは、母親に、赤ん坊が単純なはめ板遊びを完成するように教えることを依頼して、母親がそれをしているのをフィルムに収めた。彼女が観察したコミュニケーション・パターンは、彼女が研究していた学習パターンより、もっと面白いものであることがわかった[9]。

グレゴリイ博士は、母親ができごとを豊かに盛り込みながら、まず自分がはめ板に木片を埋めることによって、赤ん坊にそれらに対する興味をおこさせていることを見出した。やがて赤ん坊が木片をつかみ、それを振り回し、あるいはでたらめに、それではめ板をたたき始めれば、母親はすかさず、声の調子、ジェスチャー、赤ん坊を抱いているときはその体の位置、そして顔の表情などで期待と興奮を高めていき、そして彼女か赤ん坊のどちらかが手に持った木片を正しく〃カチ〃っとはめたとき、頂点に達していた緊張は一気に解消される。どの母親でも、できごとの接近したことを知らせたり、最後にそれがおこってしまったことを確認するために、彼女特有のイントネーションとジェスチャーを用いていた――たとえば万歳といった感じ――。たとえ実際、言葉で万歳といわなくても。いずれの場合にしても、ともかくも赤ん坊に何かを伝達することは、緊張の高まりとそのあとの緊張解消がつきものであり、またそれは母子両者の行為が常に平行して伴うものであった。時には、母親は子どもが観察するべくできごとをととのえてやり、時にはできごとをつくるのに必要な動きをやらせてみる。そして時には、母親は、子どもの自発的な運動が、十中八、九できごとを起こすかのような状況を設定してやることもあった。要するに母親は、課題に関連のないできごとを犠牲にして、課題に関連のあるできごとを選択し強化することにより、赤ん坊の全体活動を形成しつつあった。この意味において、自分たちの子どもと遊んでいる母親と父親は、おもちゃを使っても使わなくても、子どもの経験を組織的に組み立てているのである。それは子どもひとりで好き勝手にやっていてはとうてい達せられないことであろう。

すべてのこの相互的な遊びの中から、大人と子どもは共有の関係の枠組を発達させる。各々は、他のもう一方が、どんなできごとに反応するかを知っている。このようにして、両者は、お互いに効果的に自分たちの意図を伝達できる立場にいる。両親とも一緒に遊んでくれるとか、大いに世話をしてくれる兄姉がいる子どもは、しばしば、いろい

ろな人に対する気のひき方、反応の仕方を発達させる。すなわち、赤ん坊たちは、それぞれ人から経験する遊びのスタイルに従って、ある人には一つの関係の枠組を、別の人にはそれとはちょっとちがった枠組を学んでいる。

小さな赤ん坊が、すでに相当程度の理解力を持っているかのごとくに、親が赤ん坊をとりあつかう傾向は、親たるもののかなり感情的な心得ちがいであるかのようにいう人がいる。これはたぶん当然のことであろうが、見当はずれなことであろう。われわれが本章で述べてきたような研究では、これら初期の表情や声によるコミュニケーションは、知的、情緒的発達の初期段階を通して、子どもの進歩の中で中心的役割を担いつづける一種の社会的遊びであると、きわめて明確に示している。それを遊びと呼んだのは、それ自体、親にとっても子どもにとっても楽しいものであること、そして、初めから赤ん坊が比較的自主的に参加できることの二つの理由によるものである。対話のゲームは、両親と幼児が一緒になって遊ぶ最初のゲームである。そして、もし、遊びがやりがいのある満足のいく経験でありうるならば、大人の方での積極的なかかわり合いが、乳児期を通してずっと重要な意味をもちつづけることになる。乳児期の子どもがはじめて嬉しそうに笑ったとき、はじめて模倣したとき、そして、はじめて人に抵抗したとき、これらすべてはその後の成長・発達への力強い第一歩となるであろう。これらの初期の会話様式が一層十分研究されるにつれて、大人と子どもとの間に生まれる人間対人間の親密な関係が、後の段階の言語コミュニケーションの適切な発達にとって、必要不可欠のものになることが明らかにされたのである。

## 鼎　談

子どもが生まれて初めて出会うおもちゃは親である。また、物としてのおもちゃを、注意をひくために、手で動かしながら初めて子どもの前にとり出し、ある意味で、初めてそれをすすめるのも親である。前におもちゃとしての手について話した際、われわれは「子どもの注意をつる」という表現をした。子どもがどんなおもちゃよりも母親の顔を好む段階では、子どもと遊ぶのにおもちゃを使っている母親を眺めていると、釣人が魚を相手に「遊びながら」それをつりあげようとしている感じが大いにするのである。時に母親はおもちゃをとりあげ、それを自分自身の顔にそそがれた赤ん坊の視線の焦点の位置にもってくる。そこで赤ん坊の視線をとらえたら、おもちゃをがらがら鳴らしながら動かしてゆき、子どもの視線を静かに横へとひきつける。あるいは母親は、赤ん坊が頭の向きを変えたり興味を失うのを待って、おもちゃを再び視線の焦点にもどし、それをまたちがった方向に動かしてゆくのである。

母親がここでしていることは、われわれが対話においてみたと同質の反応性を依然としてもっていて、母—赤ん坊—おもちゃの三角関係をつくり出している。母親と赤ん坊が交替にやりとりする会話のパターンは、拡大されて、そこに新しくおもちゃが加わることとなる。母親はおもちゃを物理的に管理しているけれども、自分自身の役割を強調するためにおもちゃを使用するのではなくて、彼女の役割と交替するために使用している。すなわち、彼女の声と身振り、それとおもちゃのがらがらいう音はめったにかさなることはなく、各々がかわるがわるに交替してその役割を演じており、同様のことが赤ん坊との間にもいえるのである。まず、母親が話し、それからがらがらを振り、それから赤ん坊が、ごろごろ声で返事するという一つの典型的なパターンがある。赤ん坊が声を出したとき母親はそれを意味のある音信としてとりあげる。「それじゃこれをごらん!」……がらがらを鳴らし、赤ん坊の注意を集めて、笑い、ちょっとの間待つ……赤ん坊はクックッといって喜び、手を振って合図する……。(そうよ、かわいらしいがらがらだわよ!)赤ん坊の合図が、おもちゃへの関心の増大を示すものであろうと減少を示すものであろうと、母親は、敏感にその合図を、察知し、信頼して、赤ん坊の要求をかなえてやる。だからこそ母親は、赤ん坊のおもちゃへの関心をいつまでも失わせないでいることができるのである。この段階のおもちゃが、どんな素晴らしいおもちゃでも、それだけでは、いつまでも子どもの興味をひきつづけておくことはできないだろう。そして、このようにして、しだいに赤ん坊は、物に対する集中力の範囲を広げていくのである[10]。

　要するに、母親（ないしは父親）は、赤ん坊の最初のおもちゃであり、最初の物としてのおもちゃに出会うまでの中継点となる。このようにして、母親と子どもの対話が発展して母親―子ども―おもちゃの三者の対話形態ができる。この鼎談から判断して、赤ん坊がおもちゃにもっと強く関心を向け、母親の助けがなくても、いろいろなおもちゃの可能性に気づくようになるにつれて、母親は徐々に身をひいていく。確かに、赤ん坊は、母親がほとんど無視されているように感ずるほど、物としてのおもちゃに夢中になりはじめるときがくる。われわれは、このころの母親が、さかんにおもちゃのすぐそばまで自分の顔を近づけて、子どもの関心を再び自分の方にとりもどそうとしている様子を、研究中よく観察したものである。しかし、これは、単に遊具と、遊び相手である人とのバランスが、子どもの年齢と発達段階に適応して変化していく、その一例にすぎない。そして幼年時代を通して、こういった三者の関係のバランスは、変化しつづけるのである。

# 第3章　生後二歳までのおもちゃ

## ―段階的進歩―

赤ん坊の発達は、主として人間に関心をもつことからはじまる。その後彼らの、ものを識別する能力が発達するにつれて、人々が彼らのためにうまく操作してくれているもの、それゆえに彼ら自身の動きによく調子が合い、またそれによく反応してくるものに気がつくようになり、ついにはそのもの自体に興味を示すようになる。その結果おもちゃはその本来の役割を正当に認められることになる。この進行は、赤ん坊の活動自体が増大することと、赤ん坊が自分でおもちゃを一層効果的に動かすことができるようになることに並行して起こってくる。生後三ヵ月か四ヵ月になるまでに、赤ん坊の目は、だんだん焦点をうまく合わせるようになり、そして二つの目は、もっと有効に協応して機能するようになる。すなわち、赤ん坊が眺めて楽しめるものをみつけ出し、それから目を離さないことがうまくできるようになり、また、方向をあやまったり見失ったりしないで、動いているもののあとを目で追っていくことができるようになる。目を一点に集中して、それ持続させる能力に加えて、手をのばしてそれをつかむ運動が起こる。これらは、非常に未発達な形においてではあるが、すでにわずか生後一週間ぐらいのときに、眼球運動に随伴して起こりはじめていた。しかし五〜六ヵ月までにものに向かって手を差し出す運動は、一層明確な意図をもったものになり、したがって、より効果的で、それゆえにはるかにやりがいのあるものとなってくる。赤ん坊の手そのものは、赤ん坊が手に持って眺められるようなものに対しては、一層活発

に、受容的となる。生後二ヵ月にならないうちは、赤ん坊の手は、目が覚めている時間の大部分が握られたままである。そして、生得的な把握反射のために、とくに指が自分の手のひらにふれると再び反射的に手を握るという点からも、手が閉じたままになりやすい。赤ん坊の神経系の構造が成熟し、把握反射が衰えると、赤ん坊の手は、長い時間開いたままでいるようになる。その結果、手をのばしておもちゃをつかむこともできるようになるのである。

赤ん坊が、ものに向かって手をのばしてはいるが、まだ、それを手に入れようという強い期待がないときは、赤ん坊は、もっぱら活発にものを眺めることに多くの時間を費やす。このころの注視は、一度に数分間は保たれるであろう。そして赤ん坊の心をとらえるものは、前章でみたように、静かな、しかしあまり簡単に予測できず、かつ、赤ん坊を驚かすほど唐突でない動きをするもの、ということから、たいてい人間の顔と共通した、ある性質をもっている。もしわれわれが木の下に赤ん坊の乳母車をおけば、赤ん坊は、木の枝や葉のそよぐ音やさざめく音を聞いてうっとりするだろう。雨の日に窓際におけば、ガラスにあたるにわか雨を楽しみ、お日様が再びあらわれたときは、窓ガラスをキラキラ光りながら落ちていくしずくをじっと眺めているだろう。すき間風に揺れるモビール（動く彫刻）やチリンチリンとなる風のチャイム、乳母車につけたプラスティックの、あるいはメタリック・ペーパーの風車、長くたるんだばねの上につけられた弾みおもちゃ、旋回軸の上でみごとに平衡を保っている回転木馬、これらすべてのものは、その動き方に一定のきまりがなく、成り行き任せという感じを有している。（壁にうつる動く映像とか影、暖炉の中の炎、あるいは、降りしきる雪も同様に。）その感じは、赤ん坊にはとても魅力的で、しばらくうっとりと眺めているものだ。またごく小さな赤ん坊も、中心からずれてでたらめに回転する「揺れる球」に心を奪われているようにみえるのは、意外な観察結果である。しかしながら、弾みおもちゃと回転木馬は、もちろん赤ん坊のために大人の手で動くようセットされねばならない点で、制約がある。その点モビールと風のチャイムは、自然の空気の流れにまかせておけばよいだけでなく、不用になった日常的な材料から、もっとよいものを家庭で作ることができるという利点もある。

赤ん坊が、少し支えられて抱いてもらうことができるようになるとすぐに、他の家族の人たちにも関心を示しはじめる。自分のまわりをよちよち歩きまわっている年上の兄弟をみて、赤ん坊は大いに楽しむだろう。そのせいか親はときどき、年長の子が同年齢にあったときと比較して二番目の赤ん坊がわがままでなく、たいてい満足そうにしていることに気づくことがある。猫、犬あるいはせきせいいんこさえも、ほとんど同じ意味で子どもの心を楽しませることができる。しかしながら、大人とかなり年上の子どもは、赤ん坊にもっと敏感に反応するし、赤ん坊をもっと満足させるように、調子を合わせて対話することもできる。赤ん坊がおもちゃを楽しみはじめるときでさえ、われわれは前章で述べたように、どのような意味からいっても、おもちゃが、ひざをつき合わせて遊ぶ人間にとってかわるものになるとは、期待してはならない。動くものは赤ん坊の心をひきつけ、赤ん坊に周囲の世界を探索するように誘うであろう。しかし、一番重要なのは、やはり人である。

## おもちゃとしての手足の指：からだのゲーム

赤ん坊が乳母車とか（携帯用の）小児ベッドからたくさんものをみることができなくても、赤ん坊はなお、自分自身の体の動きに夢中になれるのである。指の接触遊びをするために、二本の手が合わさるようになるのにはある程度の時を要する（赤ん坊が体の正中線――体を左右に等分する縦の線――を横切って手を差し出すには、約四ヵ月以上かかる）。しかし最初は、たぶん偶然にであろうが、それがいったんできるようになると、赤ん坊は自由に自分の顔の前に手をもってこれるようになるため、今までより、ずっとよくそれを見ることができるようになる。まもなくわざと「自分の指をいじる」ことを覚え、しばしば非常な集中力をもって手を眺める。赤ん坊は、指をいじることが感覚的に、さも貴重な経験であるかのようにそのことに夢中になる。確かにそうである。なぜなら、赤ん坊は両手から触覚を、手首の運動から筋肉運動感覚を、そして眼前でやさしくからみ合う二つの手（どっちがどうだかわからないだろうが）から、視覚をうけているからである。

しかしながら、最初、赤ん坊はまるでその手足の指が自分のものではなく、まったくほかの何かでもみるように、それらの動きをじっと眺めているように思われる。はじめのころは、手と足は、独立しては使用されなくて、全身運動の一部としてそれに伴って使用される。たとえば授乳中、赤ん坊は自分の手で乳房や哺乳びんをポンポン打ち、同時に自分の足をバタバタさせるだろう。まもなく赤ん坊は、押し動かし、押しのけるため、腕と脚を一緒に使用し、うつむけにして腹ばいにされるといつも頭と肩をぐいと上げて、横に回転しようとし、足をけって後退し、足がかたい表面に触れると、手でつかみながら、体を前の方に押しやろうとする。床にあおむけに置くと、赤ん坊は寝返りをうつために、腕と脚を同時にたたくが、ついには、腕と脚双方の使い方を覚えるだろう（それは、また他方より一方をより強く用いていることをあらわす）。

ほとんどの赤ん坊は、過度に冷たくないかぎり、親といっしょに、深い水の中へ入れられるのを喜ぶ。そして誕生後間もないときには、後にあらためて学習しなおさなければならないが、ごく自然に泳いでいるような動きを示す。西欧の子どもにとって、もっと日常的な経験である入浴時間は、今でも赤ん坊の遊びに、ずっと豊かな幅をもたせる。赤ん坊がまだ入浴用のおもちゃをもっていないときでも、はねをかけたりかけられたり、水中をあちこち動かされたり、石けんをなめらかに塗られたり、また暖かいタオルで乱暴に取り扱われたりする感じは、自分自身の身体をよりよく知るために大切な経験である。入浴時間全体を楽しいものにするよう配慮することは、非常に価値あることなのである。たとえば、赤ん坊と赤ん坊を入浴させている大人とが、ほんの一インチかそこいらの深さに水が入った大きな浴槽の（滑り止めの）ケバの上に寝そべると、遊ぶのに一層危険がなく、自由な感じになる。もちろん赤ん坊はまだするがままにさせておくことはできないが、大人の両手は自由となるだろう。そこで赤ん坊は、ころげまわったりすることもできるし、少々、水がはねて顔にかかっても、驚かないようになるだろう。

赤ん坊は七ヵ月か八ヵ月になると、支えもなしに、しっかりとまっすぐすわれるようになる。そうなると、赤ん坊は、危険がないと感じてさえいれば、年上のよちよち歩きの子といっしょによろこんで水遊びをするであろう。しかしここで、一つの浴槽の中に年齢の違う子どものために、どうやって程度の異なった二つの安全措置を施すかが、問題となる。たいていの場合うまくいく方法は、赤ん坊がすわれるように浴槽の中へプラスティックの洗たくかごを入れることである。これは浴槽の中に別に赤ん坊専用のプールをこしらえてやると考えてもらってよい（そこにはまた、赤ん坊の手のとどく範囲のところに入浴用のおもちゃをおいておかなければいけないが）。そのほかに、はしゃぎすぎてひっくり返らないよう、何かしがみつけるものを、そして年上の子のような相手になってくれる仲間を与えることである。もちろん赤ん坊を思うままにさせておくことが安全なことではないのはいうまでもない。

きょうだいがいなくても、入浴時間は赤ん坊に社会的遊びのとっておきの機会を提供する。その理由は一つには、水を手でさわること、冷たい水を一口飲むこと、あるいは皮膚の上に直接おかれる親の手は、赤ん坊を息もつかせず笑わせるほど、楽しい経験をさせるものであり、また一つには、入浴時になされることは、毎晩、たいてい同じようにくり返されるからである。したがって赤ん坊は、すぐに儀式の次の部分を期待するようになる。くすぐりそうな手が近づいてきたり、おなかにひやかしのキスをされそうになって、わっと笑いが吹き出る。親と子どもの間に展開するこれら二人だけの秘密のゲームは、すでに論じたひざとゆりかごの遊びのように、これから起こる一連の事件を順序だてて予想をさせるという訓練を子どもにさせる。同時に、これらのゲームは、赤ん坊を自ら特別な、また必要とされている存在だと感じさせることにおいて、さらに一般的にいうなら、ひとりの人間として自分自身をとらえていく力を発達させることにおいて、非常に重要な意味をもっているといえる。

## 触れることと感ずること

最初赤ん坊たちがものにさわるのは、自分がさわっているものが一体何なのかを知るためではない。まさにさわることそのもの、感じることそのものを楽しみ、味わっているからのように思われる。すなわち、赤ん坊たちは、ことさら注意もせず、ただ表面をひっかいたり、衣服を指でいじったりする。赤ん坊たちは、やがて手を口のところへもってくることを覚える。そしておしゃぶりを与えられないときは、指や親指を吸うようになる。吸いつき反射が少し弱くなったときでも、赤ん坊はどうにかつかんだものを、口に入れようと唇のところへ持ってくる。手に持ったものを口へ入れる運動は、最初はあまり上手というわけではなくて、赤ん坊たちは、こんなふうに遊んでいるときちょくちょく自分の顔を打ってしまって、びっくりすることがある。赤ん坊が吸いつき、味わい、かもうとする衝動をほぼ完全に忘れ、おもちゃを口に入れることをやめ、おもちゃを注意深くながめるようになるには、数ヵ月を要する。これは、発育の進行が単に赤ん坊が新しい行為を学習をすることによってのみなされるのではなく、本能とか、衝動といった、赤ん坊の中に深く根をおろしている行為、そのためにより柔軟で知的な行動の学習に妨げとなっている行為を自らやめることにいかに大きく依存しているかという、一つの具体例であろう。

## がらがら

ものの世界とまともに取り組むようになる段階では、赤ん坊は、いろいろと異なった種類のおもちゃを与えられる必要がある。もちろんそれらが壊れやすく、先がとがっていたり、有毒なものであってはいけない。そして、口の中に入れられることを考慮して、洗うことができるものなら申し分ない。口に入れるおもちゃは、つかむのがやさしくかんでも安全でなくてはならない。そこで、まず赤ん坊がつかむのに適していて歯ぐきをひっかかない、第二に赤ん坊がじっと見、耳を傾けられるもの、第三に指でまさぐってみたくなるような特徴をもったものを求める必要がある。必ずしもこれらすべてのデザイン基準を同一のおもちゃが兼ね備えている必要はないが、古い新しいを問わず、いかに多くのがらがらが、うまくそれらの特徴を組み合わせてもっているか、それは驚くべきことである。

われわれ自身が収集したがらがらのコレクションのいくつかが六四頁に示されている。最初に手に入れたものは、表面に光沢があってでこぼこしており、内部にはがらがらいう種子がはいっている大きな固いさや状のものである。われわれは生け花の店で、この掘り出しものをみつけた。しかしそれをかんでも無害かどうかわからないため、われわれは、それを実際に赤ん坊に与える前にいろいろと調べなければならなかった。その結果、このがらがらが確かに、この種の目的にかなったものだということがはっきりしたので、ここに含めておいた。次に自然の採集物に少々手を加えて美しく仕上げたものをできるだけ集めた。たとえば、ひょうたんに彫刻をほどこし、色をぬったり、あるいは浜で自然に摩滅した小石を集めて革ひもでつないだり。端に笛をつけた銀と真珠層〔訳注　真珠層：シンジュガイやアワビなどの美麗な真珠光を発する内側の堅い部分。ボタンや細工物に使われる。〕でできているヴィクトリア女王時代のがらがらは、もし赤ん坊が手にした場合、おそらくあまり長持ちはしなかったであろう。そして鈴は、歯ぐきに傷をつくりやすい。銀、サンゴ、象牙、真珠層などでつくられたジョージ王朝時代とヴィクトリア女王時代のがらがらを収集したアーノルド・ハスケルはこれらの美しい優美なおもちゃについて、次のように推測した。すなわちそれらは「幼児を喜ばせたのと同様に、いやそれ以上に親をも楽しませたにちがいない。そのことは発見されたとき、それらがたいていいつもすぐれた状態にあったという事実が物語っている。おそらくそれらのがらがらは、子どもが遊んでいる最中とか、むずかったりしているときにゆりかごの中から外へほうり出されたということもなく、母親や保母の手によって時々赤ん坊を楽しませ、それ以外のときは、彼女たちの帯飾り鎖から、大事そうにぶら下がっていたにちがいない」と[1]。しかしながらしばしば、われわれのコレクションの場合と同じく、もとのベルのうちの一つ二つは欠けている——遠い昔のそのときの周章ろうばいぶりは疑う余地もない。大人の監督を必要とするがらがらの他の例は、英国博物館にみられる鳥とか動物の形をしたローマのテラコッタ製のがらがらである。赤ん坊が自由に使うものに限るとすれば、粘土とかまを利用できるなら（たぶん記念のためのおもちゃとして）彫刻をほどこした陶器のがらがらを作ってみるのもおもしろいことだ。

ここに示されている木製のがらがらは、スカンジナビア、イギリス、ドイツ、日本から集められたものである。これらは、単にみがかれただけのものや、ポリウレタンで仕上げられているものもあり、大人がみても非常に楽しいものである。こういったおもちゃは、しかし赤ん坊の方は、目でみてすぐにとびつくわけではないようだ。木の自然の木目は、赤ん坊にとってそれほど重要なものではない。しかしながら、このような木製のがらがらは手に非常になじんで持ちやすく、かんだり、手から手へ渡すと、とても楽しいものである。がらがらのほとんどには、指を突っ込むための面白い穴とか引っこんだところがつくってある。音は、普通中にはいっている木製の球によって低くがらがらという音がする。そのほうが小さな赤ん坊には向いている。というのは赤ん坊はしばしばプラスティック製のがらがらの、高い不快な音を嫌うからである。めずらしいものとしては、子どもが外から指で突けるように、球、ベルあるいはガラスのはじき玉を、鳥のかごのようなすき間のあいた容器に入れてあるものがある。そのほかには、一方の穴から玉をころがし、もう一方の穴からひょっこり飛び出してくるもの。これなどは「さあ、玉がみえるでしょう、いい？　ほらみえなくなった！」という経験をさせてもおもしろい。あるいは、音にしても、一個または複数個のだぼの穴に玉をころがすことによってたてられるカタカタという音、あるいは、木材を鈴のような形にして、細長い穴があけられ、特に音楽的な音色を出すようなものなど。二、三の木製のがらがらは、赤ん坊があざやかな色が好きであることがわかって、絵具を塗ったり、（もっときれいに）色のついたポリエチレンで表面を加工した。天然木の細長いくぼみをつけた円筒の内部に、あざやかに彩色したプラスティックの球を非常にうまく使用しているものもある。他の自然の材料のうちで、籐類のがらがらは、手ざわりがよく、かんだときの感触もよい。しかし、なぜこれがそうでなければならないか、理由はないように思われるけれども、形に関しておとなしい傾向がある。

市場には非常に多くの、安くてあまり好ましくないプラスティックのがらがらが出まわっている。あるもの

銀と真珠層
プラスティック
木
陶器
木
籐
木
プラスティック
木
トゥリングル
プラスティック
木
プラスティック
ルンバ
豆のさや
リングーアーリング
プラスティック
木

は、薄くて弱いプラスティックでできていて、簡単に割れてしまいそうで、しかも割れたあとがとがって危険である。多くのものは、赤ん坊では理解することもできないし取り扱うこともできないようなもので、なまめかしい動物の形をしている。しかしながら、この事態は、アーノルド・ハスケルが「私はそれでも、プラスティックのがらがらがかわいくて衛生的であること以外でも評価されるようになることを期待している」と何かに書いて以来、デザインの面で少しは進展してきつつある。われわれが好きながらがらを、さし絵で示しておこう。これらのうちでもっとも古いもの（たぶんハスケルはがらがらの部類に入れなかったもの）は、キディクラフト社のトゥリングルである。（もしその形状を表現するとすれば）それは曲線からなる三角形を集めたもので、一九七七年までは、銀の鎖にとおされていたが、ああ残念なことに、今では、ナイロンのひもに取替えられた。はっきりしたあざやかな色の、丈夫なABSプラスティック製のトゥリングルでは、その形が赤ん坊の口を大きく開けなくてもいいようにデザインされることをいつも要求されていた。われわれの経験では、赤ん坊は、同時に二つのコーナーを押しこもうとして、夢中になって大きく口を開けようとする。しかしなぜ、赤ん坊たちが、そんなことをするのを心配するのか、われわれにはわからない。このがらがらは、一九四〇年代以後、堅ろうになってきた。そして長くおもちゃとして愛されるに値するものである。おもちゃそのものは、そのデザインと同じようにほとんど壊れることはない。子どもの発育の初期段階では、ごく初歩のがらがらにふさわしく十分軽くするため、ひもに二、三枚しか通していないものを利用するとよい。またキディクラフト社は他の特にデザインのよいABSのがらがらも作っているが、その中でも、「飾り環」のまわりをがらがらとすべる飾り環がらがら（Bangle Rattle）と、指先はじきのがらがら（Flip Fingers）とが注目される。マザーケア社の、つる足型の鈴（ルンバ）とペディグリー社のリング-ア-リングは、つかみやすいように設計されている。とくにリング-ア-リングは、まわりにぐるっとつかむところがいくつかあって、手から手への遊びを促すように配慮されている。どちらのがらがらも透明か白の地にあざやかな赤と黄を使っている。両者とも音は弱くてきしまない。そして、リング-アーリングにはそのまわりに指先を入れて探れるほどの大きさの穴があいている。透明なポリ炭酸エステルの球体は、しばらく売っているのを見なかったが、フレームの取っ手がついたり、つかなかったりして作られている。その内部は、水が半分満たされて、小さな黄色のあひるが浮かんでいる。赤ん坊も年長の子どもも、その球体がどちらに倒れても、あひるが幸福そうに泳いでいるのを見て、うっとりとしている。

プラスティックのがらがらのもっともよいものは、美しいあざやかな色にそまるポリ炭酸エステルとか、ABSプラスティックのような、本当に良質の、重い規格のプラスティックで作られたもののように思われる。ポリエチレンとビニールはやわらかいので、そんなに効果的にがらがらとは鳴らないし、ほこりもつきやすい。もっとも中に鈴のついたかなり感じのよいハリネズミのような形をしたものもある。親の手製のポリエチレンのがらがらで、とくにすばらしいできばえだったのは、「とばく師」が練習用に使う球を使ったものである。それは全体に穴がいくつもあいていて、種々のサイズのものが店で売られている。中に入れる鈴は二度と落ちてこないように、最大の穴の中に無理に押し込まなければならないほどの大きさのものを選ぶとよい。（手芸店やペットの店で売られている。）赤ん坊は、穴に突っ込んだ指をまげて簡単に球をつかむことができることに気づくであろう。そしてピカピカの鈴が内部でがらがらいいながらまわっているのを、じっとみることができる。球のサイズはいろいろあるため、赤ん坊の大きさに合ったものを選ぶこともできる。これらの穴のある球を用いて作られるもので、われわれがぜひみたいと思うものは、球の中に、球を入れ、そのまた球の中に球を入れ、そして中心に鈴を入れたものである。これは新しい思いつきではない。――この魅力的なおもちゃは、博物館で見られる。それは象牙とか黒檀でできたたった一つの球から彫られたものである。われわれは、瘋癲木製の五つの球のものをもっているが、それは、赤ん坊が夢中になって指を差し込んで遊ぶ、一種のパズルおもちゃといってよい。それはずっと後になって、子どもが集中力を身につけるようになってからは、子どもばかりでなく大人も満足させられるようなおもちゃとして認識されるようになる（たとえ現代の工業技術がまがいものを製造しようとも）。

指を突っ込む赤ん坊について述べたときには、われわれはすでに次の段階へ移りはじめている。すなわち、手を口へもっていく段階から、何かまったくもっと探究的な段階へと移行しはじめている。実際、よいがらがらであるために何が重要であるかというと、それが、その進行に橋わたしをする性質をもったものであることだろう。すなわち、最初はちょっと手にふれて、次に口に入れ、そしてじっとその音を聞く上で満足させればよいが、そのことにとどまらず、さらに一層視覚的、操作的な遊びの可能性を持っているべきであるということである。手を口へもっていく段階において、なぜ赤ん坊は、物そのものより、物の手ざわりに一層関心があるように思われるか、その理由の一つは、赤ん坊がまだ横になって寝ているとき、落としたものは視界の外にころがってしまうからだろうということである。この段階では視界の外にあるものは、また心の外にある。子どもがいったん、気持ちよくまっすぐすわらせてもらうようになると、落としたものがどこへ行ってしまったかもっとよく見ようとするだろう。そして子どもは、自分を支える手が必要でなくなると同時に、手に持って口へ入れたり出したりしているものを調べるのに、はるかに都合のよい姿勢でいられることになる。

## 好奇心遊び

ちゃんとまっすぐすわることができるようになった後も、たいていの赤ん坊は、まだしばらくの間は、ものを口に持ってくる。同時に子どもは、しだいに、自分の手がしていることについて考えるようになり、いろいろな角度から、ものがどのように見えるかに関心をもつようになる。確かに両手を協同してはたらかせる能力が増大するにつれ、赤ん坊はものには、一つ以上の角度があることをはっきり認識できるようになる。この認識が赤ん坊に、もののあらゆる部分を眺めたい気にさせるのである。そしてこのことが次に赤ん坊の両手に、ものをひっくり返してみたり、もちかえてみたりできるもっと精巧な動きを要求するであろう。おもちゃが口から離されると、赤ん坊は、実際に、さらに大胆に、曲がっているものをまっすぐにしようとしたり、外側を眺めまわすように思われる。ものとしては、一般的な、そしておもちゃとしては特定の決まったものが今や赤ん坊の注意をとらえている。

手と目とのこのすばらしい協応によって、活動と理解に大きな展望が開ける。たとえば食物は、まったく新しい意味でのあそびの媒体として、とつぜん興味を起こさせる。食物は、指にくっつき、こねられ、つぶされ、こなごなにくずされ、あるいは他のものになすりつけられ、色のついたしみをつくるものである。飲みものは、あわとしぶきにすることもできるし、あるいはこぼして水たまりを作り、指でパチャパチャやることができる。茶わんはからにされ、中身は何度も手にすくって移すこともできる。親たちが床から一五番目のピューレのかたまりをふきとり、赤ん坊の手もとのふやけたトーストのかたまりをとりあげようと追いかけまわすとき、「発見」や「創造性」といった語が親の心に真っ先に浮かばなくても、だれがその親を責めることができようか。

しかしながらこの点こそ重要なのである。生後六ヵ月頃からずっと、子どもは自分の環境に非常に決然とした猛攻撃をし始める。そして、この時期の好奇心によるあそびは、子どもの発達しつつある理解力に対する刺激であり、その証拠でもある。あなたがものを押しつぶし、げんこつで打ち、打ち砕き、そしてかみつくとき、どんなことがおきるかを、赤ん坊は発見したがっている。裂けたり破れたりするものもあれば、伸びて曲がるものもあり、さらにがらがら音をたてたり、弾んだりするものもある。果てしない実験によって、子どもはこの世で出くわすあらゆる異なった材料の性質と特性を発見しはじめる。疑いもなく、今こそ非常に急速な学習の時期であり、この時期に赤ん坊は、おもちゃに対して注意を集中させるため、少し大人から注意を離すようになる。――前述したように、これが母親が少し当惑するような変化である。

この段階の赤ん坊は、ときには破壊的でさえあるように思われる。たしかに、赤ん坊が重い本とか雑誌に出会うと、本の一枚をつかんで持ち上げようとする（相対的な重さと引っ張り強度は、まだ知らないことだが急速に知っていくことである）。そして、その一枚をいったんつかむと、それをねじり、かみ、振りまわしてなげつけ、そしてもう一枚を引き裂こうとしてもどる。赤ん坊は、接触する材料の限界を検査することに興味をもっている。これは、好奇心あそびに不可欠な部分である。事実一枚の航空便の便箋を「利用する」ことが七カ月の発達テストの問題の一つになっている。この問題に合格するために、赤ん坊は、「積極的にその紙を振ったり、その紙を目的的に利用したり、さもなければその紙と遊ぶ」ことをしなければならない[2]。

この段階の赤ん坊の要求を満たすことは、探求すべきいろいろなものをたくさん与え、それらが消耗されるものか、破壊できないものかを確かめさせてやることだろう。

この時期、赤ん坊が遊んでいるものは、何も高価なおもちゃでなくてもよい。この時期では、包装用のいろいろな材料は、最良の遊びの道具となる。たとえば、一本のきれいなひも、チョコレートの箱の内側にある、パチパチいう中紙、きれぎれに裂かれた包装紙、化粧品の厚紙の外箱——赤ん坊が、はがした紙きれで顔をふさがないように気をつけてやるために、だれかがまわりにいれば、こうしたものすべてが赤ん坊によってたのしく利用される。他のおもちゃは、わずかな経費か、経費なしで作ることができる。ブリキかん、小さくて強い広口びん、プラスティック製のびんと小さなかんは、それぞれひらまめ、水、ピンポン球で四分の一ほど満たし（いろいろな音の実験）、ふたは、ころがしたり振るために、しっかりと粘着テープを貼る。ピカピカのボタンと鈴をビロードとか毛皮の織物の端切れにしっかり縫いつけてもよい。たくさんの面白い金物を、材木の切れ端に、ねじくぎで留めたものもある（私の子どものひとりは、ボルト、鎖、開閉器、ちょうつがい、そしてちょう形締め具を持っていた）。たいていの家庭には、不用になった小物がたくさんあると思うが、それらをいっし

ょにして靴ひもに通せば、即席のおもちゃができあがる。本書執筆の際、たとえばどんなものが集められるか調べたところ、五分間でみつけたものは、鍵、木綿の糸巻、からの小箱、絞り出し、びんの赤い栓、真鍮製の取っ手、照明備品についていた環、古い出納簿、石鹼を乾かすための小さい吸盤でおおわれたゴムのクッション、そしてたくさんのふた、コルク栓、ボタンであった。

この段階のために購入されるおもちゃは、ちょっと見た目も、指でいじってみるのにも、なめてみても、興味を起こさせるようなものでなければならないが、そうでなければ、それらのおもちゃでどのようなことができるにしろ、子どもが遊んでいるとき、まったく偶然に押したり打ったりした結果、何かが起こるようなものであればなおのことよい。中で蝶がぐるぐるまわっていたり、また他の仕組みが施してある透明な球は、視覚的な喜びをもたらすものである。はね起きるおき上がりこぼしの人形は、まだ、はうことのできない子どもには、手の届かない方向へ転がって行ってしまうものより、欲求不満をおこさせない。大きな球は、押してみると非常におもしろいし、普通は、家具の配置の仕方によってはいつでも手の届くところに置いておくことができる。押したらはね起き、また元にもどるおもちゃは、ゴムの心棒と吸着盤によってしっかり固定されているだろう。弾むというより、むしろ打ちかえってくるようなものもあるので、赤ん坊の近くにおもちゃを固定する前には作動力を検査する必要がある。前後に揺れ動いたり、ぶらぶら動いたり、あるいはくるくる回るおもちゃは、楽しまれるだろうが、それがひっくり返ると、赤ん坊は、もとにもどすことがむつかしいだろう。ここに、さし絵で示されているおもちゃ（フィッシャー・プライス社のチャイム・ボール、エスコー社の木製の船形の大ぶらんこ、エスコー社の木製の五月柱〔訳注　花・リボンなどで飾り、五月祭にその周囲で踊る。〕、エスコー社の回転木馬）のうちで、最初のものだけは、ひっくり返らない。それにもかかわらずその他のおもちゃも、この年齢の赤ん坊に買ってやるのにまったく適切なものばかりである。というのは、これらのおもちゃは、赤ん坊が発育していくための絶えざる可能性をたくさん持っているからである。よいおもちゃは、発達の速さにまさるものである。

事実、おもちゃを購入する際、忘れてならない重要なことは、赤ん坊がまだ「正しく」使用できないおもちゃからでも、赤ん坊なりのレベルで遊んだり、あるいは大人にむつかしいところをちょっと助けてもらったりして、結構多くの喜びを得るかもしれないということである。たとえば、お尻でいざって移動することがやっとできるようになったばかりの、まだ、押したり、打ったりする段階（push-and-swipe stage）にいる赤ん坊は、たとえすわっている位置から、あちらこちらへ押し動かすだけにしても、よちよち歩きの子のために設計された車つきの音楽おもちゃを楽しむのは、大いにあり得ることである。あるいは、まだ順番にものを積み上げるということが理解できない子どもでも、大人に積み上げさせて、自分はもっぱら打ち壊すことで喜ぶものだ。大きいものから順に上にのせていく木の形の積み上げおもちゃとか、それに引き金仕掛のついたおもちゃは（二二五頁参照）、だんだんと胸をわくわくさせながら、やがてその興奮が絶頂にまで達するといった非常にエキサイティングなものだが、それは初めは、全面的に大人によって実演される。そして子どもは、最初はただ、これから起こることを予想して緊張し、のちに、自分で発射装置のつまみを押すようになり、そして、最後になってはじめて大人から引き継いで全部ひとりでその行程をやりとげる。同様に、オルゴールは、初期の段階では　大人が作動させたものに耳を傾けるだけのことである。次に、子どもが箱をひっくり返しては眺め回し、手当りしだいに、取っ手や鍵を押しているうちに、たまたま音が出せることをみつける。そして早晩もっと上手に装置を動かすことを覚え、また、フィッシャー・プライス社製のプレーヤーのオルゴールのように、さらに手のこんだいろいろなセッティングを、初めから終りまですべてひとりで処理することさえ覚えるようになる。

# 概念の発達

## かくれんぼう

赤ん坊が、ものがなくなったとき泣くようになると、ものそれ自体が赤ん坊にとって重要になりはじめていると考えてよい。たとえば、おもちゃが視野から消えてしまうと、赤ん坊は、もう一度それをみつけようと積極的にさがし始める。実際に、今目の前にみえていないものをさがすということは、赤ん坊が、それが何であるかという考えと、それがまだ、どこかそのへんにあるにちがいないという理解をもっていることを、意味していると言明できる。

この理解が、どれほどしっかりしたものであるかを確かめるのは非常に簡単である。すなわち、赤ん坊が何でもよいから、ある小さなおもちゃに明らかに関心をもち、それに手を伸ばそうとするまで待つ。われわれはその瞬間、おもちゃの上に小さなハンカチを素早く落とす。小さい(一一ヵ月か、そこら以前の)赤ん坊は、直ちにおもちゃのことは忘れてしまう。おそらく彼女は関心をハンカチの方に移し、それをつまみ上げるだろう。赤ん坊がハンカチそのものに関心をもって、それをつまみ上げたかどうかということは、すぐに明白となろう。なぜなら、赤ん坊がおおいをとっておもちゃに気づいたとき、赤ん坊は、ちょっとおどろいたような様子をみせるから。しかしながら、赤ん坊の理解力が発達するにつれて、このように何かをおおいの下にかくしても、赤ん坊はしだいにだまされなくなってくる。おもちゃがほしければ、赤ん坊はすぐにおおいをひったくり、求めているものを得るであろう。実際、おおいが取り除かれたとき、本当にものがどこかへ行ってしまってそこになかったら、そのときはじめて赤ん坊は驚くであろうが。

この「ものの永続性」の概念を利用して、子どもをあそばせるおもちゃには、かくれんぼうの性格をもったものが何がしか含まれている。もっとも単純なおもちゃは、ふたつきの単なる箱で、その中へ子どもは小さなおもちゃを入れ、もう一度それを「見つけ出して」楽しむことができる。もちろん、これらのおもちゃは、ただで集めることができるが、ガルト社とチッコ社の両社は、ポリエチレン製のふたつき円筒の美しいセットを売り出している。それらは、小さいものから大きなものへと順に等級がつけられていて、それぞれ種々のあざやかな色彩が施されている。したがってこれらは、大きさをぴったり合わせて遊ぶ以外にも、積み上げ遊びのおもちゃとしても利用できる。ここで一つ覚えておいていただきたいことは、子どもが四角形の箱にふたを合わせることができるのは、円い箱を処理することができるようになってからだということである。とび出しおもちゃの中には、てこを押したり糸をひっぱると、人形や動物が、穴とかおもちゃのもう一方のうしろから、ヒョイと出てくるといったもっと複雑なものもある。今もまだわれわれのまわりにある伝統的なとび出しおもちゃとしては、棒につけたあやつり人形がある。われわれがもっているあやつり人形は、円錐の中にひきおろしてその姿をかくし、それからとつぜん視界にとび出すようになっている。びっくり箱は、この種のもう一つの伝統的なおもちゃである。しかし、その動きは、この年齢の赤ん坊をかなり驚かせるものであるし、またあまりに素早すぎて、おそらく赤ん坊はそれから多くのことを学ぶことができない。また箱の中へジャック（びっくり箱の人形）をもどすことも、むつかしすぎる課題である。その点、棒つきのあやつり人形を円錐状のものの中へ引きもどすことは、赤ん坊はすぐに試してみることができる。以前、大道商人によってよく売られていたおもちゃは、ゴムの球でつくってあった。それは、強くにぎると、もっとうすいゴム製の喜劇的な人物が、球の端からプクッとふくらんでとび出し、押さえた手をはなすと、中へ吸い込まれていくものである。

ものが消えて、再びあらわれるおもちゃは、他にもたくさんある。木綿の糸巻きをいっぱい入れた簡単な布製の袋は、その口にゴムひもを通して、適当に締め、そこから手をつっこんで中を探って遊べば、この年齢では、おもしろくてたまらないおもちゃになる。子どもがレンガを押しながら木製のトンネルをくぐらせ、もう一方の端から現われるといったトンネル遊びは、大人に見える以上に、この発達段階でははるかに興味深いことにちがいない。トンネル原理のもっと複雑なものは、「腸詰用ひき肉器」のおもちゃで、木くぎが狭いトンネルに、つちで打ち込まれると、向かいの端から一つずつポンポンと現われてくる。また球がころがるおもちゃは、球がおもちゃの中へ落ちるか、つちでたたいて堅くしまった入口から入れるかすると、傾斜したトンネルか、戸のついた出口からころがって出る。ブリオ社は、これらのおもちゃのよいものを作っている。

## 諸関係

赤ん坊の理解力の増強ぶりを観察できるものとして、もう一つやりとりあそびがあげられる。赤ん坊に、小さなもの——たとえば立方体の積木とか茶さじ——を与えてみなさい。そして、赤ん坊がそれを持ったならもう一つ別のものを与えてみなさい。まず、最初に持っているものはもう一つのものが与えられるたびに落としてしまう。すなわち、古いものは、新しいものに注意を集中しはじめるとすぐに、完全に忘れ去られてしまう。一度に二つのものについて考えるのを覚えるには、時間がかかる。赤ん坊がなんとか第二のものに注意をはらい、第一のものを落とさないようになるのは、おそらく生後六ヵ月を十分過ぎてからであろう。赤ん坊は今や、両方を必要としているのだと気づいて、新しいものに手を差し出すと同時に、しっかりと古いものを握りつづけている。同時に二つのものを持つことができたら、赤ん坊に第三のものを持たせてみなさい。これは、赤ん坊に一層複雑な問題を提示するものであるが（たぶんはじめの誕生日をしばらく過ぎてからでないと、できないだろうけれども）、早晩それを解決するであろう。第三のものに、手を差し出す前に、赤ん坊は、最初の二つのうちの一つのおき場所をみつけるであろう。たぶんそれは、赤ん坊のダンガリー布製ズボンの上端かひじの折り曲がった部分に押し込まれよう。ここに赤ん坊があらかじめ考えて、問題の解決を達成することを学びつつある、はっきりした証拠がある。

一度に二つのものについて考えることができることは、あらゆる種類の活動にとって、重要なことである。非常に簡単な例をあげると、赤ん坊がさじで食べさせてもらっていると、まもなく、自分でさじを持ってひとりで食べたがるようになる。しかし、まず第一に赤ん坊のもっとも犯しそうな誤りは、さじをひっくりかえしてしまい、そのために、食物が実際に口のところまでくる前になくなってしまうことであろう。赤ん坊は、さじを正しく動かす技術を向上させるだけでなく、その理解を深めることが必要である。赤ん坊は一度に食物とさじの両方に気をつけなければならない。そして無事に口の中に入るまで、食物をさじの中へ入れておく最良の方法を考えなければならない。いったん二つのものを、それら相互の関係の中で考えることができると、赤ん坊は、上手に道具を働かせることができるであろう。それは言語能力は別として、たぶん、もっとも重要な人間の能力であろう。この段階では、ものをバンと強く打つことが大好きな仕事となる。さじは、たとえば皿のようなものを打つために使われることもある。そして、それが自分のよだれ掛けや食卓の上をさじで強く打ったり、茶わんの中でさじをがらがら鳴らすときとは違った音を出すことを知る。もう一度いうと、赤ん坊は、ものとものとの間の関係について学んでいるのである。生後一年目の終りにかけては、単純なバンバンたたくおもちゃが、子どもに大きな喜びを与える。木琴とか、ゴムを張った太鼓は、まあまあがまんできる音を出す。そして、木くぎをつちで打つおもちゃは、長い間子どもの心をとらえつづけるであろう。なぜなら、赤ん坊が、木くぎを選り分けて穴に合わせるのを覚えるのは、もっと後になってからのことだからである。

われわれがすでに考察したように、ものを隠して、それをみつけだす遊びは、隠れているものに注意を集中させる。一歳の誕生を迎えるころから、何かを入れることのできるくぼみのあるものが、魅力をもつようになる。穴は、赤ん坊の注意をひきつけ、指を突っ込んで調べられる。赤ん坊は、一つのものを別のものの中へ入れたとたん、何か興味深いことが起こることにすぐに気づく――ガタッという音がして、内部のものが消え去り、たぶん穴そのものがなくなってしまう。次に赤ん坊は、ある種のものだけが他のものを入れることができるという、この興味ある特性を有していることを見出す。たとえば、小さな球は、大きな茶わんに入れることができるが、小さな茶わんは、たとえどんなに大きいものでも球には入れることができない。事実、ある種のものだけが内側と外側の両面をもっている。そして、はじめてそのことを発見すると、子どもは容器と、その中に物を入れる方法とについて、長い時間をかけて注目すべき発見を検討するかもしれない。赤ん坊は、このことに非常に夢中になるため、中空の容器を満たしたり、からにすることが、それだけで一つのゲームになる。

ここでもう一度、赤ん坊の思考力がどのような段階をふんで発達していくのかが観察される。一つのものを、別のものの中に入れることができるのだという考えに、初めて赤ん坊が思い及ぶと、赤ん坊は容器の上に、小さい方のものを持ち、それを中へ落とそうとするので、このことを理解していることが観察者に示される。がしかし、赤ん坊は実際には、まだそれを手放すことはしない。やがて赤ん坊がものをつかんだ手を中に入れ、それを手放せるようになったとき、再び容器をからっぽにすることが、中にものを入れることと同じくらい面白いことであることにすぐに気づく。もし赤ん坊が、そのとき、一二個の木製の立方体の積木を与えられて、読者が、それをみなブリキかんかシチュー鍋の中に入れさせようとすると、赤ん坊は、とても熱心にはじめるが、たぶん最初の数個を中に入れたら、まだ全部入れないうちにそれらを取り出して容器をからっぽにしてしまうであろう。この種の課題を達成するには、赤ん坊が、まだ獲得していない順序と体系の認識が必要である。ものを中へ入れつづけることを学ぶよりも、ものを全部入れてしまわないうちに、途中で中のものを出してはいけないことを学ぶことのほうが時間がかかる。そして赤ん坊は、約一八ヵ月以前には、この段階に達しそうにない。同様に、赤ん坊が十分注意しながら積木を積み上げて塔をつくること（およそ二〇ヵ月）にしてみてもすべての積木を積み終えないうちに、塔を倒してしまいたい誘惑に耐えることが、最初はどうしてもむつかしいことなのだろう。

## 動きやすくさせること

手の届かないところへころがっていってしまうおもちゃは、まだはうことのできない子どもに、ある欲求不満を生じさせることについては、前に述べた。しかし、もちろん最後には、この種の欲求不満が、子どもを移動させる動機づけとなる。手をいっぱいにのばして届く範囲外に何か面白そうなものをおいてもらっていない子どもは、したがって非常に不利な立場に立っていることになり、後で見るように、その結果子どもに生じる無関心をゆさぶるために、特別の配慮が必要となる。

脇へ寄るとか、お尻を引きずるとか、腹をつけてはうとか、手と膝ではうとか、いずれにしろ、いかに当座しのぎの方法であろうとも、赤ん坊が、いったん動き回ることができるようになれば、回転おもちゃは、子どもによって、十分興味をもって利用されるものとして、その本領を発揮することになる。ゴム風船つきの球、円柱状の形をしたがらがら、中央にまっすぐに立ったまま回転する重い人形（そのバリエーションとして、ケリー社のよくはね返る人形がある）、変わった回転運動をする揺れる球、これらはすべて、子どもが押し、追いかけ、またさらに押すように刺激する。簡単な車のついた木製おもちゃは、最初は、回転おもちゃとしての機能を果しているが、後になると、そのほかに想像あそびのためにも使用されるようになる。しかし、そのものがさしあたり貨物自動車といわれようと、機関車といわれようと、子どもには問題ではなく、それは、ただまさによい回転おもちゃである（大人や年長の子どもたちが、それを「貨物自動車」らしくみせる場合は、ブーブーとかゴーゴーとかの音をうまく使っている。）木製の車軸のついた木製の車の利点は、そのゆっくりした動きが、この段階の赤ん坊自身の動きの速さに適合していることである。

## スクーターと歩行器

車輪のついた大きなおもちゃは、上に乗っても大丈夫なくらいしっかりしたものであれば、まだ、はう段階にある子どもにも喜ばれる。したがって、キャスター（脚輪）や、玉軸受け（ball-bearing）の車輪がついているおもちゃは、たとえ子どもがそこに乗って落ちても危なくないように、丈の低いデザインのものであるのが望ましい。それならもし落ちてもほんの少しころぶだけですむ。タイヤつきのキャスターは（高価だが）買うことができる。家具を傷つけないように縁にゴムのカバーがついたキャスターつきの板も適当だ。そして（チコ社をはじめとして）たくさんの会社が、赤ん坊のために、胴体がプラスティック製の、この種のスクーター式のおもちゃを市場に出している。おもちゃが、大きすぎる場合には、赤ん坊は結局は後になってそれを引いて歩くのに利用することになろう。そして、ひっくりかえったり、赤ん坊を乗せたまま かけ出さないように、十分しっかりしていて、それほどスピードが出ないことは赤ん坊のおもちゃとして重要なことである。ある木工職人（クルーディ・ウッド・プロダクツ社のW・G・グリーン）は、車輪ではなく、ころのついた、前へ押しながら進む手押し車を工夫した。このころのおかげで手押し車は簡単にはぐらつかないものになっている。多くの会社は、倒れるのを防ぐため、直立した取っ手を比較的前につけた「幼児歩行器」の手押し車を市場に出している。これらはとくに、歩行の補助として、また、子どもの小物を乗せたり、おろしたりすることのできる入れ物として、役立っている。ウッドペッカー玩具社製の木の車輪と軸のついた、美しくてがっしりした木製の乳母車は、同様の目的にかなっていて、つづいて子どもが、人形やぬいぐるみのおもちゃを喜んでかわいがりはじめると、第二の、本来の用途にあったお役目を果たすことになる。

幼児歩行器」という用語は、まったく異なった他の器具のことをいうのにも用いられる。フレームには、小さな車輪やキャスターがつき、普通中央に粗布のスリング・チェア（吊りいす）がある。子どもはその中へ入れられて、歩行が補助される。このようなフレームは、ずっと以前から使用されてきたものである。イプスウィッチにある、クライスチャーチ・マンション（博物館）の育児室には、たぶん年代は一八世紀初頭にまでさかのぼると思うが、どの方向にでも回転できる鉄のキャスターがついた非常にすばらしい木製の歩行器がある。それにはいすがなく、その代り、よくクッションのきいた皮製のリングが、赤ん坊の腰を囲み、脇の下で支えるようになっている。これとかなり類似したものは、ベスナル・グリーン博物館の、ニュレンブルグ人形館に、人形サイズのものがおいてある。これには一六七三年の日付がついていた。ナショナル・ギャラリーには、一七世紀中葉のアントワープ学派の画家コクスの絵があり、全部木造りの幼児歩行器の中に小さな女の子を描いている。その歩行器の一番上の支えは、穴を一つあけた、四角い平らな面になっている。たぶんこの歩行器は（ロンドン博物館にある同じ頃の木製の歩行器同様）後部にちょうつがいを取りつけて開閉できるようにしてあったのだろう。そうでないと、かさばるスカートをどのようにして押し込むことができたか想像することはむずかしい。一九一三年のギャメイジィズ社（ロンドン）のカタログは、「支えつき幼児用歩行器」と称し、それらが「これまで発明されたうちでもっとも気のきいた、かつ実用的な幼児歩行器」であると宣伝した。この歩行器では、赤ん坊は一種のコルセットのようなものの中にしばりつけられる[3]。しかし、（アントワープ学派の絵の例のように）組になった車輪は、赤ん坊が方向を変更するのを、不可能にし、また、前後の動きを制限するのではないかと思う。

事実、歩行器を使えば、使わない場合より少しは早く歩けるようになるかもしれないが、他の面で、すなわち、赤ん坊が自由自在に方向を変えることや、部屋のすみずみにまで行ってみることを制限したり、赤ん坊が遊びたいと思っているおもちゃに近づけないなど、赤ん坊を束縛する傾向がある*。もし子どもがこのような形で束縛されていなければ、子どもは、自分の好きなように楽しむため、ソファーに自分の体を支え、家具から家具へとよちよち動いていきながら、より一層の刺激をうけることができるだろう。

もしわれわれが、おすわりから歩き始めのこの途中の段階で、移動用器具を購入しようと思っているのなら、赤ん坊に滑走させたり、あるいは体を揺すぶったりする経験をもっとたくさん与えてやれるものについて考えるとよいだろう。ひじ掛けと、へりのあるトレイが前部についたキャスターつきの簡単な木製の椅子は、すわったままの格好で赤ん坊をなめらかに移動させ、前部のトレイはその上でおもちゃを使うのに都合がよく、高さもちょうど適当である。背の高い椅子によっては、分解すると、この種の移動椅子になるものもあるが、これらは実際、重すぎて簡単に動かすことができない。その他にいろいろな種類の揺り椅子を手に入れることができるが、その中によく子どもの脚の間に、馬の頭と首のついたものがある。これは子どもがしがみつけて、安全であることと、象徴的で表象的なあそびに子どもを導いていくという、二つの目的に役立っている。室内用のかこいのあるぶらんこは、さらにもう一種の動き（ひもに伸縮性があれば、前後ばかりか上下も）を与える。大人が一番よ

*幼児歩行器の中にも、なお一層制限の多いものがあった。そして移動する助けとしてよりも、赤ん坊を制限された空間の中においておくよう、わざわざ設計されているように思われた。ケンブリッジ民俗博物館には、一八世紀にできた二つの「幼児走行器」があった。第一のものでは、長方形の枠の側面にみぞが彫られ、そこを滑っていく正方形の盆には、穴があけられている。赤ん坊は、その中に入れられる。第二のものでは、腰の環が、床から天井まである重い柱に、固定した腕の形をしたものによって取りつけられている。そして、柱そのものは、子どもが円形に歩くにつれて回転するようになっている。

く使う部屋の入口に取りつけたら、親子の会話がいっそうさかんにかわされることになるだろう。しかしながら、これらすべてのおもちゃは、子どもには、いつでもそこからどしんと落ちる危険性を内在させている。このおもちゃは子どもが機敏で機嫌がよく、積極的である限りにおいてのみ、素晴らしい場所になる。いったん子どもが前かがみになってうとうとうとうたたねをしはじめたり、そこから出たがってもがきはじめたら、子どもがもっと自由に体を動かせるようにいすからおろしてやらねばならない。

## 押して遊ぶおもちゃ（Pushalongs）と引いて遊ぶおもちゃ（Pullalongs）

他の人に支えてもらっていても、いなくても、赤ん坊がわきへいざり、はい、ついには歩くようになることはその都度、子どもに、周囲についての新しい期待と見通しを与えることになる。子どもは、新たに可能となった機動力をフルに使って、非常に意欲的となり、身体的技能をすべて試そうとするため、しばらく、他の発達の進歩が停止するように思われる。子どもは今や、たぶん乳母車をすてて、手押し椅子の方にその関心が向こうとしている。そして、押すものであろうと、引っぱるものであろうと、すわるものであろうと、それが車輪つきのおもちゃならすべて、興味の対象となる。いったん、子どもが支えなしに歩くことができるようになると、それ自体支えの役を果たさない引いてあそぶおもちゃと押してあそぶおもちゃが、子どもの関心をとらえるのである。一つ一つのおもちゃに愛情をもつようになると、おもちゃは、子どもと不可分の、子どもの体の延長線上の存在となる。これらのおもちゃは、とくに長い歴史をもっている。たとえばグエン・ホワイト[4]は、ウル（イラク南部）で発見されたBC二五〇〇年に起源をもつ、動物らしきものが描かれた四輪車と、また、同じように古代のモヘンジョダロ（パキスタン）出土の、二つの大きな車輪の間で揺れ動く、非常に美しい陶器製のインドの島（まるでパトリック・ライアンズのような現代デザイナーの画板から生まれたような）についてさし絵入りで解説している。そして何とマザーケア社は、それに非常によく似せたプラスティック製のあひるのおもちゃを売り出した。マヤ文明は、車輪による輸送機関は発達しなかったけれども、車輪のついたおもちゃをもっていた。

子どもが、いつごろひとりで歩き始めるようになるか、その時期については、非常にまちまちである。しかし、たいていの子どもは、遅くとも二歳の誕生日を迎えるまでには歩きはじめるだろう。回転おもちゃについて、すでに述べたように、歩きはじめの子どもが、押したり引っぱったりしてあそぶあひるや子犬のおもちゃを、実際、あひるや子犬のようであるかないかを意識することを、われわれは期待しているわけではない。まず第一に大切なことは、そのおもちゃがひっくり返らずその持ち主について行くことであり、その過程で興味深いものにみえ、興味深い音をたてるものなら一層好ましい。

全体からみて、棒つきの押してあそぶおもちゃは、ひもつきの引っぱってあそぶおもちゃより、発達尺度からみてやや先行する。というのは、棒つきおもちゃは、子どもにわずかではあるが体を支える平衡点を与えているが、ひもつきおもちゃは、どちらかといえば、子どもの平衡を失わせがちである。押してあそぶおもちゃは非常に数多い。最良のものは、がっしりした本製のハンドルが、台にしっかり取りつけられており、つまみの握りもついているが、最悪のものの中には、管状のプラスティックの取っ手が取りつけられていて、手でにぎると曲がったり、バリバリとひびがはいってしまうものもある。エスコー社は、ペンキを塗った木製の美しく単純なもので、二つの大きな車輪の間に鈴のついたものを製作している。フィッシャー・プライス社は、内部にガラス玉の入った透明なプラスティックの円筒をつくっている。そして以前は（ああ、悲しいかな）もっと素晴らしいとうもろこし砲を製造していた。これは、円錐形の心棒を精巧に使って、車輪のついた透明の半球体の中で壁に激しくはじかれる仕組みになったもので、そのとき、実にこころよいポロンポロンという音がでる。この会社から売り出されているもっと手のこんだ押してあそぶおもちゃとしては、男の子がかわるがわるヒョイヒョイと現われるものがある。その他に、品質がよく値段も手ごろなものとして木製の取っ手がついた丈夫なブリキ製でたいてい中にチャイムか鈴の入っている円筒状のものが、あるいは二つの輪の間の車軸にベルをつけたものがあるが、いずれの場合も厚いゴム製の柄の先に、木のかちんこ玉がついている。もっとも魅力的なものの一つは（ウィリス社製）二つの小さめの木製車輪の間に木製のあひるをとりつけたもので、車輪のおのおのには、車軸の反対側に、パタパタするゴムの「足」が取りつけられている。車軸が回転すると、足がかわるがわるやさしくピシャッピシャッと床を打ちながら動いていく。そして、子どもがおぼつかない足どりで歩きだすと、あひるもあいきょうたっぷりのよちよち歩きを始めるのである。ポルトガルから輸入された木製の押してあそぶおもちゃは、取っ手のところにマネキン人形がついており、それが出たり入ったりしながら、ちょうつがいが取りつけられたその脚でペダルを踏んで車輪を動かしていくのである。われわれは、ローデシアの子どもによる手製の街頭用おもちゃを最近手に入れた。そのおもちゃは、はり金製で、一人の男が三輪車を、今述べたポルトガル製のおもちゃと同じような理屈で動かしていくのである。

もちろん、引っぱってあそぶおもちゃは、棒の取っ手を用いる必要はないから、一層融通をきかすことができる。また、おもちゃの下側が損傷に耐えることができさえすれば、必ずしも車輪の必要性もない。底が平らな木製の船とか、木綿の糸巻きがつなぎ合わされた長いへびは、非常に面白い引っぱってあそぶおもちゃになる。中に数個の小石を入れてふたをぴったりとしめ、各々の端に一つずつ穴をあけた丸いブリキ製の容器は、ひもを輪にしてつないで引っぱることができ、車軸としてジベル棒が突き通されていれば、さらに一層よいおもちゃになる。取りはずしのきくローラーのついたクルーディ社の木製トラクターは、引っぱるおもちゃの車の代りに、取りはずしのきくトレーラーをいくつかつけ、それらをとりかえるたびに各々が違った音色の音を出したら面白いだろうなと考えさせてくれた。マザーケアー社は、ひれの大きな糸巻きをいくつかひもでつなぎ、回転するとカチカチ音の出るプラスティック製の引っぱるおもちゃを、市場に出している。しかしながら、そのおもちゃは、じゅうたんの上で効力があるだけである。このことは、引っぱってあそぶおもちゃを買うとき必ずチェックすべきことである。――それが、もっともよく遊ばれる部屋の床面で、はたしてもっとも効果的に動いてくれるかどうか。

多くの引っぱってあそぶ車と動物は、表象的あるいは、象徴的なおもちゃとしての機能ももっているけれども、われわれはここでは、引いて遊ぶおもちゃとしての特質についてのみ考察する。基本的には、引っぱってあそぶおもちゃは、その持ち主のかかとの方へぶつかってこなければ、少々引く力に抵抗するだけのほどよい重さが必要である。このためにこのおもちゃの素材としては、硬い材木のほうがプラスティックよりもふさわしいといえる。引っぱってあそぶおもちゃはまた、子どもの背たけによっては、ひもの角度が違ってくるため、引っぱられたときおもちゃがひっくり返らないように、かなり幅の広い台にして、重心を低くするように設計される必要がある。ケイト・グリーナウェイ（英国の女流さし絵画家、一八四六―一九〇一）のさし絵にあるような、車輪つきの狭い壇の上に木製のあし毛の馬がのっている見た目にかわいいおもちゃの中には、すぐに横転してしまったものもあったのではないかと思う。しかしながら、ときにはバランスがとれていないのを直すために、ひもだけ伸ばす必要があることもある。また、子どもが握るのに都合がよいように、ひもの端に留め棒または輪があるのが望ましい。おもちゃそのものが満足のいくものであれば、このように少し手直しして、容易に与えることもできよう*。

引っぱって遊ぶおもちゃとしてとくに適した硬い木製の車は、英国のウッドペッカー玩具会社（ジョン・スペンス）、ベック社、エスコー社によって、もっともよく代表されている。最初の二社は、自然の仕上げを使っているが、最後の社は、当然よく知られているあざやかなペンキ仕上げである。エスコー社の、引っぱって遊ぶお

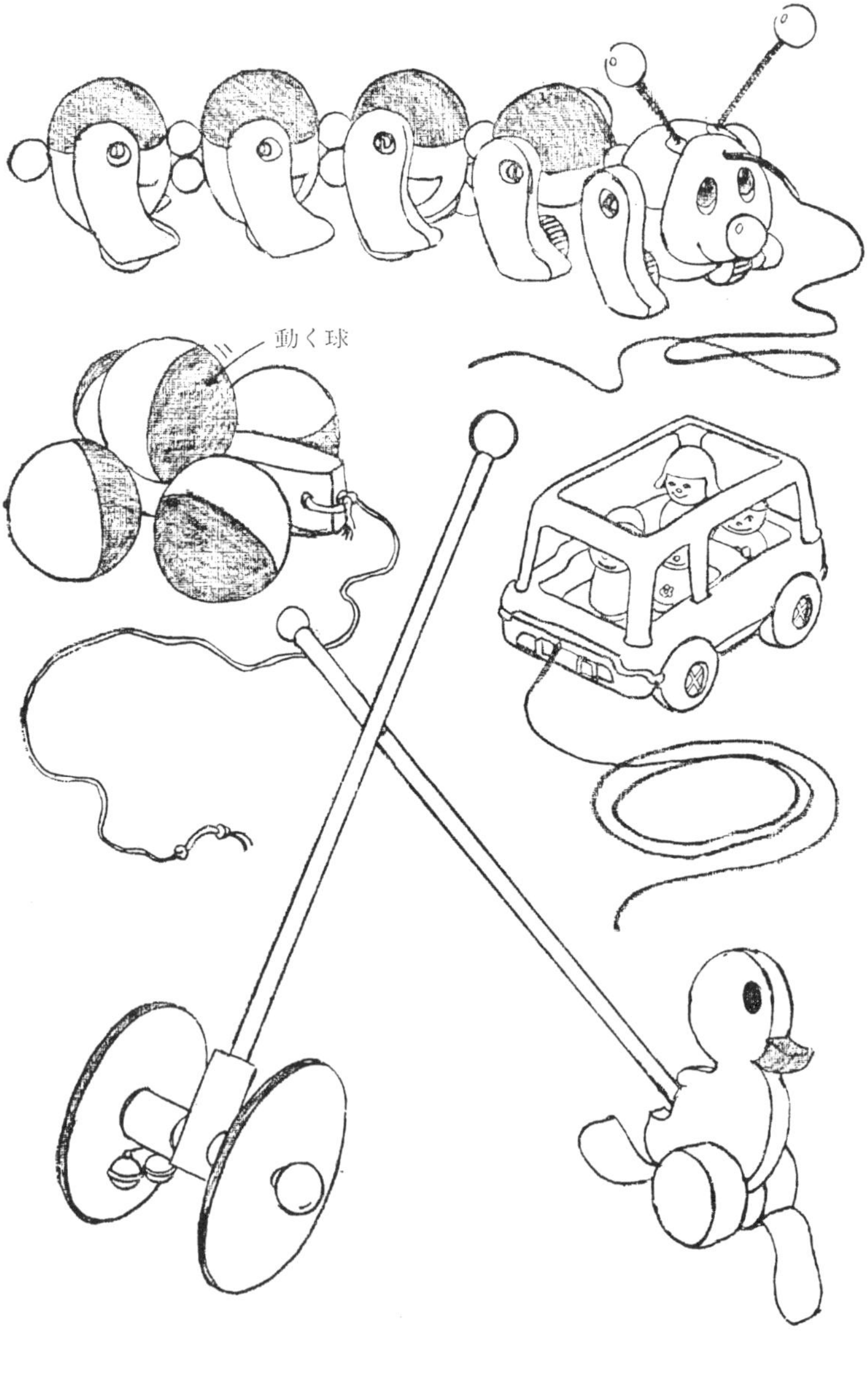
動く球

もちゃの車は、この以外の他の目的のためにも用いることができるという長所がある。すなわち、これらの車には、数の多少はあるけれども、ペグ人形がいくつかついていて、それらを、垂直の穴や、斜めの穴にぴったりはめこんだり、あるいは木くぎに合わせたりして遊ぶこともできる。したがって、このおもちゃは引っぱるおもちゃ、はめ込むおもちゃ、表象的おもちゃの三つの目的がすべて、これらのデザインの中で一度に等しくかなえられているということになる。そして、子どもの発達段階が進むにつれて、それに応じた機能を果たすおもちゃが最も望まれるわけだから、このおもちゃは、おそらく長い間、子どもに愛される遊具としての生命をもつであろう。マッチボックスとフィッシャー・プライスの両社は、ペグ人形をはめこんだ、同じ長所をもつ重いプラスティック製の車を作っている。

引っぱってあそぶおもちゃの動物のうちで最良のものは、ペンキかニスを塗って仕上げた木製のものであるように思われる。そしてその多くは、生き物のもつ生き生きとした性質を誇張するために、おもちゃの動きに、その動物に固有なのたうちとか、伸縮運動がつけてある。しっぽには、しっかりコイル状に巻いたスプリングが適当だ。それは端っぽがプルンプルンと揺れて、何とも愛らしい動きをつくる。ブリオ社は、小さな犬をいくつかつくっている。マッチボックスとフィッシャー・プライスの両社には、もっと大型の、どちらかといえば風刺漫画のような犬を売り出しており、フィッシャー・プライス社のスヌーピー・スニィファーは、この種のものでは

＊ひもの端に、ガラス玉のつまみの使用を禁止する規定がある。これは、車輪にからんで、ひもが輪の状態になり、それで子どもが自分の首をくくるかもしれないという、ちょっと考えられない理由からである。親たちは、ここでは、自分自身の判断を迫られる。そして、特定のおもちゃの車輪と留め棒のもつれあう可能性と、子ども側にもつれをほどく技術と忍耐力が、あるかどうかを含めて、厳密に調査したいと思う人もいるだろう。もし、子どもに輪を取り扱うことが、むずかしいことがわかれば、留め棒にやわらかいフェルトを一巻きすれば一つの解決にはなるかもしれない。

いちばん古く、最初の製品化は一九三八年にさかのぼる。ギリシャのクーヴァリアス社は、とくに精巧なデザインの小さな犬を市場に出している。すなわち、その足は半球体に近い形で、引っぱると回転して、犬はたまらないほどこっけいな歩きぶりを示す。同じ会社の製品に、白鳥がすべるように前に進むと、背中のくぼみの中で卵が何度もひっくりかえるといった傑作なものもある。チェコスロヴァキアの玩具製造業者、ヤス社には、翼を振る可愛いらしいあひるとめんどりがある。たぶんもっとも成功したプラスティックの引っぱるおもちゃの生き物は、キディクラフト社の、気持ちよく波のようにうねるがたごと柱があげられる。一九七八年に初めてつくられたこのおもちゃは、明らかにスーパー・スターである。

引っぱってあそぶおもちゃに分類できるものの中には、動きのあるものが多くある。われわれは、すでにいくつかの動物の、動きの特徴について述べた。そして、これはまた、ある種の乗り物にも適用される。たとえば、マッチボックス社の家族用「キャンピング・カー」は、少しピョコピョコとした動きをする。しかし、引っぱってあそぶおもちゃの中には、動きそのものが主要なものもある。数年間出まわっていた比較的簡単なものは、六つの垂直の木くぎがあり、その木くぎの各々に、一つの彩色した積木がつないである。車輪どうしが摩擦しあうと、各々の積木を裏返して、非常に視覚的効果がある。ロシアの木製のおもちゃは「いろいろなことをする」という長い伝統があって、たとえばロシアのこの種のおもちゃでは、人形と動物がドラムとシロホンをたたいたり、ペダルを踏んだり、くるくる回ったり、とんぼ返りなどをしたりする。他に回転木馬の特徴をもつものもある。おそらく、われわれが知っている中で最も動きに富んで傑作なこの種のおもちゃは、これまたクーヴァリアス社のものである。われわれは、それを何と呼んでよいかわからない。要するに、それは木製で、彩色した昆虫の胴体をしていて、しっかり巻いたばねの触角があり、各々の末端には、木製のヒョイヒョイと動く玉がついている。背中には、ずらりと同じようなばねがついていて、各々には、異なった色彩のヒョイヒョイ動く玉がついている。そして、この珍奇な考案物は、その生き物が引っぱられると、ばねが思いのままに揺れ動いて、ヒョイヒョイ動く玉が、お互いに打ちあってカチンという音をたてる*。

もちろん、最後には、引っぱってあそぶおもちゃは無蓋貨車に発展するが、一方押してあそぶおもちゃは、手押し車へと引き継がれる。しかしながら、基本的な相違がある。これらの、その後の発達の結果うまれるものは、本質的には容器であるから、それはひっくり返るわけにはいかない。したがって、その操縦には、相当高度の技術が必要である。これは、とくに一輪の手押し車についていえることであって、それは押してかじを取るだけでなく、持ち上げ、平衡をとる必要がある。そして、子どもたちも親たちも、たとえ車輪をころにかえて、平衡がもっと容易に保たれるようにしたすぐれたデザインものであっても（マザーケア社その他）、一輪の手押し車を、あまり早く用いすぎると、しばしば失望させられるはめになる。子どもは、手押し車を操縦できるようになる前には、完全にぐらつかず、確実に立ったり歩いたりできることが必要である。第4章で、いろいろな種類の乗り物にもどろう。

## 考えることと試してみること

生後二、三ヵ年の間、さらに児童期を通して言語が発達するにつれて、子どもが自分のまわりの世界がどのようなものであるとかいうことについて、他の人びととある程度共通した理解をもてるようになる。しかし、言語のみでは十分ではない。すなわち学習は、聞くことだけでなく、行なうことによっても生じる。言葉とは、子ども自身の行為とか他の人びとの行為について筋の通った解説ができるようになるとき、はじめて意味をおびてく

*空とぶたこと呼ばれることがわかる。

るものである。そして、ここでは、模倣しようという衝動が、親子間の言語以前の、ならびに言語による対話における主要な要因としても（スーザン・ポールビィ5は、対話をしている一方が他の一方を模倣するときに、これらの対話がいかに「生き生きとしてくる」かについて解説している）、また、子どもが自分の力でさらに探究して実験しようとすることに対する刺激としても、重要なのである。

しかし子どもは、それがなされるのをみたことがあるからといって、それだけでは必ずしもうまくことをなすことはできない。もしそれができるのなら、テレビでオリンピック大会をみるだけで、われわれはみんなスポーツがうまくなるはずなのだが……。練習はいかなる種類の技術をみがくにも必要である。他の方法では学習できないような多くのことが、試行錯誤によって、学習されなければならない。——ちょうど子どもがはじめて、鋏を使用し、ココアのかんをこじあけ、バナナの皮をむこうとするとき、子ども自身がその試行錯誤を実演してみせるように。もっともむだのない効果的な動きをなし遂げるかどうかは別として、子どもはまた、他の人びとが興味深いことをするのを見て、それをすべて上手に模倣しようと思うのなら、いろいろなことがどのように作用しているのかという論理をつかむことも、学ばねばならない。たとえば、われわれ大人がほかの人の行為を模倣するとき、いかにも当然すぎて見過ごしてしまうような大きさとか、重さ、柔らかさ、バランス等の、一見単純にみえる諸々の観念について、子どもであるゆえに発見しなければならないことは非常に数多い。多くの場合、理解するということは、考えることと行なうことを組み合わせることによって、はじめて生まれる。たとえば父親のズボンのようなある形態の布地を引っぱると、しっかり固定されていて自分のほうが引っぱられてしまうのに、他の布地、たとえば食卓掛けなどを引っぱると簡単にずり落ちてくるのはどういうわけか、子どもはどのようにして学ぶのだろうか。

言葉を伴わない行為は、行為を伴わない言葉に先行しなければならない。すなわち、ものの具体的な操作は、抽象的な観念の操作のためのしっかりした基礎を作るものである。子どもは、五から二をとると三になるということを、意味のあるものとして概念化することができるようになる前に、自分の指とか、ガラス玉、あるいは積木によって、数を目で眺めて確かめることが必要である。大きさの概念は、具体的な日常場面において実に様々なやり方で遊ばれ、試されなければならない。そうすることで、子どもは〝大きさ〟というものに親しみ、遊びの経験を通してそのことを反復練習しながら、この概念を確実に把握していくのである。お父さんは、天井にとどくほど背が高い。しかし私は、お父さんが持ち上げてくれてはじめて天井にとどく……。入れ物の中には、小さすぎて、小さな指さえ入らないものもあるが、箱の中には、私が中に入り、かくれることができるほど大きなものもある。解明したい不思議なことはほかにもある。私の体は大部分、平べったいセーターの中に入れるのに、この四角いくぎは、どんなに強く押しても丸い穴にはめ込めないのはどういうわけかしら。お風呂の水が、みな、どうしてたった一つのちっちゃい栓の穴から出ていくのかしら。……そして（恐ろしい考えだが）私も穴から滑って落ちないと、確信がもてるかしら――とくに、私はお風呂よりも小さいし、小さな赤ん坊は、栓の穴をめったにこわがらない。これをこわがるためには、子どもは「ものが、穴を通りぬけていく」ことを理解できるほど賢くなければならないが、「水はチョロチョロと穴を流れていくことができるが、私の体のような固形物は、それができない」とわかるほど賢くあってはならないのである。

## はめこみおもちゃ

生後一八ヵ月からのもっとも成功した「概念」把握のためのおもちゃは、ちょうど子どもの知的理解力の範囲を逸脱しない水準で、解決される難問を、子どもに与えるようなものである。繰り返していうと、よいおもちゃは、子どもの発達をしのぐ。要求される実際の身体的技能は、あまりむずかしすぎてはいけない。結果は、子どもが、自分のやったことがうまくいったのだということが目でみてわかるように、ただちに満足できるものでなければならない。はめこみおもちゃ（fitting toys）と、みぞつきおもちゃ（slatting toys）は、目と手との協応、そして子どもの論理的思考の両方を要求するおもちゃである。ヒョイとはいる、ペグ人形のついたおもちゃは、一般的にすべての断面図において丸いから、形の弁別の点からいうともっとも単純である。しかし、すでに述べたエスコー社のおもちゃは、相当多様な操作上の問題を提供する。すなわち、互いに交換可能なペグ人形は、土台に一つの穴をもっている。したがって、あるもの（兵隊、五月柱〈maypole〉）は、短いくぎにはめ込まれなければならないし、他のもの（より小さな乗りもののほとんど、小船など）は、穴へ投げ込まなければならない（こちらの方がやさしい）。もっと大きなおもちゃの中には、一つのおもちゃ（たとえば大きな回転木馬〈merry-go-round〉）で、これら二つの問題を提示するものがある。一方、あるものは、課題をもっとむずかしく、両手を用いなければできないようにするため、不安定な性質（回転木馬〈carousel〉、五月柱、ブランコ）を内在させている。回転自動車は、なお一層複雑である。ペグ人形は、簡単に車にぴったりはまるが、各々の車には穴が二つずつあいていて、それらが同時に回転台にはめられなければならない。さらに、土台そのものは、その回転軸に合わされなければならない。レゴ社の積木の育児室には、車のついた台があって、その上に大型トラックと貨物自動車、そしてそれらに乗るペグ人形を組み立てるようになっている。これは子どもが大きくなるにつれて拡大することもできる、美しくデザインされた組み立ておもちゃである。

型入れ箱は、入れ物としてのアイデアを、ある型のものを、その形をした穴にはめこむという思いつきに組み合わせたものである。これをはじめて考える場合は、とても複雑でややこしい。事実そのデザインについては、非常に多くの考えが出され、それらは実にさまざまである。たとえば、ぐるりとねじって斜めにすれば、ある型を他の違う型の穴の中へ押し込むことができることがある。それゆえに、型の弁別を教えるのに自分で正しい型をさがしてはめるというそのおもちゃの意図を無視することにもなる。そして、このことは、この種のおもちゃを選択する際きちんとチェックしなければならないことである。他の批判はもっと問題が明らかである。たとえば、タッパウェア社の型入れ球（たいていの子どもは、非常に興味もつ。）は、子どもがすべての型を同時に調べ、比較することができないので、不満足なものである。この点からしても、また、子どもが一つの型の側面の形によって混乱させられないためにも、このおもちゃはできるだけ、二次元の形にすべきであった。これらの基準を確実に満たさないことには、課題を一層困難にするのであるが、子どもは最後には、うまく処理する方法を工夫する。このような問題については、子どもが遊ぶのを観察するにつれて、われわれ自身も、ますます純粋主義者でいられなくなってくる。

一つの絵を完成するため、実際通りの形をした切り抜き片をもつ、単純なはめこみパズルは、ジグソーパズルの最も初期のものである。あるものは、ガルト社の〝中をみる〟はめこみパズルのように、切り抜き片をはめ込むところにほかの絵が描かれてあって、たとえば、店の正面の形をした片をはめこむと、そこから店の中の売り場の絵がみえるといったようなものもある。これらすべての型あわせおもちゃの場合に、覚えておかなければならないことは、いったん子どもがその問題を会得すると――つまり、いったん、子どもにとってそれがもう何の不思議も、驚きももたなくなると――子どもは、それへの関心をなくしてしまいがちだということである。したがって、このようなおもちゃを購入する際は、二つの質問を自問することが必要である。すなわち、そのおもちゃは、どれほど他のあそびにも使える可能性をもっているのか、そして何人の子どもがそれに親しむ機会をもてるだろうか。個々の子どもについては興味をもたれる期間が短かいが、大きな家族とか集団の遊び仲間には、とくにすぐれた価値をもつ（たとえば、このはめこみパズルのような）おもちゃはたくさんある。型入れ箱が長い間愛用されるのは、それがその本来意図された課題のためだけでなく、ものをかくす箱として興味深いからでも

ある。そして、ペグ人形のはめこみおもちゃは、こま人形が人間であるという、まさにその理由で、象徴的な遊びとして、より長く関心を持ちつづけられることになる。

　前に述べたように、赤ん坊は、たくさんのものをブリキ製の容器の中へ入れたり、あるいは積木の塔を積み上げるといった作業を最後まで成し遂げることが苦手である。なぜなら、彼らはまだ順序や系統的組織等の観念を把握していないため、そういった作業の途中で容器からものをとり出して再びからっぽにしたり、塔を打ち倒したりする興味にかられてしまうのである。順序は、時がたつにつれて、子どもにとってだんだん興味深く意味のあるものとなる。そして二歳の誕生日を過ぎるころからほどなく、子どもはやり始めたことを完了するだけでなく、論理的な連続関係と様式を作りたいと思いはじめるだろう。茶わん（あるいはいろいろな大きさのシチュー鍋）を重ねる場合、それを適切に重ねるには一つの順序に従うほかないために、子どもははじめて、「大きい、より大きい、いちばん大きい」という概念をとらえることになる。積み重ねるおもちゃは、子どもに大きさの順序と連続関係を一層豊かにかつ確かに経験させる。また事実たいていの重ね合わせおもちゃは、一つ一つを逆さにひっくりかえすと、積み重ねるおもちゃとして利用できる。そしてこのおもちゃには多くのさまざまな種類があり、たいていは、ポリエチレン製であるが、ブリキ製（チャド・ヴァリ社のものがとくによくできている）のも二、三あり、また時には、木製の四角いものもある。四角い重ね箱は、もちろん、丸いものより子どもにはずっとむつかしい。すでに述べた一組のふたつきの箱は、効果的に重ね合わせ、積み重ねることができるが、そのうえさらに、ふたを興味深く複雑に組み合わせることもできる。他の重ね合わせおもちゃとしては、ロシア製の木製の伝統的な卵と人形があり、フルシチョフ氏は、エリザベス女王に、一三個一組のを贈ったが、普通は、一組三個か五個である。重ね合わせの卵とビヤ樽は、いろいろな製造業者から、プラスティック製のものを手に入れることもできる。重ね合わせるおもちゃは、同時に積み重ねることもできるが、それは、間違った順序では絶対積み重ねられないという意味で、いつも子どもが自分で正しく直すことが可能なものである。しかし、この種のおもちゃを少し変形したものはたくさんあり、たとえば中央に垂直に立てられた一本のくいに、大きさに等級をつけたリングを通して積み重ねていくといったおもちゃに対しては、順序の原則をとらえさせるために、この段階では、大人の助けが必要とされる。これらのうちのいくつかのものは、主として、木製であるが、順序正しく積み重ね、最上部に頭とか帽子をおくと、人間とかまっすぐ立った動物の姿になるものもある。数と色彩の両者の分類を要求する同じようなおもちゃは、エスコー社の等級そろばんである。それは、長さが少しずつ違う一列の垂直に立った細い棒に、大きな木の球を通し、ある色の球五個をいちばん長い棒に、別の色の球四個を、次に長い棒に積み重ねるという具合にして、球一個までするようになっている。

このおもちゃは、その十分な意味を理解することができないような小さい子どもに、とても愛されている。しかし意味は理解していないけれども、子どもたちは、ただ片っぱしからボールを積み重ねていくことが面白いのである。それは悪いことではない。おもちゃが、多くの異なった概念的水準であそばれれば、それだけおもちゃの有効利用期間がずっと長くなることになる。子どもは、おもちゃのいろいろな可能性に自分なりにとり組みながら、自分自身の科学的発見をしていくのであるから、子どもが常に「正しく」おもちゃとあそぶことを、要求すべきでない。最後にいうと、子どもは基礎的な読み書きの技能を獲得するために、形、大きさなどを範疇化し、等級づけ、分類するという概念を今にも必要としてはいるのである。しかし子どもは、手さぐりで、もっともっと経験を積み、くり返す必要がある。そのとき大人は適切なアドバイスを与えても、あまり干渉しすぎてはいけない。それだからこそ子どもは自分の力で物事を発見し、つくり上げていく力を身につけていくことができるのだから。

# 第4章　永遠のおもちゃと遊具

この章では、二つの意味で「永遠」といえる三種類のおもちゃについて考えてみよう。永遠であるという根拠のまず一つには、それらはすべて、子どもたちが常に抱いている要求にかなうおもちゃであるということである。すなわち、探検したい、工夫したい、創造したい、能力をためしたい、見せびらかしたい、自分の体力の限界を伸ばしたい、空想したい、ごっこ遊びをしたい、自分より力の弱いものを保護してやりたいなど、子どもならだれでももっている願いをかなえてくれるおもちゃである。第二にその三種類のおもちゃは、子どもとともにずっと成長していくものである。というのはおもちゃの中には（衣服と同様）、子どもの身体的発育に従い、たびたび取りかえなければならないものもあるけれども、このおもちゃは、幼年時代の長期間にわたり、子どもにとって常に有意義な価値をもちつづけ、子どもの成長過程で子どもなりに獲得した能力の範囲内でそれと遊ぶことができるのである。われわれが選んだ三つの種類のおもちゃとは、第一に「身体的」遊びのための、いわゆる「運動」遊具（'big muscle' toys）、第二に積木、第三に人形である。これらについてさらに綿密に検討してみよう。

## 運動遊具

子どもの育成教育遊具のカタログでは、子どもの筋肉をきたえ、身体全体の調和的発育を促すような遊具を子どもに与える必要性を強調している。しかし、文明社会が幼児の日々の生活環境にどんどん制限を加えさえしなければ、幼児たちに格別運動を体系的にやらせる必要は当然ないであろう。それでも田舎の子どもたちには、小川をとびこえたり、とび石を上手にとび、扱いにくい馬（あるいは牛）に乗ったり、木に登ったり、ヒースの茂みの中を飛びはねたり、小石の多い山腹や砂丘を滑りおりたり、草の斜面を転がりおりたりすることによって筋肉の調和のとれた発達が今なお可能である。それに対して都会の子どもの場合は、樹木はあっても小さすぎるか、あるいは身近にないかである。動物に乗ることなどは、特権階級の少数の子どもを除けば、ほとんど不可能だし、街燈用の鉄柱も、ずっと背が高くなり、役に立ちにくくなった。せめて都会の風景である壁、屋根、非常階段、鉄道のひきこみ線といった危険な場所で遊ぶことは、「自然の」冒険の場所をなくしてしまったことに対するある種の埋め合わせだと考えられないこともない。しかしそれは、子どもの注意の及ばないような危険な目にあわせることがあるためにどうしても禁じられる傾向にある。おそらく都会の子どもの大多数は、自分のエネルギーを一気に発散してしまえるような広い場所で、思い切り走った経験など滅多にないであろう。いやまったくない子どももいるかもしれない。多くの就学前の児童にとって遊びの自由とは、せいぜい小さな庭の中でのことであり、その庭は子どもをまもるために必ず門が閉じられている。もっと小さい幼児の場合は、遊びは高くそびえ立つアパートの部屋の中で行われる。子どもがアパートから出るのは、買物に行くときに連れて行ってもらうか、あるいは、もし運が良ければちょっと公園に出かけるくらいのものである。したがって都会の子どもには運動遊具が必要である。中でもそういう遊具を必要としているのは、アパートに住む元気のない子どもたちであるが、彼らはまたそのような遊具を最も手に入れにくいときている。

均整のとれた筋肉をつくるという目的自体が重要なのではなく、それにともない、目的を達成し、できたという精神的なものが重要である。身体的な技能を身につけようと心に決め、その後あるときは考え、頑張り、またあるときは我慢し、悩みながらそれを訓練すること、そして、その結果として成功するということがどういうことかを子どもが経験することは、身体の発育と同様、心の成長の過程に必要なことである。自分の身体の動きを自分で支配できるようになることに、第一の満足感がある。特にそれがかなりの努力を要した場合はなおさらである。そして、子どもたちは、自覚と自尊心を高めるこのような経験をもつ機会を、十分に与えられる必要がある。子どもの体育遊びについての本を書いているアリソン・スタリブラスは、事実彼女の著書に『自尊心のある子ども』[1]という書名をつけた。彼女の観察報告は、彼女自身の遊びグループと、有名なペカム実験健康センターの子ども体育館での活動に基づくものである。スタリブラスの関心は、子どもに技能を教えることにあるのではなく、「新たに何かを身につけることができるような学習の機会を、子どもたちがあらゆる段階で与えられているかどうかに配慮することにあった。幼い子どもは彼自身の身体の動きと、感覚系、筋肉系、神経系の調和のとれたはたらきを一層正確にコントロールできるようになることが必要であるし、またそれを望んでいる。そして子どもは——段階的に少しずつ冒険を試みて——一日に数時間ずつ動くことでこれが可能になる。子どもはあらゆる種類の危険や障害に遭遇し、彼の技能に対して挑戦される必要がある。そして、何を征服し、何を出し抜くかを自分で決め、自分の活動する場所と方法に対して全責任を持つ必要がある。」スタリブラスは、よちよち歩きの小児がよじ登ったり、はい上がったりする様子を描写し「子どもは、どこに手や足を置いたらいいのか、バランスを保つために身体をどう支えるかを自分で決めるし、どの程度まで登るのか、はっきりとその位置を決める。さらに、単に手や目だけでなく、自分の身体全体を使って何をすればよいかをも決定する。子どもは自尊心を持って自分自身に責任を感じている」と述べている。

ある意味では、こういう描写は、子どもが自分のことにひどく夢中になっているように聞こえる。事実、われわれはきわめて自己中心的な発達段階にいる子どもについて述べているのである。この時期には、子どもは自分の可能性を試すことに深い関心を持ち、他の人たちと自分との関係よりも、環境と自分との関係を知ろうとする。しかし、体育館でのかなり年長の子どもたちについての説明によると、体育館で子どもたちは大人の指示なしに自分の好きなことをどんどんするようになったが、スタリブラスは、子どもの社会的成長について興味ある指摘をしている。すなわち、子どもたちは、このように自分に対して責任と自信を持ったとき「多様で、一見バラバラにみえるが、結局調和のある全体をうむ結果になった」というのである。スタリブラスは、その文章の中で「ペカム実験」の発案者のことばを引用しているが、それは実に興味深いのでここでかなり長文にわたって、もう一度引用してみよう。

活動する子どもの立場から、この活動の中心となる場所（体育館）について研究してみよう。子どもは中に入ると自分でぶら下がったり、登ったり、バランスをとったり、跳躍することを覚える。これらすべてを試しながら子どもは、身体を柔軟に動かす能力を身につけていく。男の子は、ロープから跳馬へ飛び移り、再び揺れるロープにもどり、眼、筋肉、関節その他、彼の持っているあらゆる感覚器官を使って判断し、目算し、そして理解するようになる。この体育館にいる他の二九名の男児、女児もみんなこの子どもと同様、活動的であり、その中の何人かが彼のすぐ近くにいる。しかし、その子は左右に威勢よく動き回り、友だちを避けたりしない。空間があれば動き回る。これは重要な特徴である。そして、動きながら彼は、二九名の仲間たちの間を縫うようにすり抜けて行く。自分のあらゆる能力を用いて、その体育館のすべての状況——

自分自身の動きと仲間の行動——を知るのである。彼は他の子どもたちに、止まってとか待ってとか、どいてどいてとか、叫んだりしない。かといって静かだというわけでもない。というのは、その子が空を切って走っている間にも、子どもたちの話し声がホールをかけめぐっているからである。

しかし、子どもが全感覚を活発に使ってなされるこういう「教育」は、彼の二九名の仲間たちも同じく自由で活動的である場合にのみおこりうる。もし部屋に何もなく、彼が動き回っている間、他の子どもたちがじっと黙って側で座っているならば、事実上、私たちはその子に——その子の足や身体や眼に——「自分の全注意力を身体を動かすことに向けなさい。私たちが他のものをすべて取り払ってあげますから」——これは実は——「好きなだけ、勝手にしなさい」といっているようなものである。環境の多様性を減らせば、子どもは複雑な状況の中で判断したり動いたりすることが学習できなくなってしまうであろう。事実上、私たちは「これとこれだけをしなさい。それ以上はする必要はありません」といっているようなものだ。

運動遊具をうまく使えたという経験と深まる自信に加えて、運動遊具でなければ得られないような感覚上の経験をそれは与えてくれる。

ブランコの長いロープを何回もねじって、急に逆の方向にもどすとき、ブランコに乗っていて経験する、頭が「クラクラとする」心地よい目まい、ジャングルジムに膝からぶら下がって、少し長い間じっとしているとき、頭に血が下りてくること、今までよりも一層高く上がったときの目まいや、そこから一番下に飛び降りるときの胸のドキドキ、トボガンやゴーカートに乗ったとき、耳をかすめる一陣の風、あるいは、初めて自転車のペダルを勢いよく踏むこと、スクーターやローラースケートやスケート・ボードに乗って危なっかしげにバランスをとるときのかすかな不安、ブレーキがきかないのに三輪車に乗って最後の瞬間にうまく曲ったりすること。こういう経験は、（タイミングが悪く、着地したときのふらつきやショックを含めて）すべて、子どもが自分の身体について自覚する領域を広げる。同様にこのような多くの気分が悪くなるような感じに対して、子どもは「ああ、恐ろしかった。でももう一度やってみよう」と相反する反応を示す。これは実際はこわいのだけれども、こわくないんだという人間の矛盾した複雑な感情を直観的に子どもにわからせているのである。

たいていの家庭では、備えつけられる運動遊具の量に関して、金銭的にも場所の点からも限界があるだろう。したがってどんな遊具を選ぶかを決定する際、一つ一つの遊具が基本的にいかなる経験を与えうるかを考慮することが大切である。そうすれば多種多様の身体運動が、それほどたくさんの遊具をそろえなくても経験できるのである。こういう条件で運動遊具について考えると、あるものは他の遊具に比べて一層用途が広いこと、共通性があること、また、あるものは(ローラースケートのように)多方面には使えないが、少なくとも場所をほとんど取らないことなどがすぐに明白になる。どの遊具がお互いに組合わせができそうか、それによってお互いの可能性が広がりうるかどうかについては十分に考えてみる価値がある。

それでは基本的に、よじ登ったり、ぶら下がったり、ゆすぶったり、跳ねたり、またバランスをとったり、スピードを出したりする運動と、きちんとねらいをもった複雑で巧みな跳躍運動のような、もっと正確な動きを体験できる遊具について考えてみよう。

### 登るための遊具

ジャングルジムを購入するにはかなり巨額な出費を強いられるように思われ、また事実それは巨大な物体である。しかし、特に大家族の場合には真面目に一考の価値があるものである。というのは、それは多方面に使用できるし、耐久性があり、いくらでもその用途を拡大することができる。さらにその中に、腰をおろせるくらいの台をつければ、そこで家族から離れてひとりでぼんやりしたり(あるいはすねたり)できるし、またハンモックをつるせば昼寝もできるので、持ち主が成人に達してからも、ずっと有効に利用され、愛される遊具となりうるのである。（木製）ジャングルジムは、もちろん登るためにそこにあるのであるが、ロープを一、二本取りつけただけでも、もうブランコになったり、違った登り方ができるようになる。厚い板を水平に固定するか、それともスベリ台として取りつければ、バランスをとったり、滑ったりするまた別な用途もえられるだろう。またハンモックは静かに揺れる動きを楽しめる。高価なスベリ台用具を買う必要はなく、一枚か二枚の表面の滑らかな板があれば、一方の端を台にねじでしっかり留めつけるとそれだけで一層豊かで冒険的な、創意に富んだ平衡運動が体験できる。

アリソン・スタリブラスは、彼女の遊びグループがそういう代用のスベリ台を効果的に用いている様子を描いている。

板は狭く（八インチ幅）端に枠のないこと。これは、子どもがどの位置からでも（横からでも）板をすべりおりることができ、そして、手で板の両端を握ることにより、スピードのコントロールができるからである。しかしながら、もし端をもたないほうがよければ、狭い板の上でバランスをとらねばならないし、かなり自分の体をうまく保てるコツと技術を必要とする。特に腰をおろしたかっこうの場合はそれが必要のようである。……子どもたちは、腰をかがめたり、歩いたり、うつ伏せになって手で引っぱったり、つま先だったり、膝をついて手で引っぱったりして、登り方も実にいろいろな方法を試みる。〔ある日、ふたりの四歳児が〕二枚の板をきっちり並べて置き、それをすべる方法を発見した。まず、低く屈み、それから最後に靴下をはいたまま直立し（靴も素足もかなり滑りにくいから）、スキーヤーが雪の斜面を降りるときと正に同じ格好ですべり降りた。そのあとの数日、他の子どもたちがひとりふたりと彼らの真似をし、その画期的な「芸当」は、そのグループの伝統的な技術の一つになった。（一八カ月後もまだ続いている。）[1]

ジャングルジムの枠を選ぶ際、われわれは、こういう様々な付属物を取りつけることが、どの程度可能かを調べる必要がある。同じく重要なことは、想像的なごっこ遊びがここでできるかどうかをみることである。いくつかのジャングルジムには、低い枠の部分にドアがつけられており、子どもが家のようにしてそれを利用できるようになっている。われわれの経験からいってさらに効果的だったものは、比較的高い位置に台をとりつけ、その上に屋根をかぶせることができるような構造のものであった。サセックスのグッドウッドという会社は現在存在しないが、かつて「登り小屋」を作ったことがある。それには、非常にゆきとどいた工夫がなされていた。まず台がついていて、その台に上がるための別の方法として綱ばしごがかけてあった。上方には傾斜する屋根の骨組がある。この骨組に合うテントが、別に売られていて任意に選ぶことができるし、あるいは土台の支柱の上に建っている小屋を囲むために毛布を用いることもできる。非常に小さなジャングルジムでもその形さえ許せば、遊びの家として応用できる。いちばん基本形のＥＳＡ社のテント枠は、その名の示すごとく、テント小屋として使用できるし、また低いスベリ台やよちよち歩きの小児用のブランコもとりつけられるようになっている。しかし、遊びの小屋には特別な楽しみがあるようだが、その小屋の高さが外でみている者には近づきにくい感じを与えるのである。これに関して詳しくは、次の章で述べよう。

ジャングルジムはこのように、子どもの空想遊びの中で家になったり、ときにはお城になったりするが、しかしそれだけが唯一のこの遊具の機能ではない。たとえば、キャスリーン・マニングとアン・シャープは、アリスン・スタリブラスよりもっと干渉主義的な視点に立って、遊びについて著しているが、その中で九人の五歳児の一つのグループがある朝始めた一連の行動を描いている。最初、ジャングルジムは檻であり、その中で子どもの何人かが、ライオンになり、他の子どもたちは、肉の代りに数個の赤いレゴ社（Lego）のおもちゃをライオンに食べさせた。それから場面が変わって今度はジャングルジムがボートになり、ボートでライオンはアフリカに連れて帰られることになった。（役割に関しては、まだ不明確さがないわけではない。）

ウォレン：さあ、ライオンを、故郷に連れて帰ろう。だめだよ君は、船には乗れないよ。

アン：なぜ？　私はあなたたちと一緒に遊んでいるのよ——私だってライオンよ。

アンドリュー：女の子は船に乗れないのだよ。[2]

最後には怪物と闘うために火星に行くロケットに変わってしまった。われわれの研究用の遊戯室では、ジャングルジムが、病院、ジャングル、刑務所、王座、山、木、見張り場、保安官の部屋になった（単純に登るための遊具としての働きは当然だが。）われわれの遊戯室にあるジャングルジムは大きいが、期待していたほど見下ろすような感じのものではない。庭がないからといってすぐにあきらめる必要はない。デザイナーの中には、子ども部屋向きのジャングルジムの中に子どもベッド、机と戸棚を取り入れた人もいる。これを心に留めておいて部屋をみる価値はある。おそらくたいていの部屋の上部四フィートの空間を無駄にしている。たとえ、ゼロから設計し、木を切り、くぎで打って組み立てていく技術やお金はないにしても、壊れているけれども頑丈な廃品を工夫して作り直せば、ありふれた新品の家具よりも、おそらく安くつくであろうし、一層測り知れない遊びの価値を生むだろう。そしてこれは、小さな部屋にも同じように応用できる。たとえば、子どもふたり用の九フィート平方の部屋に対して、われわれは、六フィートぐらいのベッドを二個互い違いに二段にして作った。下の空間には、二つの戸棚をつけ、二つの大きい引出しと二つの小さい引出しをつけた。(引出しと戸棚の戸は、古い不格好な箱からはがされたものである)。こうしてベッドと物置きを兼ね備えたものを壁に添って二・五フィートくらいのところにすべて押し込んだ。はしごがつけられ、入れ違いになっているベッドは、普通のベッドに比べて、ずっと遊びの空間を広げている。このいわば「ジャングルジム」には、安全な隠れ穴として上の戸棚をドアなしにしておいてもよかった。しかし、われわれの子どもは、それを人形の部屋として使うことを選んだ。また、天井に届くようなもっと丈夫な柱を使い、その柱に足掛けをつけて登れるようにすることもできただろう。われわれはしばらくの間、別の方法としてはしごの側にスベリ台を置いた。しかし、子どもたちは、後にはそれを一階の窓枠から庭へ出る近道

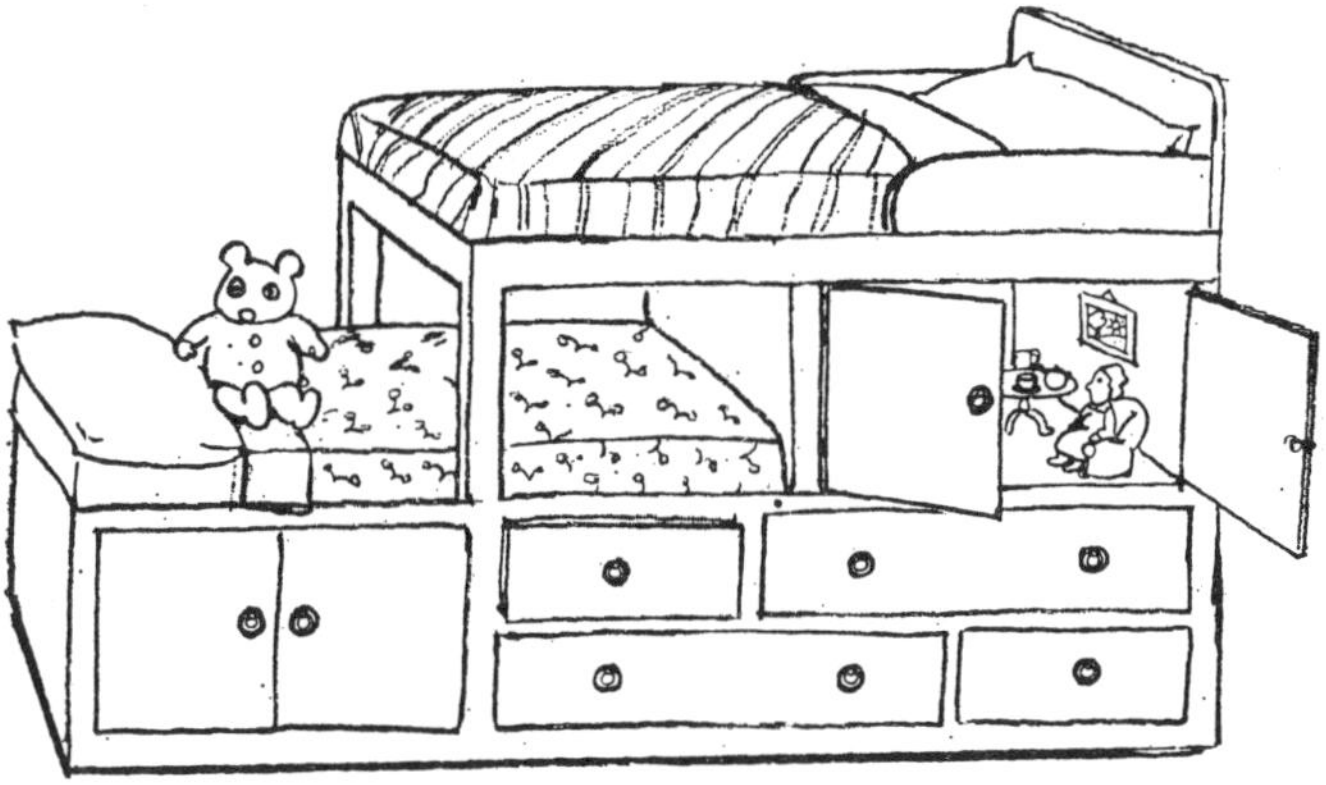

たり転がったり、宙返りする場所にもなり、ふたたび意のままにボートやバスや魔法のじゅうたんにもなる。

として用いるようになった。床の上に古いマットレスを置いてみるとよい。そうすれば着地は楽にできて、はね

## 揺することとはずむこと

ブランコ、縄ばしごと縄、これらすべては、揺すったり登ったりする機会を与えるものである。もしも大きな木があれば、ジャングルジムの場合と同様、それを木に取りつけるとよい。仲良く並んで揺すったり、一方を上り用に、他方を下り用にすることができるように、数本のブランコやロープが並んでたれ下がっていれば申し分ない。こういう配列がどうしてもできないときには、どちらにも使えるように少なくとも交換のきく留め具を使いなさい。当然のことだが、ブランコの綱は長ければ長いほどよい（さらにしっかり握れるような太綱でなければならない）。というのは、綱は（片手と片足で各一本の綱をつかみ）登ったりあるいは綱の間でとんぼ返りするために用いられるからである。腰掛けの代用品としては、車やスクーターの古タイヤがあり、それらを垂直か水平につるす。ハンモックは具合いのよいブランコになる。それは普通の大きさに広げてつるしてもよいし、二つに折り曲げてつるしてもよい。丈夫な弾力性のある旅行カバンの握り手は、もっと強力にするためにいくつかを一つにまとめ、ロープの上端に取りつければ、はずむような動きが加わって愉快である。はずむものが好きなのは、赤ちゃんだけではない。

シーソーはあたりを見回して、軸に使えるようなしっかりした固いものがみつかりさえすれば、そこに板を一枚もってくるとすぐにもできあがる「自然の」遊具の一つである。シーソーは子どもに、バランスと体重の配分について、有益なことを教えてくれる。しかし、自分たちの行動の結果について、まだ十分に考えが及ばないような小さな子どもたちで一緒に遊ぶ場合は、監督が必要である。なぜならば、シーソーの「下の」子どもが急に

シーソーを飛び降りると上にいる子どもがドスンと落ちてしまうことになるし、またひとりの子どもが不注意に同じようにシーソーに飛び乗ろうとしていた相手のあごをしたたかに打ってしまうからである。そのようなシーソーは、もし一箇所にずっと備えつけるつもりなら、かなりの空間が必要である。しかし、われわれの気持ちとしては、必要な材料を与えて子どもたちに自分で手製のシーソーをつくってもらいたいことである。本物のシーソーをするのは、公園に行ったときの楽しみに残しておけばよいと思う。揺りボート（rocking boat）はまた別問題で、これは子どもの手製というわけにはいかない。この遊具はシーソーと似た動きがあり、ふたりの子どもが一緒に遊べ、ゆくゆくは空想遊びに大いに役立ち、長く用いられることになろう。揺り木馬は、もっと個人的な遊具であり、これについては最後の章で論じる。

**動き回ること**

高速のスリルは、ブランコやスベリ台によっても味わえないことはないが、車輪のある遊具に乗れば、一層迫力のあるものになる。しかしながら、車輪のないトボガンそり（toboggan）についてここで少しふれておきたい。温和な気候の土地でトボガンを持っている子どもはたいてい、降るはずもない、あるいは降ってもすぐにやんでしまうサラサラの粉雪を、冬の間中ずっと待ちつづけて苛立った気持ちになったことがあるだろう。雪をあてにできないのならば、どんな天候にもむくゴーカートにお金を使った方がいい。そして万一雪が降ってきたときの用意に、いらなくなった大きなブリキの盆をきちんととっておくことである。そうすれば少なくともブリキのお盆が非常にスリル満点の乗り物として遊べるものだということがわかるだろう。それは握る部分がないからというだけではなく、草の斜面や砂丘の上でもうまく利用できるからである。そういう場所では、トボガンだと重すぎて地面にめり込んでしまうのだ。

ゴーカートは、トボガンに車輪をつけたようなもので、昔からブレーキをつけずに作られ、前方のアクセルに結びつけたロープの操作と、自分の身体を傾けたり、乗っている人の足で道路の面をけったりしながら操縦する。ブレーキをかけるのも同じ方法で行う。このため靴の皮がいたむのを気にする親は、「本来」のゴーカートを嫌うのである。本来のゴーカートは、古い乳母車の車輪や、余った材木で作った手作りのもので、ゴーカートの持ち主は、危険な冒険をしたがる比較的年長の子どもたちであり、それゆえにゴーカートは戸外の遊具といえる。同じくらいの大きさで、非常に立派な市販のスチール製のものもある。しかし伝統的なデザインのものは、非常にクラシックで、幼稚園児用の遊具の製造業者は、デザインにあまり凝らずに、喜んでそれを木で作ってくれている。たとえば、グッドウッズニッパー社の汽車は（現在入手不可）、何両もつなぎ合わせることができた。これは元の軽快な型には及ばないが、丘のふもとまでおりてきたときもバラバラになってしまわないという長所がある。それは古い型のものならではの胸がわくわくする味わいである。

三輪車、スクーター、自転車が子どもにおそらく最も広く利用されている乗り物であろう。最初の三輪車にはペダルをとりつけず、足で地面をけって動かす。したがって「スピード」遊具としての資格は、ほとんどなく、たいてい歩くよりもむしろ速度は遅いくらいであるが、それは、ただ自分の足を使って徒歩で移動するのではなく、車輪のついた乗り物を自分で運転することの喜びの第一歩とはなる。幼児用の三輪車の次の段階では、ペダルをたいてい小さな三つの輪のうちの前輪にとりつける。われわれのだれもがペダルがかたくて容易に動かなかったという感じを記憶している。そして三輪車に普通のチェーンをつけて動かしたときの喜びの何と大きかったことか、今も忘れられない。スクーターは、本物の自転車に乗るのに必要な確かなバランス感覚を養うための導入となるものである。スクーターの中には、後方に一個ではなく二個の車輪があって本来のスクーターと異なる型のものもある。こういうスクーターは、まだバランス感覚が乏しい子どもには、すぐに普通の型のスクーターに乗れるようになる。そしてそれによって自転車をよりスムーズに乗りこなせる感覚が養われるのである。一番良いスクーターは、チューブの上に弾力性のあるタイヤをとりつけたものである。しかし使いすぎるとパンクするのでやっかいなため、遊び友だちの間では敬遠されている。それは値段はずっと高いがやはりはるかに面白く*（そしてすでに自転車を持っている近所の子どもたちなら、おそらく軽蔑しないだろう）、高価すぎると思えば広告を出して中古品を探してみるだけの価値はある。なぜなら、それは耐久力はあるし、たいてい数人の子どもが使っても持ちこたえることができるからである。

ノッティンガムの七〇〇人の七歳児について調査したとき、自転車かスクーターに乗ることがこの年齢では唯一の最も人気のある遊びであった。しかし現実には、ほとんどの子どもは、そういう乗り物に乗ってどこかへ行くことを許されていなかった。そして、七歳で自転車を持つ主たる目的の一つは、ある場所から他の場所に移動することではなく、ある母親のことばにあるように、「限られた場所をただ、ぐるぐる回る」そのうきうきした気分を味わうことである[3]。

幼い子どもには、もちろんまたがってすわり、足でけって動かす乗り物は、ほかにもたくさんある。そしてその目的は、さっきの三輪車と同様、スピードを楽しむことではなく、車輪のあるものに乗ってみることにある。こういう遊具としては、大きな機関車、飛行機、トラクター、トラックなどがあるが、いずれも子どもの体重を支えるためには、プラスティックよりしっかりした木の方が、はるかに耐久性がある。しかし相応して値段はずっと高い。すわることができる金属性の乗り物も二、三あるが、トンカ（Tonka）というカナダの会社のものは

＊これらのスクーターは、大人にとっても楽しめるものである。コペンハーゲンの飛行場へ行けば目にすることができるが、そこでは、スクーターは乗員と乗客とが飛行機とターミナルビルとの間を往復するのに用いている。彼らは、この長い道のりを歩くかわりに、しかも機能的な方法で往来することができるである。

傑出している。一般的な耐久性はともかく、車輪をみてほしい。おすとへこむようなプラスティックのものは、子どもがその遊具を必要としなくなる年齢に達する以前に、たぶん壊れてしまうだろう。一方車輪の中には、あまりにしっかり取りつけられているために、カーブを切ったり、角をうまく回ったりするのがとてもむつかしいものがある。乗り物にトレーラーがついていたら同じことが連結機についてもいえる。乗り物が容易に曲がることができるように、連結機には必ず余裕を持たせることが必要である。こういう問題は、車輪の全部か一部をキャスターに取り替えるとか、車軸を回転するように工夫すれば解決できる場合もある。それは、確かに運転手のイライラを少なくする。ハンタークラフト社（Hantercraft）は、キャスターと車輪を使って手際よくふたり乗りのバスを作っている。キャスターの上に台を置けば、小さな子どもには、この上なく楽しい乗り物になるということは一考の価値があろう。たとえば、幼稚園遊具のカタログにのっている（高価な）キャスターつきのタイヤを、古タイヤでまねてつくることもできるし、適当に手に入るかたい木にキャスターを取りつけてみてもよい。屋内で使うのなら、板の角をまるく削ったり、あるいは角に何かをあてがうとよい。スケート・ボードは楽しい。たとえ板の上に立てなくても腹ばいになって乗ってみるだけで楽しい（保護服を着なかったり交通量の多い道路で乗ることは明らかに危険であるが、それはまた別の問題である）。

最後に全身運動に付随して、しかもそれ自体あまり場所をとらない遊具がある。ボールやなわとび用の縄は、たいての子どもの身近にあるだろう。ローラースケート、輪、竹馬を持っている子どもはずっと少ない。ボールは投げるにせよ受けるにせよ、けるにせよ、ねらいを定める技能を発達させる。一般に、ボールにいろいろな種類があることは、その重さ、大きさに従い、子どもが自分の能力を合わせることができるので都合がよく、さらに、子どもが小さければ小さいほど、大きなボールが必要となるのは、動きの正確さの不足を補えるからだということを覚えておくとよい。子どもとボール遊びをしてくれる人がいなければ、何かねらって投げられる的があればよい。たとえばはじめのうちは一組の九柱戯のプラスティックのピンとか、もう少し大きくなれば裏の壁にチョークで書いた的とか、庭に張った「ゴール」用の網などである。ゴム風船とシャボン玉はスローモーションな動きをする的になる。子どもは、だいたいフワフワ浮いている風船をポンとはじくのが好きである。

なわとび用のロープを選ぶ場合、その長さが使う者に合っていなければならない。ロープの上に立って両手で握り手を持ち、腕を水平にできるくらいであること。たいていのなわとびのロープは握り手のところで調節できる。なわとびは安いから、握り手のところにボール・ベアリングのはいったものを、少々ふんぱつして買ったほうがとくであろう。ボールもなわとびも、集団遊びにおいてもひとり遊びにおいても長い歴史を持っており（三三二ページ参照）、両方とも縄を回したり、あるいは壁にボールをはずませたりするとき、伴奏となる数多くの詩やおまじないがある[4]。われわれの研究では、男児はフットボールのようなボールの集団ゲームをし、それに対して女児は、ひとりで歌をうたってボールをはずませるような遊びをする傾向があることがわかった。また、ボールをはずませたり、なわとびをするのは、女の子の遊びであると男の子は思っていること、そしてなわとびは七歳の女児には、第二番目に好きな屋外の遊びであるが、男児はまったく興味を示さないことがわかった。——だから、ストラットは、その著書『英国人のスポーツと娯楽』（1801）の中で、「男児はこのゲーム（なわとび）で、技能の優秀性を競うのであり、なわをひっかけないで一番多くの回数を飛べた人が勝者となる」と書いているのは興味深い。

竹馬とローラースケートは両方とも、それに乗る者に新たな力を与えてくれる。竹馬の方は高さと歩幅の面において、ローラースケートは、スピードの面においてである（ただしうまく乗れるようになってからだが！）。ローラースケートは、普通、金属製で、ボール・ベアリングの輪がついており、かたいゴムの仕上げをしている。それは長さ、幅とも自分にちょうどあったものを選ばなければならない。われわれは以前強いプラスティック製の小さなサイズのものをみたことがある。輪が自由に動かないから、したがってバランスが十分にとれない小さい子どもが、それをつけたままで走り出す心配はなく、それは外見ほど不適当というわけではなかった。竹馬は、その高さを足を置く部分の位置に合わせて調節しなければならない。小さな子どもは、腕をまっすぐ下にのばして低く竹馬を握り、脇の下にその先端がくるようにすれば、比較的年齢が低くても、竹馬のバランスをとることは、思いのほか簡単であろう。私たちが幼なかった頃、シロップの空き罐を使って、足にはいて歩くものを作った。ふたをしっかり打ちつけてなめらかにし、罐の上に足を乗せる。罐の側面の一番上に穴をあけ、ひもを通して長い輪をつくりそれを持って歩いた。オーチャード・トイズ（Orchard Toys）という会社は現在これを商品として生産し「スキルツ」と呼んでいる。それは、ざら紙を巻く芯を切り取った丈夫な厚紙の円柱でできていて（それは他には捨てるしかないものである）、シロップの罐の代用品としてとてもふさわしいものである。

ポーゴ・スティックは、竹馬の一種で、おもしろい形をしている。全体は一本の棒状で、ゴムでおおわれた先端は強力なバネによって伸縮し、その上の方に左右にむけて足掛け台がついている。使用者は、その使い方を一度会得したら、格好よく跳び回ることができる。二〇年代に、ポーゴ・スティックの大流行があり、他の年代のヨーヨーやフラフープの場合と似た様相を呈した。現在では、それらは街でめったにみられないが今も作られている。——事実玩具同業者名簿には、一九七〇年には二つのメーカーしか載っていなかったが、それが一九七七年になると四つのメーカーが掲載されている。ずっと最近の発明の中にスペース・ホッパーがある。これは小さな子どもむけのとび上がり遊具である。基本的には、大きなボールの上にすわって遊ぶ。その上部に握り手がついていて、子どもは、カンガルーの跳躍のような楽しさを経験できる。フープ（輪）の歴史は長く、現在に至るまで、その素材、大きさ、用途は様々に変化してきた。ブロイガルの有名な子どもの遊びの写真（一五六〇年）にはひとりの子どもがフープを持った友だちの遊びに加わるために樽からたがをはずしている場面がある。一〇〇年前には、男の子は、小さな鉄のフープでガチャガチャ音を立てていた。女の子は、ずっと大きいが、音の立たない女の子らしい木のフープで間に合わせていた。現在、木はほとんど使われていないが、プラスティックのおかげでフープに色がつき、安くできるようになった。一方軽くなったために、輪まわしはもとより、フラフープ式にまわしたり、フープ跳びにも使えるようになった。

アリソン・スタリブラスは、彼女の本の中で、子どもと環境の間の相互作用に注目し、子どもが、自分の意志や興味からまわりの環境にはたらきかけていく過程を、自分の行動によって「消化」する過程であると表現し、「この消化の過程の産物は新しく、独創的である。なぜならそれは、それぞれの子どもの独自の人格に特有のものであるからだ」[1]と述べている。彼女は環境の多様性は、おのおのの子どもの個性の成長を促し、そしてそれが逆に環境の多様性の発達を促し、進展していくことを重要視し、「子どものひとりひとりが、結局はすべての子どもに豊かに役立ちうる、あらゆる可能性を内包した環境を提供している」と述べている[1]。大きな遊具を購入する予算を立てるとき、多様性というのは、考慮すべき大切な要素である。中古品を買い、古い敷物と板と箱と雑多のがらくたを使って可能性を広げ、それらにペンキかポリウレタンを一塗りし、手にはいるならば何か目新しいものを表面に飾って、全体の感じをぐっとひき立たせてみなさい。それは無用の威風を誇る高価なスベリ台かシーソーを一台置くのに一ペニーなりとも投資するよりは、はるかに価値があり、素晴らしい。

## 積木

子どもの頃、積木遊びを楽しんだことのある親なら、積木を基本的な育児用具として当然備えておかねばならないものと考えている人がほとんどであろう。だからこそどんな積木を選んだらよいか十分に考えたうえで購入したいと思っている親もいることだろう。満足ゆくだけ完全にそろった積木のセットは非常に高価で、親にかなりの負担がかかる（人形用の乳母車や三輪車ほど高くはないが）。そして積木を使う子どもたちには、かなり広い保管場所と床面積が必要となることだろうし、その両者ともなかなかおいそれと工面しにくいものである。

どんな積木セットを購入するにしても、第一に強調しなければならないことは、積木の数が十分にあるということである。せっかく大きな構想を抱いて取りかかり、十分な創造の感激に浸っているのに、積木が不足したことに気づくのは、非常に残念なことである。われわれの三人の子どもとの経験から、一〇〇個のレンガ型積木に加えて半分の大きさのもの、柱状のもの、その他様々な形のものをあわせた量だけが最低限であり、一セットが二〇〇個あれば、子どもの創造領域をかなり広げられるという結論に達した。

個々の積木の大きさと材質も実際の面でかなり重要な問題である。積木は子どもが手にしたとき、ある種の重量感と固体感が感じられるような大きさが必要である。それはある建物が、なぜうまく建たないのか、欠点はどうしたら修正できるかがわかるようになった場合、特に大切な要素となる。しかし、同時にずっと小さな子どもには、十分楽に扱えるような小さなものでなければならない。「レンガ型」の積木は（それは、あえてレンガ型でなければならない。立方体の積木はいちばん買いやすいとはいえ、赤ちゃんが吸うのに適しているくらいのものである）、長さが約十センチのものがだいたい適当である。

子どもは、積木で遊んで何を学ぶか。おそらくそれは、年齢に応じて実にいろいろであろう。最初の三年間で幼児が身につける最も重要な学習成果の一つは、手と目を一緒に、ごく自然に協応して用いるようになることと、筋肉を十分にコントロールしてこの「やわらかい機械」（肉体）が高度な正確さで頭脳の命令を実行するようになることである。歩き始めくらいの子どもは、親指と他の指でつまんで積木を慎重に持ち上げ、別の積木のすぐ上の一点までそれを正確に運び、積んである物を壊さずにそこにそれをおろす。この一連の行為は、非常に

複雑な技術を用いて高度に洗練された学習経験をまさに体験していることを意味している。

集中力と根気は、積木遊びによって大いに養われうる性質である。積木の建物の計画が大がかりなものであればあるほど、子どもは一層多くの時間と努力と忍耐を費やす。一箱の積木はおもちゃというよりも子どもが自分の個性と意志をかけて取り組む生きた学習素材といったほうがよいであろう。積木を与えるからには、親は以下のことを心に銘記しておかねばならない。すなわち、積木遊びをしている子どもにとって、半分しかできていない作品でもそれは実に貴重なものであること、したがって、親はその未完成の子どもの作品を尊重し、たとえでたらめにみえても、それに寛大に耐え、その作品が完成されるまでとりこわしたり、片づけたりせずそのままそっと置いておいてやらなければならない。創造的な子どもよりも床が片づいていることを大事に思う親は、したがって積木を与えてはいけない。

木は、積木の素材として実際に用いられる唯一の材料と思われているが、私たちの知人のある家族は、親しい石工から一袋の大理石の切片を手に入れた。中が空っぽのゴムやプラスティックはどんな価格のものでも絶対さけなければならない。積木としてのゴムやプラスティックは、言葉の上からも矛盾しているし、その軽さのためにどっしりした構造のものを組み立てようと骨折ってみても徒労に終らせる（ただしこの批判は小さな組み合わせのプラスティックの積木、たとえばレゴ社〈Lego〉のようなものには該当しないが、とにかく組み合わせの積木は別種のおもちゃであり、この批判は、その種の積木には関係がない。一九三ページ参照）。それさえなければ、硬材の方が軟材よりも重量感と耐久性の点ですぐれている。硬材は、買えば高いが、それは、木自体の価格ばかりでなく、やすりをかけ、つやを出したりすることに含まれる労働力によるものである。お金を節約する一つの方法は、さし物師に機械で適当な大きさに揃えて切ってもらい、その後自分で仕上げをすることだ。しかしこういう愛情をこめた仕事は、受け取った子どもからそれほど高く評価されるわけではないことがわかるだろう。特に、もし子どもが、積木ができ上がる前にそれで遊び始めた場合には。

積木の特別な長所といえるものは、いろいろな種類の遊びの付属品としてそれが使えることである。一つにはそういうわけで、女の子が、組み立てるおもちゃ（6章、注3参照）にあまり興味を示さないという事実があるにもかかわらず、積木は、男の子にも女の子にも等しく適したおもちゃであるということがいえるのである。われわれの娘が、八歳と一一歳の頃よくしていた遊びは、彼女たちの大家族の人形を相手に、自分たちは先生の役を演じるもので、どの人形にも積木の机や椅子を与えていた。同様に、積木は男児、女児にかかわらず、農場や縁日、博物館や風景というような一つの場所の基礎的な輪郭を作るために用いられている。

積木はまた、使用する者の年齢層が広がるにつれ、その応用範囲も広がる。九ヵ月の赤ん坊は、床の上に積木を投げつけるし、一歳では両方の手に一つずつ積木を握って、それらを打ちつけて思いきり音をたてる。二歳で塔か汽車を作り、三歳で橋を築く。われわれの三人の子どもが、みんな一緒に積木に囲まれて遊んでいる様子をかつてみたことがあった。赤ん坊は、楽しそうに、そして嬉しそうにバンバンと音をたててお父さんが彼女のために積み上げてやった塔を壊してしまった。四歳の子どもは、道路を作ってその上にマッチボックス社の車で渋滞している車の流れを作った。そして、七歳の子どもも道路を作ったが、しかし彼の場合は、歩道の敷石を撤去すると、その下には、下水道の複雑な配列とマンホールがみえた。積木は、それを使って遊ぶ子どもの概念の発達段階に最も柔軟に適応するものである。そして、年齢の幅は、およそ一二カ月から一二歳であるから、どのおもちゃよりも寿命が長いといえよう(かわいいクマの人形とかお気に入りの人形は別だが)。したがって費やされるお金に対する遊ぶ時間の割合で考えると、積木はとてもよい投資であるということができる。

### 抽象的思考

さらに積木の「普遍的な」特質によって、子どもは、さらに自由に彼の想像的な思考に実体と形態を与えることができる。いわば、自分を表現する技術を得られるわけである。食卓についているとき、大人は時々戦闘の場面を表現したり、複雑な地理や方角を示すために、ナイフやフォークやその他の食器類をいろいろなものに仮定して並べ、その様子を説明しようとするが、そのテクニックを子どもが積木を使って用いるのである。われわれの研究用の遊戯室で、最近、大学の先生がひとりの学生に何か論理上の問題点を説明するのに、これとまったく同じ方法で一組のミニチュアの積木を利用しているのをみた。アランは、知能の高い三歳児であるが、自分の近隣地域の平面図を描くのに積木を使って自分で地図を工夫した。両親は、アランが紙の上に同じ図を書き始めるまでは、その積木の地図が何であるかわからなかった。実は、われわれが「現実」のできごとについて頭の中で考えていることを、このように地図や模型を使って表現することができるということ、さらにその地図の中で複雑な関係にある様々な事物をいろいろな要素を配列して象徴できるということは、生物学的にきわめて重要なことなのである。それは、あらゆる科学的、数学的思考の基礎を形成しているように思われる。

もちろん、一箱の積木を持つと自動的に子どもの概念的能力が高度な水準に引き上げられると思うのは愚かなことである。しかし、こういう種類のおもちゃを使って想像的な遊びをする子どもが、比較的早い年齢からそういう種類の思考を発達させる訓練を多く体験できることは、たぶん間違いないだろう。

ものをつくりあげていくときの基本単位としての機能性と、概念上の洞察力をかきたてずにはおかない可能性、その両方を最も満足させうる積木とは、単純な基準寸法をもつ積木である。したがってそういう積木は特に多種多様な方法で組み合わせることが可能である。この視点からセットになっている積木の大半は、同じ基本の形のもので占められなければならない。立方体のものは、あらゆる面で実用的ではなく不満足である。われわれが選ぶとすれば、H・G・ウェルズが自分の子ども（と自分自身）のために考案した、特殊なタイプの長方形のものを選ぶだろう。H・G・ウェルズの積木の大きさの比率は、たてが横の二倍、横は厚さの二倍である。しかしながら、ウェルズのこの比率では、美学的純正主義者を満足させられない。というのは、この積木は「黄金分割」（横はたての〇・六一八倍）にほとんど誤差なく合致しているとはいえないからである。しかし、だからこそこの積木は、それを使って建てた場合の建物の融通性と多様性の面で確かに他のタイプの積木にまさっているのである。この単純明快な基準寸法率（1：½：¼）は厳密な教育的見地から積木をみるとき、数学的特性を組み込んだものとして、一層重要性がみとめられる。現代の多くの教育者は、概念的に豊かな遊びの環境は、後年、正式の数学的概念をうまく習得するうえで必要な素地を与えるという考えを持っている。ピアジェ以降の心理学者たちは、子どもはより抽象的な観念に対処できるようになる前に、実際の具体的経験の一部として数学的思考で遊んだ経験を持つことが必要であるといっている。

ジェフリー・マシューズは、五歳から一三歳の子どもに対し「ナッフィールド数学計画」を考案したが、一箱の積木は、どの程度子どもの数学的概念の理解に役立つかと質問され、次のように答えている。

知っていなければならない重要なことは、数学的概念の理解は教えることによっては与えられないということである。子どもは多種の材料を、長い年月をかけて経験することによって、数学的概念に到達せねばならない。積木は子どもの意のままになる非常に影響力の強い道具である。

いくつかの例をあげてみよう。子どもは、数の意味を把握する前に「整理すること」と「含有」の実際的経験が必要で、たとえば、三個の積木は五個の積木の集合の一部分であるといった具合である。こういう理解は三が五より少ないことを知ることに先立つのである。小学校では、子どもが長さの比較ができるかどうかを知るために、木片を大きさの順序に分類して並べるような活動を与える。一箱の積木は、初めの頃は子どもに劣等比較の経験を与える。すなわち、この壁はあの壁より長いが、あれほど長くはないという具合である。

一個の大きな積木と同じ高さにするために子どもは、二個の積木を使うことによって加法を知る。これとこれであれになるという具合である。小学生の子どもが五オンスの重さを測るのに、何個かのおもりを組み合わせるときなどは、これと同じことをするだろう。すなわち、一オンスの分銅五個は、四オンスのと一オンス、あるいは二オンス二個と一オンス一個という具合いだ。これは、小さな単位のいくつかの集まりは、ずっと大きな単位に匹敵するというシステムを会得するための測定法の理解に通じる。一つのアーチを支えるのに二本の柱をたてるとき、子どもたちはこのことをじかに経験する。すなわち一方の柱は長い一本の積木であり、もう一方の柱は四個のずんぐりした積木を重ねたものである。

それから再び「不変」あるいは「保存」は、子どもには、把握しにくい概念である。すなわち、数の不変とは、五個のキャンディーは、小さな山積になっていようが、一列に並べてあろうが、いつも五個である。長さに関しては、二本の棒は、平行に並べようと、ずらして並べようと、常に同じ長さである、ということである。面積については、六枚の薄いベニヤ板は、どのように置いても表面の面積は

同じである。体積については、六個の小さな立方体はどのように並べられても空間を占める量は同じである。子どもは積木で遊びながら、構造物を作るとき、このような概念を自然に用いているのである。もちろん子どもは、状況から数学的概念を引き出すのではなく、後に学校でこういう概念に出会ったとき、幼いころから実際に経験し、すでに培われたものによって、かなり容易にこの概念をつかめるだろう。

最後に、いろいろな数学的状況と関係を表わすための用語を、子どもは、増やす必要がある。どの子どもも、みんな「大きい」ということばを使う。しかし子どもは、大きいということばをより細かく区別する必要があるから、高い、低い、遠い、近い、長い、深い、広い、背が高い、上、下などのことばが重要になってくる。言語の発達は、遊びの場面で育っていく。もし母親が、子どもに、積木で作っているもののお話をさせてみると、その語は増えるはずである。子どもが、この塔の方が高いけれどもう一つの方がもっと高いよといえば、その子はすでに数学に取り組み始めているのである。

しかし、なぜ一箱の積木にお金をかけるかといえば、その理由は単純である。それは積木が幼年期を通して実に多くの時間、子どもを楽しませてくれるからにほかならない。非常に基本的なレベルであらゆる年齢の子どもが気に入っているようにみえるのは、ブランコとか、砂場のような二、三の遊具である。子どもたちは新たな興味をもって、幾度もそういう遊具にもどってくる。十分に工夫された積木はこういう類の遊具の仲間にはいるものである。

積木は、たとえば家のような月並みな独立した建造物を建てるのに使われるだけでなく、他のおもちゃと一緒に使用して、全体的なレイアウトを生み出すために広く用いられる。積木は、騒がしいゲームには理想的なものであり、そのゲームでは苦心して仕上げた建造物は、気持ちよく一撃のもとに吹きとばされ壊されてしまう。しかし、積木は新しいものを考えだしたり、組み立てたりして静かに遊ぶ場合にも同じようにふさわしいものである。この他にも思いつきの上手な子どもたちは、積木を飛び石、迷路の中の小道、木柱とか大理石の小道として用いるなど、その遊びは果てしなく広がり、様々に工夫されるであろう。

しかし、最後につけ加えておかなければならないことは、子どもが積木を使って独創的、かつ有効に遊べるようになるためには、常に子どもの手の届くところに積木を置いてやり、その存在をなくてはならない家具の一部であるくらいに思えるように環境を整えてやらなければならないことである。こういう形態の遊びの経験がない子どもには、同じ形の積木がたくさんあってもただちにそれに心がひきつけられるわけではない。時には、これを使っていろいろのことができるのだということを実際にやってみせてやる必要がある。少なくとも、子どもが自分でやり始めるようになるまでは。積木が家族の中にありさえすれば、年少の子どもは、年上の姉、兄から教えてもらうこともできるだろう。そして、子どもが積木の魅力にいったんとりつかれたら、積木で遊ぶ楽しみは永続的なものになり、その子どもが父親になるまでもずっと消え去ることはないだろう。そして、同じことがまた次の世代でくり返されるのである。

## 人形と動物のぬいぐるみ

人形は、他の遊び道具とは違って、それを持っている人には、特別重要な意味があると大人は常に考えてきた。おそらくこれは一つには、世界の多くの地域で、そして歴史の長い期間にわたって、人形を持つことは、子どもっぽさの特徴であるとともに、大人の特徴でもあったし、大人の信仰、欲望、恐怖と深く結びついていたという事実があるからである。現在、博物館に残っている最も古い「人形」の多くは、決して子どもの人形ではなかったし、子ども用に作られたものでもなく、宗教的、あるいは魔術的目的のために作られ、用いられたものだった。そういう人形は子どもが遊ぶにはあまりに神聖であり、危険であると考えられていた[5]。たとえば、アフリカのある地域では、これから結婚する若い女性の衣服に、多産人形を留めつける風習が今でもあるが、それを小さな妹に譲るのは少し危険であるらしい。さらに神聖な場所で使用されたことのある信仰用の偶像を子どもに与えることは、敵によって聖なる遺物が略奪されることを連想させるものであり、故意の侮辱とみなされてきた。しかし、祭礼で使われる小さなお供えの人形は、祭礼の後、時々子どもに渡されることはあった。

今も残っている原始的な人形は、たいてい大人の崇拝の対象であったから（その崇拝が、人形の存続を物語っている）、歴史家[6]の中には、子どもの遊び用具としての人形は、文明化社会においてはじめて存在するのだという人がいる。しかしこれは、子どもが自分で作った人形とおぼしき物で遊ぶかどうかということは、また別問題であろうが、しかしこれは、原始的な社会では、大人は子どものために人形を作ったりはしないといっても過言ではないだろう。非常に小さい幼児にとっては一つの顔の中に目があり鼻があり、口がありというパターンはとても魅力がある。ごく小さい頃には、子どもは、ペグ人形（peg-people）をみると、まるでそれが人間であるかのように（ペグ人形については5章で述べることになる）すぐに反応するから、子どもたちが出会う人間の形をした物体、たとえばこぶのある二股に分かれた木の枝とか、スプーン、すりこぎ、茎についている頭状の種をみて、人間を連想したり、また小枝を歩かせてみたり、スプーンを布切れに包んだり、種の部分に口や目をつきさしたりして、人形遊びを発展させたとしても、それは当然で、何ら驚くにあたらない。子どもに好まれ、使われるということが、たとえそれが間にあわせの人形でないにしても人形が生きのびるための助けになるわけではない。――博物館にあるろう人形の唇のいくつかが、よくキスされて平らになってしまっていることがそれを証明している。

古い文明は、人形の外観をもっと日常的なものにしたり、洋服を着せたり脱がせたりできるように手足の関節を工夫しているという点で、はるかにおもちゃらしくこしらえられた人形を伝えてきた。こういう人形らしい人

形とともに、目的のはっきりわからない人形もある。たとえば、子どもの墓で人形がみつかったことは、子どもが人形遊びをした証拠であると思われるが、その人形の多くは、成人した女性の姿（しばしば腕に子どもを抱いていることもある）をしていた。事実は、死んだ子どものためのおもちゃというより、むしろ子どもを保護するという目的をもっていたと解釈するほうがよいだろう。しかしながら、人形の中には、子どもが人形に対して母親の役を演じられるようなものがあり、それはわれわれ自身の人形についての考え方に合致している。たぶんその証拠をもっとはっきり示してくれる資料は文学である。ギリシャ、ローマの文学のどちらにも、市の立つ場所で、子どもに人形を売っていたことを参照できる箇所がいくつかある。そして、このように人形について述べた箇所がよくみられるということは、それを書いた作家たちが人形の重要性を認めていたことを物語っている。事実、ギリシャ、ローマの子どもたちにとって、人形は、子ども時代そのものの象徴であった。女の子は、結婚するとき人形を手放し、人形と人形の持ち物をアルテミスかアフロディテ、あるいはローマの女の子ならヴィーナスか家の神々に奉納して、大人になったこの瞬間を、はっきりと形で示すことになっていた。もう少し現代に近くなると、一六世紀以降は、小さな少女の肖像画には（男の子は、滅多にないが）子どもが手に人形を持っているところを描くの

が非常に一般的であった。おそらく画家とモデルの子どもが、手にするものを決める際、双方ともに満足できる意見の一致をみたものが、人形であったのだろう。画家は、子どもの頃の偶像としての人形の役割を認め、子どもは自分自身の可愛い子どもと一緒に不滅の肖像画に姿を残せることを大いに喜んでいる。

グエン・ホワイトは、人形収集家のための教養書の中で、次のように指摘している。「人形のコレクションは、お皿やレースのような生命のない物を集めることとは趣を異にしている。というのは、人形は、見つめられると見つめ返し、そして、多くの人々は、人形と別れるのに耐え切れないから、人形を大切にしまっておく（傍点筆者）」[7]。これは象徴としての人形の潜在的なぞである。それが信仰上の象徴か、子どもの頃の象徴か、単に生活の象徴かは別として。人形の持つ生命感には実際、人の心をとらえずにはおかない不思議ななぞがある。小さな女の子は、だれかから、自分の人形を「人形のくせに」と非難されて、「しっ、だまって、私はそのお人形に本当は自分は生きていないんだってことを知らせないように、いつだって苦労してるんだから」といった。それがよい例である。グエン・ホワイトが述べているように、大人自身もこのなぞの中に巻き込まれている。子どもだけではない。親は、子どもが裸でしまってあった人形をただ片づけてしまわずに、人形が寒そうにしていると感じて、思わず衣服を着せてしまっている。ある母親は、彼女の子どものサーシャ人形が、どんなに「親しみやすいか」を話していたが、こういう感想は、この種の人形を買う親たちの間では共通のものである。

さて、ここで柔らかいおもちゃの動物（ぬいぐるみの動物）にも議論に加わってもらうことにしよう。ぬいぐるみはそれが人間化されている限り、つまりそれが「みつめ返」すことも、意思を伝達し合うことも、豊かに反応することもできるものとして、子どもや親に人間扱いされている限り、それは子どもにとって仲間であり、友人であり、保護者であり、保護してやるものであるというように、いろんな役目をあわせもつものである。そして、それは子どものそばでいつも待機していて、子どもが必要とするとき、それにこたえてやれる大切な人々

（あるいは人間のようなもの）となる。

子どもが人形や動物を刻々と変わっていく自分の要求にあわせて、思いのままに作り変えられる自由をもてるのは、それらが現実の人間ではなく、人間のようなものであることの、まさにそのあいまいさのおかげなのである。本当の人間は、それほどいうなりになるものではなく、それぞれの人格をもち、それぞれの要求がある。ところが、人形やくまのぬいぐるみは、その持ち主の気まぐれに対しても、寛大である。人形たちは、しばらくの間ほっておかれても文句もいわないから、子どもは罪の意識を感じずに済む。人形たちはいつもそこにいて、子どもの愛情には喜んで答え、子どもの不幸には同情的に応じる。人には面とむかって見せない怒りも含めて、人形は子どもの内緒事を受け入れる貴重な容器である。もし子どもが人形に対して、自分を養育者とか保護者だと感じれば、動物たちは、彼のあたたかさに反応し、たとえ子どもが威張って支配者的な気分でいても、人形たちは、彼の人間の友だちのようにそのことで彼に腹を立てることもなく、子どもが人形を必要とする限り、その従順な役割を引き受ける。同様に、動物のおもちゃは、それ自体の本質において、完全な人間ではなく、一種の人間なのだから、子どもと同格の人間になれる。そして子ども自身の人格の延長として働き、子どもが自分自身の感情だと認めたくないような感情の代弁者あるいはたぶん身がわりの役目を果たし、「クマチャンは、あの生れたばかりの赤チャンが嫌いなの」という。当時四歳だったわれわれの娘は、スザナという名前の人形を持っていた（ちなみにその名は彼女自身の別称である）。スザナは娘の会話にいつも従順に相手になってくれた。そこでわれわれは娘にスザナを育てている母親としての意見を聞いてみることにした。そのインタビューの項目は、われわれが普段四歳の子どもをもつ母親との面接に用いているものを使い、このインタビューの写しが、その研究の補足として発行されている[8]。それは、小さな子どもが人形を利用して、自分自身や他の人々の感情や態度を試してみたり、戯れたりするようすを、いきいきと表わしている。次は「スザナがこわがるものが他に何かあるかしら?」という質問に対する答えであるが、だれがだれについて、話しているのかおわかりだろうか。

「えっ…そうよ…スザナは、ベッドの中で『私、夜にはライオンがこわいの!』というのよ。でもそれは本当ではないの。そうじゃない? スザナは、毛布の下に頭を入れているから、ライオンは彼女をおそわないわ。そして私は『そんなのウソよ、ライオンなんかいないわ』というの。スザナはライオンはいないことを知っているのよ、本当は。そして、スザナはふざけてそのつもりになっているのよ。だから私は、スザナにいってみるの。狼はいないし動物なんていないのよ。そんなのどこにもいないわよというの。私だって絶対にいないことを知っているのよ。私よく知っているでしょ。」

この例では、子どもは、母親としての立場から勇気をふるいおこし、自分の恐怖心をカバーしている。彼女は人形をあやしながら、理屈の上では「絶対にいないと知っている」何かを、本当は恐れている。しかし自分のその恐怖心を自覚することなくその話題を取り上げ、議論し、同時に自分自身を安心させているのである。子どもの中には、動物そのものに優位な性格を持たせて、その動物と一緒に生活することにより、自分自身の力を引き出している子どももいる。エリザベス・ロングフォードは、彼女の八人の子どもの末の子どもが、はじめてのクリスマス・プレゼントとしてろばを選んだときの様子を描写している。「息子は、車輪のついた大きい灰色のドンキーを選び、それに空想を託そうとしました。『ドンキー』、彼はそう平凡に呼びましたが、それは彼のおかげでありきたりのおもちゃから、一種のスーパーマンになりました。ドンキーは毎日、誕生日を迎えて、もう何百歳にもなりました(彼のように一番年下ではありません)。ドンキーは、自分のお金が何百ペニーにも増えました(彼のように週に一ペニーのおこづかいとは違います)。」[9]

子どもが、自分の感情をカムフラージュしたり、願望を託すために人形とかぬいぐるみを利用するのと、本物の動物を利用するしかたには、非常に類似したものがある。ただし、子どもに動物を飼う機会があるか、心の中にまったく想像上の動物を持っていればのことである。われわれの子どもは、幸いなことに話をし合える年とったかしこいブチ猫を飼っていた。猫は子どもたちが求めると、いつでも、やさしく子どもの耳もとで鳴いた。そのブチ猫が死んだとき、残されたのは一匹のかなり気まぐれな子猫だった。しかしその子猫は、死んだ親猫と同じようにやさしくはあったが、情の深い親猫の代わりにはならなかった。われわれの研究している子どもの中のある四歳児はティリーという犬が好きだった。もっともその犬は、よその家の飼い犬だった。その子の母親が、われわれに「この犬はとてもよい性格なのよ……。お客様がうちにきてくださったときにね、私たちが『お客様がここにいらっしゃるうちに、たぶん今夜出かけるわよ』と子どもにいいますと子どもは『ああいいよ、もし何かほしいものがあったら、ティリーに頼むから。そしたらティリーが、ココアを作ってくれるでしょう』というんですよ」と話してくれた[8]。ある七歳児の場合、その子どもにはライオンという名前の空想上の「友だち」がいた。その子の母親の話は、次のようであった。

「息子はその夜、長いこと私の帰りを待っていなければならなかったのです。あとであの子は、ライオンが私は死にはしないといったと話すのです。あなたにはあの子がどうしてそんなことを思ったのかおわかりですか。私はあとになってわかりました。つまり私が帰宅するのが遅いと、あの子は、私が事故にあったのではないかと心配していたのです。でもライオンが、あの子に、事故なんかおこっていないといったのです。ですからライオンがいてくれて本当に助かるんです。」[3]

しかし、すべての子どもが、適当な本物の動物を飼えるとは限らないし、すべての子どもがこのライオンの場合のように自分の空想をはっきりと形にすることができるとは限らない。したがって依然として、人形とぬいぐるみは子どもにとって必要なものでありつづける。もちろん子どもたちがどの程度人形たちと遊びたいと思っているか、そして彼らの空想にどこまで夢中になれるかは、子どもによって異なる。子どもの中には、非常に現実的で、こういう種類の遊びにはまったく無関心にみえる子どももいる。かりに大人のほうから空想遊びに誘ってみても、そんな大人をばかげているとしか思わないような子どもにファンタジーをおしつけたところで、それは明らかに無意味である。そのうえ、おのおのの子どもを引きつける動物の種類は、これがまた実にまちまちなのである。われわれの娘のひとりは人形の一大家族を持っていたが、動物にはほとんど興味がなかった。それに対して、もうひとりの娘はベッドの上に毛皮のぬいぐるみ動物をずらりと並べて、そのため自分はその中にもぐり込めないほどであった。そして、彼女の部屋の隙間という隙間はどこもかしこも、他の動物（玩具）たちがじっとひそんでいるのだった。さらに、息子の場合は、四匹のビロードの動物のぬいぐるみが気に入っているようだった。しかし、本当はお祭で買ってきた安物のビニール製のねこの指人形に、もっと愛着をもって、いろんな空想を楽しんでいたのだった。最後に、人形と動物のぬいぐるみを求める場合、どんなものを選んだらよいのか考えてみる前に、ここで一言つけ加えておかなければならない。それは、親が子どものためにできるだけ完璧な友だちを選ぼうと、さんざん時間をかけ、頭をひねり、お金を費やしたのに、子どもがもし慈善バザーの売場で買ったおかしな怪獣のようなものを気に入っているとわかっても、あまりがっかりしないようにしていただきたいということである。

### 人形の選択

子どもと同様、親にもたしかに好みがある。したがって人形を選ぶ場合、大部分それがどれだけあなたの個人的な趣味に訴えるものがあるかによってきまるだろう。ただし二、三の目安ぐらいは示すことができる。親が、子どもに初めて人形を与える場合ならば、当然、安全なものを捜すであろう。今日ではこの安全性については、通常規則がたくさんあるのでそれに従って選ぶとよい。その他には、子どもの身体の大きさを考え、その子どもの腕にうまく合うような人形を探しなさい。このことは、子どもがまるで岩ひばりがカッコウのひなの世話をしているようにみえるような、大きい人形ではなく、かといって子どもの腕の中に満たないような小さ過ぎるものでもいけないということである。はじめての人形とは、小さな子どもが人形のために何かをしてやって喜びを感じられるような、赤ちゃん人形かよちよち歩きの子どもの人形を探すとよいだろう。その次にくるのが、少し大きくみえる子どもの人形である。

ほとんどの人形には、ただ単に髪の形を押しつけただけでなく本当に髪の毛らしいものがついている。その髪がどれほど長持ちするのか、そして髪がモジャモジャのマットのようになってしまわないかどうかはその場では判断しにくいことである。いちばん間違いない方法は、一年以上人形を持っている人から製造業者を推薦してもらうことである。サーシャ人形の髪は特によいが、赤ちゃん人形は少し小さすぎて抱きしめにくい。

身体がやわらかい人形を買っていいかどうかを決めるのは、これがなかなかむつかしい。ビニールの手足、頭、布地の本体を持つ人形は、実用性（被われていない身体の部分を清潔にしておくため）と、可愛いさを兼ね備えている。これらの人形は当然その持ち主の腕におさまる。ところがそれらは、お風呂に入れられないので子どもの中には、明らかに短所だと感じている者もいる。布で作った人形も同じ意味で満足のいくものではない。

おもちゃの業者は、強い要求に応じて、毎年新しく人々をあっといわせるような特徴のある人形を作り出している。最近では、体内に作りつけの袋状のものや仕掛けを持つ人形が売られており、それは飲み、話し、顔をしかめ、泣き、歩き、書き、髪がのび、ダンスをし、歌い、首を振ることなどができる。もっとも同時にすべての条件を持ったものはない。寝かせると眼をつむる人形は一八五四年に特許がとられたが、動く眼はそれより早く一六三六年にすでに知られていた。泳ぐ人形が百年後に製造された。今やきっとだれかが汗をかく人形に取り組んでいるだろう。そういう人形は、年長の子どもには斬新さの価値（とたぶん地位を誇示する価値）はあるのだろうが、われわれは、最初の基本的な人形の素朴さを求めたい。なぜならそういう人形のほうが、子ども自身に想像力をより豊かにめぐらす余地を与えているからである（そしてこわれやすい仕掛けをもっと減らすためでもある）。眼をつむることはさておき、私たちが人形に見出す最も効果的でしかも特に単純な特徴は、マッチボックス社の握り人形にみられる。それは、小さな物（うすい一枚の紙でも）を手に持つことができる。その他二、三の人形は、風呂の水が中に入ってこないように、各関節がしっかり留められているものがある。もし、子どもがお風呂にはいっている間、人形がそのそばで脚をはずされ、水をはじきながら、ずっと置いておかれるくらいなら、脚や手がしっかり留められているものがあると助かるだろう。

子どもは大きくなるに従い、人形のどんなところが好きでどんなところが嫌いかについてはっきりした考えを持つようになる。したがって、もし人形をプレゼントとして喜ばれたければ、子どもの好みを探り出すために、それとなくおもちゃ屋の中を子どもとおしゃべりしながら一回りしてみることも一つの賢明な策といえるだろう。しかし子どもの好み自体がまったくあいまいなこともある。われわれの小さな娘は、最初の頃は、映画スターのような大きく見開いた眼が嫌いで「伏目がち」の人形をほしがった。ところが当時この人形は、イタリア以外ではほとんど作られていなかった。さらに厳しいことには、彼女はやわらかい色を塗った眼に関心が移っていった。そしてついに、サーシャ人形が出現すると、眠っている眼は少し誇張されすぎているようで、気に入らなくなってしまった。サーシャ人形はデザイナーのサーシャ・モ！ガンサラーによって創作されたもので、幾分国籍不明の子どもを表わしている。人形の顔いろはやわらかい褐色で、面だちはおだやかであいまいな表情を浮かべて作られているので、自分の好きな人格や感情を何でも人形に託すことができる。今、黒人の人形が家族入りした。サーシャの赤ちゃん人形には明らかに男性の生殖器を持ったものがあるのだが、奇妙なことに少年の人形はない。サーシャ人形は何十年たっても色あせることがない驚くべきデザインであるに相違いない。事実、五十年代のモーガンサラーの初期の人形から、そのデザインは変らないままであり、流行の影響をほとんど受けていないようだ[10]。この人形を買うとき、子どもたちは迷っている様子がない[9]。この人形は明らかに親子の生活習慣づくりに一役かっている。

われわれは、もっと年長の子ども向けの小さな人形についてはここでは述べてこなかった。年長の子ども向けの小さな人形というのは、一種のアクセサリーとしてデザインされ市場に出されているもので、たとえば、シンディ、バービー、アクションマン、等々である。こういう人形は、確かに子どもの生活面で一つの位置を占めてはいるが、われわれには、仲間や友だちというよりも、ミニチュアとか収集品の性質をおびているように思われる。そこで第6章で、それらの人形についてふれることにする。

## 動物のぬいぐるみ

子どもは、たいてい自分の心の中に数個の動物おもちゃをすまわせている。やがてその中で特に一つが子どもの心をとらえるようになり、その子が大人になるまで、ずっと愛情をひとり占めするようになる。われわれはかつて、大学生たちにこの中の何人が、大学に熊のぬいぐるみか他の動物をつれてきているのかたずねた。そうすると、かなりの数の学生たちが恥ずかしそうな表情を見せたのである。人形の場合のように、この種のおもちゃではどんなものが子どもに最も愛されるのか、親にはなかなか決められない。おそらくそれがいつだったのか思い出せないほどごく幼い頃にもらったものに[11]、子どもはいちばん愛着を感じるものであるらしい。だから非常に幼い子どもに、そういう贈物をするときは、十分に考えたうえでする必要がある。

抱きしめるおもちゃは、まず第一に抱けることが必要だ。たぶんどういうことかおわかりだと思うが、これは子どもの胸におもちゃがすっぽりはまり込むことが大切だということである。もし動物の体が角ばっていて、そこから四本の頑丈な手足が突き出ていれば、それを具合いよく抱くのはむつかしいだろう。これは、熊のぬいぐるみが非常に成功している理由の一つである。というのは後足で立つようになっていて、抱きしめるときに、熊ちゃんとその持ち主の間には邪魔になるものは何もないからである。もし子どもがいつもぬいぐるみと一緒にいたいようであれば、ベッドの中に入れるのに（あるいは、車やバスに持ち込むにしても）大きすぎない方がよい。しかしはじめての人形と同様、よちよち歩きの幼児の腕に抱けるぐらいの大きさであることが必要である。ぬいぐるみの中には極端にやわらかくふにゃふにゃしたものもあるが、これについて少し述べておきたいと思う。それは、肩にくずれかかったり、腕の下にたくし込まれたり、どんな姿勢をとってもしなだれかかってくるものである。長い間の友だちのように、われわれが気に入っているものは、ヴェラ・スモール社が作った「タイガー」である。どう猛なその名に比して、身体全体はしなやかで、その表情はバターのように柔らかい。そして子どもの肩に抱かれると、腕を心地よさそうに子どもの首にまわす。これでもし起き上がる必要があるときは雄々しく起き上がり、勇敢な友

だちになってくれたらどんなにいいだろうと想像してしまう。
この可愛いぬいぐるみは、中にテトロンの詰め物が入っていて、外側はアクリル系の「毛皮」でおおってある。したがって洗濯が可能ですぐに乾く。当然このような使用度の高いおもちゃの場合、この両者とも考慮すべき大切なポイントであろう。このことについてある母親のことばを引用してみよう。「あの子は、七カ月過ぎてから、熊のぬいぐるみを片時も手放さないのです。一度、お風呂の中でそれを落としましたが、すぐに乾きませんでした。それであの子は、すごく腹を立てて、私たちは二晩というもの、あの子をなだめて寝かせるのにどんなに苦労したことか。」

そのうちに柔らかいぬいぐるみは、親しみが薄れ、身体も子どもの思い通りにならなくなってくる。そこで登場するのは、ジャングル・トイズ社が作っていた立派なライオンである。その眼は確かにどこか遠く草原をみつめているようで、抱きしめるには少し立派すぎる。このライオンの役目は、前に述べたりこうな年とった猫や車輪のついたドンキー以上のものであるらしい。すなわち、頼もしい相談相手であり、威厳のある置物である。ぬいぐるみのもう一つのグループに、ポケットに入るくらいの小さい動物、たとえば、ハツカネズミ、小さい子羊、あるいは小さい熊があるが、それらは秘密めいて魔術的な「おまもり」の役割を果たしている。

どの子どももみんな「熊」言葉を話したいと思っているわけではないし、知らないうちにトラの腕の中で眠るわけでもない。事実、子どもの中には、自分のベッドをトラクターやレーシング・カーで一杯にしている者もいる。人形にせよ動物のおもちゃにせよ、抱きかかえるものを喜ぶ子どもにはそれが非常に根源的な意味で必要なものであるように思える。ベル・ムーニーは、死産であった二番目の子どものことを書いているが、その中でひとりぼっちの彼女の最初の子どもの熊のぬいぐるみを借りて彼女の悲しみを慰めたことを告白している[12]。子どもたちの悲しみや、怒り、そして勝利の喜びを、ときどき気の合った人間とさえわかち合えないことがある。

人間はあまりにも親密に慰めを求めるからであろう。子どもにも、自分が必要とするときにこのようにいつも信頼できて、何も要求しない友だちがあって然るべきではないだろうか。

# 第5章　空想遊びを支えるもの

遊んでいる三、四歳の子どもを見たり、その子どもの言うことに耳を傾けることの楽しさの一つは、子どもが自分で作り出している世界に実際には大人を招き入れているわけではないのに、ふつうは子どもの方で大人が立ち聞きしやすいようにしているということである。三、四歳というのは確かに、子どもの空想遊びが一番よくみられる年齢である。その遊びの中で、子どもたちは、ほかの人や生き物の役割を試しにやってみようとする。それに、この年齢はたまたま彼らの空想が比較的自由に観察できる時期でもある。この時期、ことばは言語能力の新しい水準に到達しつつある。子どもたちは、しゃべるという活動そのものを心から楽しんでいるようにみえる。たとえ明らかにだれひとりとして自分の言うことに耳を傾けていないときでさえ、一日中でもひとりでしゃべっているのである。同時に、この時期では子どもは、まだ人前を気にしない。いや、気にしないというよりは、非常に自己中心的なので、自分が他の人たちに対してどのような印象を与えているかということについては、考えていないのだろう。時がたつと、その子どもは、おそらく自分が実際に行なっている冒険（つまり、自分だけのおしゃべり）を大人たちに立ち聞きされたことを恥ずかしく思うようになるだろう。そして、自分の考えを実際に口に出していわなくても、心の中でそのあとをたどることができるようになるにつれて、これまで自分の行動についてしゃべってきた解説めいたこと自体も、胸のうちにしまっておかれるようになるだろう[1]。われわれの研究対象になっている七歳児の母親のひとりが言うように、「子どもは、自分が秘密にしておきたいことが自分の中にあることに気づくような年齢になった」[1]のだ。幼児を観察する機会のある大人は、できるときにその機会をせいぜい利用すべきである。

## つもり遊び：「まるで……のように」

最もよく空想をする年齢は、三、四歳であるけれども、この章では、誕生後の最初の二年間の様子をみることから始めよう。というのは、子どもがどのようにして、自分だけの世界から一歩はなれて、だれか他の人の役割の中にはいり込むことができるようになるのか、その能力の根源を明らかにしたいからである。ここでいう能力とは、だれかほかの人にとって意味のある行動が、まるで今やその子どもにとっても意味があるかのようにふるまう能力であり、また同時に、空想遊びと新しい段階の行動を毎日学習することとを区別する「ごっこ遊び」の特質をもつ能力でもある。もし、われわれが、この能力をずっと前の段階までさかのぼって調べてみるなら、それを調べることが、同時に初期の言語発達を調べることになり、また、どのようにして母親や父親自身が自分の子どもとのやりとりの中でつもり遊びをすればよいのか、を調べることにもなるということがわかる。これに関する事例を一つとり上げてみよう。

七カ月の頃に、ティムはボールで遊んでいる。ところがそのボールは、彼の手の届かない所に転がってしまう。ティムは目でそれを追い、何か言いながら、何とかしてとろうと、腕をボールの方へ伸ばす。しかしボールは、まだ彼の手の届かない所にある。だが、ティムの母親がじっとそれを見守っていた。母親は、自然に、そのボールを彼の方へ戻そうと近寄ってくる。彼女はボールをつかんでもとの位置へ戻す。ティムは、再びボールで遊びはじめる。彼の顔は緊張がとけてもう一度満足する。

ティムの母親は、彼がじっとボールを見、手を伸ばし、ぶつぶつ言うことを、まるで、そういう行動が、「それを返してちょうだい」という意思伝達の手段であるかのように扱った。このパターンは、たぶん、ティムが遊んでいる物（遊具）が手の届かない所へ動くたびに何度も何度もくり返し起こるだろう。そして、ほどなくティムは、たぶんその結果として起こるだろうと思われることについて、何らかの期待をもちながら手を伸ばしたり、声をあげたりし始めるようになる。そして、ついにはまったくわざと手を伸ばし、声をあげ、そして同時に母親をみるだろう。それは、母親に向けられた一種の命令であり、ティムが母親の助けを必要とするときに、それを得るための有効な命令なのである。彼はまた、母親がその場に居あわせないときには、これをしても無意味であることを知るだろう。また、こういうやり方で母親に命令する口実をつくるために、ボールをわざと遠くに投げはじめるだろう。非常に複雑な意味をもった、こういったまぎれもない意思伝達手段としての一連の身振りは、こうして作り上げられる。ティムの母親は、「それをもう一度自分に返してちょうだい」ということをどういったらよいかについて、ティムがすでに知っているかのように、彼を扱う。そのように扱うことによって、ティムが自分の希望を周囲の人に単にでまかせにぶつけるのでなしに、母親を相手に彼がよく考えた上での、しかも具体的な〝話〟をしはじめることを可能にしたのである。ついでながら言うと、行為者としてのティム自身、ティムが失った物、それからその物についてティムが経験しているある種の感情、という三つのかなり基本的な区別を彼がしはじめることができるようになったのも、母親のおかげである。先に述べたように、ことばを伴わない行為は、行為を伴わないことばに先行するにちがいないのである。

子どもの思考は、だれか他の人が実行するところを子どもがみることのできる行為から発展するということが、広く発達心理学者に信じられている。ここでわれわれが強調しようとしていることは、次のようなことである。つまり大事なことは、すでに言語を使用し、象徴的思考ができる人たちとのコミュニケーションの過程で、子どもの行為に加えられる解釈であるということだ。そのことは、子どもの中に大人と同じような思考が形成されていくことと重大な関係をもつ。大人が自分の感情状態から生ずる行為を、コミュニケーションのためのジェスチャーに熱心にかえることによって、子どもがその世界で経験することに対する首尾一貫性が与えられる。というのは、共通の言語をわかち合うことの結果として、大人であるわれわれ自身が当然のことと考えているあらゆる種類の思想や感情を、この経験によって、子どもが他の人々と共有できるようになるからである。子どもたちが、自分たちのことをことばで理解してもらおうと試みはじめるときには、しばしば彼らは指さし行動や他のジェスチャーを補助手段として用いる必要がある。それに、大人が子どもと同じ文脈にいて、しかも子どもによって出される手がかりを利用することができるときのみ、子どもが言わんとするところは、明確になるだろう。このことは、なじみのない状況におかれたとき、あるいは大人が特定の子どもになじんでいないときには、話がまったく伝わらないこともあることからも理解できる。

ジェスチャーの問題はさておき、行為が思考に先行するという場合にもう一つの意味がある。すなわち、われわれがあるものを用いてそれで何をするのかということと、それらのものにことばを使ってどのように名前をつけるかということが、密接に結びついているのである。たとえば、「コップ」を定義するために、その大きさ、形、そしてそれが作られている材質についてだけ論ずることはできない。基本的には、「コップ」の定義は、それを用いて何をするのかということに関係している。つまり、コップというものは、飲むのに適した形をしているのである。われわれは、水を入れて、そこから飲むことができる容器を作るような方法で、大きな葉をとってそれを折り重ねて間に合わせのコップをこしらえるかもしれない。つまり、そのような対象物の定義は、本質的にはそれで何をするのかということから出てくる。人類は、ことばを使用する動物である。と同時に、道具を使用する動物である。そして、それらの対象物を子どもがどのように概念化するようになるかを最終的に決めるのは、その子どもがものをどのように利用するかということである。「バッグ」は、人がものをその中にいれ、あちこちに持ち歩くことが可能である限り、形、大きさ、色、しなやかな手ざわりという点で、ほとんどどのようなものでもバッグになりうる。また、椅子は、すわることができて、背中を支えるものである限り、椅子である。子どもは、アスコット競馬会〔訳注　英国イングランド南部、バークシャー州のアスコットで毎年六月第二週に行なわれる。第一レースの前に国王・女王が臨席する英国競馬中で最も貴族的なもの。〕にきているご婦人たちのように、自分が頭の上を飾るために選ぶどんなものも帽子に含まれるのだということを知るときにはじめて、本質的に帽子とはどんなものかを理解する。だから、人間の重要な特徴は、さじで食べさせるというような行為を、赤ん坊が、意味あるものとして受け入れられるだろうと、大人が期待しているということなのである。たとえ銀製のデザート用スプーンから木製のアイスクリーム用のへらにいたるまで、利用したスプーンの種類がどれほど多岐にわたろうとも。つまり、われわれは、子どもが歩いたりしゃべったりできるようになるよりもずっと前に、直観的レベルで行為を理解することを期待しているのである。

今度は、満一歳になろうとしている別の赤ん坊の例をとり上げて、ブラシとブラシをかけるということが共有している概念が、その子どもにどのように教えられるかということについてみてみよう。

一一ヵ月になった頃、ジェーンは父親に、髪にブラシをかけてもらっている。たぶんそのうちに、少しいらだってきて、彼女はブラシの取っ手をつかもうと手をのばすようなことがあるかもしれない。そして、髪すきが続いている間、それを手放そうとしない。髪すきはほとんどいつも起きる、いわばありふれた儀式である。そして、ジェーンは、最初はいやでもおうでも参加しているが、のちにはもっと協力的で、リラックスしたしかたで参加してくる。それは、自分がしてもらっている行為のもつ、リズムや雰囲気を明らかに楽しんでいるようすである。まもなく、ジェーンは次に下の方へ動くことを予想しながら、ヘアブラシを引き降ろすようになる。すると、彼女の父親がこれに気づいて、「じゃあ、自分でやってみるかい」と言って、最終的には、手を放してジェーンにひとりでブラシをもたせる。それからすぐ、ジェーンが二、三回下の方へ動かしながら、一生懸命、髪にブラシをかけているときに、彼女の父はうれしそうに笑いながら、次のように言って反応する。「それで、お前は、自分の髪にブラシをかけているのかい?」のちに、ジェーンはブラシをみただけで、きちんと自分の髪にブラシをかけはじめるだろう。そして、彼女がこういうことができるという事実が、ほかの大人たちにも誇らしげに示されるだろう。

この例では、ヘアブラシを示すだけで、適切な行為を象徴化したり、表象化したりするようになる。そして、自分に対して物事をなすということと、ひとに物事をやってもらうということのちがいはもちろん、ブラシと、髪にブラシをかけるということについての概念全体が、相互に、より明確に理解されるようになる。

ソビエトの心理学者L・S・ヴィゴツキーは、子どもというものは、自分で概念を明らかにするために、実際の生活でというよりもむしろ、象徴的にその概念を行動に移す必要があるのだと主張する[2]。馬に乗るという概念は、その子どもがもはや本物の馬に限らず、子どもがまたがっている杖が馬だというつもりになれるときに、完全にはっきりと認められる。同じように、よちよち歩きの子どもが車に乗せてもらってドライブに行ったという経験はたくさんあっただろう。しかし、子どもは、実際の車なしでドライブ「ごっこ」をする――おそらく自分が車になり、全身でカーブをまがったり、近頃の子どもに最もよくみられる初期のことばの一つである「ブルンーブルン」ということばで、エンジンの音をまねたりするだろう。――そういうことができるようになってはじめて、子どもが本当に車と、車を運転するという概念を理解したといえる。この点に到達するためには、まわりにいる人が様々な動きや心配りで、おおげさなほどに反応してやることが必要である。しかし、この時点は、

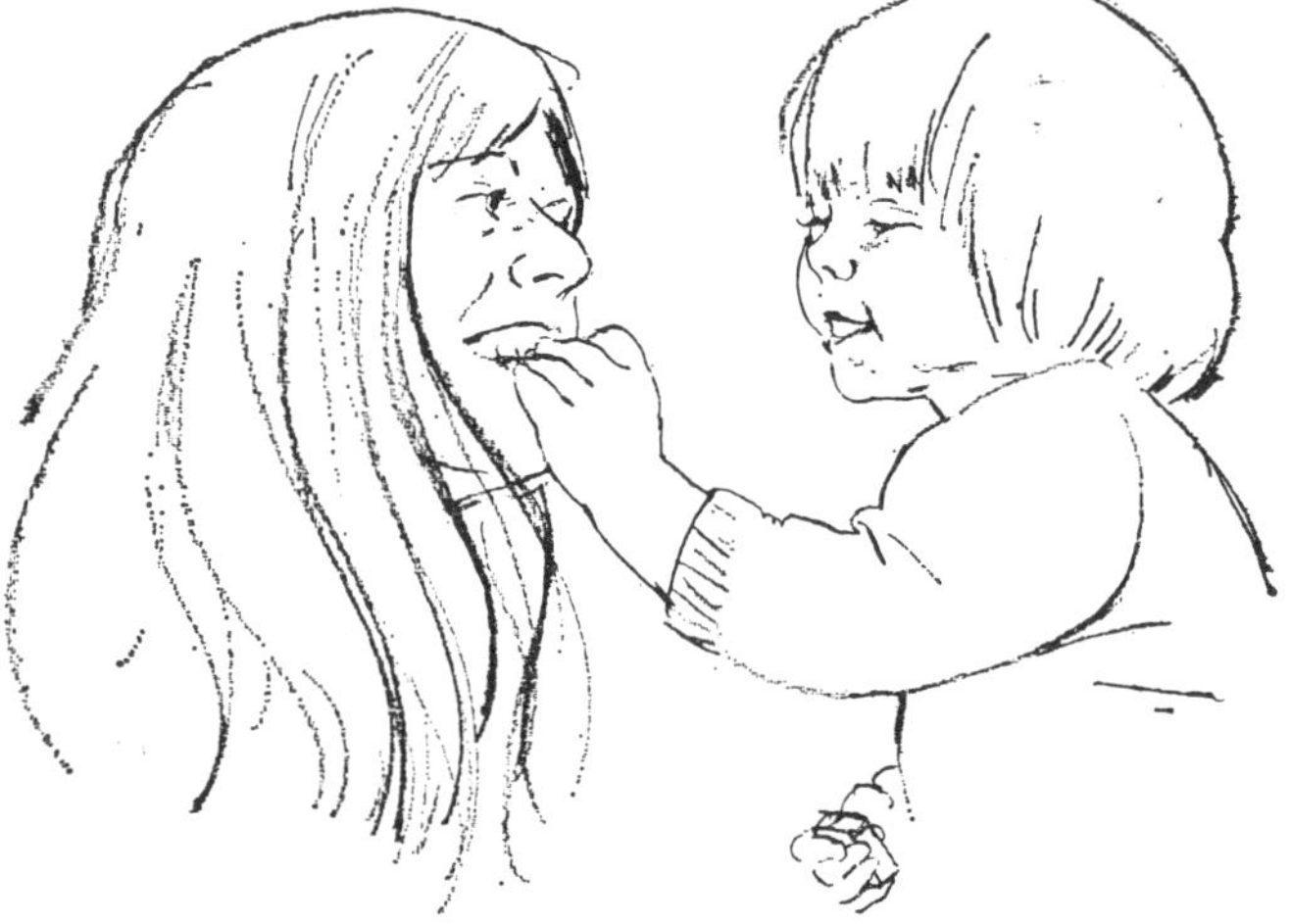

いわゆる象徴遊びが確立されはじめた時点である。もう一つの例をあげて、ここでの話題を終わることにしよう。

一二ヵ月のとき、アンドリューは自分のお菓子を手にもって食べることが常で、明らかにそうすることを楽しんでいる。彼の母親は、「おいしい？　ママにも少しちょうだい」といって、そのあと感謝しているような目つきと、舌鼓をうつジェスチャーをして自分の気持ちを表わしながら、子どもが手に持っているお菓子の方へ、少しあけた口を近づけていく。アンドリューは、母親に一回噛ませようとした。それに対し、母親は実際には噛むふりをするだけである。というのは、なめたお菓子のしめったはしっこは、ほしがったほど彼女にとって魅力のあるものではなかったから。このように、あげたりもらったりすることは、このふたりが以前に何度もやってきた一つの公平なやりとりなのだ。つまり、ふたりとも自分の役割の演じ方を知っており、互いの行為を前もって知っているのだ。ある日アンドリューは、たまたま一枚の皿とお菓子のような形をした小さな木製の積木で遊んでいる。彼の母親がこれに気づいて、「これはあなたのビスケットなの?」と言うと同時に、例の「ちょっと私にかじらせて」ということばにはじまる決りきったやりとりにはいっていく。つまり、彼女は、アンドリューが、それをまるでお菓子であるかのように自分に与えてくれるようにしむけているのだ。アンドリューは、まさにお菓子を与えるようなジェスチャーで母親に反応している。しかし同時に、これはほんの冗談にすぎないということを、彼がよくわかっていることが、彼のうれしそうな表情からわかる。つまり、木片を実際に食べて楽しむことはできないということを、彼らはすでに経験から知っているのだ。しかしアンドリューは、木製の積木が、この種の遊びの中ではお菓子の代用になりうるという彼の実感を、実際の行動に移している。彼は、彼の母親が提案しているつもりの遊びの象徴をいっしょに利用する、まさにその途上にあるのである。まもなく、彼は別のもっと独自のやり方でこの象徴についての理解のほどを示しはじめるだろう。――たとえば、木製の積木を、まるでお菓子のようにテディ（熊のおもちゃ）に「食べさせたり」またさらに、まるでテディが自分に身振りで答えることができる人間であるかのように「食べさせたり」して。

こういった例は、すべて、一歳のおわりまでに両親と子どもたちとの間で自然に生じるかなり典型的な種類のやりとりである。ほとんどの親が、くりかえしこのような「つもり遊び」の状況を子どもたちと作り上げる。そしてその結果、象徴的なレベルでの様々なやりとりの全体を、両親と子どもが共有し、そのおきまりのやりとりは、だんだんとその数と種類を増やしていくのである。

遊びの中で実際のものを表現するのに、象徴的な対象を用いるという能力は、驚くほど早い時期に現われ、しかもそれは人間特有のものであり、おそらく「意味づけのしかたを学ぶ」ときに、基本的に重要な能力となる。たしかに、二歳頃の子どもは、他の人たちがしているのをみていただけでも、かなり複雑な行為をまねすることができる。われわれは、やっとしっかり歩くことができるようになった生後一三カ月の少女をフィルムにとったことが、かつてあった。その際に、彼女は、生まれて初めておもちゃのアイロンとアイロン台に出くわした。が、彼女は、「アイロンをかける」というしぐさを、楽しそうにじつに正確にやってのけ、われわれを驚かせた。このことについて母親が断言して言うのに、その子は今までそのようなおもちゃを一度も見たことがなかったし、もちろん家で本物のアイロンにさわらせるようなことはしたことがなかったというのである。

ほぼ同じ頃、子どもたちはまた、絵の中に見なれたものを認めることができるようになる。そして、最初のことばが現われるときのように(アヒルのかわりに)「ダー」というようなことばが、三次元のアヒル(本物のアヒル、プラスティック製のアヒル、ぬいぐるみのアヒル)について一般化するためというだけでなく、物語本の中のアヒルの絵を指すときにも一貫して用いられる。たとえ、これらの絵が型にはめられたものであったり、あるいは白黒のスケッチであるせいで、カラー写真よりもはるかにアヒルらしくない「コピー」のときでさえも、そうである。子どもが、本物のアヒルに反応するのとほとんど同じ仕方でアヒルの絵を認めたり、その絵をみて楽しむという能力は、われわれにつぎのようなことを考えさせる。一つは、人間がきわめて直接的な方法で視覚的象徴に反応するすぐれた能力を発展させてきたということである。もう一つは、象徴を理性的にも情動的にも意味のあるものとして扱う能力が、文学、芸術、宗教さらには、おそらく科学にとっても同様に最も重要な部分である、ということである。

同じように不可思議で注目すべきことは、非常に幼い子どもが、妖精を象徴する木製のペグ人形(peg-men)のような、きわめて抽象的な物をあらわす表象を、進んで受け入れようとしていることである。——それも、そういう表象がたとえ単純化されて、はっきりした腕や脚がなく、円柱の形をしたものの端っこに球状の頭があり、目や口、髪を示すために、ところどころに絵の具で斑点がつけてあるだけの、形式化された代用品のかたちになっているとしても、である。大人が子どもと遊ぶとき、まるでペグ人形が人間であるかのように、人間の考えや感情をこれらの小さな木のかたまりがもっているものとして扱うように、子どもに大いにすすめている、ということもまた、真実である。「ああ、かわいそうなこびとさん。たった一人なのかい?」――「ああ、この人、車の中でさかさまになっているね。彼はそんなのはいやなんだって。」――「かわいそうな人を困らせないでね。」とても印象的なことは、子どもが活動するためのしきたりとして、この象徴の使用をとてもうまく受け入れているということであり、それを自分の自発的な遊びの中へ積極的にとり入れていこうとしているということである。まもなく、子どもはテーブルの端をペグ人形に「歩かせ」たり、けんかをさせたり、キスをさせたり、乗り物からみんな落ちてしまうように乗り物をひっくり返してみせて、大人がこわがる表情をわざとやってみるのである*。

われわれは、次の章では、おもちゃがどのようにして子どもにとって現実の世界の物を象徴するために使われるのかということ、そしてまた、それだから小さな自分だけの空想の世界を創るために、おもちゃがどのように用いられるかという方法にもどろう。今までは、ただそのような象徴化を可能にする過程のはじまりをみてきただけである。この章の残りの部分では、次の三つのことをみようと思う。一つは、幼い子どもたちが、役割や活動をどのようにして本人自ら直接行動に移すのかということについてである。ここでいう役割や活動とは、子ど

*大人たちは、子どもとこうして遊んでいるときでも、そんなにうまく子どもの機嫌をとって遊んでいるわけではない。つまり、大人たちは、象徴しているもののもつ力に、自分たちが影響されてしまっている。われわれがみたところでは、マッチボックス社製の音の出るすべり台からすべり台をはずしていたのは、大人であったし、ペグ人形が頂上で宙返りをするのをみようとして、「男の子と女の子が遊びに出てくる」という罪のない繰り返しが起こるように、子ども人形を押し上げるハンドルを、非常に陽気な表情でまわしているのも大人だった。また、何回もくりかえされるこの光景にうっとりとして見入っていたのも、また別の大人たちだった。

もたちと接触する両親や他の大人が子どものまわりで演じているところを、子どもたちに目撃されているものである。二つめは、子どもをとりまく世界、および子どもとその世界との関係についての子どもの理解に対して、この種の遊びがどのように役立っているのかということである。そして三つめは、どういう種類のおもちゃがそのような遊びの補助となるのかということである。

## ごっこ遊び：「……さんごっこ」

かなり皮肉なことだが、子どもの内面では「空想遊び」なのだろうとわれわれが考えているものが、実は、子どもたちが現実の本質を選び出し、自分たちがおかれている状況の中で、可能なことと不可能なことを探究するための、まさにその手段になっていることがある。つまり、心理学者フィリス・ホスラーが先に書いているように、（そういう手段によって）子どもたちは、「その世界を自ら管理できる大きさに小さくし、その中に自分の位置を見い出す」ことができるのである[3]。

子どもたちは、年長の子どもにしろ、大人にしろ、他の人たちに囲まれて生活している。そして、そういう人たちは、その行動やことばによって、世の中というのはどういうものなのか、また、世の中の人間はどのようにふるまうものなのかということについて、一つの見解を子どもたちにはっきり示す。子どもはもともと、何が自分たちに期待されているのか、とか、あるいは、他の人々が世の中で受けもっている役割が何なのかについては知らない。基本的な親—子関係においてさえ、明らかに固有のことがらというのは、親が子どもよりも大きくて、肉体的に力が強いという明白な事実だけである。つまり、このことは、防護あるいは統制、あるいはその両方が意味するところであるし、また、親が自分たちに共通している肉体的な力を用いることを期待するそのしかたは、社会的風潮、社会階級あるいは個々人のパーソナリティによって異なるだろう[4]。

しかも、母親や父親が自分たちのそれぞれの役割をどの程度異なるものと解釈するのかどうかということは、世代によっても、また場所によってもかわるだろう。このように社会的役割は、子どもが非常に綿密に観察できるものなのだが、そのなかにはどうしても不明瞭になるのものがたくさんある。そして、このあいまいさは、他の子どもの親との経験を広げるとますます増加する。というのは、よその子の親は、うちの親とはかなりちがったしかたでふるまうだろうから。われわれは、他のところで、四歳になるわれわれの子どものひとりが「フィリッパのお母さんは、お父さんたちが思っているほどすてきではないのよ」と、そっと私たちに話してくれたことを引用した。その子どものことばは、フィリッパの母親が、大人向けのよそいきの顔とフィリッパやその友だちにみせるもっとふだんの顔をもっていること、そしてまた、母親のパーソナリティにはちがいがみられるということのどちらにも、だんだん気づくようになったことを示していた。同時に、「母親と父親を演ずる」ゲームにとりくんだり、すてきな母親といやな母親と異なる種類の母親の雰囲気を試してみることに、子どもが熱心にとりくむようになった。子どもの想像力豊かな遊びをじっくり見たり、それに耳を傾けたりすると、すぐに、子どもがこの「試してみる」過程を実演するしかたには、実にさまざまなやり方があることを知るだろう。だから、ここでそれらのやり方の各々を吟味しておくのも価値があるだろう。

子どもは、自分なりに認識した役割を実際に演じてみるとき、それまで自分の中で作り上げてきた役割像の特徴といったものを利用する。そして、自分の定義に反対したり、あるいはそれを受けいれる人たちの反応を通じて、自分の理解を調整するだろう。子どもが認識した役割をことばに表わせば、それが一つのはっきりしたドラマを形づくることがわかる。その役割が演じるところのドラマは、子どもが実際に口に出しているせりふ以上に複雑な内容であるのはもちろんだが。女性運動にたずさわる人々の主な不満の原因は、少女たちが、その役割を制限されていて、そしてその決まった役割に一貫して服従させられているということである。「女の子を船に乗せてはいけないんだよ」（一〇五ページ）とアンドリューが楽しそうに言っている。このことばなんかが明白な例である。しかし、いつも自分が男のきょうだいの医者役に対応して看護婦役をやっている女の子は、同じような非難を甘んじて受け、しかもそれを問題にもしていない。しかしながら、男の子がおもちゃの家のまわりを憂うつな気持ちでぶらぶら歩きながら、「仕事からもどってくる」ことを許されるのを待っているのに、女の子が料理を作り、赤ん坊に服を着せ、パーティを催しているのをみると、疎外されているのはどちらだろうかと思う人もいるかも知れない。

男女の役割以外の役割も似たような方法で研究されるだろう。「ぼくはおまわりさんだ。きみを牢屋へ連れて行くぞ」「なれなれしく呼ぶな。ぼくは店主なんだ！」「たった今、家へ帰っておしおきをしなくちゃ。ねないで、ベッドから抜け出してくるんだから」（パブで一杯飲んでいる父親）。「でもね、おしおきしなくちゃいけないの。私はお母さんなんだから！」「お行儀のいい囚人でいなさい。そうすれば、ベッドに朝食をもってきてあげるから。」「王様は、不機嫌でなくちゃいけないの？」——これらのことばは、みな、四歳から六歳の子どもたちが、空想遊びをしながらいったものである。時にはやりあうことがある。「押さないで。ダレクス*は、人を押したりしないよ。」とひとりの四歳児が文句をいうと、ほかの四歳児が言い返して、——「そうだね、だけど、やつらは他の人たちを皆殺しにするぞ！」と言った。

幼稚園児がいつも目にしている役割は、自分の両親が実際に家の中で演じている役割である。つまり、子ども

---

*ダレクスは、人気のある子ども向け連続テレビ番組のロボットに似た登場人物たちである。「お前—たち—を—皆殺し—に—する」というまねのしやすい一本調子の口調は、彼らが囚人たちの方に進むときに使われるのだが、それが奇妙に魅力的な姿と結びついて、小さな子どもたちを、まったく引きつけずにはいられないのである。

にとってこれら二人の大人が重要であり、彼らが家でやっていることにとても慣れ、親しんでいるので、この二つが結びついて、両親の活動は非常に魅力的な模倣の対象となるのである。この場合の遊びは、大人のモデルと同一視するという形をとる。フィリス・ホスラーは以前に、子どもというものは、別個の独立した人間になりたいという願いと、母親と密着していたいという願いとの葛藤した感情をもつと指摘している。つまり、子どもたちが親の活動を身につけるためのその「真剣な物まね」は、この葛藤を解決する一つの方法である。だから、子どもは、親といっしょにあるいはおもちゃの家の遊びとして、掃除、料理、靴をみがくこと、赤ん坊を風呂へ入れること、大工仕事、ペンキ塗り、電気掃除機の掃除、芝刈り、車いじりなどを喜んでやるのだろう。だから子どもが自分で使う備品が、親たちがそれを忠実に描写していればしているほど、子どもは一層喜ぶだろう。同一視と物まねの要素は、動作にあらわれる癖とか、がみがみ文句を言う調子などから、しばしば親にもわかりすぎるくらい明白なことがある。そして、これらの癖やことばの調子を、親たちは苦笑しながら自分たちのものと認めている。

それにもかかわらず重要な意味をもっているのは、台所で母親が父親と並んで料理をするのが現実の遊びであり、一方、子どもの家でおもちゃのケーキを作るのが空想遊びであるということである。しかし、その区別は、まさに、小麦粉と卵が実物であるかどうかという点にあるのではない。それは、子どもとしての自分の役割の中で親を手伝うことと親の役割を自分で演じることとの間のちがいにある。家事あそびの中でのそのような区別のよい例は、赤ん坊の世話の中にみられる。母親は、赤ん坊が入浴するときに、あやしたり、体をふいてやったり、パウダーをつけるのを手伝う喜びを子どもが味わうように仕向けながら、子どもに生まれたばかりの赤ん坊の世話をするように頼むことがある。しかし、子どもは、母親であることと同一視しているというよりは、むしろお姉さんであるという現実の喜びをかみしめているのである。別の機会に母親は、子どもに人形と洗面器をもってきたらと言い、そして、子どもに少量の石けん、小さなフランネル、そしてタオルのかわりにオムツを与えることもあろう。その結果ふたりは、赤ん坊を並んで入浴させることができる。これをするときに、母親は、娘が母親という点で自分と同一視するように仕向けているのである。そこで、さしあたり、対等に仕事をしているのだから、二人の母と子という実際の関係は二の次になる。

大人と同一視するということは、また、もっと権力のある役割を試みることもできるわけである。母親と父親、医者と看護婦、教師と警官のまねをして遊んでいる子どものことばに耳を傾けるとき、子どもたちはそれらの役割の中で、われわれがその大人のモデルについて知っている実際の姿よりもはるかに耳ざわりないばり方をしており、しかも、しょっちゅういばってばかりいることにショックを受ける。おそらく、子どもたちは、巧妙に威信を示すことが大人ほどはうまくないのだろう。あるいは、おそらく彼らは、はるかに正直なのかもしれない。そうでなければ、権力を発揮する機会を与えると、それを使わなければならないものと思ってしまうだろう。たぶんこれら三つ全部が少しずつ関係しているのだと思う。子ども漫画がそれに似たような世界を描いている。そこでは、親は高圧的でわからずやである。教師はまったく抑圧的であり、医者は人間のできるだけ多くの部分を切りとることに躍起になるのである。

多くの点で、たぶん子どもたちは大人に比べて非力であると感じるだろう。親と子どもが意志を張り合う場合に、親たちは、たとえ実際に子どもが勝ったとしても、自分たちが勝ったようにみせかけることも容易である。事の成り行きを見越す大人の能力は、子どもには時々魔法の力のように見えるにちがいない。「気をつけなさい、けがをするよ!……それごらん。いった通りでしょう。」と母親が叫ぶ。母親がそれを予知し得たのは偶然だろうか。大人は、この先数日間に予定されていることについての精神的な予備知識をもっている。一方、時間感覚の乏しい子どもたちは、大人には危なっかしくてみていられないようなしぐさで、いろいろな事態が出現することにいつも驚いている。スーザン・アイザックは、遊びの最大の機能を、「早い時期に子どもに精神的均衡をもたらす」活動と書いている。子どもの力が、たとえ人形やおもちゃのクマやペグ人形をしのぐだけのものであったとしても、強い力を持っている人のまねをするということによって、無力であるという不安感をとり除き、自分の力の限界を知りつつ、それに耐えられるようになるのである。また、子どもの生活の中で、本当の力をもっている人たち、つまり両親に同一化することによって、子どもは両親の力をやさしくて保護してくれるもの――つまり、それが分けあおうとする強さの源であるが――とみなすようになることも真実である。

遊びは「本当のこと」ではないということは、皆に理解されているので、遊びは子どもに、保護された文脈の中で本当の感情を出すことをためす機会を与えていることになる。子どもたちは、激しく腹を立てたり、破壊的になったり、時々殺意をもったりさえする。そして、自分たちの感情の激しさに自分自身でびっくりする。というのは、まだどのように自分で自分を統制すればよいのかを知らないし、また、大人がこんな自分は認めてくれないことがわかっているから、しかし、こういう感情を表わそうとして、一つの遊びの文脈を選ぶ場合には、子どもは、あまりにも感情が脅迫的になったときには、それは遊びであって、そういう感情は自分とはかかわりがないんだと言ってしまうことができる。つまり、「ぼくは、遊んでいただけだよ！」と言ってしまうだろう――そして、もしわれわれが、社会の良識あるメンバーだとしたら、だれもが学ばなければならない技能、つまり、自分の感情を柔軟に統制できる技能を、子どもは、そのときはじめて練習することができるのである。

子どもが空想遊びをしている間に、時々手に負えなくなる感情の一つは恐れである。われわれが四歳児の想像上の遊び相手について研究していたときに、最初は仲のよい生き物だったものが、次第に子どもの想像の中でびっくりするようなものになっていくことがあった。またあるいは、昼間子どもと遊んでいた想像上の竜が、暗くなるにつれて性格がかわったこともあった。つまり、「竜は、ぼくが二階へ行けば、ぼくを食べてしまうかもしれない。そうだろう、竜さん？」（という）。グループやペアになって遊んでいる年長の子どもは、しばしば、夕暮れ時に話してもらった気味の悪い話をして、互いに楽しみながらこわがっている。それは、結局、そのときは自分たちが「単にもて遊んでいただけの」はずの恐怖心によって、夜の間中悩まされることになるだけのことだが。四歳の子どもたちは、しばしば非常に真に迫るおそろしい恐怖をいだくにもかかわらず、われわれは、次のような例を、その年齢の子どもたちの中に、たくさん見出す。

たとえば、恐怖をもてあそぶこと（時々ほかの感情をもてあそぶこともあるように）がある。そのときには、子どもは必ずしもいつもうまくいくわけではないが、これ以上は危ないという一線からはいつでも身をひくことができると信じている。

グレンの母親は、自分の息子が、とつぜん寝室の壁紙におびえたことについて、いくぶん直観的に、「それは、ちょっとした冗談だと思うよ、きっと。」と述べた。そして、グレンは、この診断を肯定して、「そう。壁紙にライオンがいると思ったんだ。だけど、いやしない。だからやはり壁紙が好きなんだ。」と言った。

クレイグは、消防自動車に対して、互いに矛盾した二つの感情を抱いている。つまり、彼の母親が、この子の主な恐怖の源は、消防自動車のサイレンだと言ったが、彼はそれに反論して、「ぼくは消防自動車のサインは好きだよ」といった。「けど、あなたは消防自動車がくるときにいつも泣きながら走っているじゃないの！」「それでも、サイレンが好きなんだ。」

ローズマリーは、自分自身の恐怖ばかりでなく、母親の恐怖ももてあそぼうとする。「お母さんは、ネズミがこわいの。でも、今までにみたことがないんだって。」（もしあなたの言う通りなら――お母さんはどこでこわい目にあったんだろうね？）「いいえ――お母さんは、私がネコをこわがっていると思っている。

なぜかというとお母さんは私をこわがらせようとして、私の前でニャーニャーと騒ぎたてるんだから！」[4]

子どもたちが遊びの「保護された文脈」を用いる別の方法は、遊びを、禁止された活動の代わりの表現手段にすることである。たとえば、多くの子どもは、非常に幼いころから自分のからだの「秘密の部分」は一種の禁断区域であると教えられている。そして、同年齢の異性のきょうだいをもっていない子どもは、実際に自分自身のからだと異性のからだとの魅力的なちがいが何なのかを発見することは非常にむつかしいことを知る。子どもたちは、「お医者さんごっこ」が、親の目の前では時にはやりにくいような、体格検査をする絶好の機会だと思うだろう。探究精神という点からすれば不幸なことだが、この特別の領域では、「遊んでいただけだ」という叫びは、しばしばほとんど通用しない。われわれが、四歳児の母親たちに対して、子どもたちに許していない遊びがあるかどうかをたずねた。それに対して、それは「病院ごっこをする」ことに関係したものであるという回答をたくさん得たときに、右の事情があてはまることを知った。その場合に、母親が反対しているのは、まさにこの側面であることは明らかである[5]。禁止されている活動のもう一つの例は、うそをつくことである。それは、雲行きがあやしくなってきたときに、そこに遊びの性質をもち込んで、すばやくその場をとりつくろってしまうことができるものなのだ。「冗談をいったんだ！」――「きみをだましてみたんだ。」したがって、これまでに論じてきたように、子どもたちが空想、うそ、お話、冗談そしてからかいといったもので、遊ぶ機会をもつことは、真実とうそとの間の微妙な移行や変化を子どもが理解するために大切なことなのである[6]。

フロイトは、子どもが大人の生活の役割に感情面で精通するために、そういう役割の下げいこをするばかりでなく、生活経験をくりかえし練習する機会が、遊びの中にあることを知った。おそらく（まだ本当には経験していない心配の経験も含めて）、心配するという経験をくり返すことによって、少なくともそれらはなじみの深いものになりうるし、またその限りでは、それほど恐ろしいものではなくなるということも本当である。おそらく、子どもたちが四歳から七歳の頃に、非常に根気よく学校ごっこをする理由の一つは、こういうことだろう。教師と生徒の役割が、あらゆる組み合わせの中で試みられることによって、学校という潜在的に警戒させられる世界は、いわば、すでに安全に体験ずみになったのである。大人たちも、病院に入院したのちに、自分の話に耳を傾けてくれる人に、自分の手術のことをとめどもなくつづけて話すときなど、先の子どもの場合と同じことをしているのである。筆者の子どものが幼なかったころ、近所の子どもが眼医者へ出かけることになったのだが、それは、これから病院ゲームが長々とつづけられることの前兆であった。というのは、この場合は、単なる眼病の検査でなく、脳の部分の検査が集中してなされたから。子どもが乗ったタクシーが動き出すが早いか、人形のベッドが遊戯室の床に並べられた。そして、そのベッドは、ポールのいなかった一週間の間、ずっとその場所においてあった。つまり、彼の妹とうちの子どもたちは、ポールの身に起きたことについて、あれこれ心配することで、一週間遊び通したのである。

心理学者は、これまで一つの治療方法として空想遊びを利用することは、様々な困難や障害を乗り切るために子ども自身が要求していることだということを強調しようとしてきた。これは、たぶん、ある意味ではこれらの子どもの要求が心理学者の観察に大きな衝撃を与えた事例だったからだろう。しかし、子どもはそうするのが楽しいから「ごっこ遊び」をするのだということを覚えておくことも大切なことだ。新しさとかわりやすさに驚かされる世界で、ものに囲まれたり人間に囲まれたとき、人間と遊ぼうとすることは、ものと遊ぼうとすることと同じくらいおもしろいことだと、子どもが気づくことはごく自然のことではないだろうか。自分自身の殻を脱いで、店主、宇宙飛行士、ミイラ、怪物、列車の運転士、清掃員、教師などに、いつでも思いのままに変身する——これは、われわれみんながうらやむことである。しかし、（おそらく）大人が夢の中で考えるほど簡単にできるものではないだろうが。

## どんな小道具があるか

それでは、子どもがひとりで遊んでいるにしろ、仲間集団で遊ぶにしろ、子どもの空想のための小道具として、どういう種類のおもちゃや設備を与えればいいのだろうか。子どもはもちろん、身のまわりにあるものは何でも利用するだろう。そして、われわれはすでに、ジャングルジム、人形、おもちゃの動物、それにレンガが、子どもの空想遊びをいかに大いに助けるかを論じてきた。次の章では、子どもが造物主の役割を演ずる世界、つまり人形の家と設計（レイアウト）をみることにする。ほかに、空想をめぐらすのに役立つものとしてどんなものがあるだろうか？

### 家庭的なおもちゃと商売道具

家庭の仕事で母や父のまねをしている子どもたちが、ふつうの家庭用ごみ箱、皿洗い用モップそしてブラシをうまく利用しているにもかかわらず、家庭用道具の中にも小さな子どもが使うには扱いにくいものがいくつかある。また、これまでみてきたように、子どもは母と父と並んで同じ仕事に従事する際には、大そう喜ぶものだ。そういうときには、二つの実物大のほうきで、いっしょにきれいに掃除させるのは不便だし、高くつくだろう。子どもサイズの家庭用道具は、ほとんどのものが、実際にはいろいろなおもちゃの中では安い方の部類にはいる。それに、もしあなたがおもちゃの家や家事のための場所を子どもに与えることにしたのなら、あとでそういった道具が要求されるだろう。小さなバスケットと財布は、家の中でおみせやさんごっこをする場合にも実際の遠足の場合にも、欠かすことができない。また、おもちゃのお金は楽しいが、教育用品製造者を除いて、あまり簡単には手に入らない。おもちゃの電気掃除機、芝刈り機、輪のついている買物カゴといったものは、ちょうどぴったり合った子どもには楽しいものだ。しかし、そういうものに興味のない子どもには、石のようにその価値が下がる。おそらく、もし子どもが楽しみながら遊びをどんどん進めていく年齢をとっくにすぎていたならそれはすでに遅すぎる。紅茶のセットは、どんな家庭遊びや人形遊びにも必要な基本的な備品だ。そして、それは、人形のサイズと子どものサイズの両方を考慮に入れたサイズのものでなければならない。ティー・ポットの口と取っ手は、傷みやすい箇所だから、たしかにこれらはよく作られている。子どもが陶器を非常に注意深く扱っているのをみると、子どもにとって、それは最上の素材のようである。また、遊びグループの場合には、ステンレス製の「モーニング・ティー」セット（小さいきゅうす、水差し、砂糖入れ）とメラミン樹脂製のコーヒー・カップ――みんな実際には大人用として売られているのだが――、それらの組合せが、多くのまったく安っぽいプラスティックのティーセットよりも長持ちしていることもわかった。そしてそのことは、子どもたちのためにも考慮する価値はある。

気をつけなくてはいけないものは、本物の模造物だけれども役に立たず、使うことができないおもちゃ用の道具である。これはとくに、おもちゃの大工道具にありがちである。そのなかには、実際に使用しても大丈夫なだけの強さをもったものはほとんどないし、力を加えすぎるとつぶれてしまいそうな危ないものもある。おもちゃのハンマーの中にはプラスティック製のものもあるが、それは頭の部分に重みがないので、子どもがそれで適切な手首の運動を学習することはできない。もし道具がきちんとバランスがとれていて、見ばえではなく、仕事をするように作られているのなら、安全にそしてうまく道具を使う方法を、子どもに簡単に教えることができる。だから、おもちゃ屋で子ども用のセットを買うよりも、大工道具売り場でサイズの小さい道具を買う方が価値がある。

病院ごっこの場合に最も重要な備品は、看護婦の帽子ではなく、おもちゃの聴診器だ。こういったものも安く手に入るし、とにかく子どもたちの身体検査に慣れさせせるためにも役立つ。庭仕事やほかの穴掘り仕事の場合には、サイズの小さい本物の道具が、おもちゃの道具よりも、たいていはよい。また、もし子どもがものをどこかへ移さなければならないときには、手押しの一輪車か運搬車のようなものがいるだろう。車の修理工には、スパナや水の入った「油をさす」ための油カンがいるだろう。小さな子どもは、古いはけと一カンの水を使って、家にペンキを塗る仕事を楽しむだろう。表面がつや消ししてある壁にぬれば、水でつけられた斑点のぬれた光沢は、それが乾くまで塗った人を満足させるに十分だろう。「商売用の道具」の場合、それらの道具が、子どもにとってちょうどよいもので、しかも適切な時期に与えられたときに、とても喜ばれる。ある子どもは、小さい切手や封筒、頼信用紙、郵便為替、無料速達用の切手などが入った郵便局セットとか、バスの車掌さんの出札機械で何週間も楽しんでいる。そして子どもたちの中には、古いタイプライターや印刷セットの贈り物で生活がかわってしまった者もいる。

## 盛装用品

その帽子をかぶらなければ、絶対に演じられない役といったものがある。正式のヘルメットやきらめく銀のバッジのついたひさしのある帽子をもっていない警官とか、少なくとも帽子に形作られた大きな白のハンカチをもっていない看護婦など、どうしてありえようか。帽子は、それをつけている人を、ほかのものにはなりえないように作り変えてしまう。われわれが（三歳の子どもに）これまでに与えたプレゼントで最も喜ばれたものの一つは、いろんな帽子がいっぱい入った運搬用のバッグだった。どうやら、遅かれ早かれ盛装用品の入った箱をおいてやることになるだろうが、それがいつであれ、まず頭の上につけるものから最初に買い与えることになれるようだ。そして、順次頭から下の方へとおりていく。われわれの研究室のプレイルームには、盛装用品の箱のほかに、警官のヘルメットのかかった木製の掛けくぎの列、カウボーイ・ハット（これは二つ以上は必要だ！）、気どった婦人のための花飾りのついた大きな麦わら帽子、バイキングのヘルメットとローマ時代のそれ（プラスティック製）、宇宙飛行士のヘルメットとプラスティックの「鉄カブト」、アメリカ・インディアンの鳥の羽で作った頭飾り、メリアスのヘルメット、雑貨特売市で買ってきたベルベットとわら製のたくさんのヘルメット、王冠と一、二個の小さな冠、それは結婚式用のベールなどがある。これらには、たくさんの付属品がついている。たとえば、聴診器、黒の眼帯（強盗用のものと、ほかの悪者用のものと）、刀と閃光銃、双眼鏡とボクシング用のグローブ、パラソル、たけのある毛皮と縁飾り、ハンドバッグ、メガネ用保護メガネ、あごひげや口ひげ、さらにバッジやぴかぴか光る宝石のコレクションなどである。

このプレイルームで行なわれる劇遊びを通して小さい子どもをみていると、明らかに、今あげたようなものが子ど

もたちの最も好む盛装用品の一部であることがわかる。そして、箱の中にある本物の衣装の方がしばしば無視されている。家で、看護婦、宇宙飛行士、アメリカ・インディアン、あるいはカウボーイの役をしながら、長時間あるいは終日すごしたいという子どもの場合には、完全な洋服のセットを作ったり、買ったりすることは、それなりに価値があるかもしれない。しかし、大部分の子どもにとって重要なのは、「職務の象徴」つまり看護婦の帽子とエプロン、カウボーイの帽子と銃、バットマンのマントなどである。

おそらく、最もよい盛装用品箱とは、様々な役柄に何度も何度もくりかえし使える、とっておきのお気に入りの品々（たとえば、『若草物語』の中で、ジョーがはいている手織のブーツのようなもの）がいくつかはいっていて、何年間もおいておかれるものだろう。だから、盛装用品箱を（使い）始めるときには、数カ月たって不快な思いをしなくてすむように、物を入れる前に必ず防虫剤を吹きかけておきなさい。雑貨特売市や慈善の古物店は、ベルベット、ルレックス〔訳注　ラメ用金属糸の商品名〕にしきといったとびきり上等の布のほか、とても興味をそそられる生地でできた珍しい布地などを手に入れられる一種の穴場である。（筆者たちは、オックスファムの店で花嫁衣装をみつけたことがある）。ただし、毛皮は、使う前に現金式のドライクリーニング屋へもっていった方がよい。服が少し大きすぎて、すそが地面にひきずることなどは問題ではない。飾りレースや、絹のスカーフでウェストのところを少しつまんでやればすむことである。そして、えりぐりの大きいドレスは手織りの下着をあらわにして、一層ロマンティックな雰囲気が出る。袖はずっと折り返したままにしておく（あるいは大きなカフスでとめたままにしておく）方がよい。なぜなら、小さい子どもには、まだ自分で袖を折り曲げたり、カフスをつけたりすることはむずかしくてできないから。

特売市や古物店で店先をみたり、あるいはおじいさんやおばあさんが盛装したりするときには、つぎのものをちゃんと注意してみていなさい。レースや毛皮のえり巻、あるいは何本にも及ぶ網レースのカーテン、ひも状の

V字型の前飾り、とくに編んだもの（それらは、もし銀色の塗料で吹きつけてあったら、すばらしい鎖かたびらを作ることになる）。毛皮でおおわれたり、ぴかぴか光るかかとの広いサンダル、それは多少ともだれにでも似合うだろう。古物の宝石入りの装身具、それは真ちゅうのようであったり、きらきら光っていればいるほどよい。かつら（われわれは、ウールワースで安物のかなり長い人造頭髪を買ったり、髪の短かい娘のためにお気に入りの編み髪を作ったものだ）。長い手袋——その指にはカーテンのリングからつくったけばけばしい指輪をくっつけたり、また宝石用のビーズや、輝きのあるボタンで金の縫い取りを作ったり。その他にショール、ストール（肩掛け）、そして、夜会服用マント。マントは、古いカーテンですぐに作れる。それは、ひだのひもをうまくぴんと引っ張り、リボンとか留木とかループをつけて締めればよい。毛糸で編んだヘルメットは、その上に少々の毛糸（あるいは羽毛）を縫い飾ると立派な動物の頭になる。銀色の塗料で塗られたゴム長グツは、宇宙旅行にぴったりの靴だ。また、クリスマス用の金糸入りの織物のひもは、いろんな方法で利用できる。

子どもが大きくなるにつれて、なかには空想遊びを卒業して、即興的にあるいは念入りに演出し、リハーサルをしながら、感動的な演技をするものも出てくるだろう。ある家庭では、そのような余興を完全な伝統として発展させ、ときにはとても愛すべき（あるいは反対に、まったく憎むべき）人物が、毎年毎年登場する、面白い武勇劇を考え出している。このような家庭にとって、盛装用品箱は、何代にもわたって遊び道具の中心的要素でありつづけるだろう。

## おもちゃの家とそのほかのすみか

もし大人たちが、幼稚園時代にまでさかのぼって、子どもの頃のことを思い出すなら、ほとんどの人は、自分だけの小さな秘密の場所，それはふつうかなり窮屈で狭苦しいものだが，そういう場所をもった喜びを思い起こすだろう。そこは，「おうちごっこ」をするだけでなく，友人を招いたり敵を排除したりする場所でもあった。また，そういう場所が旅行や戦争やそのほかの冒険のための基地になっていた。非常に小さい子どもたちには，ネコのように食料品ボックスの中にはいり込んだり，テーブルの下やソファのかげに自分たちの巣を作るだろう。四歳以上の子どもは，十分な場所をみつけようと，むしろ自分たちの家や自分の部屋をもっと積極的に活用しようとする。もし家の内か外に，分けてやれるような場所があれば，そこに子どものために適度に恒久的なおもちゃの家を作ってやるのもいいだろう。その結果，子どもたちは，やりたいときにいつでも始めることができるし，寝る時刻になっても取り払われる心配もしなくてすむ。

おもちゃの家は，室内用にしろ屋外用にしろ，ぜいたくなものから安価なものまで，好みに応じて，買うことができる。あるいは，作ることもできる。自分で作る場合には，そのできばえはお金とはあまり関係がなく，器用さとかけた時間により多く関連する。われわれがこれまでにみたおもちゃの家で最上のものは，だいたいベランダの隅に作りつけられていた。それは，屋台骨に大きくてかたい古物のテーブルを使い，二階建の各階の正面と側壁は，そのまわりを明るい板紙でおおって，木製テーブルの骨組の上にとりつけられていた。下の方に作られたドアは，テーブルの下の一階の部屋へ通じていた。そしてここから，三段の階段がテーブルの上板にある大きな穴を通って，二階の部屋へあがっていた。十分な光が正面にくりぬかれた窓から入っていた。そして，その家の屋根は，板紙で覆われており，外側全体はタイルとレンガをまねた壁紙が貼ってあった。この家を作った母親は，ウデのいい女性工芸家ではあったが，必要とされた主な技術は，さしもの類よりもむしろ想像力であった。

前の章で登はん練習用骨組みの上にたてられたテントについて話したときに，われわれは，地上から高いところにたてられた家に，特別子どもの心をとらえるものがあることを述べた。もし，運よく内側に繋った枝を切り払えばそこに家がつくれるような適当な木があれば、それはこの先ずっと長い年月使われるだろう。たとえ最後には読書用の涼み台のようなものとして使われることになっても。今までみてきたものには、入口用のなわばしごがあったが、そのほか急いで降りるときのために、滑車のハンドルがついたロープが斜めにはってあった。われわれは、われわれで自分の子どもたちに、大げさにいえば、一つの家を作ってやった。その家は、二つの非常に大きな木わくを口の方を合わせて並べて固定し、それを土台にして作ったものである。これは、背の高い生垣の中へきちんとすえられた。その結果、子どもたちは、いつもなら、みることのできない生垣の向こう側のながめをはっきりみることができた。もし、生垣の隣の家の庭との境界になっているなら、そういった子どもの見張りはもちろんほめられたことではないが。道路上に作ってある別のおもちゃの家は、それもまた土台の部分が荷箱でできているのだが、屋根はわらでふいてあって、全体に空想的な雰囲気が漂っていた。このわらぶき屋根は、シャンペンのビンが梱包されていた中にはいっていた（われわれはそのように聞いていた）わらの詰めものを縫い合わせたものでできていることがわかった。そして、それは、尊大ないなかのブドウ酒屋さんに頼んで、ようやくわけてもらったものだった。近所のお店やさんがすてているものの中から、何かを探し出す価値は常にあるものだ。

テントは、屋外につくりつけられた恒久的な家ではないけれども、つまり、雨の日などいつでも取り払われてしまう性質の家であるけれども、やはりここで問題にしたい。屋外でのおもちゃの家ごっこは、どのみちおもに暖かい天気の日の活動であることが多い。小さなテントや円錐形の小屋は、小さい子どもにとって、磁石のように心を引き寄せられるものである。テントとしてもし適当なものをもっていなければ、洗濯用ロープを張り、それに古いシートをかけ、おもしか、レンガで二つの側面を離して固定すればよい。一時しのぎでなく、もっときちんと固定する方法はおもし（石かレンガ）を入れるためのポケットをシートの端に作ったり、草むらの中に打ちつけた止めくぎに張りづなをとりつけて、もう一方の端をテントの折り返し部分に縫いつけることである。室内にしろ屋外にしろ、もっと幼い子ども用におもちゃの家に代るものを用意するなら、骨組みにするための椅子と、それをおおう、一、二枚の毛布があればよい。椅子よりももっといいのは、横わくを二本とり払って入口にした古い木製の乳児用サークルである。そのサークルは、ごく限られた期間だけ本来の目的のために役に立った。というのは、動きの激しい赤ん坊たちは、狭いサークルに入れられているとひどい欲求不満におちいるからである。しかし、もしおもちゃの家としてそれらのサークルが二度目のつとめを果たすなら、この役の不足を埋め合わせることになる。わが家では、二世代にわたって木製のピンポン台の支えとしてサークルを使っていた。筆者のうちのひとりがよく思い出すのだが、そこを同時におもちゃの家として使うことによって、屋根をたたいているピンポン玉の音に関して、実に創造力に富んだ解釈をしたものである。

子どもがもっているおもちゃの家がどんな種類のものであれ、「マッチ、ローソク、ランプは使用禁止」という確固たるルールを作っておくべきである。それはたとえ年長の子どもであっても、同じである。おもちゃの家は、子どもを限られた空間の中に押し込めており、急いでいるときや、あるいはあわてているときには外へ出ることがむずかしい。また火災は、あっという間に起きる。たしかに、たとえバッテリーが高価であったとしても、それを使えば子どもにはいくつかの別の照明手段をもつことになる。だから、子どもの火の気に誘惑されることはないだろう。

子どもたちの中には、おもちゃの家よりも他の基地の方を好む者がいるかもしれない。もし、かつて庭の中に敷台にのせたボートをおいておいたことのある人なら、子どもたちをそこから締め出すのがどんなにむずかしいか、すでに御承知だろう。航海の仕事を無事終えた古いボートは、とくに、もし間に合わせのキャビンが一方の端に艤装されているなら、おもちゃの家にかわる、すばらしいものになるだろう。あるいは、本物のボートがもし手に入りにくければ、実物大の模型ボートはおそらくおもちゃの家と同じくらい簡単に作れると思う。子どもたちは大喜びで平底の船を受けとるだろう。船のかわりとしては、内側にかなり複雑な制御パネルがつき、銀色に塗られたいろんな種類のカプセルで、それは宇宙船になる。その中で、子どもは、いかにも宙に浮いたような感じを味わうだろう。同じように、子どもにとっては荷造り箱でできた車に、ハンドルと計器盤があるならば、それが動かないということは問題ではなく、その車を運転するという楽しみがこわされたわけでもない。もし場所があるなら、古鉄置き場に捨ててある、(指を押しつぶさないようにという目的で)ドアが取りはずされた本物の小型車とか、小さなトレーラー・キャラバンは、いろいろな遊びの可能性に満ちている。

もし、場所に限度がある場合は、主に室内で使うように折りたたみ式のおもちゃの家を選ぶといいだろう。もしそうすることにしたら、一つのもので幾通りにでも使えるものを探しなさい。たとえば、お店屋とあやつり人形の劇場というように、かわりの遊びができるように設計されているものが最もよい。しかし、なおも、満足のいくものとしたら、それは自分自身のためにつくられたものだろう。

とくに、そのおもちゃの家をおく場所として、特別の部屋か部屋の一角を考えているなら。この場合、次のような三つの主な特徴を備えている必要がある。つまり、ちょうつがいでつながれた三つの壁に、ドア(ベルかノッカーのついたもの)、窓、ただし店のカウンターとして使えるような十分幅のあるちょうつがいで動く棚か、あるいは敷居のついたもの、そして店の在庫品をおいておく棚あるいは家の台所食器棚として使う棚である。もしそれを部屋の一角におくなら、おあつらえ向きに壁にとりつけてある棚か食器棚のセットを利用することができる。そして、そういうおもちゃの家のためには、二つの壁面だけがあればいいのである。

おもちゃの家やお店屋さんに備えつける備品はといえば、例のごとくどんなものでも利用できる。しかしなかには、とりわけよく子どもたちが利用しているものもある。調理用具あるいは少なくとも調理用レンジは、絶対欠かすことができないようだ。そういうものは、買うこともできるが、われわれは安っぽい枕元用の棚を白く塗り、耐久性のフェルトマーカーでてっぺんに黒と赤の「電気で光るような」環をかき、正面に黒く塗られた綿用の糸車のかたちをした取っ手を加えて、すっかり立派なものを作り上げた。やかんや平なべは、おもちゃ屋で買える。しかし、われわれはウールワースで見つけた中で最上のフライパンは、大きさの点で卵焼きや薄切れのベーコンを作るのにぴったりであった。――それは、たいていの立派なおもちゃ屋（joke shop）でもみることができる（また、そういうものが子どもたちを大そう喜ばす）。人形のための揺りかごとかベッドは必要だろう。それから、背のない腰掛けがテーブルや椅子として二重に利用できるので都合がよい――しかし子どもたちは、好んで実際の棚のところに立つので、テーブルはそれほど多くは利用しない。電話は重要である――できれば二台ある方がよい。というのは、二台目が部屋の別の隅から利用できるので、先にあげた家事用品は別にすると、おそらくもう他のものを揃える余地はないだろう。しかし、ほとんどの子どもは、場所に限りのあることを心配しているようすはない。彼らは、昔ながらのやり方で、自分の生活範囲を広げようと戸口の上り段や床を利用する。「家の中に家を作る」とき、特に子どもたちに喜ばれていると思われるガラクタは、四角いカーペット、古い目ざまし時計、引くことのできるカーテン、そしてつぼに入ったプラスティック製の植物であった。

おみせ屋さんをする場合には、おもちゃのレジスターが、ぜいたくではあるがお気に入りだ。それには、実際に家族が買物をしたときにとっておかれた紙袋に、干し豆や栗を入れて目方を量るようにはかりがついている。レジスターもはかりも、売物に比べるとぜいたく品である。たぶん食料品が最も適した品物だろう。それから、ブリキカンや小箱は、台所の食器棚から借りられる。もっとも恒久的に利用する場合とか、グループの遊びの場合には、小さいブリキカンをたくさんまとめて買うとよい（できれば、ラベルに絵がついているのがいい）。というのは、そういうものがいつまでも長持ちして、お店の棚にもおうちの棚にもずらりと並んでいることには、だれでもが満足を感じるものだから。空の小箱には、本当らしさを出すためにふたをしてテープを貼るべきだろう。それに、そういうやり方の方がもちがいい。プラスティック製の果実の入ったかごは、おうちごっこでも店屋さんごっこでも役に立ち、大いに楽しませてくれるだろう。

## 指人形（小さな人形）

われわれは、指人形について述べないうちに、空想遊びについての章を結ぶことはできない。人形に話をさせたり移動させたりしながら、子どもが自分とは別個のものでありながら、なお自分の手の上にいる生き物を、自分で動かしているという点で、その人形はとくに興味がある。子どもは、人形がその子どもに直に言い返すようにさせながら人形に話しかけるときでさえ、子ども自身が物理的に人形の内側にいることは、わかっている。そして、このことが、おそらくその状況を、人形に話をさせることや、あやつり人形を使うこととは本質的にちがうものにしている。後者の場合は、少しアイデンティティ——だれがだれの中にいるのか、という——のあいまいさがある。そのことは、人形を代々譲りうけていた腹話術師についての諸説の中で探究されてきた。それに反して、最もひどいあやつり人形の場合には、人形師と独立してバラバラになってしまう。

ときどき、非常にはにかみやの子どもは、指人形を使うことによって、自己意識から解放されることができる。つまり、文字通り自分の腕の長さのところにいる人のことばに、子どもはまったく責任をもつ必要がないかのようである。われわれのクリニックでは、次のような光景がみられた。はにかみがひどくて小さくなっていた子どもが、指人形を通して話してもいいとなると、午後のセッションの間じゅうずっと、非常に幸せそうなようすをみせた。また、五歳のひとりの女児は、最近、エミュー〔訳注　オーストラリア産のダチョウに似た大鳥。退化した翼と長い強いあしをもつ。〕という鳥の人形を手にして、このクリニックで二時間も遊んでいた。しかも、トラン

プ遊びをしたりパズルを解いているエミューの姿は、非常に意味深く見るに値するものであった。そのことについては、われわれが保証できる。話すことに困難をもっている子どもたちは、しばしば指人形を導入することで助けられることがある。それを導入することによって、注意の焦点が、自分たちが話すことから指人形が言っていることへ移るからである。このようにして指人形を利用することを基盤とした一つの治療プログラムが作られている[7]。

人形や手ざわりのよいおもちゃについて論じたときに指摘したように、特にどういう種類の指人形が子どもをひきつけるかということは、概して、大人によって予測できるものではない。しかし、手や腕のついた指人形については、特別何かがあるようだ。われわれは、研究所のプレイルーム（遊戯室）にバスケット一杯の指人形――それもできるだけたくさんのちがったもの――を、いつも用意してきた。しかし、われわれが最初の腕つき人形（メリーソート社のきれいな動物だったが）を導入した年には、子どもたちが、それに示した興味、および子どもたちが発したことばや空想遊びの量は、二倍以上になった。もちろん、それらの人形は、ふつう指人形よりも高価である。特別に利用しているのは、それらが、高いだけのことはあるからだ。家にいる子どもにとって、それらがお気に入りの手ざわりのよいおもちゃになるのももっともだ。もちろん、指人形もお手製のものであってはいけないという理由はない。

　われわれは、これまで空想遊びに使うおもちゃについて、数ページをついやして論じてきたが、最後に、空想遊びがまったく道具なしに起こりうることも思い起こすべきである。実際、空想的にさせる要素は、「心にあるものすべて」である。筆者のうちのひとり（エリザベス）は、一〇歳のときに、妹たちと三人が一つの大きなベッドで寝なければならないという、窮屈な生活条件の中で、幸福な〝戦時下〟の一年をすごした。三人の少女は、毎晩ベッドでねたが、彼女たちは、たちまち毛布の下で、ホワイト夫人、ブラウン夫人、ブリットクストック夫人という三人の大胆な婦人たちに変身した。そして、その女性たちは、悪らつなシンガー夫人がいだいている邪悪な謀略を、自分たちがくじくというような、最も胸の痛むような冒険劇をやってのけた。——ここで、シンガー夫人というのは、実在する人でここでは悪くいわれている婦人である。彼女が、このドラマの中で、どのように演じられているのかを知ったら、ぞっとするだろう。たしかに、子どもたちには、空想のための小道具など必要ないのである。それでも、やはり多少あると楽しいが。

# 第6章　小型模型の世界（コレクションをみて）

われわれは、先に、おもちゃについて、ひとりのデザイナーの定義を引用した。それは、「あるものを用いて何かをやっているとき、それを遊びだと表現できれば、そのとき用いているものはどんなものでもおもちゃである」というものであった。それはそれで結構である。しかし、すでに人形について論じた際にみてきたように、どういう物がもともと遊びの目的を考慮に入れて作られていたのかを確かめるときには、この定義はあまり役立つとはいえない。歴史家とか考古学者は、特定の対象物がはたして遊びの機能をもっていたのか、それとも何か別の使いみちがされていたのかを判断する際には、ある程度その時代の生活スタイルを背景とした、詳細な知識や資料に依らねばならない。しかし、一体おもちゃのような性質というものがあるのだろうか。一つの物がおもちゃになる条件とは、一体何だろうか。

おもちゃの中であるグループに属するものは、おもちゃとして容易に分類することができる。というのは、それらは、遊び以外の目的ではほとんど役に立たないからである。ゴムまりが一つの例である。その表面が破損されていない限り、それをみつけた考古学者は、それを利用してできることが他にないので、ゴムまりは遊びの対象物であったと、はっきり確信することができる。もちろん、それが何か別のものに取りつけられていたという証拠があるなら、すぐにそれは、大きさに応じて、浮きであるとか、洗面所の鎖の取っ手とか、手押し車のハンドルとか、ということになっただろう。しかし、その対象物それ自体は、基本的に遊びの性質をもっている。同じように、プラスティック製のがらがらは、一方で鳥おどしか楽器と考えられる機能をもちうるが、本質的にそれが赤ん坊が楽しむのにもっともふさわしいもので、もし他に証拠がなければ、このことを心においてデザインされたと考えて差し支えないであろう。

これらのものは、それ自体の姿が、〝おもちゃ〟であって、ほかの品物ではありえないものである。しかし、子どものためにもっと「本物の」かたちそっくりにまねてつくってある、より大きなおもちゃグループがある。そのグループのおもちゃは、人形が本当の赤ん坊を模し、熊のおもちゃが本当の熊を模しているだけでなく、トラクターは実際に農夫が使っているトラクターをまねており、おもちゃの聴診器やレジスターは、専門の医者や商店主の道具にそっくりである。またおもちゃの銃はあたかも実際に殺す力があるようにみえる。この点を論じるときに、他の要因が問題になってくる。つまり、縮尺の問題と複製の正確さの問題である。

模倣おもちゃは、子どものさまざまな体の大きさにあうように、おもちゃのスケール（縮尺）を変えてある。もちろんたいていの場合、おもちゃは子どもが大人に比べて小さいことから、縮小して作られている。しかし、基本的には小さいのがふつうなのではあるが、時には、子どもの目的とか器用さを考慮に入れて、大きく作りかえられるおもちゃもある。大工さんのくぎやネジは、子どもがたたいたりねじったりできるように、厚い木製の止めくぎに変えられている。フィッシャー・プライス社製の「プレイヤー」型のオルゴールは、子どもの不器用な手の握りにあわせるために、プレイヤーの腕の縮尺率が上げてある。おもちゃのテントウムシやハツカネズミは、実物と比べてかなり大きなものに作りかえられている。だから両腕で抱きしめられるものである。

縮尺を変えるのと同様に、ほとんどのおもちゃは、実物の形を簡略化して作ってある。そして、ときにそれらが原型をそのまま複製しているというより、むしろ、連想させるものだというそのことが、おもちゃのおもちゃらしさたるゆえんであり、最も大きな特徴になっている。この意味で木製のおもちゃの鉄砲は、おもちゃらしさに関する限り、灰色の金属製の連発ピストルのおもちゃよりもおもちゃの特徴を多く備えているといえる（金属製のピストルは、実際に人々を驚かしたり、おどしたりするときに本物のように用いられるだろう）。さらにまた、おもちゃの移動木馬や揺り木馬は、それがあえてこっけいな形に作られていながら、本物の馬の動きに似せようと工夫されているという点で、彫像というよりも、明らかにおもちゃである。車輪がついていて引っぱることのできるボート（エスコー社製、マッチボックス社製）あるいは、車輪のついていない列車（アバット社製）は、表象としては同じように不合理であるが、しかし、それらのものは、そこにみられる別の要素（ボートの形、連結機装置）が、おもちゃとして必要な程度のリアリズムを感じさせるため、遊んでいる子どもにはボートとか列車として受け入れられているのである。

　われわれは原型の複製がより正確なものに近づけば近づくほど、おもちゃよりも一層模型に関心をもちはじめる。遊びということを一つの焦点におけば、模型はおもちゃなどであるはずがない、といってしまうことは無意味なことであろう。実際、おもちゃとして作られてきた多くの物は、もともと成人用の模型として作られたものである。たとえば、人形の家の元祖である一七世紀の「ニュルンベルグの台所」は、家政学の教示用模型として企画されたものである。初期の人形の家には、大人の富を誇示するために銀で作られた家具や他の工芸品がいっぱいおさめられていた。そして、初期の紙製の着せかえ人形の多くは、大人のお得意さんにファッションを示すために利用されていた。もっとも、そういうものが、子どもたちの手に渡るのは自然のなり行きであったが。模型とおもちゃのちがいはおそらく学識をてらっているかどうかというちがいである。そういうちがいがあるにもかかわらず、これらの機能がかなり重なっていることを認める一方で、われわれはまた大人の遊びと子どもの遊びを区別しなければならない。（そして、ここでもまたある部分重複するのだが。）問題は、ミニチュアのおもちゃと模型の領域で、特に大きな意味あいで生じてくる。なぜなら、小さく縮尺され、しかも原型をかなり正確に複製してあるこれらは、子どもにもおとなにもたまらない魅力を感じさせるもののようだから。とくにこういう領域では、本来は子どもの手で、また子どものために作られた想像的世界が（しばしば、明らかに熱心な両親に手伝ってもらっているが）、大人の生活の中に残り、そこで発展していくらしい。子ども時代に使った戦場、人形の家、あるいは一揃いの鉄道模型のレイアウトは、気まぐれな青年期にも生き残り、やがては、子どもが少しでもそれにふれようものならあわてて叱ってやめさせるような、プライドの高い大人の収集家になる。

## だれの世界か

前の章で論じた空想遊びのための小道具（それらは、全体からみて子どもサイズであって、だから子どもの立場からみると、ミニチュアではない）と、人形の家やレイアウトのミニチュアの世界とのちがいは、それらのものに子どもが参加する、その仕方・方法にある。空想遊び用の子どもサイズのおもちゃは、主役として子どもを常にそこに参加させる。子どもは、商店主であったり、教師であったり、一兵卒やカウボーイであったりする。そしてそれによって、内面的には、困難、歓喜、敗北等を経験しつつ生活していく。しかも、しばしば大切な役を受けもっている他のメンバーもいるだろうから、それぞれ自分の役割を受けもっている（あるいは、多分に自分の役と競合する）子どもたちの中で生じる多くの情動も、必然的にその子ども自身のものになっていく。しかし、子どもの目の前に展開されているミニチュアの世界の中で、小さな人間と動物を相手に遊ぶときには、子どもはその行為から隔てられていると同時に、また、その行為を一層しっかりと管理していることにもなる。子どもの世界の住人の「悲しみ、激怒、驚き」といったことは、きわめて部分的には、子ども自身によって決められている。だから、子どもが住人の感情や行動と一体化するのはあり得ることである――これらは、何らかの方法で明らかに自分の行動から生じたものである。しかもこれらは、自分自身の感情およびそういう感情をうまく処理する方法と関連するかも知れないし、しないかも知れないが――しかし、子どもは自分の感情としてそれらを知る必要はない。しかも、子どもは、自分が望むときにいつでも、その行為を停止させたり、他の方向へ向けることができる。

多くの心理学者、とくに精神分析的な考え方をする立場の人たちは、こういう小さい世界に夢中になるような子どものレディネス（そして、遊んでいるときに自分自身に話しかけるという子どもたちの習慣）を、個々の子どもの内的な感情を一層くわしく理解するために利用してきた。また、しばしばそれを、子ども自身では解決できない困難から、その子どもを救うために用いてきたのである。こういうふうに遊んでいる子どもたちに関する記録をいくつかみてみると、子どもが夢中になっている状態の糸口がどのようにして、いとも簡単に出てくるのかをこの種の観察から知ることができる。しかし、それに反して、幼い子どもが

実際に自分の心配ごとをことばで説明することは、とてもむずかしい。また、子どもがはっきりとことばで説明したいと思うことさえ無理だろう。ディブと呼ばれる神経症の徴候のある五歳男児との、一連の治療時遊びセッションについてなされた有名な解説が、六〇年代にアメリカの心理学者バージニア・エクスラインによって書かれた。そこには、はっきりと口に出しては言えない心の中の思いの、そのいかにも不完全な表現に、どのようにして「確実な」文脈を与えたかを記した多くの例が含まれている。

ディブは、遊びをとつぜんやめて、その場に静かにすわって、自分がくみたてた世界をみている。ディブは、ため息をついた。ディブは、スーツケースから別の写真を取り出した。

「ここに、子どもたちとその母親がいる。」と彼はいった。「彼らは、農場にある家に、仲よくいっしょに住んでいる。ここには、小さな子羊とにわとりがいる。そして、ここには、道路を、それから街路を町の方へ歩いていく母親がいる。彼女はどこへ行くのかしら？ たぶん、彼女は肉を買うために、お肉屋さんへ行くのだろう。いいや、彼女は、街路を歩き、なおもどんどん進んで、病院のすぐそばまでやってきた。では、どうして彼女は病院のそばに立っているのだろうか？」

「ほんと、どうしてだろうね」と私は言った。

ディブは、とても静かに長時間すわって、母親の写真を見ていた。「おや」と彼はついに言った。「そこにお母さんがいる。病院のそばにいる。通りを走っている車がたくさんいる。それに消防自動車もいる。みんな、消防自動車に道をあけなければいけない。」彼は、車や消防自動車の音をたてながら、それらの車をあちらこちらへ力を入れて押して動かした。

「さて、それじゃあ、子どもたちはどこにいるんだろうか？ ああ、ここに子どもがひとりいる。彼は、ひとりで川の方へ行く。かわいそうな小さい子は、本当にひとりぼっちだ。そして、その川にはワニが泳いでいる。それに、こっちには大きなヘビがいる。ヘビは水の中に住んでいることもあるんだ。その少年は、だんだん川の方へ近づいていく。川へ近づいていく。危険なものに近づいていく。」

もう一度、ディブは、自分の手を休めて、自分が作った世界を見渡した。とつぜん、彼は、ほほえんだ。

「ぼくは、町の建設者だ」と彼は言った[1]。

この種の遊びから得られる豊富な観察例によって、ある心理学者は、子どもにどのような題材や課題を与えればいいのか、あるいはその題材を用いて行なった行為をどのように解釈するのか、そのためのより綿密な技法を工夫するようになった。しかし、ある心理学者は、今までそういうことを解釈する際には、子どもについての自分自身の経験と、もっと直観的な洞察とによっていた[2]。たしかに、子どもを見ていることから得られる洞察というものはある。しかし、親にしろ、教師にしろ、治療者にしろ、大人の観察者は、子どもが一つの世界を作って遊ぶあそびが意味していることについて、早々に結論を出さず、むしろもっと注意深くなる必要があるというのが、われわれの考えである。子どもがすることは、ある意味では子ども自身の経験から出ているにはちがいないが、われわれは必ずしも、どの程度それが、実際の経験、個人的な空想、あるいはフィクション（小説や漫画）から得た経験から出ているのかを確信することはできない。また、彼が演じている思想が情動的に付加されたものか、それとも事実に即しているのかということも必ずしも確信できない。実際、解釈が、時には子どもの情動的感情よりもしむしろ大人のそれにもとづいてなされたのではないかと疑わしい場合もある。たとえば、赤ん坊はどこからやってくるのかということについて、直接、あけっぴろげに知らされている子どもは、何げない現実的なやり方で、この知識を自分の遊びの中へ持ち込むものだ。そのやり方は、彼らが人形ごっこでティーパーティーをするのと同じくらい、まったくふつうに、まったく日常的に、人形に赤ん坊を産ませようとする（あるいは自分で産むまねをする）だろう。しかし、観察している大人は、ふつう、それぞれに、性と誕生についての深く、そして複雑な感情の歴史をもっている。しかも、性と誕生という問題は、えてして子どもの行為を色めがねでみたり、ゆがんでみたりしてしまいがちである。同じように、子どもがおもちゃを並べているやり方に、大人がある象徴化を見出したとしても、それは、その子どもにとっては意味があることかもしれない。しかし、それは、大人自身が芸術、会話、冗談などの中で得た、すでにおなじみの一般的なシンボルにあてはめてみただけのことかもしれないのである。子どもにしてみれば、社会経験の不足や、理解力の未熟という点からみても、そのようなものは、まったくあずかりしらないことかもしれない。行為のための行為である子どもたちの遊びを、かなりの確信をもって解釈することは、たいそう人の心をひくものではあろう。というのは、解釈することが、われわれにしてみれば、遊びに意味を与えることであり、またおそらく、大人の観点からすると、解釈することによって遊びをかなりおもしろくさせるからである。しかし、まさに確固たる解釈が、大人の側のまったくのわがままであるということがあるので、そのような「洞察」は、自己訓練をしながら、またきわめて試験的な気持ちで取り上げられる必要がある。

それにもかかわらず、子どもの側の観点からいえば、子どもの情動的および社会的発達の面で、ミニチュアの世界のもつ重要性は大きく、子どもはその中でさまざまな実験の機会を体験することができるのである。つまり、自分自身をやや客観的立場において、行為、関係、感情を試したり、実際に脅迫されるわけではないが脅迫的な考えをもてあそんだり、計画を成就したり、最後までやり通す必要のないシナリオをかいてみたり、またその結果に責任をもたず、一般的に、安全な遊びのレベルで、子どもの知的および情動的考えを選択・分類するといった機会が与えられるのである。この種の遊びに夢中になるという、まさにそのプロセスによって、子どもは次第にひとりの人間としての自分を見出すことができるようになる。

## 人形の家

すでに簡単に述べたように、最も初期の見せかけの人形の家のなかには、まったく遊びを目的とせず、単に銀やそのほかの高価な材料で作られたミニチュアがいっぱいはいっていた家がいくつかあった。そういうもののコレクションは、当然、本物らしさを増すにつれて大人の所有者によって整理・配列されるようになり、飾り棚自体が家に似合うように、そしてもっと効果的に中身を展示するように改作される。オランダ、ベルギー、ルクセンブルグ地方、とくにオランダの宝石商やみやげ物屋で創作されたこのような飾り棚には、銀や模造銀でできた、そういうミニチュアの伝統的な配列の仕方を今なお残している。

しかし、とりあえず、本当の人形の家は、人形のための家庭としてデザインされた家という定義がなされるべきだろう。つまり、オランダの飾り棚は、触れたものがすべて黄金に変わるという力を獲得したのちのミタス〔訳注　ギリシャ神話に出てくる、触れたものがすべて黄金に変わる力を与えられたフリュギュア王のこと。〕の王宮のように実際に住むにはふさわしくないものであった。いったん人形が引越しをすると、彼らには、気持ちよいベッド、少なくとも食べられるようにみえる食物、そして、ページをめくることができる本が必要であった。そして、普通の材料が用いられることになるや否や、人形の家（あるいは、本来呼ばれているように、赤ちゃんの家）に家具を備えつけることは、親にとっても、子どもにとっても、長い時間をかけての大仕事となる。古い人形の家をみる大きな楽しみの一つは、さまざまな腕前で、少しずつしばしば何世代にもわたったり、一生を通じてつけ加えられてきたという形跡をみることである。たとえば、グラハム・モンゴメリー夫人の一八部屋ある人形の家が、エディンバラの児童博物館にあるが、彼女は、一八九七年、四歳の時にその人形の家に家具などを備えつけはじめて、生涯それをつづけたという。家族とともに成長することができた人形の家もまた、幸運な要素をもっていたわけである。ビスケットの魔よけとしての小さいハサミや、かつては香水ビンのふただった金ぴかの鉢、そして、ししゅう糸とししゅう針もついたままの作りかけの人形など。それらといっしょに小づかいをこっそり蓄えるための精巧なガラスの水差しと杯が並べておいてある。われわれの娘たちの人形の家には、前衛芸術のスクリーン、山のようなレコード、棚いっぱいの本などがある。そういうものはみんな、その一部に美しい色彩の豪華な広告が使われている。身近なものをうまく見つけ出して利用するこの能力の性質というものは、また一緒に生活している実際の家族の暖かい性質でもある。メアリー女王の有名なマンションのように、非常にぜいたくな収集家の人形の家は、われわれみんなが、その美しさと職人の腕前に驚いて息が止まりそうになる。そういう家は、品位のある人形のための荘重な家であるし、またあまりに完璧すぎて子どもの製作による銀紙の鏡やマッチ箱の引き出しの箱を収納することなどとてもできない。

女の子には人形の家が与えられるようだが、男の子は農場、とりで、レイアウトを喜ぶ。このちがいは、おそらく彼らの好み（必ずしも環境的制約ばかりのせいではないが）[3]を反映しているが、子どもたちは、それぞれ別個の人間である。つまり、機会さえ与えられれば、多くの男児も、人形の家の遊びの本質的な特質を楽しんでいる。それは、ちょうど女児がしばしばレイアウトによって与えられる、より広範囲の冒険をおもしろく味わっているのと同じである。ロンドンにあるベスナール・グリーン博物館は、さまざまな規模のミニチュアの世界のすばらしい宝庫だが、そのなかに、「一八七四年に小学生であったローレンス・カリーとアイザック・カリーのために作られた」ディングレイ・ホールと呼ばれる家がある。そこに住んでいる家族は、はっきりとした男らしさを備えており、実際軍人的な傾向がある。しかし、このことは、われわれが知っている男児用の人形の家すべてにあてはまるものではない。そこで、人形の家やレイアウトを、どちらか一方の性にとって、より「ふさわし

い」ものとして考えるよりも、むしろ、家とレイアウトがそれぞれ何を提供しなければならないかという観点で、それらについて論じた方が賢明な気がする。

人形の家を選ぶ場合には、その利用法について少々考えておくことが大切である。おもに遊び集団で用いる場合と、個人で用いる場合とではちがいがある。遊び集団の子どもたちは、その家に住んでいる人形の家族と恒久的な関係を持とうとはしないだろう。つまり、そこにあるおもちゃがひとりの子どもに対して忠誠心をもつことはできないので、子どもたちは、専用のおもちゃを持つことはできない。しかし、子どもが探し出してくるものならどんなものでも、子どもはそれを遊び道具として使うことができる。こうして、それぞれの子どもは、遊ぶたびごとに、家具を配列しなおし、さまざまなしかたでその家族を見、その家族を新しい心がまえをもって、配列する。そして、それらの関係およびそれらの対話をあらためて作り上げ、子どもの気まぐれにしたがって、平和な間奏曲や驚くべき冒険を織りまぜながら、それらの家族を配置する。しばしば多くの子どもたちが同時に遊ぶことになる。こういう使い方をする場合にまず必要な事柄は、家、家具、人形の強度と耐久性である。というのは、人形の家をこわさないように大事に扱うことが、子どもの最も重要な関心事ではないし、また人形の家が子どもらの手でかわるがわる、何度も、配列し直される傾向にあるからである。二番目に必要なことは、人形の家の内側が、子ども、それも同時に二、三人の子どもがそこへたやすく手を入れることができるようになっているということである。

一〇年間のにがい経験によって、われわれは、研究所の遊戯室の人形の家に、太い木片で作られた家具をとりつけることを教えられた。細い足のテーブルやいす、移動可能なタンス、そしてごてごてと装飾をほどこしたものなどはすべて避けた。なぜなら、そういったものは現実味を出すのにはいいかもしれないが、一つまちがえばたちまち人形の家を災害にあったようにさんたんたるありさまにしてしまうからである。ウッドペッカー社製の一連の家具は、完全にもとのままの状態で、きびしい状態ながら二年目も生き残った。われわれは、表面をいくらか塗装したり着色することによって、二年間の苦行にたえたその無地の木目をいやしてやった。それによって、その家具がおそらくデザイナーにはそう映らないだろうが、子どもの目にはとてもよくなったように思われた。われわれは、消耗品の類のつまらないこまごまとしたものをつけ足した。たとえば小さな写真の切り抜き、額縁など。写真の方は多色刷りの広告紙から切り抜き、額縁の方は、厚紙に透明のテープをはってつくって間に合わせた。その他色つきのフェルト地の布切れでできている毛布やカーペット。プラスティック製のティーセット。それらはみんな、あとでプラスティック製の花びんをたくさん買い足したときに、はじめて生き生きしてきた。それらの値段は、今でもまだ、それぞれわずか一ペンスしかしていない。家自体は、たくさんの箱でできていて、それぞれ一部屋になっており、しかもいろいろな並べ方が可能である。横にずらりと並べてもよいし、縦に二階に重ねても大丈夫である。それに、こうすることによって子どもが一人でも二人以上でもより使いやすくなる。集団で利用するのに適している別のデザインは、ガルト社のために計画された、ロジャー・リムブリックの開放型の人形の家である。それは、子どもたちがどの側面からでもその家で遊ぶことができるように、二つの階には相互に通じる部屋が八つと内壁があるだけの家である。

ガルト社のカタログでは、「この人形の家は、家具を好きなように何度でも並べかえることができます。それは人形の家遊びの、本来の楽しみであり、目的です」と説明している。しかしわれわれの考えでは、この考え方は、共同で使用する人形の家の場合の「本来の遊びの目的」なのである。自分用の人形の家をもっている子どもの場合には、本来の目的は、自分自身の家庭生活のかたわらに別の家庭生活を確立することである。別の家庭生活というのは、自分が属している家庭を部分的には反映させるのだが、また部分的には対比させるものである。そして、子どもが生活している現実の家庭が、他の年長者の決定に従って、組織されているのに対して、人形の家では子ども自身が方針を決定するのである。きっと、家具の配置についても自分で決めなければならないだろうし、また、実際の家族がするように、気分を変えるために、家具をいろいろに並べ変えてみたり、あっちこっちに移動させてみたりもするだろう。しかし、その人形の家は、ずっと自分に所有権があるのだから、自分のものだという意識が家具の配置の仕方に反映されるようだ。そして、やがては実生活同様、おもちゃの家庭でも一つの生活パターンが確立されるようになるのである。このときに、もし他の子どもがその家で遊びはじめて、無頓着な仕方でものをあちらこちらへ動かしはじめたら、子どもは、おそらくたいそう抵抗するだろう。それはちょうど、われわれ大人が、満足していい気分になっている生活パターンを友人が勝手に変えようとすると、侮辱された気分になるのと同じだ。同じようにして、人形そのものも、それら自身の相互の関係と性格が確立されるようになる。たとえばそのうちのいくつかは、おそらく子どもの気持ちの中に実在する、ある人物と類似した人格をもち、また別の人形は、単に空想上の人物の人格になぞらえられたにすぎないものもあろう。一つの人形の家をずっと自分が所有しつづけられるおかげで、子どもはその家庭をどういう環境にするかとか、どういう種類の人物をそこへ入れるかということについて、あらかじめ決めておく必要もなく、その家で心ゆくまで遊ぶことができる。毎日、その家は、子どもが最後に遊びをやめたままの状態で、翌日、子どもがそのつづきから始められるようにして、待っている。人形の家とその中身が、くる日もくる日も他人にかき乱されないでいられることは、自分専用の人形の家遊びに固有の特権である。本当に人形の家に熱心な子どもの場合には、その人形の家族は、その家の後援者である子どもがやってこない間も秘密の生活をつづけていく。つまり、すべてのものがお茶の時間に衣装だんすの上に片づけられることになったら、人形の家族は生活をつづけることができなくなってしまう。子どもが成長して、人形の家の生活必需品や、あるいはぜいたく品を作ることがもっとうまくなるにつれて、永久にとはいわないまでも、もはやその家を片づけてしまうことは実際問題としてできなくなるだろう。などのテーブルや、飾り棚にも小さなものがごちゃごちゃに置いてある。そして、そういう小さいものの上を、やさしく舞っている大きな手には、非常にデリケートな動きが求められている。

子どもが自分自身がもっているものについて関心がある場合、個人専用の人形の家は、その強度についてはあまり考えられないが、子どもの好みや空想を満足させるものについては、より多く考えに入れた上で家具が取りつけられるようになる。子どもが最初におもちゃの家を与えられる年齢にもよるが、家具は基本的なもので頑丈なものからはじまり、時とともに子どもの取り扱い技術にあわせて、しだいにこわれやすいものになっていく。その家は、子どもが内側に手を伸ばすことができなければならないが、どこからも手を入れることができるという条件は、集団遊び用の家ほど重要なことではない。つまり、たぶん子どもは、ひとりで遊んでいるから、家具もそんなにあちこちへ移さないだろうし、また実際、人形自身の私生活についても、少しは配慮してやる必要があるだろうから。もし、一つの場所に長期間家具を置くことになるなら、ほこりがかからないようにしなければならないだろう。そして望むらくは、取り除いたり、もとへ戻したりできる正面の戸があればなおのことよい。なぜなら、閉じられた家の内側でつづいている生活を、窓を通してすかしてみるという、とても刺激的な楽しみを味わうことができるから。電灯を改良すれば、魔法は完全になる。

人形の家は、サイズ、品質、価格という点で多くの種類のものがある。そして、もちろん、必ずしもいつもどの子どもでも人形の家に熱中するとは保証できない。子どもの多い家庭では、最初の子どもにかなり適したものを買ったり作ったりして、ついで最初の子が興味をなくしたら、あとの子どものために一新するのが、たぶん安全だと思う。子どもが実際に人形の家を喜ぶかどうかわからないときは、お金を無駄に使わないうちにその熱意を試してみる方法もある。たとえば、市中にはボール紙の切り抜き絵で、差し込みのできる家具が付録についている安くてかわいいボール紙製のおもちゃの家が出まわっている。それは、長持ちはしないだろうが、少なくともそれによって、子どもが人形の家を好むタイプかどうかを知ることができる。あるいは、子どもが何ヵ月にもわたって、食料品のボール箱で人形の家を作ろうとするかもしれない。たぶんその場合は、彼の熱意は証明されるだろう。別の方法は、だれかよその家の子どもが飽きた人形の家をもらい受ける広告を出すことである。それは、必要に応じて色を塗ったり改造したりできる。とても恐ろしい株式仲買人のテューダーの家は、小石をまぜた塗り方によって、本物そっくりにきれいに仕上げられている。つまり、たくさんオイルペイントを塗り、まだ湿っているうちに、乾いた砂か、（ペットの店で買った）鳥かご用の細かい砂を手のひらからパラパラとまき、ベタベタした塗装にする。それを乾かして、また塗るのである。ベルベットのリボンは、美しい階段のカーペットになる。木製の床は、くつのつや出しでみがくことができる。そして床板らしくなるようにボールペンで線がつけられる。また、ある床は、コルクタイルやしっとりしたプラスティック製のシーツ地を使って表面を新しくすることも可能である。部屋数としては四部屋ある家が多く作られている。それは、製作者には便利だが、あまり適切なものではない。というのは、製作者たちは、台所、居間、両親の寝室、子ども部屋を考慮に入れてそうしているのだが、バスルームのことを忘れている。

しかも、常設の基礎の上に家を作っている子どもたちは皆、当然のこととして、適当なトイレを備えたバスルームをほしがっている。それはとても正当なことだ。もっとも、仕切り用の壁を入れてトイレつきバスルームを設けることはできる。たとえバスルームへは寝室を通ってしか行くことができなくなったとしても。

もし、新しいものを買うなら、それを子孫のために買うかどうかによるが、抵当を必要とするくらいたっぷりと金をつぎ込むこともできる。最も美しい家の一つは、ジョン・ハニーチャーチとジル・ハニーチャーチによって作られた木製の家である。それらは、あとから加えられる工夫によって、その完成の仕方が一様ではない。あなたは、二、三階建ての家にするかあるいは簡単な平屋（バンガロー）にするかの選択をしなければならないだろう。ある子どもたちは、階段がないと物足りなく感じるかもしれない。なぜならそれは確かに自分たちを上の階へと導いてくれる一つの証しのようなものだから。別の子どもたちは、家全体をすっかり見渡すことができるように、屋根がバンガローからはずれて持ち上がるものを好む。これら二種類の家は、熱心な子どもたちのうち三分の二の者が所望している。そして、この二種類の家のうちでは、バンガローの方がいつも喜ばれていた。新しい家を購入するときの一番上手な買物は、家具一そろいも同時につくっているメーカーから求めるのがよいことがわかると思う。そこで売っている家は、もっと高価な家具や付属品のための、いわばおまけなのだから、どちらかというと、比較的安い。――そして、結局全部の品物をすっかり買わなくてもよいのだ。

実のところ、人形の家用の備品を作るためには、はじめからきちんと子どもを手伝ったり、子どもにアイディアを与えたりするだけでなく、手製のよせあつめの半ぱものを与えたりして、子どもを励ますことがわれわれには大切なことのように思える。もし経済的に余裕があるなら、みせやにある陳列見本のように、家具や付属品が完全にセットになってついている家を買うのがいちばんてっとり早い。しかしそれでは子どもに想像の余地をまったく残さない。ある見方によれば、このことは、集団遊び用の人形の家のもう一つの欠点にもなりうる。つまり、それは、すでに家具がそなえつけられていなければならないということだ。というのは、集団遊びをする年齢の子どもは、他の子どもたちに手荒く扱われても、十分に長持ちできるような丈夫な家具を作ることがむずかしいのである。しかし、両親や兄や姉の助けを借りれば、非常に幼い子どもでも椅子やテーブルを、トチの木*、ピンそしてウールを用いて作ることができるのである。また、クルミでできたゆりかごとか、自分で描いた絵とか、それから、ちょっとあたりを見回せばみつかるようなもの、たとえばびんのふたとか、どんぐりの帽子でできたバケツやどんぶり等々。そして、注意深くそういうものを自分のおうちの中へ置くと、子どもは、それらの道具を大切にするようになる。さらに、そうすればするほど、その子どものおうちはますます自分自身のための個人的なものになっていく。

時々、別の種類の人形の家が市場に出回っている。われわれが最近みたものの中には、病院の病室、教室、みせやがある。それらは、長期間利用する人形グループとしては、それなりに完備した家庭ほど、明らかに長い間子どもに満足を与えられそうなものではない。しかし、そういう建物は、それらを改良するための道具作りの基礎として、また空想遊びのための一つの中心として、とてもすばらしい遊びの価値をもっている。そのような建物は、明らかに子どもが、学校や病院でたくさんの困難な経験と出会い、それを克服するのを助けるために用いられる。そしてそれゆえに、とくにこれらの建物は個々の子どもの要求に合うように、共同で使う場面のあちこちにあると価値があるものだ。おみせは、子どもの遊び道具として長い歴史をもっている。古い呉服商の店などは、幾巻もの布地、カードにとりつけられた小さいボタン、そして人形の着物などが並んでいるととても魅力的な

＊西洋トチの木の食べられない実。この木は、イングランドではよくみかける木である。その実は、クリの実よりもかなりかたくて、表面がすべすべしている。だから、このように使ったり、昔からあるトチの木のゲームで使うために、英国の子どもたちには大事にされている。（二〇ページ参照のこと）

（そしてすぐにもまねて作れる）ものである。肉屋の店舗が一つのサンプルとして長い間大事にとっておかれたのは、（ニュルンベルグの台所が台所の道具や技術を説明するために用いられたように）たぶん肉の切り方や骨つき肉について若いご婦人たちに教えるための教材として、とくに役立ってきたためである。たしかに、肉屋の商品は、きわめて生々しく、しかも実にさまざまな種類があるものだ*。ベスナール・グリーン博物館には二階に居所（必ずしも全部使えるわけではないが）のある一八四〇年から一八八〇年の日づけの入ったたくさんの肉屋さんの店舗がある。それらのうちの一つは、フェルンレイという肉屋自身によって作られたもので、居住空間ばかりでなく、隣接して屠殺場まで備えたものである。人形の家に関心のある子どもの親で、進取の気性のある人たちは、二階つきのお店、たとえばパン屋**とかおもちゃ屋を作ることを考えるかも

*一九七七年に、ロンドンにあるクラフト・センターでは、美術工芸家フランク・エゲルトンとブリジット・エゲルトンのデザイン・製作による、とても美しい現代版のおもちゃの肉屋の店舗が展示された。（彼らは、木製の美しい気のきいた「おもちゃ」を作ることで有名である。）八〇ポンドで売られているので、それは、たぶん子ども向けというより大人のおもちゃ愛好家向けのつもりだったのだろう。

しれない。もし基礎の建具のことでやる気をくじかれるようなら、古道具屋を見てまわるのも一法であろう。都合よく二階建ての家になるような棚が一つついた小さな戸棚がみつかるかもしれない。それをひっくりかえして、屋根をつけ、切りとった足を煙突としてつければそれでできあがる。グレッグ夫人が主に一九二〇年代に作った一連のおみせやさん、それは今はベスナール・グリーン博物館にあるが、そのおみせやさんをみて、一層いい考えをうることもできる。あるいは、行商人の商品をみるのもよい。そういうものは、多くの博物館に見本がある。

ほとんどの人形の家や家具は、おおよそ一フィートに対して一インチの縮尺（一二分の一の縮尺）で作られている。しかし、人形のベッドをおく部屋をかなり大きい縮尺で作るという考え方もある。ジョン・ハニーチャーチとジル・ハニーチャーチは、非常に美しい折りたたみ式の部屋を作っている。その部屋は、ちょうつがいのついたふたつきの底の浅い箱でできており、そのふたが一方は、鏡板がはめられたドアに、そしてもう一方は、上げ下げ窓が取りつけられた二つの壁で、その二つの壁は直角をなしている。ベッド、たんす、テーブルと椅子といったものはすべて、箱の中についており、その箱をあけると、それらのものを子どもが自由に並べることができるようになっている。この部屋に合う人形は、（大人の場合で）高さ約九インチである。そして、われわれは、それが豊かな想像遊びの場合には、非常に多くのものを生み出すといったことを知っている。われわれの娘たちも、古い食器棚の中にそのような部屋を作っていた。そして、ちょうど当時の彼女たちの年齢――八歳から一四歳――の子どもたちの人形がその部屋にいっぱいになっていた。そういう子どもたちは、明らかに、大人たちに拘束されない、独立した生活を送っていた。

＊＊とてもうまくできたケーキや肉まんじゅうは、ほかの「食べ物」と同じように、堅くした人工の造型粘土で作られる。あるいは、三一一ページにのせた、小麦粉と塩の料理法によって、オーブンでかためられ、着色される。

型にはめて作られたプラスティック製の店舗、学校、家事専用の部屋など、利用できるものもたくさんある。そこには、ペグ人形が住んでいる。（そのようなものに関しては、）フィッシャー・プライス社とマッチボックス社でよい見本を作っている。これらは、今までに話してきたミニチュアな世界とは目的がかなりちがっている。つまり、プラスティック製のものでは、子どもがその世界でできることが、かなり限られてくるのである。家具等を新しい仕方で並べることは、簡単なことではない。というのは、型に入れて作られた付属品類は、たいていそれらがぴったりはまるようなソケットや栓がすでにもう決まった位置に配列されてしまっているから。したがって、ペグ人形は個性的な特徴よりも共通した特徴をもつようになる。それだから、子どもたちの遊びの価値は、空想遊びをつづけることに関する限り、かなり制約されている*。他方、ペグ人形は、子どもが自分の車を走らせる道路に、建物としてつけ加えられると、レイアウトがより広い一つの世界となり、それによって、幼い子どもの遊びの領域を拡大することは確実である。また、親にしてみても、たまには一時預りの託児所に子どもを預けて一息つくことがあるように、ペグ人形は、社会生活がつづいていくための中継点を子どもに与えているわけである。

---

*ドイツのデザイナー・ハンス・ベックによって、一九七四年に考え出された「おもちゃ人形」は、くちびるを動かすことができるし、自分の手でものをつかむことができるので、かなりペグ人形を改良したものである。それは当初のレイアウトや、遊びの建物に比べると、想像力に富んだ可能性を非常に増している。おもちゃ人形が、一九七六年に英国市場に入ってきてのち、一九七八年には、その人形が居住する遊びの環境が入ってきた。それら人形や居住空間のすぐれたデザインは、唯一の女性の人物、つまり看護婦が含められているので、幾分傷つけられているのだが。

## レイアウト

われわれは、レイアウトを、基本的には小さな世界が建てられうる一つの基礎平面図と定義することができる。レイアウトは、白墨で書かれた道路パターンと同じくらい簡単な場合もありうる。明らかに基礎平面図は、公園、野原、川、湖、飛行場などを加える場合に役立つ。また、建物や橋、木や生垣、人員、動物や機械が加えられると直ちに三次元になる。作成可能なものの中で、最も上等なものの中に、正確な縮尺で作られた非常に大きくて、複雑なレイアウトがある。それは、ある人が生涯にわたって熱中し、時と金をかけて書いた結果である。すなわち、専門家が多分商売のために作ったレイアウトであって、たとえばデンマークのレゴランドのように、そのしくみの融通性を示すモデルとして、レゴ社の組み立てユニットで作られた世界などがある。

子どもが、単にでたらめにするのではなく、じゅうたんやタイル張りの床にある直線のヘリのパターンに沿って、おもちゃの車を走らせ始めると同時に、子どもは簡単なレイアウトにとりかかることになる。チョークで書かれた道路は、子どもが遊んでいるときに、その上をはっていってすり消してしまうので、実際には、あまり実用的ではない。もし、表面が適当なもので、レイアウトが永久にあってもかまわないなら、床に基本的なレイアウトを塗料で書くことは、よい思いつきかもしれない。あるいはまた、レイアウトが印刷されているプレイマットを買うこともできるだろう。マッチボックス社製のプレイマットはかなり薄くて弱いものである。また他の会社の製品では、活発な、あるいは少々手あらな遊びに対しても耐えられる重い規格の材料でできているものが手にはいる。しかし、子どもはものを扱う際の技術や大胆さを身につけるにつれて、おそらく自分自身のレイアウトを計画したくなるだろう。およそ四歳ごろから先になると、子どもは自分自身で工夫したパターンをつなぎ合わせて、長くのびた道路を楽しむようになる。われわれは、自分の子どもたちのために、舗道のふち石と狭い歩道のつもりで、端にビーズ細工を施した大きさ四インチのベニヤの小片を用いた。しかし、今は、製品化された代わりの品が利用できる。たとえば、マッチボックス社製のすばらしい丈夫なボール紙でできた道路がある。それには、目立つように印のつけられた白い直線、駐車スペース、交差点や、両端にはこうし細工のかたちをした接合部がついている。これは、手押しの汽車（ブリオ社製、木製で高価なものか、よくできたプラスティックの複製）用の簡単な鉄道線路とうまく結合される。そこには、二つの線路が交差したり再交差できるよう、必ず橋とガード式交差が含まれている。二本の基本となる線がひかれると、箱いっぱいの役立ちそうなアクセサリーをずっと並べて置いていくことができる。また、青、緑、茶のフェルトや細長いカードや四角いカード、それから不規則なかたちをした切れ端などは、川、湖、野原を作るのに役立つだろう。さらに、道路標識やほかの街路用設備は、模型店から順々に買うことができる。緑色に着色されたヘチマの小片や、プラスティック製のスポンジのかけらは、本物そっくりの繁みや生垣を作るだろう。塀は、キャンディーについている棒をくっつけて並べればできあがる。そして、粘土のかたまりで、それらの塀のところどころを支えるとよい、など。コーンフレイクの袋が高台の平たい部分になり、段ボールが工場の屋根になったりするので、親も子もこの段階になると、新しい目でいらなくなった包み紙などをながめはじめる。わが家では、ラジオを保護していたポリスチレンの箱が、すばらしい水泳用のプールになり、ボール紙の保護用チューブも排水管システムを作るために、綿球の箱から大量になくなった。

母親も父親も、ミニチュアな世界が魅力的なことを知ると、簡単に子どもの遊びに引き込まれるので、次のことを覚えておくことは大切なことである。つまり、再生したものの規模とか正確さは、大人が行なった場合に比べると、小さい子どもの場合にはそれほど重要ではないということ、そしてまた、子ども自身の価値観を除外して、大人の価値観が、子どもに押しつけられるべきではないということである。親は、自分がモデルエンジンの細部を完成させることに夢中になっていることを、子どもに伝えてはいけないという理由はない。しかしまた、エンジンがちゃんと動いているという満足ゆく世界を作ろうとするあまり、チョークで書かれた歩道とか、ペグ人形の住むには大きすぎるプラスティック製の家、縮尺がごちゃごちゃになっている乗り物、穀物用の箱でできている橋、そしてふくらんだ小麦袋の中にはいっていたおかしな恐竜など、大人からみればちぐはぐなものでも、子どもは別段奇妙な感じをもたないということを大人は理解すべきである。早い時期から子どもに正確さを身につけさせようとするあまり、子ども自身の想像力豊かな創造性、その結果である多様な世界を排除してしまったり、軽視することは惜しいことのように思える。ごく近いうちに、子どもたちは、おおまかなものとか、思いつきなどにがまんできなくなって、打ち抜き鋳型やほかの大量生産過程によらない限り、容易にはできないような正確な模写を要求しはじめる。それだから、子どもの興味はおもちゃからむしろ縮尺模型に移っていくことになる。その時点で、できるだけ本物に近い情景やあるいはもし本当ならこうであったろうという情景を作ろうという野心が当然出てくる。まったく興味深いことには、同じような発達が子どもの絵に起きるということだ。とくに、五歳から七歳のころは、子どもたちは、絵に色をつけるのだが、そういう絵では、色や形を自由で想像に富んだ使い方をすることが注目される。しかしやがて、写真のような正確な絵を描くことに一生懸命になり始める（おそらく、そういう描き方をしたときに、ほめられたことがわかるからだが）ときがくる。そして、これをうまくやろうとする試みが、しばしば自由に描くことをやめさせることになり、これまでもっていた自発性を失うことにもなる[4]。

レイアウトが、とくに正確さと縮尺に注意しながら計画されはじめるとき、このことによってレイアウトが子どもの空想のための枠組として、本質的に作用できなくなっていると主張しようとは思わない。子どもは、先にあげた例の中でディブがしていたようなやり方で、半ば公式化された感情や不安を伴って遊んでいる。そうでありながら、子どもはあい変らず想像の中で自分の作ったまちの街路を歩き、飛行場をコントロールし、沖の小島にあるちょっと遠い海辺に帆船をつなぐといったことをするだろう。おそらく、今われわれが言おうとしていることは、レイアウトがそれぞれの子どもにとって、さまざまな種類の遊びを生み出しているということである。正確さに心を奪われるということは、子ども自身の作品を作ることから子どもを遠ざけさせ、お金を出して手に入れた既製の商品を収集する方向へと移行させる傾向を生む。そして、こういう商品は、セットやシステムを作り上げるために、かなり豊富にしかもかなりおしつけがましく消費者の手に供給される。さらに、図解入りのカタログは、ものをほしがっている者にとっては、非常に魅力的なものであり、個人的な夢や冒険談を完成させることよりも、ミニチュアな世界に必要ないろいろなものを収集するという側面に、子どもの興味を集中させるようになってしまう。

## 建築方法

レイアウトのことにふれたついでに、われわれはもっと大きな建築用遊具について少し考えてみよう。これはたくさんの基本となるユニットをセットしたもので、さらに興味を広げ、応用をきかせるために、さまざまな付属品が一式装備されている。英国の近代的な建築用具セットのさきがけとして最も広く受け入れられたものは、メッカーノ社の製品であった。それは、一九〇一年に、その会社のデザイナー、フランク・ホーンビィが、「たやすく作れる機構」として特許を受けたもので、一九〇七年に名前はもっと親しみやすいものにかわったが、七〇年たった今日でもなお市場に出ている。メッカーノ社の方式の大きな魅力は、その会社の強力なライバル会社

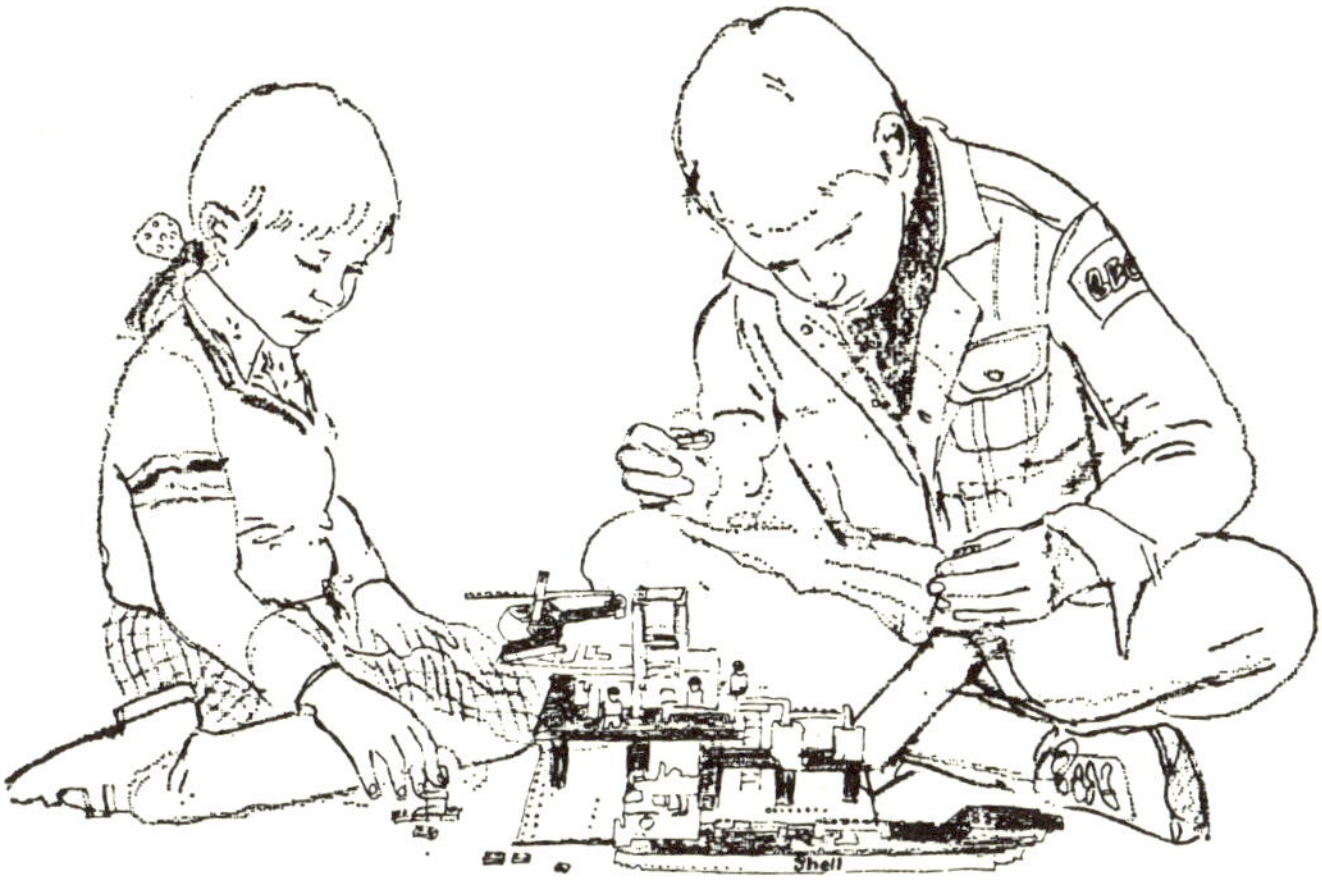


であるレゴ社やフィッシャー・テクニック社の方式と同じように、それが、これといった特徴のない材質でできた、単純なユニットに基づいているということである。その材質については床用の積木に関連して述べたことがある。そしてそれらは倍のもの、半分のもの、そして角の部分のものに加えて、単にユニットの数を増すだけでずっと複雑な構造に作り上げることができる。車輪、歯車、車軸、それにバッテリーで動くモーターのような基礎部品を加えることによって、実際に動く、もっと精巧な模型を作ることも可能だ。メッカーノ社の融通のきかない金属のケタでできた外観は、橋やクレーンには理想的だが、もっと家庭的な構造にはあまり合わない重工業的なものであった。一方、レゴ社のABSプラスティックでできた組み合わせ式積木システムは、もっと融通がきいて、こじんまりとしたイメージのものである。このちがいから、結局メッカーノ社はレゴ社に追い越されてしまった。特別にレゴ社の展示用として作られた村や町には、スイスの山小屋ふうのデザインで、一工夫された角ばった感じの建物がひかえ目においてある。一方、飛行機や大型船などの流線型をしたモデルは、同じようなユニットを使ってあるが、着想という点でどうにか近代的にみえるようにしている。フィッシャー・テクニック社のものは、何らかのかたちで、両方の

会社の製品のよいところを取り入れている。

木やプラスティック製のまだそれほど精巧でなかった初期の建築おもちゃとともに、これらの建築の方式は、今までわれわれが対比させてきた正確さと抽象とを混在させているという点で興味深い。これらがつくり上げる世界は、現実にある実物ときわめて類似しているとは言いがたい。しかし同時に、それらはもともと一つの決まった寸法に従って型にはめられて作られているので、それらモデル間の縮尺は精密であり、正確なため、一つのモデルから次のモデルへときっちりとつなげていくことができる。——そして、実際に、それらはレイアウトの点で、他の会社のモデルとは容易には、そしてまた得心のいくようには、調和しないだろう。それらはいわゆるメッカーノ・スタイルとか、レゴ流儀など、一つの会社が一定の基準で作ったユニットのセットを強力に販売ルートに乗せるため、買う側からすれば、全体を一つのセットとして求める以外にないはめになる。そして、一社の製品を一セットそろえることで、子どもはやっと正確なものを作ることが約束されるのである。子どもがほかの方式を除外して、一つの方式に対して忠実であるようになるのは、他の異なったシステムの中のユニットが好ましくないからではなく、その流儀が他のシステムに置きかえられないからである。

レゴ社やフィッシャー・テクニック社の主な宣伝用見本は、これらの組み立てセットが、本来はレイアウトの完成した作品をつくるためのものであるということを示している。それにもかかわらず十分なセットをそろえている子どもは数少ないため、大部分の子どもは、二、三の小さなモデルしか作れなかったり、非常に大きな作品を作るのは無理であったりする。それだから、たぶん子どもたちは、完成した作品を楽しむというよりも、組み立てのパズルを楽しむという目的でそのセットを使い、組み立てては分解し、分解してはまた組み立てるというようなことをするのだろう。そして、実際に、レゴ社は「レゴのおもちゃは毎日新鮮です」という宣伝文句の中に、このことを認め、このことをぬけめなく利用している。それにもかかわらず、もっと大きく、もっと素晴らしいモデルができないかと、つねに期待され、求められる。もし、たった一人で一〇〇個以上の積木、もっとたくさんの土台用の金属板、一組の発光積木、そして接合部品をもっていたら――それで、何もできなかったらどうかしている。だからカタログと建設計画はじっくりと研究されるし、また小づかいは何週間分も先まで抵当に入れられることになる。もう一度言うと、収集家の欲の深さは、建築家の創造性と同じくらい顕著である。

## コレクション

もちろん収集家の本能は、とにかく児童期中期にとても強い。たしかに、そのすべてをコマーシャリズムのせいにはできない。そのコマーシャリズムは、子どもの中にすでにある興味を利用しているにすぎない。われわれが自分たちの研究で七〇〇名の七歳児の遊具と遊戯を調べたとき、カラスとスズメの区別ができない子どもを勘定に入れないで、七三％の子どもが特定の種類の収集品をもっていた。そのときわれわれが書いたものを引用すると、次の通りである。

われわれのサンプルの中で子どもによって収集されたものの中から、いくつかを書き出してみると、次の通りである。銀紙、どんぐり、マッチ箱、ひも、ボタン、ブリキカン、ナットとボルト、石ころ、トチの実、切符、箱、聖句のカード、タバコのボール箱、キャンディの包装紙、化粧道具、マッチ棒、ぜいたくな贈物、びんのふた、くぎ、チーズ用の箱、ハンドバッグ、ハンカチ、ペンと鉛筆、プラスティック製の庭、ジグソーパズル、怪奇人形、無限軌道車（キャタピラー）、自動車の番号、ビー玉、模型飛行機、動物のぬいぐるみ、葉っぱ、硬貨、化学実験装置、レコード、メッカーノ社のブロック、着せかえ人形、人形の衣装、本、小さい自動車、羽毛、演技人形のセット、マンガ本、宝石、雑誌、切り抜き記事、コースター、人形の家の家具、切手、はがき、装身具、鉄道用部品、絵、バッジ、モミの実、お茶会の招待状、レゴ社の部品、スタンプ、兵隊、風船ガムの絵ふだ、積木、サボテン、フットボールの選手、甘い菓子、昆虫、割増し金つき債券、スケレクトリックス社のアクセサリー、貝殻、「奇妙なもの、あるいはぞっとするようなもの」、そしてクリフ・リチャードの写真。

七歳児が最も多く集めていたものは、お茶とチューインガムの袋から出てくる絵カードであった。それは、主として、男の子が収集していた。その次に多かったのは、レゴ社の部品*と、模型自動車であった。人形とその付属品は、女の子が最も多く集めていた。

子どもたちが、必ずしも多額の金を使わないでも品物を手に入れたり所有したりする喜びを経験することができるというのは、心強いことだ。われわれは、女の子の中で絵カードを集めている子がほとんどいないということを不思議に思っていた。しかし、自分の娘たちが、そういうカードは、戦争や軍隊をテーマにしたものがほとんどだから、興味がないし、むしろ自分から拒否していたということを指摘したので、そのときにはじめて納得したものだ。われわれ自身の、はるか以前の子ども時代を楽しいものにさせていた、（親がタバコを吸わない人の場合でさえ）戦前のタバコの絵カードに描かれている変化に富んだ上品なテーマが、いくつかの異常に残忍なシリーズものにとってかわられたことは、本当だ。――そして、被験者の子どもの母親のひとりは、お菓子やさんの主人だが、彼女は、風船ガムよりもむしろ、景品でついている絵カードを引き合いに出しながら、それらは「人間らしい消費としては不向き」だとこぼしていた。その意味で少女たちは、少年たちよりもはるかに、自分たちに一番興味を起こさせる収集品に金をかけていることになる。

---

*フィッシャー・テクニック社の製品は、研究をしていた時点では広く利用されていなかった。一九七六年に玩具取引関係の広告の中で、この会社は、三年間に売り上げが一〇倍増えたと公言した。

人形とその付属品が少女の収集品の主要な対象として出てきたという事実も、これまた興味深い。われわれは女の子たちがどんな遊び道具を好むのか、あるいは彼女たちが大事にしている宝物はどんなものなのかを問うてきたのではなく、単純明快に彼女たちが何を収集したのかを問うてきたのである。ここでわれわれは、お母さんごっこで使う人形、あるいは子どもの友だちとしての人形について、つまり第4章ですでに論じたような伝統的な人形の機能についてもはや語ろうとは思わない。そうでなくて一緒についている付属品とセットになって、組み合わせができる対象としての人形について語ろうと思う。しかもここでは、われわれは付属品の方に焦点をおく。子どもの中には、民族衣装をつけた人形のコレクションをしていて、その付属品といえば人形が着ている民族衣装だけ(たぶんそれが他の人形と互いに区別できる唯一の特徴だと思うが)といった子どももいるけれども、大部分の子どもたちにとって、人形はあらゆる場合に衣装タンス一杯に入った衣装の主人公である。そして、時には他の財産ももつ。たとえば家具、それにスケートぐつ、ラジオ、カメラといった備品、そしておそらくスポーツカーとか小馬さえも。

高級趣味のこれらの人形は、実際明らかに巨大産業となりうる。事実、人形は、人形自体が商品として宣伝され販売が促進されている。人形の市場でも目立っているのは、バービー（マッテル社のもの）とシンディ（ペディグリー社のもの）である。それらは、思春期よりずっと前の子どもたち用に売られているのに、ほとんどみな、明らかに十代の、競争意識の強い若い女の子たちに愛用されている。市場の要求によると、人形はつけられる名前によって売り上げが大きく伸びるといわれている。そして、このことは、次の点で興味ある現象を生み出している。つまり、売られている人形は、子どもが自らの個性によって選んだ一人の人格をもった人物像を映したものではなく、企業がこしらえた一つの既製の総合パッケージであるということである。要するに、「シンディ」とか「バービー」といった人物であるということである。この現象を長い間みてきた結果、子どもたちが人形に個人的な名前をつけることは、非常にまれであることがわかった。そして、子どもたちは、広く知れわたっている共通のイメージを受け入れることに甘んじているようである。さらに、シンディは英国の女子児童の人口の数よりも、はるかに数多く売られてきた。その結果、シンディを二つ以上持っている子どもがたくさんいることになったわけである[5]。この時点で、何かまだ人物としての個性をもった人形があるのではないかといった幻想は、完全に失われてしまった。そして、共通の既製のイメージばかりにとって代わられたのである。収集品の場合、ペグとしての人形の機能は、一つのまったく妥当な役割であるが、一方われわれは、人形をまったくひとりの人間として理解することと役割とを混同して考えるべきではない。

バービー・シンディ現象のきざしは、戦前の人形の歴史の中に、わずかに認められていた。最も近い状況は、子役スターのイメージとしてのシャーリー・テンプル人形の販売促進であった。もう一度くり返すことになるが、つまり既製の人物を市場に出したのである。それは、しかし、あらゆる種類の付属品のついたトータルな人形セットではなかったので、既製のライフ・スタイルも含んではいなかった。一五〇〇万個のシャーリー・テンプル人形が、一九三〇年代に、アイデアル玩具会社から売り出された。最近の子役スターで、この種の販売促進の魔力をもっているものは、ひとりもいないように思われる。あるいは、そうではなくて、販売会社が、ゼロから出発し、自分たち自身の夢を製品化する方を好んだためかもしれないが。そのことは確かに彼らにより自由な発想と販売活動の場を与えることになった。たとえば、シンディは、あるとき、ひとりのボーイフレンドで、ポールという相棒を与えられた。しかし、彼のすらりとしてはいるが、どこか間の抜けたイメージが、商売上の影響力を欠いていることが明らかになるや、直ちに彼はお払い箱になった。テレビや映画の人気者を人形のモデルとして使うことはあるにはあるが、もっぱら勇敢な男性に限られる。それも、たとえば、スタスキーとハッチとかコジャックなどといったスクリーンの役名がつけられるのがほとんどだ。こういう人物をモデルにした人形のいくつかは、職業柄、本来所持すべき数々の付属品をもっているが、それらの付属品もまた冒険男らがもつにふさわしくきわめて多彩で広範囲に及ぶ。これらは、もともと、全身これアメリカ人、といった好戦的な男性人形のために、新しい少年向け市場を買い占める試みであったのだ。そういう男性人形がこれまで持っていた付属品は、ほとんど例外なく、武器と軍服であった。それが、男性の人形は、今や登山、探険、宇宙旅行、自然環境の保護を含めて、その活動範囲を著しく拡大してきた。とくに自然環境保護の場合には、小型カメラ、寝袋、テント、ロープにカーグル〔訳注　目と口のところに穴のあいた頭巾。〕など、一連の非常に魅力的で（かつ、健康的な）ものを用意している。

こうして最後には、そこでいろいろな事件が起きるであろうミニチュアな世界へもどる可能性がある。冒険の仕度をととのえた人形は、さっそうと、あるときは子どもを同伴し、あるときは子どもの指揮のもとに前進することができる。この規模の人形は、レイアウトが非常に大きくて、高価なものである必要があるので、簡単にそのレイアウトに合うわけではないが、子どもたちは、自分の家の家具やじゅうたんを山や海としてうまく使うことができる。小道具が実物そっくりだと、なんとなく長いすの背もたれ斜面にも本物らしさが出てくる。家の居間では、ヒマラヤ山脈の峰々が、その昔ながらの挑戦的な姿を示しているようである。

# 第7章　障害児のための遊びと遊具

ここでわれわれは、少し視点をかえて、何らかの理由で特別の要求をもっている子どもたちを詳しく見てみることにしよう。彼らは、身体的あるいは精神的に、あるいはまたその両方の面で、障害を背負わされている。中には、生まれて以来ずっとある種の条件を剝奪された環境の中で育てられてきた子どももいるだろうし、あるいは、しばらくの間病気であったか、体を動かすことができなかったという点で、一時的に「特別」である子どももいるかもしれない。

ある点で、「特別の」要求といっても、それはごく普通の要求なのである。ただ長期間に及んだり、その度合いが少し強められているにすぎない。一方、別の面からみると、それらの要求は関係ある子どもには非常に特異なものであるが、それでも「ふつうの」子どもをもった親にも常に必要とされる技能と同じ種類の技能で対処されねばならないものである。それらの技能とは、たとえば、たとえ確信的ではないにしても、ありのままの子どもについての詳しい知識であるとか、子どもや家族の立場に立って、より重要なものを選り分けることができる能力とか、問題が生じたときにうまくそれに対処していくための洞察力と賢明さ、そして、困難なときや危機の際に、とくにものごとを大局的にみて努力する忍耐力などである。それにもかかわらず、どの観点からにしろ、どのようにしたらおもちゃ遊びが、このようなより特殊な目的の一助となりうるのかを考えることは、興味深いことだろうということを、障害のない子どもの親が知ってくれることをわれわれは望むのである。そして、子どもたち（障害児にしろ、そうでないにしろ）のことにたずさわっている専門家は、きっと有益な着想をここでみつけるだろう（と、われわれは信じている）。

## 障害の意味するもの

実際的な見地から、障害乳幼児であることが、何を意味しているのかを理解するためには、われわれはもう一度、ふつうの家庭で成長するふつうの赤ん坊について考えることからはじめねばならない。すでに提言してきたように、障害のない子どもの、いわゆる「正常な発達」の多くのことは、たぶん自然に起きるせわしい活動、つまり絶え間のない、そしてもの見高い落ち着きのなさの副産物として達成されている。ここでいう活動は、人間の乳幼児が自分の環境に加える攻撃の典型的なものである。赤ん坊は、身体的に能力を示すようになるや否や、手、足、口を用いて、引き寄せたり、押したり、強く打ったり、少しかじったり、突いてみたりして、自分をとりまいている世界に働きかける。たえず驚いたり、またたえず受け入れたりしながら、子どもは、目と耳を使って自分が行なった努力の結果に夢中になる。そして、その過程の中で、自分についての多様な型態と、本質を発見していく。何が退き、何が抵抗するのか、何が順応性のあるもので、何が統合されていないのか、何が子どもに抵抗し、何が子どもの支配からのがれるのか、などに気づいていく。子どもが自分が認知する世界のいろいろな特徴を概念的に構築し、知的にもまた情動的で個人的な見地からも、その世界の意味を理解しはじめるのは、こうした物や人との強烈な関係を通じてである。これが意味するところは、概念的に構築することおよび「意味をなすこと」が、決して、当然基本的な経験としてすでに備えられているものだと考えるべきではなく、本質的には学習の、積極的で創造的かつ社会的な過程の、最終的な結果だということである。このことはまた、循環過程でもある。つまり、活動パターンは、純粋に概念パターンを反映しているということから、われわれもそれを利用して、つまり活動のパターンを見ることによって、概念構築の世界をみているにすぎないというわけである――もう一度言うと、その世界には、実際のかかわりを通して到達するのだ。

対照的に、何らかのかたちで障害のある小さい子どもたちは、しばしば、他の健康な子どもがもっているような、遊びたいという欲求や遊ぶことができる能力を欠いているようにみえる。こういうことがなぜ起こるのか、その理由は、たくさんある。

脊つい分離、脳性マヒあるいは盲目といった種類の障害は、子どもに非常にはっきりした仕方で制限を加える。子どもは、気のむくままに、動きまわることができない。子どもは、手足の運動をコントロールすることが困難であり、そのために、正確におもちゃの方へ手を伸ばすことができないし、机の上からものを払い落とすのもけいれんした腕の運動によることになる。子どもが自分の頭を自分で支える能力はほとんどない。その結果、直接自分の目の前にはないものをみようと思っても、それはままならないことであり、自分の視野に入ってくるものを予想することもできないのである。ものをつかんだり、放したりすることがむずかしい。距離を判断することができない。あるいは自分の身のまわりをまったくみることさえできない場合もあるだろう。これらの事柄は、そばでみている人には一見してそれとわかる基本的な問題である。しかし、障害の向こう側には何があるのか、つまり障害という限界を越えたところに何を見出すのか、そして障害ということが、子どもの全体発達にとって何を意味するのかを考えることが重要である。

たとえば、もし子どもが好きなように歩き回ることが容易にできなければ、その子どもには、家や庭を探索するための当然の機会の多くが奪われたことになる。ふつうの子どもたちならそういう機会を通じて、自分で学習し、発見するのに。ふつうに動くことができる赤ん坊は、移動するおもちゃのあとを追ったり、探して持ってくることができる。そして、くりかえしくりかえし、その性質を試すことができる。また、自分の行為の結末を発見し、それを避けたり、利用したりする戦術を学ぶこともできる。ある対象物を、別の対象物と関連づけて遊ぶために探し求める。（たとえば）シチューなべとそのふたの大きさの順序について自分で発見しようとして、台所の食器棚を空にする。そして、何かちょっと自分の能力の及ばないことがあれば、それを助けてもらうために、家族の中の年長者につきまとう。しかし、こういう活動はすべて、自分で動くことのできない子どもたちには、他の人に依存している活動である。そこに他の人がいて、そして自分たちの要求を察知し、その要求に応じるために時間を費やしてくれて、はじめて可能になる、そういった活動ばかりなのである。移動の能力がないということは、このように、身体的障害だけではなく、急速に知的能力の剝奪に発展しうるのである。

　移動できない子どもは、また、情動的にも社会的にも制約を受けている。活発によちよち歩きをする正常な子どもは、時々「幼児のように扱われ」たり、やさしく保護されることを楽しんでいるにもかかわらず、ひとりで気ままにいろいろなことをするにも、非常に情動的な満足を感じている。たいてい「はい」ということばが「いや」ということばよりも先に現われることは理由のないことではない。そして、このことが、しばしば、援助の申し出に応じることになるのであろう。子どもたちが自分で何かをするという楽しみは、明らかに成長するという全体的な仕事の中の重要な部分であろう。ほとんどのことを他の人にやってもらわなければならない移動不能な子どもの場合には、このような満足を得る機会は、故意に作り上げられねばならない——たとえ、そういう機会があまり希なことでなくなって、その子どもがもはやそういうことを求めなくなっても——何ごとにつけ受身であることを受け入れる子どもは、学習し、成長している子どもとはいえない。移動できない乳児が、自分の家族のあとを追ったり、探し求めることができず、したがって彼らが自分のところへ来るのをいつも待っていなければならないという社会的制約については、われわれはすでに提言してきた。ほとんど同じように、障害があるということは、子どもがまた家の外で他の子どもたちと、偶然ではあるが価値がある出会いの機会を逃しているということである。このような出会いは、普通の子どもだったら、郵便屋さんがノックをする音を聞いてドアの所へ走っていったり、門の途中で牛乳配達の人に話しかけたり、あるいはアイスクリーム売りの人や菓子屋から自分で買物をすることによって、いくらでも経験するものであるが。

これらの中には、四つの異なる領域があって、その中では、移動できない子どもは移動不可能であるがゆえに生じるいろいろな制約を受けている。そして、障害をもつ場合、なぜ一つだけでなく、いくつかの障害を重複してもつことになるのか、ということが時々いわれているが、その理由が、明白になりはじめている。ひとりの子どもの生活の中で、一つの領域が別の領域に、いとも簡単に、あたかも何かがこぼれるように波及していく。ほかの条件は、また別の条件とのからみ合いをもっている。

子どもたち、とくに精神面に障害のある子どもたちの中には、異常に「よい」赤ん坊であって、受身的にゆり床の中に寝かされたままで満足していて、生後数ヵ月の間ほとんど外からの刺激を受けていない子どもがいる。しばしばわれわれは、あとになって親たちが、その赤ちゃんは何と手のかからない子なんだろうといってお祝を言われたことを知る。そして、まさにこの「よい」ということばが、周囲の人々や環境に何も要求しない赤ん坊を、われわれが是認していることを意味しているではないか。しかし、不活発なこと自体がすなわち、発達の遅れなのだ。つまり、精神面に障害のある赤ん坊は、自分の世界を捉えたり、つかんだりできるよう、周囲の者の積極的な励ましを必要としている。そのようにして、自分の中にまだ眠っている能力が、引き出され成長し始める。なぜなら、彼らは、普通の赤ん坊のように、自分自身の考えに興奮して行動に駆り立てられることがないのだから。

かなりちがった例ではあるが、子どもの遊びや学習経験を弱めるという点で似たような結果をもたらす子どもは、過度に活発な、そしてしばしば興奮しやすい子どもである。そのような子どもたちは、しばしば、一分間以上、時にはそれ以下のこともあるが、何かに注意を向けさせたり集中することに非常に困難がある。——中には、一日の生活のうちの一時期だけ、過度に動きまわる状態になり、落ち着いているときには、かなり長い間集中できる子どももある。われわれがここで指摘しているることは、子どもが注意散漫になる理由はたくさんあるだろうが——たとえば、いったん子どもの体が文字通りふらふらしはじめると、その動きが激しくなるにつれて、遊び活動を持続する能力とか、それを最後までやりつづける能力を弱めるだろうということである。同様にして、興奮しやすい子どもたちは、自分の全体の注意を金切り声をあげることとか、むずかることに向けようとする。ちょっとした操作で大きな結果を生むようなおもちゃが、散漫な子どもの注意をひきつけておくためには必要だ。そして、同じものが、子どもの注意を広げようと試みている親にきっかけを与えるために求められるだろう*。

障害児が遊べないという別の理由は、極端な感覚剝奪という

点から考えられる。たとえば、耳が聞こえず、目も見えない赤ん坊はまるでまだ子宮の中にいるように外界から遮断され、暗くて、無言の世界に監禁されている。そのような子どもは、探索は努力に値する素晴らしいものだということや、触れてはならないものに対する恐れを、どのようにして自分で発見しうるのだろうか。その子どもたちは、他の赤ん坊には与えられている光と音の恩恵に浴することもできず、それによって外界へと心誘われることもないのに。

障害児は、しばしば未知のことを探索したいという欲求をまったくもっていない、あるいは非常に限られた欲求しかもっていない。ある子どもは、不安に対する防衛本能から、自分の世界に逃避する。とくにこのことは、次の二つのグループの子どもの場合にははっきりしている。彼らは、理由は異なるが、ともに、言語以前に生じ、言語の前ぶれとなる二種類のコミュニケーション、つまり顔面表情とジェスチャーの意味を理解することに困難を持っている。この子どもたちは、盲目児と自閉児である。「外の世界」の混乱とあいまいさから逃れる際に、盲目児も自閉児も一つの行動をくり返したり、まるで儀式のようにある行為を決まって行なう。それが自分を守るための、一種の防衛柵なのだろう(これは、自閉児の場合には一層顕著である。彼らは、その上、言語をコード化することについての特別の問題をもっている)。たとえば、振動運動、頭を強打したりゆすったり、指でぱちっと打ったり、手をぴしゃりと打ったり、顔に近づけてものをぱちっと打ったり回したりする行為である。このような行為は、その子どもにとっては、「ものを遮断する」はたらきをもっているようだ。子どもは、自分の感覚的受容能力を限界にまでいっぱいにして、外から処理しにくそうな情報の侵入を防ぎ、そうすることで、

＊一つの例は、われわれが「視覚的歓声」と呼ぶものである。これは、列をなした枠にとりつけられたクリスマス・ツリーのライトである。それは、正しい位置で手で押すだけで点燈できる。非常に重度の障害児のための「導入」として用いられる。それはまた、たくさんのことを期待している子どもにとって一つの報酬として、点滅するのである。

不確かな外の世界を自分に寄せつけないでいるようにみえる。しかしそれと同時に、そういった行為の結果として、子どもたちはさらに「変わった」やつとか「奇妙な」やつとかいった印象を周囲の人に与えてしまう。それが周囲の人々にその子どもと社会的接触を持とうとする気持ちをなくさせ、ついには子どもが絶望的ながら要求しているその社会的接触から、まったく切り離されてしまうのである。ここでもう一度いっておくと、子どもは、外界からの非常にはっきりした刺激を求めている。そういう刺激は、子どもを外の世界へと誘い、例の、自分の体の儀式に関する先入観から解放させる。そして、環境との相互作用へと向かわせるであろう。

もちろん、施設に収容されている障害児の場合にはまた特別の問題がある。もし子どもが早い年齢段階からかなり非人間的な種類の施設で生活していたなら、われわれが母性剝奪の徴候と認めている退屈とか無関心とか無感動といったものを示すであろう。障害児も、ほかの子どもたちがそのような環境の中でこうむる、そういう剝奪から免れているわけではない。おそらくそのことは、母性的な世話というよりも人間的な世話が剝奪されているという観点で話をした方が、もっと的確だろう。ふつうの家庭なら、人間としての価値、つまり自分は家族のものにとって、特別のものであるという感覚を、子どもに与えることができる。しかし施設の場合には、最上の施設でさえそれに見合ったものを与えることがむずかしい。つまり（単なる子ども中心ということではなく、人間中心としての）環境の中で、子どもは、家庭的な状況で遊んでいるときのような安心と、遊びへの刺激の両方を与えられるのである。施設管理のための時間割の中に割りつけられた遊びの時間は、明らかに役立ってはいる。しかし、家庭での遊びのような効力はもっていない。施設においては、子どもは、家庭にあるように家族の一員としての愛情に満ちた指導を、折にふれて受けるようなことはないだろうから。ケースによっては、施設で成長することがたぶん避けられないのだろうが、このことによって、さらに障害が加わっていると考えざるを得ない。

以下の節では、遊びそして子どもの遊びに焦点を合わせているおもちゃが、次のような目的で用いられうることを示したいと思う。つまり、障害児を外に引き出し、さらに、前進させるために。また子どもが、物にしろ人間にしろ、自分が生活している世界と相互作用をもつのを助けるために。そして、ふつうの子ならまったく多様な機会を利用して学習できるのだが、障害児の場合も、その限られた経験を豊かにしてやり、より強化された状況の中で学習することができるように。そしてさらに、すばらしい可能性をもった経験を、子どもに味わわせることによって、子どもが自分のまわりにめぐらした垣根を外へ押し広げるのを助けるために。この点で、おもちゃがこういう目的にどのように役立ちうるのかということについてのかなり具体的な例を示すことは、有益であると信じる。

## 盲目児を外へ誘うこと

目の見える赤ん坊は、自分が見えるものに刺激されて活動する。手を伸ばすことにつづいて、足をけったり、足をぐるぐるまわしたりする。そしてそのことが、つぎには、わきにそれたり、はいまわったり、うろうろすることへと発達していく。「見る」とか「ほしい」とか「つかまえることができる」ということは、自然の発達である。「見る」ということをとり去って考えてみてごらんなさい。盲目の赤ん坊は、何かを欲するということにも気づくことはないだろう。その後につづいて起こるいろいろな行為はいうまでもなく、動くこともできず、そして動けるということが、なぜ便利なのかも知らないとしたら、盲目の子どもの心理的世界は、身体的世界と同じように、非常にきびしく制限されることになる。

子どもは、自分の身辺にある魅力的な物体を見ることができないので、それらに手を伸ばすきっかけとなる刺激も与えられない。しかし、たとえおもちゃを手にしたとしても、目の見える子どもがするようには、簡単にそれで遊ぶことはできないだろう。そしてそれは、その子どもが自分の目でそれを探索できないからというだけではない。たとえば、ボールをもった目の見える赤ん坊は、それを強く打ったり、おいかけたり、またボールを投げたり、それを投げ返してもらうことをやかましく要求したり（「目で指示すること」によってわからせながら）、ボールを箱やカゴの中に落としたりするだろう。盲目の子どもは、自分のボールを完全に失うのを恐れて、自分のところからそれをころがして遠くへやってしまう勇気がない。また、盲目の子どもは、ボールを箱の中に落としたりもしないだろう。というのは、入れものを見ることができないし、だから、その箱を使って何ができるのかもわからないのだから。たとえこの場合は、子どもにそのボールを手放す心の準備ができていたとしても。しかし、どの子どもも単におもちゃを手にすることより、もっと多くの刺激を求める。すなわち、目の見える子どもは、視覚的にものを探索することとそのおもちゃを環境との接触（投げたり、捨てたり、たたいたりするなどして）の中にひきこむこととを交互に行なうことによって、この刺激を得るだろう。一方、盲目の子どもは、この第二の刺激のかわりに、自分自身の心の中へと向かう。そして、ボールをかんだり、なめたり、あるいは顔や目にあててそれをこするのである。この種の遊びは、子ども時代に限りなくくり返されると、すでにわれわれが記述してきた「遮断する」特徴を、徐々に示しはじめることがある。そしてそれは、ほとんど自閉症も同然の情緒的退行となりうる。多くの子どもが、どうみても対象物を扱うことに抵抗を示している。第2章でみたように、「できごと」を積極的に欲することは、食物や飲物に対する飢餓と同じくらい子どもの発達にとって重要である。

ここで求められるおもちゃは、いわば縮こまっている子どもに「元気を出させたり」子どもに手と口の間にあるもの以外のものにも気づかせたりするといった、よく配慮された具体的な機能をもっていなければならない。この初期の段階では、少しばかりのおもちゃを集めて、それを何らかの方法で、子どもの前に固定しておいてや

る必要がある。その結果、子どもは、おもちゃを戻したいときには、たとえばそれにつないであるヒモを引っぱれば引き寄せられるということを知っているので、あえてそれを落としてみることを学ぶことができるのである。そしてまた、そこに集めたおもちゃの品目には、他のものも併せて用いることになるもの（たとえば、太鼓のバチと太鼓とか、スプーンとブリキのコップなど）も必ず含まれているようにする。それで、子どもは、それぞれのものを別々に自分の口もとへもっていくよりも、互いに結びつけて利用する方がいいことを学ぶのである。小さな鳥カゴのかたちをしている容器は、すきまから指を突っ込むことができるので、子どもがその容器をあけるという課題を解決する前に、指で中にはいっているものを探ることができる。そして持って振ればガタガタという音がする。その音は単なる音ではない。盲目の子どもにとって、それははるかに多くの可能性を秘めた、音以上の音なのである。また、とくにそういう容器の場合には、子どもの興味にあわせて、たとえば小さなおもちゃとか、カギの束とか、古い香水ビンとかビスケットというように、中のものをかえることができるのでよい。木製容器は特別に、合いくぎで合わせた「横木」を用いて作られる。しかし、ポリエチレンの貯蔵用ビンは、かんたんに作りかえられる。子どもの動きが増すにつれて、それ自体境界をもっている遊び装置（たとえば砂場、水か乾いた豆のはいった赤ん坊用の風呂）の中で、子どもは自由でリラックスした気分を感じるようになり、最後は、その境界を乗り越えて大きく成長して行くことができるのである。

## 片言と早い時期の話しことばを刺激すること

ことばを言わない自閉症児の世話に従事していると、発語を開始させるという緊急の要求がある。その場合には、どんな手段でも個々の子どもにとって効きめがあるだろう。おしゃべりだけであっても、まったくだまっている子どもよりも一歩先んじている。しばしば、最初の課題は、子どもに言語を発せさせるために、単なるコミュニケーションの喜び以外の何らかの報酬を与えなければならないということである。ふつうの赤ん坊の場合なら、意思が伝わった嬉しさだけで十分なのであるが。

多くの自閉症児は、機械的なものを大いに楽しむ。そして、ほとんどの子どもが光に心をひきつけられる。われわれの仲間が、かつてこれらのことに関心をもち、幼い男の子の発語に反応して、（スクリーン上に明るく映し出された）パターンがかわる電動の映写万華鏡を考え出した。その子どもは、（そこに出てくる）パターンがとても面白かったので、何らかの喜びの声を発したのだろう。それが直ちに新しいパターンによって応えられ、そして、順に次の発語に対する刺激となった。このようにして、子どもは、言語を構築するもとになるさまざまなカタコトの構造をわれわれに示しながら、実に急速にどんどん声を発するようになった[1]。しかしおもちゃは、その目的に合うためとはいえ、この装置ほど手が加えられている必要はない。たとえば、はじめに述べたような、子どもに関するわれわれの研究のほとんどは、安物の万華鏡が取りつけられたスライド映写機を用いて行なわれた。その万華鏡では、パターンは子どものカタコトに反応して手動で変えられた。一つのバリエーションとしては、初め、少し焦点をぼかして日常のありふれた物体のスライドを映し出す。そして、発声反応があれば、それに対する報酬として、焦点を合わせ、物体をはっきりと浮かび上がらせるのである。これは、とくに効果があった。というのは、子どもに求めていることが、増大する子どもの能力にあわせて、つまり、何らかの発声音からことばに似たものという段階を経て、実際の一語命名（コップ！）とか二語命名（青いコップ！）にまで向上しうるからである。われわれはまた、会話の能力をひき出すためにふつうのスライド拡大スクリーンも利用する。それは次のような原理にもとづいている。一つは、非常に明るい映像が子どもに対して一層刺激を与えるように思えるということ、もう一つは、今まで周囲の人々から十分に刺激を受けなかった（あるいは、自閉症児の場合と同じように、おそらくあまりにも混乱した刺激しか受けていなかった）子どもたちには、今までとは違った、刺激的な経験が必要であることである。――それは、あたかもわれわれが、ほとんど彼らの不意をつかんばかりにして彼らの口から言葉を引き出さなければならないように、明らかにこのような仕掛けのあるおもちゃは、他の治療手順によって十分に補完されねばならないが、個々のケースでは、それらは、障害を克服する技法として大きな価値をもつだろう。

## 活動を自由にすること

理解がとても遅い子どもは、身体的な活動や社会的反応も遅い。一般にみられる運動のぶかっこうには神経学的な理由があるらしい。あるいは、たぶんそれぞれの場面で、どんなことをやれるのかを判断する能力が非常に限られているので、子どもは不活発でだらけた感じになるのである。同じように、身体的能力が傷つけられている子どもは、必要以上に受身的にふるまうだろう。というのは、障害をもっていない健康な人々によってつくられた、あるいはそういう人々のためにつくられた環境というものは、障害児にとってはすでにそれだけで厳しい限界をもつものであり、また、それに障害児自身慣らされてきたためである。こういう子どもたちにしてみれば、時には、その環境の本質を大きく変えることによって、自由をもたらされることも可能だ。

ジム・サンドゥーとその仲間たちは、遊び道具や他の手段によって、障害児の環境を変える（たとえば、子どもの遊び空間の基準を変えるというような)[2]方法をたくさん工夫し、検査してきた。彼とロジャー・ハインドは、大きな「ふくらますことのできるもの」(in-flatables)を用いて、実験をした。つまりそれは、ある場合には実に大きな空気ぶとん(エア・マットレス)やソーセージ型の気球であったり、別の場合には、水遊び用プールにかなり似た、周囲に背の低い、空気でふくらんだ壁をめぐらしたものだった。プールの「水遊び」をする部分そのものは、弾力のあるふくらんだ床面でできている。しかし、おそらく子どもたちにとっても、また子どもたちを見守っている人たちにとっても、最も興奮させられたものは、薄い半透明のプラスティック製の輪になったチューブである。電気掃除器が故障してこわれてしまったときに、その波型の部品を利用して、それを部屋一杯に埋めつくすことができた。ふくらますことのできるもので大型のものを用いると、かたい表面と鋭い角がいっぱいある一つの部屋を、空気とプラスティックでできたうねりの高い海に作りかえてしまうこともできる。そこでは、ころがったりはねたり、また、押したり突いたりすることができる。また、ソーセージ型の気球の一方の端でとび上がり、それによってもう一方の端にいる友だちを驚かせたり、逆に、自分がとびはねた効果に驚いたりすることもある。さらに、かたちの大きなものを簡単に持ち上げる力のあることを体験したり――これらの興奮に満ちた経験を、ほかの人たちとわかち合うことができるのである。

それほど驚くことではないが、子どもたちは、こういうやり方で遊んでいるときに、活動力も活気も増す。幾人かの子どもたちの場合にはさらに、そういう経験によって、別の状況での身体的な受動性からも解放されるだろうし、そういう経験が、言語のふえる原因にさえなっている。他にプール(あるいは海)とか、たくさんの落葉の山が、この種の、解放されて自由になる経験を総合的にもたせるために利用できる。できたら、いつの日にか、梱包に使われているようなポリスチレンの「ウォーム」〔訳注　いも虫型をした詰め物。〕を部屋いっぱいに敷きつめたいと思う。ジム・サンドゥーが行なった最初の実験以来、子どもたちに、ふわふわしたものを経験させ

ることが容易にできるようになった。大きなエア・マットレスが購入できる（高価だが）ようになったばかりでなく、長くて穴のあいていないポリエチレン製の管も手に入る（切断して、袋に入れて密封して売られている）。また、多くの遊園地には、空気が入ってふくらんだもので、とびはねることのできる相当に広い場所がある（それらは「月面歩行」というような名前で呼ばれている）。これらのものは、精神面に障害のある子どもと、その子どもたちの世話をしている大人とがいっしょに経験できるものとして、かなり熱心にすすめられている。しかし、そういった場所が、体の大きいそして騒々しい一〇代の若者でいっぱいになっていないときを選ぶことが大事だ。

## 子どもが基本的な概念を把握するのを助けること

障害児の特別な知的要求は、盲目児の状況を用いてうまく説明されうる。目のみえる子どもが日常生活の中で数限りない経験を通して、また自分で実際にやってみたりして、容易に、しかもしだいに学習していく概念は、たくさんある。一つの例として、物はさまざまな種類のカテゴリーに分類され、まとめられるという考えをとり上げてみよう。ふつうの日常の遊びを通して、子どもたちはいろいろなものが、機能的に補足し合うもの（どんぶりとスプーン、椅子とテーブル、うば車と毛布というように）であるという理由で、いっしょの「部類にはいる」だろうということを学ぶ。あるいは、それらが機能的にお互いに支え合っている（ミルクがコップの中に入る、赤ん坊がうば車の中に入る）という理由で、いっしょの部類にはいることを学ぶ。あるいはまた、それらが表面的にはちがっているが機能的には等価である（人形の家の台所用椅子、九インチ人形用のカゴ製の椅子、人形用折りたたみ椅子、幼稚園の椅子、それに人形用の高い脚のベビー椅子は、みんなふつう二歳児には同じものとしてみなされうる）という理由で、いっしょの部類にいれられるのである。

このような概念は、一般に、知的発達にとって、そしてとくに言語発達にとって基本的なことである。たとえば、（子どもが一つのことばに最初に出会うきっかけは、一つの特定の物と結びつけられることであるにもかかわらず）単にしかじかの形をしたものに対する一つの名前として子どもが「椅子」ということばを覚えるのは、まったくむだなことである。そのことばが役立つためには、子どもは、椅子が何をするものであり、椅子の本質的な椅子らしさが何かということにあてはめて、そのことばを理解しなければならない。われわれはかつて、ふつうの二歳児が遊戯室を探索するところを映画に収めたことがある。その子どもが一貫してみせた行動の特徴は、部屋の中をこまかに調べて、すでに見つけていたいくつかのおもちゃと「調和する」ようなものをみつけることであった。このようにして、子どもがからの揺りかごをみつけたとき、その子どもは、つぎにその中に入れる人形をみつけようと部屋の中を見回し、人形をみつけた。そして、それを取ってきて揺りかごの中へおいた。同じようにして、上にあげた一連の椅子のリストのなかの一つを見つけると、子どもは別の椅子を探しまわり、順々に残りものを見つけ出した。そして、テーブルのまわりの十分に大きい円の中にそれらを集めた。この子どもと比較するために、つぎに、同じ状況の中で、知的にはすぐれている盲目の二歳児の行動をフィルムに収めた。その子どもも揺りかごをみつけ、それがからっぽであることを知ったが、その中に入れるための人形を求めて、部屋の中を調べることはできなかった。それに、万一部屋の中を探しまわっているうちに人形をみつけたとしても、もう一度揺りかごを見つける見込みがどの程度あるというのか。やがて、その子どもはまた椅子にも出会った。中には、その子どもがさわって確かめるのがむずかしいものもあったが、もっとも重要なことは、子どもがそれらを一つのグループとして概念化する機会がほとんどないということであった。というのは、子どもが、それらのものをみつけるために部屋の中をくまなく調べることができないばかりでなく、それらの共通の特質を明らかにするために、目で見てすばやく比較をするということができないからである。

盲目児が日常のいろいろな概念を獲得するために十分にくりかえして経験を積む場合には、いろいろな困難が伴う。そのため、家族や教師はそのような概念を示す場合、慎重な方法で臨むことが必要だろう。このような状況では、いわゆる「教育玩具」（たとえば、郵便箱）は、ふつう豊富な感覚経験をもった子どもならとくに必要ないが、障害児が彼らの特別の概念獲得上の障害をのりこえるのを助ける手段として、相応の評価を受けている。われわれは、教育玩具を「概念がいっぱいつめ込まれた」おもちゃと考えるようになってきた。というのは、それらが、特定の概念を理解できるように教えていること、そして、特効の影響を与えるように設計され、とても経済的に教えること、この二点をよく配慮し、しかもかなり意識して、詰め合わせているからである。しかし、それらを使えば、子どもが余暇時間に遊びながら学ぶことをくりかえし行なわなくてもよくなるというわけではない。せいぜい、障害児であるがゆえに縮小されているいろいろな経験を、その玩具がある程度補ってくれているにすぎないのである。

盲目児には遊びに使う模型を与えるべきではないという説が時々ある。つまり、彼らの経験は、完全に「本物の」物体の関係の中にあるべきだというのである。われわれ自身の考え方はそれとはちがう。つまり、盲目児は、利用できる材料なら、どんな材料からでも学ぶように促されるべきであり、模型によらなければまったく学習することが困難であるような「本物の」世界についての概念もいくつかある、ということである。たとえば、われわれが「車」を理解するときのことを考えてみよう。目のみえる子どもたちには、完全な対象として車を概念化する機会がたくさんある。というのは、彼らは、車がやや遠い所からこちらへ近づいてくる。それから、次第にはっきりと大きくなり、そして、いよいよ近くになるとそれらが二つの車輪で立ち、側面に二つのドアがついた物体であることがわかるのである。盲目児の場合には、車というのは、しだいに大きくなるエンジンの音である。そのうちにドアとなり、次に、ドアの内側についている座席になる。たとえ盲目児が本物の車をまんべんなくすっかりさわってみることを許されても、まだ車の全体を正しく概念化することはむずかしいと思うだろう。というのは、それをさわるということが、目でちらっと見て作られる、論理的に統合されたイメージなどではなく、やがて起きる一連の行為に伴うものだからである。そのように遠方からながめることができない点をいかにして補うかといえば、二つの手でさまざまなおもちゃの車をしっかりつかむことである。もちろんそれは、本物の車の内や外での経験と結びつけられているのだが。重大なことに、ある盲目の大人が、かつてわれわれに次のように言った。「私は、自分の子どもの、人形の家をさわるまで、『階上』というのが、『一階』の上にあるとはぜんぜん思わなかった」と。目の見える人にとって、あまりにも当然すぎて、改めてそれを説明することなど考えもしなかったような概念を、目の見えない人がまったく誤解して受けとっていたことに直面したとき、目の見える人にはそれは実に意味のある衝撃となる*。しかし、感覚を剝奪された多くの人たちは、同じように、誤った概念化の害をたくさん被っているにちがいない。だから、障害児が比較的障害の軽い大人に成長するためには、結局、家族、友人、教師がもっている敏感さ、意識、共感

性に負うところが大なのである。

## 大人の役割

手短かに言うと、障害児は、とくに年齢が小さいときには、誘惑されたり、そそのかされたり、おだてられる必要がある。また時には、ものや人と積極的にかかわりすぎて悩むぐらいのことが必要である。その子どもたちは、ふつうの子ども以上に刺激的な可能性を必要としている。しかし、おもちゃがたとえ彼らの目的にあわせてうまく設計されていようとも、おもちゃ自体が刺激的な可能性を作るわけではない。障害児のためのおもちゃを設計した人にとって、いつも気がかりなことは、大人が「正しい」おもちゃを選び、それを子どもに手渡したら、すぐにそこを立ち去ってしまうのではないかということである。目的をもって設計されたおもちゃは、大人がかかわるということの代用品ではなく、むしろそういうかかわりあいのための補助物、つまり、子どもが親や他の人たちといっそう実りある相互作用をもつための、お膳立てをする手段である。重要なことは、おもちゃが作り出すものを、大人がどう利用するかということである。意欲的な大人は、治療遊び経験の、欠くことのできない部分を担っている。つまり、おもちゃ独自では劇的な結果を生むことはないのである。

おそらく、興味をいだいている母親に、とってかわりうるものはないだろう——ただし、興味をもった父親は

*それは、盲人に対するショックにもなりうる。盲目の泊り客がかつて、筆者たちのひとりに、自分がひげをそる前に、朝食に降りてきたことをわびた。それに対して、わたし（筆者のひとり）は、次のように答えた。「いいえ、いいですよ。白いおひげは、なかなかすてきにみえます。」すると、彼がびっくりして、「私のひげが白いだって?」と言ったので、私は驚いた。彼は、40年以上も前に、青年の時に、目がみえなくなった人だった。

別にして。われわれは、この本の冒頭で、母親は第一のそして最良のおもちゃであると述べた。つまり、発達の進行がその最盛期にあるときには、子どもの世話に最も関心のある人たちに関していえば、「治療的な、母親らしい世話のしかた（マザーリング）」は、とても大切なことである。だから、どのような努力も発達の進展を効果的に援助するためになされるべきであるというのである。親たちはしばしば、障害のある自分の子どもに何が期待できるのか、また子どもが発達するのをどの程度助けることができるのかについてほとんど何も知らないと言っている。実際には、どのように、どういう目的で、ということに関して何ら具体的に示唆も与えず、「お子さんに刺激を与えなさい」と善意のアドバイスを添えて親たちを家へ帰すだけでは、あまり役に立たない。また、どういうおもちゃを買うべきかについて親にアドバイスを与えるだけでも十分ではない。つまり、親たちは、それぞれのおもちゃを用いて作られるさまざまな学習の機会すべてに気づくことが必要であり、また、特定のきまったやり方の背後にある目的と理論をうまく理解する必要がある。そうすると、それはもはや個々の子どもにとって、きまりきったやり方ではなく、特別製の活動になるのである。うまく管理されている「トイ・ライブラリー（二八三ページと巻末原注第7章を参照のこと）」が、親たちが自信をもって治療者としての役割をひきうけることに、大いに役立つ理由はこの点である。

ただ子どもたちと遊ぶことによって、親たちは、自分で好きなように工夫して遊んでいる子ども自身が今までにできなかったやり方で、子どもの活動全体を再構成する。これは、意思の伝達が言語以前のレベルにあるときでさえいえることである。いったんそうなると、言語が生み出されるときにしろ受けとられるときにしろ、たとえ困難を伴っていたとしても、実際にその言語は、ひんぱんに子どもに利用される。ケイ・マグフォードは、彼女自身の研究のなかの一つから、次のような生々しい例を出している。

知的には普通だが、重度のろう児が、ひとりで人形で遊んでいる。その子どもは、揺りかごから人形の赤ん坊をとり出し、それにキスをして抱きしめる。それから、その子はまくらを揺りかごの中に入れたが、人形は揺りかごの足の方へ頭を向けておいた。子どもは、自分のまちがいに気づいて、人形の頭を揺りかごの頭の方へ置きなおした。人形にきちんと着物をきせると同時に、その子は人形の上にマットレスとおおいを置きなおす。子どもは、全部おわって満足すると、別のおもちゃの方に移る。子どもが人形をより適切に扱う方法を学ぶのを母親が助ける際に、彼女が演じている役割をわれわれが理解できるのは、その子どもの母親が子どもと遊んでいるのをみるときだけである。われわれは、相互作用の中で、母親がことばを使って、自分の耳の不自由な子どもに、ふつうの子どもが人形遊びや、他の遊びの中で学んでいく物への理解とか物の属性などを、いかに教えようと努力しているかを知るのである。たとえば、その母親は、おおいとマットレスとのちがいについて話し、またどちらを先に揺りかごに入れるのかについて話す。母親は、子どもに、人形の服を脱がすように言う。また、裸のときには人形がかぜをひくだろうし、目をとじるときには人形が疲れたのだろうと言う。(同時に、一連の活動の流れ全体は、子どものために中断される。というのは、何かを話すとき、母親は遊んでいる子どもを体でさえぎって、彼女を抱きとめ、そして、顔が正面から向かい合うようにしなければならない。そして、子どもは、母親の言っていることを理解したら、また今ちょうどやり終えたところまで戻って、それについて考えるのである。もし母親のやり方が遅すぎたなら、子どもの遊びは、母親の解説と関係のある時点をこえてはるか先へ進んでいる。)われわれは、人形が揺りかごの天蓋の下に頭をおいて寝ることを、子どもがすでに相互作用だけによって学んでいたと推測することができる。遊び材料のもつ実際の物理的な可能性以上にその遊びのレベルを引き上げるために言語が必要であるのは、とくにこの想像遊びの場合である[3]。

障害児のなかには、何か新しいものをわけもなく嫌うものがいる。そして、そういう場合には、その子どもたちになじみの薄いおもちゃを導入するのがきわめてむずかしくなる。ここでもう一度、親がきわめて重要になる。つまり、しばしば子どもの前で冷静におもちゃで遊ぶだけのことが、子どもをその活動の中へひき入れるのに十分役立つのである。別の子どもたちは、とくに彼らが非常に注意散漫な場合には、かなりの説得が必要である。誇張されたイントネーションとか表情に示される、母親あるいは父親自身の熱心さがしばしば役に立つ。しかし、とくに子どもの感受性が敏感だなとわかったときは、一日の中の一瞬、それも一回わずか数分間だけおもちゃを持ち出すというかたちで、穏やかに持続させることが時々要求される。もし導入がうまくいかなかったとき、そのおもちゃで遊ぶことをいったん休止し、その後一ヵ月ほどしてから、おそらく今度はきょうだいの協力を得て再びもち出すと、そのおもちゃがとても喜んで受け入れられることに驚かされることがある。その子の親は、たぶん、非常な敏感さでその子の弱点を知り、その上でこの導入を実行したのであろう。

いったん子どもがあるおもちゃを使って新しい技能を獲得すると、明らかに本質的なことは、子どもがそのおもちゃ自体のもっている文脈の外で、どんどんそれを実践しようとすることである。障害児の場合、自分の技能をさまざまな状況に合わせて使用する際に、手助けを必要とするのは、無理もない。母親のなかには、子どもが新しい技能を一般化できるようになるときを、非常にうまく判定する人がいる。さらに、これは、個々の子どもについてその親がもっている詳しい知識と相まって、まさに遊びのねらいを認識できるかどうかの問題となるのである。

ここではおもちゃ、およびおもちゃを使っての遊びに固有の治療的価値を明らかにすることが話の目的ではない。関心のある人ならおわかりいただけると思うが、遊びを通して得られるものは、いったん親が子どもの特別の要求を理解することに自信を持ったとき親と子との間で育成されるという、確かな相互作用である。しばしば親たちが子どもと遊ぼうとしてきたこれまでの試みは、かなり落胆させ葛藤を起こしてきた。時には、彼らは、子どもの遊びの能力や自分が子どもを助ける能力に失望しはじめていた。遊びが子ども時代の生得権であると考えている文化パターンの中では、遊ばないということは、その子どもを子ども社会から追い出してしまうことである。一方、子どもが遊びを達成しないと、親は自分の役割の中で不安におちいる。発育の目的をもった遊びは、明らかに建設的かつ確実な方法で家族を巻き込む。つまり、子どもによってなされた進歩は、そういうかかわりあいの直接的結果と考えられる。そして、家族の全メンバーが、彼らのたった一人の障害をもった家族のために、夢中になって、できるだけ最上の環境をつくろうと努力することだってありうるのである。

## 治療のための評価

もしわれわれが、おもちゃと遊び活動を治療の目的で用いることを本気で考えるつもりなら、それにどのように着手するかも、真剣に考えねばならない。あるおもちゃは個々の子どもの要求には適当だろうが、別のものはそれほどでないこともある。このことは、何が何でも「あなたの子どもを刺激しなさい」とすすめることへの一つの大きな批判になっている。つまり、それは、ひとりの人間としての子どもに対して、あまりに無神経な態度ではないかということである。犬のしっぽにブリキカンを結んで、犬に刺激を与えたとする。しかし、こうすることによって犬が発達的な進歩をみせるかどうかは疑わしい。

すなわち、一般に子どもの条件について考えることからはじめることが大切である。われわれはこの章で、今まで部分的に聾であるとか、まったく盲目であるとか、学習遅滞であるとか、また足の筋肉を自分の意志で動かせないなどのことが意味するものが、何であるのかを問うてきたにすぎない。しかしそれがすんだら、援助したい特定の子どもを見守り、これがその子どもにとってどういうことを意味するかを問いつづけなければならない。過去における子どもの経験の道すじは、正確には何であったのか、また子どもは、それぞれの時点でそれにどのように反応してきたのか、現在子どもができること以上のことができたときがあったのか、また、どのような仕方でしていたのか。現在、その特徴は何か、そして、それは毎日かなりの程度一貫しているのだろうか、それとも非常に変動が大きいのか。もし変動があるのなら、それはどういう条件の下で生じるのか。多くのさまざまな行動領域の中で、子どもの能力はどのようにみえるか、またほとんどの時間、子どもが実際の能力以下でしか活動していないとわれわれが信じるには理由があるのか。そして、もしあるとすれば、なぜそうなのだろうか。

われわれが、子ども自身の要求、困難、可能性を評価しようとする場合、もし相当な決意で事に当たらなければ、われわれの努力が、どう治療へと導かれるのかということや、どういう目標に向けたらよいかということについては、わからないだろう。このことは、実に、評価の最も意図するところであるべきなのだ。つまり、これによって、この子どもにとってより重要なものが何であり、どんなやり方が実りある方法となるかということに関する指針を示すべきである。過去においては、かなりしばしば、不幸にもその実際の意味あいが何であるかを本当に何も考えないで、評価が行なわれてきたのである。すなわち、しばしば、まちがった管理上の理由から、評価の主な目的が子どもを分類することだと思われていた。そして時には病気の名前づけは子どもを単にきちんと整理しておくのに便利だという印象さえ与えたこともあったのである。親や教師が評価の過程の中で密接にかかわるようになってきたことの大きな利点の一つは（これがよりよい評価を生むという事実に加えて）、「病名」が診断されるときに決まってなされる質問、つまり「それでどうしたらいいのでしょうか?」ということを、心理学者や他の専門家たちに考えることを余儀なくさせる、ということである。親や教師は、「さてどうしたものか――この先どう進んだらいいのか?」という問いとともに暮らさなければならない。

だから、評価と治療は一つのコインの表裏なのである。もしわれわれが、治療ということをきちんと心に留めていないなら、評価するのは時間の浪費だ。そしてもし、われわれがどういう戦術がこの子どもに役立ちそうかという評価をする場合のみ、治療が効果的になされるのである。しかし、このことは、「まず評価をせよ。ついで治療だ」という単純な問題ではない。もし評価が豊かで、適切なものであるなら、それは一つの連続したプロセスをうむものである。すなわち、治療者が最初の判断に執着しない。そこで新しい理解が生じ、そしてまた次の治療の道が開かれる、といったように。早期の評価は、子どもの最も緊急の課題が何であり、治療がどのように始められるべきかについて示唆する。そして、すでに得られた情報にもとづいて、治療がスタートされるだろう。次の評価は、治療の過程中に、部分的には子どもがこのような戦術にどのように反応するかという事にもとづいてなされるだろう。われわれは、子どもの要求についての自分たちの評価は、正しいという仮定にもとづいて、子どもといっしょに作業する方法を選ぶ。しかし、もしこういう試みがことごとくうまくいかないなら、われわれは常に、自分たちの評価のある部分は誤っているかもしれないことを認める覚悟で、評価の一部を修正しなければならない。

もし同じ人が評価プログラムも治療プログラムも担当するなら、一方を他方と比較していくことは、非常に簡単である。しかしもし、しばしばあることだが、専門家が評価をして親が治療する場合、示されたプログラムが子どものために実際に作用しているかどうかについて、専門家と親の間にコミュニケーション（意思の疎通）が持たれることが絶対に重要なことになる。理想をいえば、親は評価チームの（観念的に対するものとしての）真のメンバーになるべきである[4]。

評価と治療の役割をどのように分担しようとも、子どもと直接かかわっている人たちは、その状況を互いに報告し合わなければならない。そして、もし自分たちのたてた目標に到達できないときは、どのように今の自分たちのやり方（あるいはもし必要なら目標）を変更したらよいかについて、両者の間で、建設的に話し合われることになるだろう。親は治療チームの重要なメンバーである。そして、子どもが進歩したかそうでないかについて、チームのメンバーとしての親と、専門家との間で議論がなされる。もし親がいなければ、専門家は自分たちのアドバイスが有効に働いているかどうか、不安である。ここでひとりの小児科医のことばを引用しておこう。その人は、こういうコミュニケーションの問題に関心があったのだが、彼は「不幸にも、時として親が医者の悩みを救っている」という。専門的な知識を共有しようとする協力的なアプローチは、コミュニケーションをかなり自由で柔軟なものにする。すると、評価は直ちにもっと正確になり、治療はさらに信頼にもとづいたものになり、それゆえに、一層効果的になる。これまで数章にわたって論じてきた理解や考えのほとんどは、われわれが、関心をもっている親の資質をムダに使わないためのアプローチの直接の結果なのである。そして、親にしてみれば、自分の子どもの要求にかかわっているところでは関心があり、賢くて発明の才もあることがふつうなのである。

# 第8章　発達評価のためのおもちゃ利用

この章は、この本のほかの章とは趣きをやや異にしている。本章では、子どもの現在の能力水準を理解するためには、おもちゃがどのように利用されうるのかということについて、心理学者によって最近行なわれた研究のなかから、いくつかのものをかなりくわしく説明したいと思う。心理学者は、過去には、自分たちが、子どもを「評価する」ときに用いる方法について、むしろ秘密主義的なところがあった。というのは、心理学者が親や教師に、次の行動指針を示す際、彼らのテスト結果があまり役立たなかったという事実から、時には自分たちの立場を守るためにも、秘密主義にならざるを得なかった。もし、心理学者が治療チームとして、親や教師と、本気になって共同で仕事をするつもりなら、心理学者はみんなで共有し利用できる評価方法をも、また本気になって工夫しなければならない。

心理学者や教師が、自分たちの興味のための評価ではなく、治療のための評価にだんだんと関心をもつようになってきたので、障害児の仕事にとりくんでいる人たちも、子どもがかかえている困難な問題や潜在的な可能性を図解して示すための方法として、形式的なテストによるよりももっと柔軟性のある方法を探索しはじめた。年少児や障害児はどちらも、椅子にすわって知能テストを受けるというようなことを強制されても、すなおに従えないという点では同じである。そして、おそらく、この伝統的な「精神測定の」道具が過剰活動性の子どもやひっこみ思案の子どもに適用される場合はとくに不適切であるということは、時間制限式テストの成績よりも、もっと視野の広い見地から評価についてわれわれが考えなければならないという現状に、さらに拍車をかけた。ひとりの子どもの自発的な遊び、あるいはほかの人とのやりとりのある遊びについての、詳しいそしてきめのこまかい観察から、われわれは、その子どもについての有力な情報をたくさん得ることができる。とくに心理学者は、子どもがいろいろな能力を示すことができるような「自然の」遊び場面を設定する方法を工夫してきた。そういう場面で子どもが示す能力は、決められた問題を解決する能力ばかりでなく、遊びの中で生ずるいろいろな課題解決へのアプローチのしかたとか、そこでみられる解決のしかた、また、いっしょにいる大人に対する社会的行動や意思伝達行動、おもちゃを想像力たくましく用いたり、新しく工夫して用いること、ものを操作する技能、あるいは技能不足を避ける能力なども含まれる。

標準テストで子どもを評価する場合、われわれは、子どもが示す能力の本質について、われわれ自身がもっている先入観という一つの軌道（tramline）の中に、ある意味で子どもを閉じ込めているといえる。こういうことは、成り行き次第では危険や誤解を招くことかもしれないし、あるいはそうではないかもしれない。等質に発達していない子どもの場合や行動および社会的な関係のもち方に重大な問題がある子どもの場合には危険や誤解を招くようなことがありそうである。というのは、われわれが敷いた軌道上を、そういった子どもたちはスムーズに走ってくれないことを、すでに彼らがわれわれに示していたから。子どもたちの困難や潜在的な可能性の理解に、少しでも近づきたいというわれわれの唯一のねがいは、じっくり考えてみると、われわれ自身が縛られている拘束の枠をとり払い、子どもが自ら行くところへ、その後をフォローしていく用意があるということなのである。

この仕事の多くはまだ実験の段階にある。そして、ほとんどの場合、創造的でかなり有効な観察技法は、臨床施設や学校で大いに成果をあげて利用されているにもかかわらず、今のところ公表されないままである。というのは、単なる標準テストと異なり、その技法とはこれこれのものであると一口に説明するのがむずかしいからである。そういう技法の利用法を学ぶことは、これまたかなり長い過程である。というのは、それを本質から理解するためには忍耐力と経験が必要であるから。テスト得点は、明らかにかなり明確な一つの結果を評価者に示すため、評価者にとっては満足できるものだろう。しかし、その結果はわれわれには、子どもについて有益なことをほとんど何も教えてくれない。

テストよりもむしろおもちゃに対する反応を観察することによって、子どもの機能水準を綿密に調べてみようとする試みのうち二つの例がこの章で記述される。ここに示す事例は、どちらの場合にも、筆者たちが意図しているものの持ち味を保つために、同じ研究をしている仲間への実際的な提案として、何ら手を加えないまま提出してみようと思う。それゆえに、それらの事例には、専門家でない読者にはなじみのない専門用語が含まれている。しかし、そのことは、ここでの方法を理解する上で、それほど問題ではない。二つの例ともノッティンガム大学の児童発達研究室で得られたものである。第一の例は、評価のための臨床施設で研究している発達心理学者や教育心理学者の研修生用の手引きとして、エリザベス・ニューソンによって書かれた一連の記録である[1]。第二の例は、一連の「観察のための遊びのレパートリー」の一部であって、障害児のためのトイ・ライブラリーのための道具として、ジョーン・ヘッドといっしょにケイ・マグフォードによって工夫されたものである。

## 子どもの全体像を評価するための遊びにもとづく観察

（エリザベス・ニューソン）

ここで紹介する記録は、明らかに発達の遅れた子どもとか等質に発達していない子どもの全体像をとらえ、それを有効に描写するための方法についてさらに考えを進めてもらうことを意図して書かれたものである。それらは決して包括的なものではない。それに、そういった考えをすべて一つの評価セッションで利用できるわけでもない。多くは、最初の評価のあとで行なわれるであろう治療活動に有効に組み込まれ、利用されるのである。

理想をいえば、子どもを専門に研究している人は、できることなら観察窓のかげで詳しい記録をとる観察者を、最低一人できれば二人用意してその人たちに補佐してもらうとよい。親とかほかの世話係の人たちも、できることならその観察窓のかげで第三の観察者として、積極的にその状況にかかわっていくことが望ましい。親はまた、もし役立つようなら、子どもとじかにとりくむようになるかもしれない。

標準テストは、ある問題をしらべるために用いられる。それは、はじめの頃のセッションよりも、あとの方のセッションでずっと役に立つようである。

## 1　セッション全体を通して

(a)　テープレコーダーのスイッチを入れたままにしておくこと。これは、あとで子どもの口まねをチェックしたり、文構造を分析したり、言語のゆがみを分析するためばかりでなく、抑揚のパターンや韻律、一貫したゆがみ、音素の多様さと範囲などの証拠を残すために必要である。

(b)　足どり、からだ全体の動き、一般的な筋肉の状態を巧みな指先の操作と同じように観察すること、利き手を書きとめ、それが一貫したものかどうかも書いておくこと。

(c)　何か癖があれば書きとめること。

(d)　注意の水準と範囲に気をつけること。また過剰活動性に対立するものとしての心の散漫さに気をつけること。そして子どもが課題にどの程度進んで本腰入れて取り組んでいるかに気をつけること。

(e)　社会的行動を書きとめること。その中には、従順な行動や社会的協調性、目と目のふれあいや枠組をもってみる行動（referential looking）、社会的な身体接触と非社会的なそれ、身体接触の拒否、あるいはそういうことをしりごみすることなどが含まれる。

(f)　その子どもが、外部の圧力を黙認しているにしろ、かんしゃく退行を避けるよう「優しくとり扱われ」なければならないにしろ、覚醒水準、抑圧状態、気分の不安定さに関して、子どもの全体の「感覚」を理解するように試みること。

## 2　セッションの開始

あなたは、子どもがそのセッションを楽しみ、遊戯室へ自分といっしょに入ってくる（つまり甘言でだましたり、むりに説得するのではなく）のを自分が期待していることを、あなたなりに伝えなさい。つまり、もし、あなたの気持ちを伝えても子どもが心の緊張をほぐさなかったり、自分といっしょに母親か父親にいてもらいたいというなら、母親あるいは父親との距離を徐々に広げ、一方で遊戯室での興味をプラスしていくというやり方がうまくいくだろう。母親がスクリーンのかげにいることが時々子どもにわかっても、それは問題にならない。

次にあげるものは、子どもの最初の関心と反応を得る際にためしぬかれたききめのあるものである。

かわかしてある豆用の盆ざる　非常に魅力的である。そして、もし子どもがそれに熱中するあまり、他のものに何ら注意を向けられないようなら、あるいはそれはとり除かれなければならない。

遊戯室の中でこれらを上手に使えば、いやいやながら加わっている子どもをも誘い入れることができる。

そして、ほかの珍しい物やびっくりするようなおもちゃ

あわ・ビー玉ころがしの溝・風船

とび出す円錐形をした木のかたちをしたおもちゃ、ヒューンという音をたててとび出すおもちゃ、オルゴール、うなりごま

時には、子どもに車のついたおもちゃを押させたり（あるいは乗らせたり）、またころがるおもちゃをころがして、そのあとを追いかけさせたりしながら、子どもを遊戯室の中へ連れてくることができる。ほとんどの子どもには、特別に策を講じる必要はないだろう。

子どもの注意や一般的な能力は身体的な不快感によって弱められるので、子どもの体が快適な状態かどうかを始終たしかめなさい。もし子どもが暑がっているようなら、運動シャツなどを脱ぐように勧めなさい。子どもが、ぎこちない動作やもじもじした動作をしたら、トイレに行きたがっているのではないかと気を配りなさい。もし、こういう動作のかわりになることばをあなたが前もって知っていたなら、こうしたことは役に立つのだが。子どもの椅子がものをみる角度としてちょうどよい高さであるかどうかをたしかめなさい。また、椅子からずり落ちないように注意しなさい。さらに、椅子をテーブルからあまり遠くの方へずらさないように注意しなさい（後ろへずらすのは、ひきもどすことよりもずっと簡単な操作だから）。

親がスクリーンのかげにいることとの一つの利点は、もし、その子どもがいやがることがわかっていることがら

——たとえば、きらっているチョコレートをごほうびにやるということ——をあなたがしようとするときに、すばやく親からの伝言を知らされるということである。

### 3　特別の問題を研究すること

特に注文したいことはない。おそらく問題の実際のセッションにおいてよりも、そのあとの報告書の中で論理的に組織化されたかたちをとらねばならないのだろう。

#### (a)　模倣能力

多くのさまざまなやりかたで、セッション全体を通じてテストされる（あるいは仮定される）非常に基本的な能力である。その主な関心は、その特質（単純か複雑か）と、直後に行なわれるか遅れて行なわれるかということにある（模倣がまったくないということは、明らかに意味のあることにはちがいないが、まれなことである）。

単純なことから複雑なことへ移っていく。

単純なこと——ボタンを押す。ボールをなげる。飛ぶ。太鼓をたたく。コップに豆をつめる。叫ぶ。ビーズを糸に通す。

かなり複雑なこと——ボタンを特別の順序に押していく。ボールを三回バウンドさせる。とび上がって脚をひらきとじて降りる。太鼓を手本のリズムのようにたたく。じょうごを使って豆をカップの中へ入れる。音素や音素パターンをまねる。ビーズを手本のパターンのように糸に通す。

## (b) 教示にしたがうこと

模倣の項と同じ一般的な注意である。示される子どもの能力がジェスチャーによる手がかりでなされたものか、文脈上の手がかりによってなされたものか、あるいはそういった手がかりがまったくなしになされたものか、書きとめておきなさい。どれくらい多くの教示を子どもは覚えていることができるのか。どれくらい複雑な教示を、また、視覚的手がかりなしにどれくらい長い間覚えていることができるのか。また、なじみのない手がかりや予期しない手がかりがどのくらい子どもに投げかけられるのか。子どもが指さしジェスチャーをどう理解するかをテストするときには、子どもが注意している方向で指示している指自体を追う能力と、子どもの前を通り越して、彼の後ろにあるものを指さして子どもを振りむかせるといった、もっと象徴的な用法とを区別しなさい。

## (c) やりとりのある遊び (Reciprocal Play)

問題はかなり基本的なレベルで生じるだろう。この段階では、子どもは一般的には自分以外の人々に対して、困難をもっている。

しなやかなロープとかなわとびのなわを利用して、あなたと子どもとの間に波型を作ってごらんなさい。子どもに向けてしゃぼん玉をとばしてぽんと鳴らしてやりなさい。そして、今度は逆のことをしてみなさい。互いの手のひらいっぱいに豆を注ぐようにして山盛りにしなさい。ビー玉をビー玉ころがしの溝の中へころがしなさい。それから、少し子どもにビー玉を渡して同じようなことをさせてみなさい。つまり、役を交替してみなさい。子どもをつかまえたり、引きよせたりするために輪回し遊びの輪を使いなさい。それから、あなたといっし

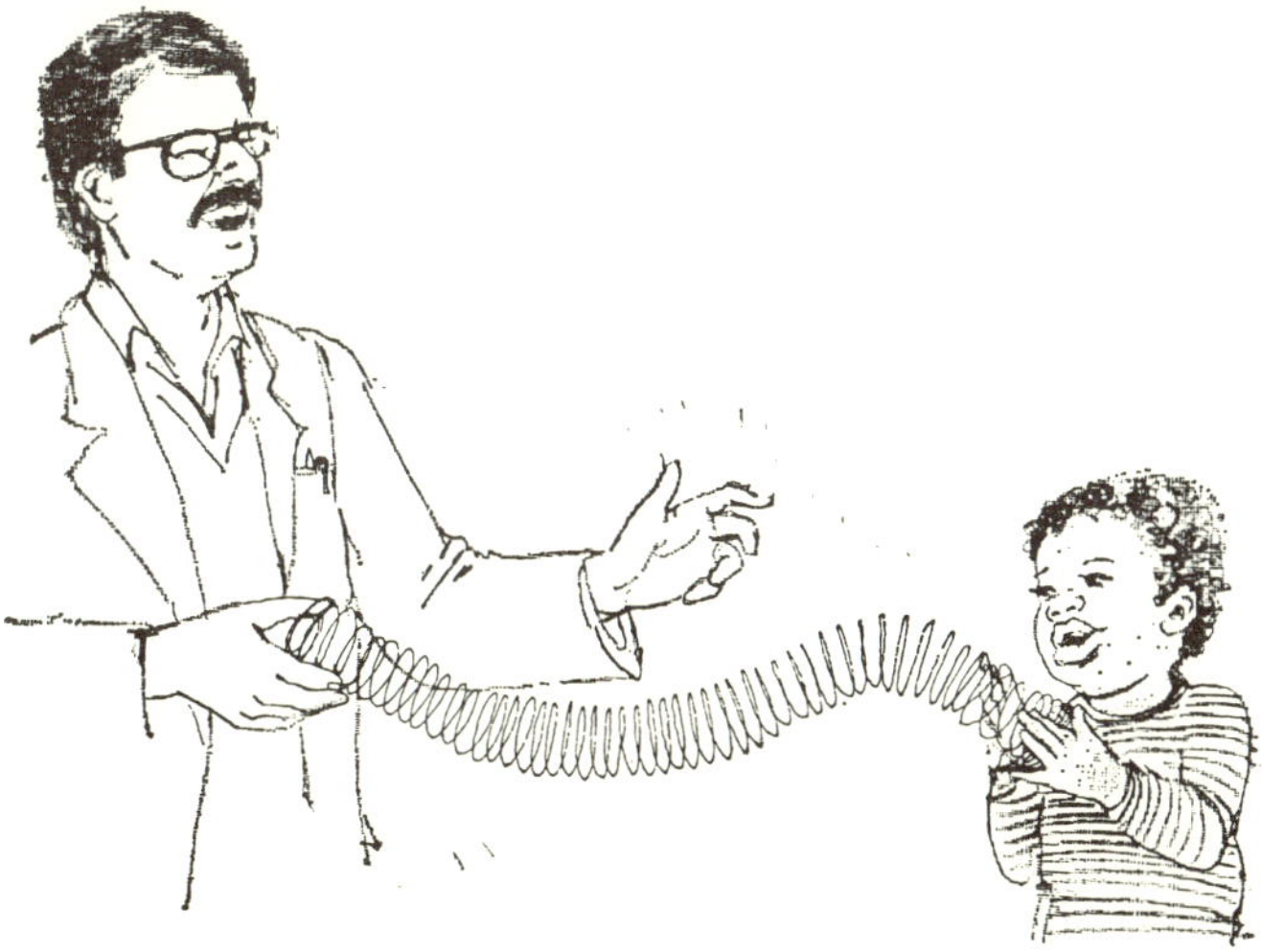

ょに輪回しや輪ころがしをするように子どもを誘いなさい。ボールやお手玉をふたりの間でころがしたり、投げたり、はずませたりしなさい。ころがし合いをするために回転いすや音のする円筒形のものを使いなさい。たとえば、身体接触などの身体遊びをさせるために登り台、大きなひじかけ椅子、だぶだぶの袋を用意しなさい。——それらで子どもはジャンプしたり、登り台をゆさぶらせたり、また、とびはねたり、隠れたり、抱きついたりする。そしてにぎやかで陽気なレコードに合わせて踊りなさい（こういう場合も、それからもっときちんと机に向かって作業をしているときにも、あなたが子どもに触れることがその子どもにとっていやなことかどうか注意して見守りなさい。そうすればはじめの評価のときよりもその後の長期にわたる治療の中でもっと親密に接触するよう努力することができる〔それにそうすべきである〕）。

こういったことはすべて、関係をはじめるときにも役立つし、かなり構造化された課題と課題との間の休憩としても役に立つ。

### (d)　巧みにあやつる技能（Manipulative Skills）

ねらいを定めることとあわせること――あわをぽんと鳴らす。ボールを相手の人あるいは九柱戯の方へ投げたりころがす。魚釣りのおもちゃ、ハンマーのおもちゃ、ビーズの糸通し、自分のコップにオレンジ・ジュースを注ぐことができるか。視覚的なフィードバックなしに、適当なものどうしをあわせること（エスコー社製のおもちゃ、とくに兵隊、小さな五月柱、車の回転木馬）。きっちりとはめこむこと、きちんとまわすこと。さまざまなかたちをした板、「ねり粉菓子のカッター」のかたちをしたものも含めて。エスコー社製のそろばん。エスコー社製のボートと車。

バランスをとること――エスコー社製の回転木馬、針金製の回転木馬。不安定に積み上げたもの。輪回し用の輪――ころがしたり回したりする。シーソーをすべらせる。おもちゃの農場を作る（動物を立たせて）。道具の使用――どのようにして鉛筆やハサミをとり上げ、使えるようにするのか。どの程度うまく使えるのか。

子どもは、小さなこまを回したり、硬貨を回すことができるか。大きなこまをハンドルを操作するようにして動かせるのか。その子どもは、鍵とかドアの取っ手とか、大きなハンドルとか、オルゴールの小さなハンドルなどをひねることができるのか。またそれのひもをひっぱれるか。かき傷をつけることなく蓄音機のレコードをかけることができるか。「アメリカ・インディアン」の叫び声を出すために子どもの口（あるいはあなたの口）の中にすばやく指を入れたり口を手で覆ったりできるのか。

指を独立して使うこと――鍵盤をたたいてみる。もし、あなたがたのんだり手本を示したら、鍵盤の上やとび出し玩具の上で、順々に指を使うことができるだろうか。一、二本の指に色のついた星印をくっつけて、その指だけを使って何かをするということができるだろうか。それぞれの指を別々に自分の親指にくっつけることができるだろうか。

一般的なことだが、理解力の水準を書きとめておきなさい。また、体をわざとゆすらせるかを注意してみていなさい。

(e) **全体的な運動機能**

歩きぶり、一般的にぎこちないという感じ、動きの中での制止やためらい、衝動性あるいは過剰活動性、不活発さとか無気力というものの特性は、すべて全体を通じて書きとめられるべきである。

子どもはどの程度、全身の動きを適切に統制できるのか。目的としている場所へ直接歩いていく場合にどんな困難があるのか。つんのめってころんだりひどく体が揺れるということなしに、じっと静止している場合には、どんな困難があるのか。数インチ以上はずれることなく決まった場所で跳ぶ場合にはどうか。背後におかれた椅子にすわる場合にはどうか。ものにのぼる場合にはどうか。

子どもが高さの低い回転いすからとびおりる場合に、バランスを失っているか。行きすぎたり、バランスを失ったりせずに、走っていってものにさわってすぐに戻ってくることができるのか。もし子どもに頭の上の高い所をあちこち指さして見させたら、バランスを失うだろうか。バランスを失わないで、足指(あるいはそのあたり)をさわることができるか。それぞれの脚で片脚とびができるか。一本の線に沿って歩けるか。

トラクターやゴーカートや三輪車のペダルを踏んで動かすことができるか。うまく操縦しているか。すうっと走ることができるか。

ゴーカートについているブレーキや操縦装置を使っているか、また、うば車の風よけ覆いを取り除いたり、レバーをセットしているか。

あなたのしぐさをだいたいあるいは正確にまねできるか。Simon says〔訳注 子どもの遊びの一種。リーダーが、Simon says と言って始める動作と命令を他の者全員がまねしなければならない。〕という遊びのような種類の肉体的活動

——たとえば頭の上に手をのせる。腕を離す。鼻の上に指をやる。おなかの上に手をあてる。あなたの耳にさわる——といったことができるか。こういうことをうまくするのは、あなたと向かいあってまねをしたときか、あるいは、あなたが鏡をみている子どもの背後にいるときにまねをしたときか、それとも言語による教示にしたがって行なったときか。

### (f) 言語コミュニケーション（意思の伝達）

われわれは、親がする報告と今録音したものとを結びつけ、さらに、それに（もし適当なら）のちに家で行なうテープ録音と観察を加えて、言語とコミュニケーションについて非常に詳しい証拠を得ようと考える。しかし有益な観察はセッションの中でもなされるし、それに加えて1(a)で述べられたものも行なわれうる。

子どもに選択を任せるような状況では、子どもとあなたが対面したかたちになると、子どもは一種の脅威を感じてしまう。したがって、子どもの方へ背を向けて（あるいは横向きになって）、あるいは鏡でみて何げなく話してみなさい。おもちゃの電話を使ってみなさい。小さな人形やおもちゃの動物でためしてみなさい。役割演技をしてみなさい。——帽子やヘルメットを使って。

たしかに、子どもにはあなたに意思を伝達する機会はしょっちゅうある。しかしたとえば、それができる間（ま）とか余地を子どもに残しておくとなおよい。あなたは、子どもが話せないと思って、彼との会話を打ち切ったり、彼をせきたてたりしてはいけない。

言語以外の意思伝達のしかたに気をつけていなさい。ジェスチャー、ものまね、歌を歌うことなどを利用しているか。この伝達手段を子どもが利用できるかどうかをみるために、もし適切ならば、二つの単純な記号を子どもに教える価値はあるかもしれない。

自分から発した言葉の数と、受け答えとして発した言葉の数は対象物の写真やコレクションをみせて、あらかじめチェックされるだろう。拡大透視装置を用いたありふれた対象物のスライドは、ふつうの写真よりも強い興味をそそる。しかし、観察者が、それをみるのはむずかしい。言葉による説明がついていてもいなくても、実物を写真やスライドに合わせてみることは有益なことだろう。二つの水準、つまり正確に合わせること（特殊な器具どうし）と概念的にあわせること（たとえば、二つの異なる花）とを試すことができる。

言語の特別の部分の理解力が検査される。たとえば代名詞が。白ネズミを箱の中に、あるいは下に、あるいはよこに、あるいはうしろに、あるいは上におきなさい。ここでは、農家の庭の模型や人形の部屋が役立つ。「うしろ」とか「よこ」ということをしらべるときには、必ずあなたが子どものよこにすわるようにしなさい。そうでないと、子どもがあなたと同じ角度からものをみているのか子ども自身の角度からみているのかはっきりしないから。

言語運動：もし子どもに言語能力がなかったり乏しかったら、口を動かす能力はどうなっているのだろうか。自分のビスケットをかんでむしゃむしゃたべているか。ジュースをこぼしたり、ぽたぽたたらしたりしないで飲んでいるか。ふつうによだれが流れ出るのをうまく処理しているか、それともつばを吐いたり、ぽたぽたたらしたり、よだれをたらしているか。舌を出すことができるか。舌の先を上の歯につけることはできるか。上唇にはどうか。下唇にはどうか（子どもにやってみせてやりなさい）。口のすみに舌の先をつけることができるか。砂糖菓子をなめることができるか。指の上にのせた砂糖の結晶をたぐり寄せるために、舌の先を出すことができるか。テーブルごしにローソクを吹き消したり、羽根ボールを吹きとばすことができるか。しゃぼん玉を吹けるか。ハーモニカやラッパや鳥の鳴きまねの笛をふくことができるか。ストローを使って水を吸ったり、吸うことによってストローの端にピンポン玉をひきつけておくことができるか。

### (g) 認知能力

これまでに示してきたことの多くのものは、明らかに認知的要素をもったものである。ピアジェ学派の発達段階も参考にされるだろう。さらに次のようなことも加えられる。

色と大きさの弁別：ペグやボタンなどを、大きさあるいは色、あるいは大きさと色の両方によってわける。ESA社製のトラックにつんである彩色レンガを組み合わせる。色が調和したガルト社製の（とび出し人形）、不安定なボールを受け口にはめる。シオ社製のバス、エスコー社製のそろばん、カラーのスナップ写真、彩色した回転板。

大小配列：さまざまな積み重ね遊具、等級のつけられたハンマーのおもちゃ、大きさの順序のついた形態盤、ビーズ、ボール、人形、動物、コップ、スプーンなどほとんどどんなものでも「大きい」「小さい」という概念を試すのに利用されうる。

数：さまざまな種類のそろばん、きのこ弁のかたちをしたビーズ、くぎさし盤、ボール、九柱戯、ドミノ遊び用の牌、「数字卵」の数合わせ（fitting 'number eggs'）。数をかぞえることが入ってる単純な遊び（輪投げ、さいころ遊びゲーム、数ドミノ遊び、板紙ゲーム)。
形態弁別：形態盤、ジグソーパズル、郵便箱。
パターン弁別：単一形の形態盤(見本は木片の形にとらわれないでいっしょにおかれている)…絵やパターンのドミノ遊び、カード合わせゲーム、読むことのできる前の段階のための材料。
形態志向：S-Oドミノ遊び、鏡像配置の形態盤。
論理的配列：正しくあわせるためには、ある順序であつめられねばならないおもちゃ——引き船、等高線タイプのおもちゃ、窓つきの家、順序にそった積み上げおもちゃなど、(そういうおもちゃは商業的にはかなりまれである。私がもっているものもほとんど自家製である。)
子どもが線をひいたりなぐり描きする水準は書きとめておいた方がよい——人物を模写する能力とか、象徴的に線をひく能力とかいう具合に。なかには線をひきたくないときに、指に絵の具をつけて(たいていは、鏡のガラス面に)ぬる子どもがいる。概して大きな油製クレヨンは避けなさい。ほとんどの子どもはそれをうまく使うことができない。それに、実際になぐり描きの水準をテストするときぐらいにしか使わないものだから。
子どもがいったん観察窓の反対側から見透せられていたことを知ると、自分もその鏡を通して反対側からみようとする。それによって、子どもが観察窓の不思議さを理解しているかどうかがわかるので、その試みをかきとめておきなさい。もし理解しているなら、なぜそちら側からはみえないのかをたずねてみなさい。もし反対側へ行って両親をみたがったなら、自分でそこへ行く道を知っているかどうかを書きとめておきなさい——つまり、あなたを案内する機会を子どもに与えてやりなさい。
全体を通じて、課題解決に用いた方法(ストラテジー)を書きとめておきなさい。走査、試行錯誤、社会的手がかり、言語によるリハーサル、荒々しい強制など。

子どもは、あなたに対抗するためにどういう方略を考え出しているか。

### (h) 象徴遊び

子どもがごっこ遊びなどのゲームをするかどうかをみるためには、人形の家、人形の部屋、遊びの家、農場、ガレージ、道路、人形の乳母車と人形、おもちゃの動物、それに、紅茶セットや料理用コンロのような家事遊びの装置を用いなさい。子どもは人形や動物に何かを「させる」だろうか。想像上のお茶とケーキをあなたにくれるだろうか。うば車やゆりかごの中に人形をくるんでおいてやるだろうか、それともトラックの中にレンガをおくように、無雑作におくだけだろうか。おしゃれ用品を使って役割演技をするだろうか（最初に知ってしまうとたやすくしつづける——あなたの役の演じ方で子どもを圧倒しないように）。小さな人形「に向かって」話しかけるだろうか。人形といっしょに踊るだろうか。

子どもの中には、ある特定の縮尺の対象物にだけ興味をひかれる子どもがいる。したがって、二つ以上の縮尺の人形の家と遊びの家をもっているとよい。あなたが一つの縮尺の材料で子どもを試したからといって、その子どもが象徴遊びができないというふうに考えてはいけない。

## 4 報酬についての記録

子どもは、自分自身で楽しんでいるなら、たいていうまくやるだろう。そして、そのセッションは、子どもが楽しめるようなやり方で、速度を調整したり変えたりすることが求められる。それにもかかわらず、時として、子どもは、あなたが子どもにやらせたいと思っていることをことごとくさけて、そして自分自身の工夫に合わせていくことに最も喜びを感じているようである。もしあなたがこのことをうまく利用できればそうしなさい。しかし教示によって指示された活動へ子どもを引きいれたり、彼の注意を完全に自分の方へ向けさせるために、何かごほうびを与えることも時には必要かもしれない。もしその必要があるなら、非常に綿密な計画にもとづいて、少量のごほうび(¼のキャンディ)を用いなさい。おとりとして一個のキャンディをさし出すようなことのないようにしなさい。そして、子どもをすわらせ、すぐに「とてもいいよ」とか何かそれに近いことばを言いながら、子どもの口の中へキャンディをひょいと入れてやりなさい。もし子どもが立ち上がろうとするなら、たとえそこで彼に与えなければならないとしても、子どもがもう一度すわるまで子どもにキャンディをみせてはいけない。同じようなことが課題についてもいえる。ごほうびを与える課題、あるいは下位課題について決めておきなさい。もし必要なら彼に課題をやらせてみなさい。そして、直ちにごほうびを与えなさい。――ただし先回りしてごほうびを与えてしまって、子どもが課題に対して意欲をなくすことがないように――。あなたが子どもに伝えることばは、明確でなければならない。さもないと子どもは、そのこと

ばを使うことができないだろう。われわれがしたいことは、次のようなことであることを忘れないでおいてほしい。つまり、子どもの最高の成果をみること、どういう条件の下でその成果をあげたかを知ること、それにいくらごほうびを与えても子どもができなかったことは何かということを理解することである。

## 5 最後に

評価セッションの終わりが観察をする機会の終わりではないことを覚えておいてほしい。セッションの終わりになって、皆がお茶をのみ、ぼんやり立っている「終局」時期は、子どもが親と再会するようすや、子どもに関心はあるが子どもに何か特別のことをさせようとはしない大人の集団に対する子どもの反応が観察できるという絶好の機会なのである。子どもが評価セッション中に発することがむずかしかった言語行動を、とつぜんあらわすのもこういうときである。ときにはまた、こういう混乱した状況の中で、子どもは一対一状況では抑えられていた過度の活発さや自閉的マンネリズムを示すだろう。子どもが親に、自分が今までやっていたことをやってみせたり、言ったりするかどうかを書きとめておきなさい。また、親がやってきたことに子どもが実際に気づいているかどうか、さらに、親たちがどういう方略を用いたか、また、それが成功しているかどうかも書きとめておきなさい（子どもに服をきせて家へ帰る仕度をしている間に、母親によってその子どもの言語理解力の唯一の証拠が確認されたという子どもを、かつて扱ったことがある）。

# 観察による遊びのレパートリー（ＯＰＲ）

（ケイ・マグフォード）

## 序　章

遊びレパートリーは、測定用具として、あるいはテスト場面として機能するために考案されたものではない。それらは、遊びの発達のある側面にわれわれを導いて、そこに観察を集中させるための一つの試みであり、また、ある範囲のあらかじめ選択されたおもちゃを用いて、子どもが、自分から自然に行なう遊びを組織的に観察するための一助とするものである。

トイ・ライブラリーによって運営されているサービスの一つの利点は、就学前発達期の個々の子どもを何ヵ月あるいは何年にもわたって、一貫して長い期間観察する機会が与えられるということである。こういう接触のしかたによって組織的観察ができるのであり、子どもの発達や学習能力を総合的に評価することができる。ＯＰＲはこういうプロセスの中で一つの補助手段にしようと考えられている。年少の障害児を観察する場合に、この種の評価が特に好まれている理由はいくつかある。障害児の経験がふつうの子どものそれと異なっている限りにおいては、形式ばった場面に障害児をおいて、彼の機能について多くの洞察を得ようと期待するのは、たぶん現実的ではない。そういう場面は、もっと普通の流れに沿って発達している子どものために用いられるものだから。

ひとりの障害児の達成能力を正常な発達における標準年齢とか段階と比べることによって、現在の能力の相対的な程度はわかるかもしれないが、その子どもの発達の本質についてのもっとも重要な情報はわからないだろう。正常なパターンと対比させて検討されると、その子どもの発達が均質でないことは非常にはっきりするだろう。しかし、単なる一つの数値を示したところで、この不均衡なものが日常生活の中で子どもの能力にどう影響を与えようとしているのかまで、明確にすることはできない。遊びの中で障害児を観察することによって、子どもが自分で選んだ目的を達成しようと動機づけられたことがわかるだろうし、その子どもがこの目的を達成するために自分の障害を回避した方法を、われわれは垣間みるだろう。なおその上に、遊びの中でのその子どもの意図を推測することを学ぶのも大切である（たぶん子どもは意図通りに実行できないだろうが）。というのは、こういうことが子どもの環境理解についての重要な情報を与えるだろうから。最後に、もう一つ遊びの観察を通しての評価を強調する理由は、治療のための評価もカウンセリングもともに、同じ文脈の中で連続して考えることができ、また一方から他方へ直接通じうるということである。

トイ・ライブラリーを運営していく中で得られる臨床的経験を積み重ねる間に、われわれは標準的な一連のおもちゃで遊んでいるさまざまな障害児を観察することができた。われわれは、特別のおもちゃと結びつけられた遊び活動の中でもある程度は核になるような、あるいは比較的限定されたレパートリーがあるということを述べた。そして、そこでいうレパートリーは、発達の流れの中で展開していく傾向があった。（先に述べたような臨床）経験を通して、このレパートリーとその流れは、とても関係の深いものになったので、発達の流れの中での各々の子どもの位置を、レパートリーを観察することによっておおまかにではあるが示すことができた。親をカウンセリングする際に次のようなことが提案された。つまり、現在の水準で、子どもの遊びへのかかわり方と興味が弱まるようなことがあれば、親は、子どもの注意をさそい、子どもに実地に示して、励まし、子どもが次の水準の遊びにとりかかろうとしたときはほめてやり、そして、別の利用方法を考えて子どもに興味をもたせるように努力してみなさいと。

当初われわれの観察は、ゲゼル発達検査、グリフィス精神発達検査、キャッテル乳幼児知能検査といった発達尺度についてわれわれが知っていることにもとづいて行なわれていた。もっと正確な参考資料が必要になったので、われわれは、H・ウッドによって編集された項目の一覧表を用いた[2]。しかし、実際にこれらの項目の中で、遊びの最中に自然に現れてくる行動について言及しているものはほとんどない。ピアジェ流の発達段階に表わされた枠組み（ウッドワード）[3]はかなり適切なもので、それがわれわれの行なう観察やカウンセリングの基礎を成していた。しかし、遊びは、子どもに対して、常にもっと複雑な問題解決の機会を与え、子どもはたえずそこから学び、成長していく。それゆえに、遊びは、何よりも豊富な情報源となりうるのである。子どもの状態や発達ぶりをみるには、同じおもちゃを、いろいろな子どもが、自らどのように使って遊ぶかを観察すれば、ふつうわかるものであるし、観察された変化からは価値ある洞察が得られるので、こうした変化を将来の観察の参考とするため記録しておけば、実習は非常に有益なものとなる。

E・ランザーは、自身の研究の中で、二歳から五歳までの子どもにみられる遊びの発達を検討し、とくに遊びの最中に示された知的発達を重要視した[4]。この研究で彼は、遊びの組織化の程度を示す九点評定尺度を開発した。そこでは、彼は、特定のおもちゃによってひき出された行動を用いてその測度を具体例で示していた。われわれは、おのおのの遊びの段階に対してこうした規準を適用し、われわれが用いるおもちゃについて関連した例を引き出そうとした。われわれは、トイ・ライブラリーに所属している子どもの父兄のための夜間講座で、この改良尺度を指導した。われわれは、親たちがこの改良尺度を学ぶことによって積極的な目標や期待をもち、自分の子どもの遊びを観察するようになってくれることを願ったのである。

われわれは、改良尺度にいくつかの限界があることを知った。まず第一に、十分に年齢の低い方へ広がっていないし、初期の段階での遊びと探索行動を区別することができなかった。ノッティンガムのおもちゃ博物館でみられた大多数の子どもは、一般に発達水準が三歳以下である。第二の問題は、これらの子どもの親は、実際に観察された行動を抽象的な規準にあてはめたり、尺度上に示された具体例に照らし合わせてみることがむずかしいということである。評価できる面についていえば、何人かの親が、子どもの低い水準の探索行動を受け入れ、認め、そしてその意味を理解できるようになったことである。さらに重要なことは、これによって親たちがもっと明確な期待をもって子どもの発達を見通せるようになったということであろう。われわれの経験では、重度の障害児をもった親のうちかなりの人たちが、発達の進み具合について、希望や期待を失っているようである。これはとくに、子どもの行動が暦年齢という観点で親の期待に反しているときとか、進み具合が遅く小さな進歩しかみられないようなときに生じる。しばしば障害をもった子どもの発達は、その子の表面に現われた障害に隠されて、よくわからないことがあるのである。それはまた、子どもの行為の意図も不明瞭にしてしまう。いったん親がその行動のパターンをみることができ、発達の枠組みの中でそのパターンを理解できると、親には今やどのように子どもを激励したらよいかがわかるので、それまでよりもずっと積極的に子どもとかかわれるようになるらしい。彼らはまた、子どもが出会う障害にますます敏感になり、しばしばそういう障害を回避する方法を考えついてみたりするようになる。

## 観察による遊びのレパートリーの形成

こうした経験にもとづいて、われわれは、標準的なおもちゃセットを用いて約六カ月から五歳までの健常児の被験者の遊びについての観察記録を(ビデオテープの記録から)集めることを決めた。レパートリーのために選ばれた四つのおもちゃは、(a)エスコー社製の四頭からなる回転木馬、(b)ガルト社製のとび出し人形(pop-up men)、(c)ペディグリー社の樹木のかたちをしたとび出す円錐(pop-up cone-tree)、マザーケア社の制動装置つきの仕掛け(Trigger-jigger)、それに(d)まくら、マットレス、日よけカバーのついたゆりかごの中にはいった赤ちゃん人形(服と帽子とパンツをつけている)。(この章では後の二つだけを取り扱う。)こういったおもちゃが選ばれたのは、広い範囲の年齢の子どもの興味をひくことができるし、かなり多くの被験児が自発的にそれらのおもちゃで遊んだ上に、障害児にふさわしいと考えられたからである。また、おもちゃ市場に関していえば、それらは「標準的なもの」であるから、今の段階でのわれわれの目的は、遊びを観察するときの道具として、観察による遊びレパートリー(OPR)の価値を確立することであった。そして、個々のレパートリーは、ゆくゆくは、他のいろいろなおもちゃを参考にしてよりよいものに改善されるだろうし、工夫されるだろう。

遊びの観察では、それが発達の流れの中で展開していくので、四つのおもちゃそれぞれについて観察される四つの別々の遊びのレパートリーが記録される。これによって、おもちゃを用いた遊びの場面で、直接観察された普通の発達構造が得られるが、それらのおもちゃの中には、障害児にも適当で、利用できるものがあることがわかる。集められたレパートリーは実際に観察された遊びの数多くのさまざまな側面と、一連の発達過程の中の各段階を記録している。それぞれのレパートリーは、二、三の部分にわけて示されている。それぞれの部分は一つのまとまりとしてのおもちゃを用いた遊び、あるいは個々の遊びに対応している。それぞれの単一の観察項目に従って、年齢水準が鍵カッコ(空欄)に記入される。これは、この行動がレパートリー作成時の被験者において最初に観察された年齢をさしている。

記録されたレパートリーの横に、観察した結果をまとめるのに便利なように三つの空欄を作った。子どもの接近行動という見出しがつけられた一番はじめの欄では、どういう遊び反応が観察されたかという記録ばかりでなく、どの程度その子どもが自分の意図したことを達成しているかという記録もとる。そして、子どもがもっていそうな問題点についても書きとめておく。これによって観察者は、うまくいった試みについてばかりでなく、意図と成功とのギャップにしらずしらずのうちに気づくようになるし、また、問題点に気づき、こういうギャップをうまく避ける方法について自然に考えはじめるようになる。

第二の欄は、母親や仲間の提案という見出しがつけられている。この欄は、激励がうまくいっているかどうかということと同時に、遊び仲間である大人が何を言ったか、また子どもにさらに探索する道をどうやって示しているかということに、観察者の注意を向けるために設けてある。そこで観察者は、与えられた激励が子どもの現在の能力にどのように合致するのか、そしてうまくいかなかったのは、用いられたコミュニケーションの形態のせいであるかどうかをみることができる。こういうことがわかれば、カウンセリングを始める際の、新たな手掛りが得られることになる。

かかわり合いという見出しのつけられた最後の欄は、観察された子どもの反応が意味しているものについて、再び観察者に考えさせようという意図で作られている。たとえば、もし子どもが、ペグ人形を穴の中にさかさまにしておきかえるとしたら、そのことはその子どもがペグ人形の表象的本質に気づいていないこと、そしてそれゆえに、方向感覚が問題であることを意味しうるのである。その子どもが気づかないのは、おそらく、彼がまだこの認知水準まで発達していなくて、しかも彼の注意がペグに描かれた顔にひきつけられていないからであろう。あるいはまた、彼の観察力が貧しくて、そのようなこまかいものまでみることができないからである。この点を確認するには、さらに詳しい観察が必要であろう。しかし、それによって、子どもがもっている問題についてもっと深く理解できるようになるだろう。

各セクションのあとには、そのレパートリーに含まれていない行動を記録するための空欄が設けてある。それぞれの完全なレパートリーの前に、用語解説のついたおもちゃの絵がついている。そしてそれぞれが、別々の一枚刷りの印刷物として針金で製本してとじてある[5]。

## 観察による遊びのレパートリー(OPR)の実際

レパートリーは、現在ノッティンガム・トイ・ライブラリーで図書館員によって利用されている。しかし、それはもっとほかのところで、また、その他の多くの方法で利用できるのではないだろうか。たとえば、

1 治療者にしろ教師にしろ心理学者にしろ、直接観察の中で子どもと相互作用をもっている専門家によって、利用できる。

2 障害児と大人がいっしょに遊んでいるのを直接観察している観察者兼カウンセラーによって利用できる。

3 親と子どもがいっしょに遊んでいる場面を録画したビデオテープを用いて、観察者と親が共同実習をするときに利用できる。

また、このほかにOPR(観察による遊びレパートリー)は、遊びによるカウンセリングにたずさわる専門家にも、ボランティアーの職員にも利用されるだろう。

OPRは、三つの重要な特徴がある。まず第一に、これらのレパートリーは、数人の被験児がこれまで述べたような特別のおもちゃを使ってしたことを記録しているだけである。彼らが努力してやったことは特異なことではないが、子どもがこのおもちゃを使ってやったことの中には、このレパートリーにあらわれていないものもたくさんあることは覚えておくべきである。障害児の場合には、観察者はその子どもの活動が生産的で積極的な遊

びを示しているのか、それとも型にはまり、非生産的で、かつ適当に反応しているだけなのかを確認する必要がある。

第二の特徴は、それぞれの観察単位のあとに記入されている年齢水準は、その行動が、その被験者の中で最初に観察された年齢を表わしているにすぎないということである。それらは、標準化された基準年齢ではない。つまりその数字は、その遊びがふつうにみられる年齢を大まかに示している指標にすぎない。それにわれわれは、今のところ標準化することをまったく考えていない。これはわれわれが、ある行動的な行為を全般的な発達水準と厳密に結びつけるために、何らかの根拠がいるとは考えていないからである。特定の項目を達成することが、子どもによっては、心理学的な用語あるいは知的な用語で言い表わされているものとはまったくちがったものを表わしているかもしれないのである。

最後にあげる特徴は、それぞれのレパートリーは、カウンセリングを目的として、次の遊びの段階を示すように配列されているにもかかわらず、主要な遊びの項目を示すようには作られていない。したがって、その子どもにとっての遊びの価値というものをそれぞれのレパートリーが否定することもありうるわけである。段階をつけていくときに観察した遊びの特徴の一つは、一つのやり方を何回もくりかえして行ない、しかも練習を重ねた上で遊びが展開していくという方法にある。そして、そのやり方というのは、非常にゆっくりしたテンポで、追加され、丹念に工夫され、変えられていくのである。たぶん、一つのテーマに関して、これだけ入念に工夫がなされるために、そこで、得られるものが少なくないのであろう（そこでいう工夫とは、型にはまったくり返しのことではない）。そして、速度をはやめたり、次の段階へ子どもを急がせたりすることは、その子どもにとってのせっかくの経験をだいなしにしてしまうだろう。それは、くり返すことや実験をしてみることが、学習過程にとって本質的なことであるという理由だけでなく、圧力をかけるということが遊びを一つの授業とか課題にしてしまうからである。そしてその結果、その場面で自らすすんで何かを始めようとする能力を試す機会を、子どもから奪ってしまうことになるのである。大人の役割は、提案し、示し、激励することである。しかも、これは、子どもの動機づけが弱まったときとか、子どもが独力では克服できないような障害に出会ったときにのみすればよいのである。ふつうの子どもなら、自発的に助けを求めることができる。そして実際に求めてはいるが、障害児の場合には、しばしばこういう能力を持ち合わせておらず、そういう子どもの困難を敏感に理解してくれる聡明な大人の参加を必要としている。

以上のことを要約すると、ＯＰＲ（観察による遊びレパートリー）は、障害児が、ある範囲の中から選ばれた四つのおもちゃを用いて遊んでいるところをどのように観察すればよいかを示唆する、一種の手引きとなるものである。その目的は、こういう熟練を要する課題にとり組んで経験を積もうとしている臨床家に、発達段階全体を具体的に示した一つの目安を与えること、そして、子どもが遊びの中で達成したことや、遊びの途中で出会う困難を正確に指摘する方法を提供することである。そして、障害児の親が子どもの遊びを観察するときに、このレパートリーが有効に利用されること、そしてまた、自分の世界を理解しようとする子どもの気持ちを励ますために、あるいはその気持ちがさらに高まってより大きな効果をあげるためには、親が子どもに対して、いかに答えてやり、いかに反応してやるかを学ぶ一助として、レパートリーが用いられることが希望される。

樹木のかたちをしたとび出す円錐、あるいは制動装置つきの仕掛け

A　一つのまとまりとしてのおもちゃ

樹木のかたちをした飛び出す円錐（制動装置つき仕掛け）

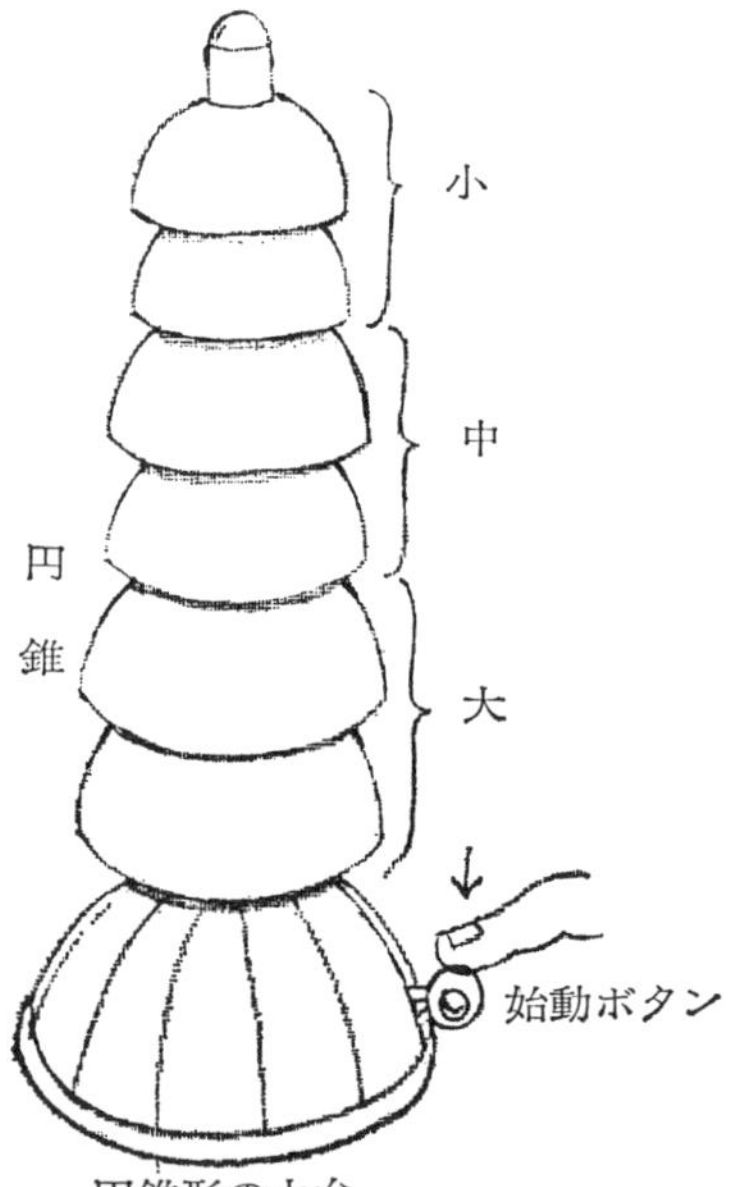


円錐形のものは，始動ボタンが押されると飛び出る。もう一度積み重ねたあと，始動するように円錐をセットするためには，その積み上げた山を台座の機構にさからって押し下げねばならない。

**観察された遊びのレパートリー**（カッコ内の数字はサンプルの子どもで最初に観察された月齢あるいは年齢）

1　（うつ伏せの姿勢で）遊びの相手が手を床から支柱の方へ動かすのを目で追いながら、その人が積み上げるところだけを見守る（七ヵ月）。

2　（遊び相手が注意をひきつけたのち）相手が始動スイッチをおすときに、円錐カップがとび出すのを見守る（七ヵ月）。

3　円錐カップを積み重ね、セットし、発射するという全体の流れを注意深く見守る。しかし、相手の手が始動ボタンを押すときには、その手をしっかりとは見ていない（七ヵ月）。

4　発射までずっと全体の流れを見守る。しかし、おどろいてビクッとする（七ヵ月）。

5　積み重ねるのを見守り、やがて起きることを期待して音をたてる——発射の際にはビクッとする。が、喜んでのどを鳴らす（七ヵ月）。

6　木のかたちに積み上げられた円錐カップを土台のそばの自分のところへ引き寄せる（七ヵ月）。

7　土台や支柱をつかみながら、木のかたちに積み上げられた円錐カップの方へ手を伸ばす。それから、それを片側に寄せる（七ヵ月）。

8　木のかたちに積み上げられた円錐カップに手を伸ばし、さわってみてつかむ（七ヵ月）。

9　土台を持ち上げる——結果として円錐カップが、はからずも床にすべりおちることになる。成り行きを見守る（九ヵ月）。

10　（床にすわって）円錐カップが相手によって発射され空中に舞うときに、手を伸ばしてそれをとろうとする。それが宙に浮いてそれから床に落ちるのを見守る（一〇ヵ月）。

11　相手が右手で積み重ねたばかりの円錐カップを、引き抜いたり、はずしたりして動かしてしまう（そして、それをちょっとみて捨てる）（一〇カ月）。
12　右手で支柱の先端をつかみ、左手でそれをさわっている（一〇カ月）。
13　先端の円錐カップを一方の手で取り去り、もう一方の手で土台をしっかり支えている。その円錐カップを落とす（一〇カ月）。
14　偶然（足や別のおもちゃで）円錐カップを発射する。ビクッとして、同時に、声を発する。円錐カップが床に落ちるのを見守り、それらの方へ手を伸ばす（一〇カ月）。
15　足で慎重に始動ボタンを押す（一〇カ月）。
16　斜めに傾けて、木のように積み上げられた円錐カップをつかんで、それを横へはずそうとする（一〇カ月）。
17　木のように積み上げられた円錐カップを水平方向にして、端をつかんで取ろうとあがき、二個の円錐カップが落ちる。それから声を発しながら取ったものを調べる（一〇カ月）。
18　それぞれの円錐カップを積み重ねては、すぐにはずすということをしながら、相手とゲームをして遊ぶ（一〇カ月）。
19　支柱の先端をつかみ、土台を宙にもち上げる。円錐カップは、子どもの手の方へすべりおちる。じっと見守る（一〇カ月）。
20　左手で円錐カップを取りはずそうとする。一方、右手で支柱の先端を支えている。こうすると円錐カップは抜けない。だから、円錐カップを横の方へひっぱろうとする（一〇カ月）。
21　土台をささえる。それも上向きにして。円錐カップを拾い上げ空っぽの土台の中へ入れようとする（一二カ月）。

22　はじめて実演してみせて歓声をあげる（一五ヵ月）。
23　木のように積み上げられた円錐カップを完全にもち上げ、それを運ぶ。土台を下向きにして床にその円錐カップの「木」をおく（一五ヵ月）。
24　円錐カップを積み重ねようとする。円錐カップについている穴を、支柱の先端にはめそこなう。縁が先端にひっかかっている。しかし、下をみたり穴と支柱とが一線になるように並べようとしない。円錐カップは、その縁がひっかかって支柱にぶらさがっている（一六ヵ月）。
25　円錐カップを積み重ねようとする――しかし全部はめそこなう。円錐カップは床に落ちる（一六ヵ月）。
26　相手に指示されたときに始動ボタンを押す（一六ヵ月）。
27　円錐カップがもとの所へおかれたりセットされる前に、始動ボタンを押す（一六ヵ月）。
28　木は集められたが、円錐カップがセットされる前に始動ボタンを押す（一六ヵ月）。
29　円錐を発射し、結果をみて笑う（二〇ヵ月）。
30　始動ボタンが自分で見えるように「木」をぐるっとまわす（二〇ヵ月）。あるいは、始動ボタンを手探りでさがす（二一ヵ月）。
31　円錐カップを発射し、それをもとの所へおこうと試みる（うまくいかない）（二〇ヵ月）。
32　（実演したあとで）支柱にもどす前に、円錐カップについている穴を目と指で調べる。一心に見守っているにもかかわらず、支柱を一線にすることに失敗する（二〇ヵ月）。
33　支柱を大きな針として利用しながら、一個の円錐カップを土台の方へ糸を通すようにうまくはめる。土台をうまく床に直立させる（二〇ヵ月）。
34　からだを補助的に利用しないで、直立した土台に円錐カップを一個通すようにしてはめる。始動ボタンを押す。しかし、自分で円錐カップをセットしようとはしない（二〇カ月）。
35 てっぺんの円錐カップをつかんで、それを偶然にもたたいて払いのけてしまう。うまくもとの所へおく前に、その円錐カップやそのカップについている穴を吟味する（二一カ月）。
36 円錐カップの発射に「行け」といいながら反応する（二一カ月）。
37 円錐カップを全部自分でもとの所へ戻そうと試みる（試みが失敗すると助けを求める）。自分では円錐カップを「セット」しない（二一カ月）。
38 土台をしっかり支えて、まったく助けや指示なしに支柱と穴を一線にしながら、円錐カップをもとの所へおく（二一カ月）。
39 回り道をしながらも、発射と積み重ねからなる全体の流れを完成する。もう一度、うながして発射させようと要求する（まだ円錐カップをセットすることには失敗する）（二一カ月）。
40 支柱を倒し、円錐カップを押し出してわざと支柱を空にしようとする（二一カ月）。
41 一つの円錐カップだけが、もとの所へおかれているのをみたあと、円錐カップを支柱に通すという考えを理解する（二二カ月）。
42 円錐カップをスムーズに正確に、ほとんど「はめそこなうこと」なく支柱に通す（二二カ月）。
43 もう一度支柱に通すという全体の過程を完全に行なう前に、すべての円錐カップを一カ所に集める（大きさの段階について何のしるしもない）（二二カ月）。
44 発射、円錐カップを集めること、支柱にもう一度通すこと、助けなしに始動ボタンを押すこと、という全体の流れを完成する。相手はまだ円錐カップをセットするために必要である（二二カ月）。
45 （相手の提案で）木のようになっている円錐カップをみんな、別のおもちゃについている別の支柱に移しかえる（二二ヵ月）。

46　むずかしい穴通しに取り組む。中央の穴を指でさわり、それから支柱と穴を一線にするために両手を使う（相手からの助言なしに）（二二ヵ月）。

47　一方の手を使って、支柱の上で円錐カップをぐるりと回す（二二ヵ月）。

48　支柱を通すという原理を、別のこの原理が通じないおもちゃで試してみようとする（二二ヵ月）。

49　色と大きさによって順序を選びなさいという教示にしたがって、円錐カップをおき直す。正しくできたときがわかるように、合図が必要（二歳四ヵ月）。

50　誤りなく円錐カップを支柱に通す。そして、目でちょっとみるだけで穴と支柱を一線にすることができるようになる（二歳四ヵ月）。

51　土台をひっくり返さないで持ち上げながら、円錐カップをみんな組織的に動かす（二歳六ヵ月）。

52　色の名前を示すことをまねする（二歳六ヵ月）。

53　実際の量とは関係なく、相手によってはじめられた数列を順に唱えること（つまり相手が「一」というと子どもが「二」という）を続ける（二歳六ヵ月）。

54　相手によってはじめられた数列を順に唱えることを続ける。しかし、三から七へ飛ぶ（二歳六ヵ月）。

55　先端で円錐カップを支えているが、（「バーン」という）「反響」音を作るために集められた「木」をひっくり返し、それからもう一度もとの状態に戻す（二歳六ヵ月）。

56　円錐カップを積み重ねたあとで作られた「反響」音に耳を傾けながらすわる（二歳六ヵ月）。

57　「反響」音を作るために土台の方へまっすぐおとしながら、たくさんの円錐カップを積み重ねる（二歳六ヵ月）。

58 大きさの段階をつけようと大まかに試みながら、円錐カップをもう一度支柱に通し直す（誤りが多いが）（二歳六ヵ月）。
59 集められた「木」の等高線に沿って、上から下へ両手でなでる（二歳六ヵ月）。
60 相手が子どもの手を円錐カップの上においていて、補助的におし下げるようにしてセットするのを実際にやってみせる。そのあと、すぐ子どもがそれをまねする（二歳六ヵ月）。
61 （円錐カップがきちんと「セット」されなかったりして）円錐カップを発射しそこなったときに、両手で円錐カップを空中にほうり上げて、発射したような動きをつくる（二歳六ヵ月）。
62 発射する行為を「おもしろい」という具合に表現する（二歳六ヵ月）。
63 （一定方向にそろえて）円錐カップを支柱に通すことに失敗する。それを別のやり方でやってみる。そして、それはうまくできる（二歳七ヵ月）。
64 セットする様子をじっと見た直後に、まねをしてセットしてみる（二歳七ヵ月）。
65 色の名前を正しく自発的に示す（二歳七ヵ月）。
66 正確に「二」ということばを用いて話す（二歳七ヵ月）。
67 教示や事前の実演によって、自発的に円錐カップを「セット」することを試みる（二歳七ヵ月）。
68 相手からのヒントなしに、円錐カップを積み重ねて、発射し、そしてセットする（二歳七ヵ月）。
69 始動ボタンを押しているのに、一方の手で先頭をもっているので、子どもが偶然にも発射がうまくいかないようにしてしまう（三歳〇ヵ月）。
70 おもちゃについて表現する。「木のようだ」という（三歳一ヵ月）。
71 そのおもちゃをどのように動かすかについてことばで述べる。「そのボタンを押さなくちゃいけない」（三歳二ヵ月)。
72　円錐カップを積み上げていく途中で、そのカップを支柱の上においてみて、大きさがまちがっていることがわかると、その円錐カップを除く(三歳二ヵ月)。
73　うながされると、数え上げないで(四までの)円錐カップの数を見積る(三歳二ヵ月)。
74　(実際には同じ大きさであっても)大きさの順序が不満だからといって、二つの円錐カップを積み重ねる順序を変える(三歳二ヵ月)。
75　セットする動作を教えるために、言語教示とジェスチャーが(おもちゃと関連せずに)用いられる。子どもはうまくセットする(三歳三ヵ月)。
76　始動ボタンを押したあとの結果を予測する。「それはとびあがるんだよね。」動作の実演をやってみせる(三歳三ヵ月)。
77　相手に指示されて「一番大きいもの」を選ぶ(色の手がかりなしに)。そして、支柱におく前に残りの円錐カップの中から次に大きいものを選ぶ。こうしていてまちがいを起こす(三歳三ヵ月)。
78　円錐カップの動きについてコメントする。「底へおちていくよ」(三歳三ヵ月)。
79　円錐カップを支柱に通す前に、並べてみて最も大きい円錐カップと中くらいの大きさの円錐カップとを対比させて、一番大きいのを選ぶ(三歳三ヵ月)。
80　自発的に(大きさの順序はつけないで)円錐カップをセットし、集めることも含めて全体の流れを完成する(三歳三ヵ月)。
81　大きさの順序をつけるための選択をする前に、(相手の提案によって)、底辺と底辺とを合わせて、円錐カップの大きさを比較する(四歳一ヵ月)。

82　自発的に大きさの順序づけを含めた全体の流れを完成させる。大きさの順序づけでまちがいをする（四歳一ヵ月）。
83　発射のときにうまくはじき出てこない円錐カップをはずす（四歳一ヵ月）。
84　大きさは手伝ってもらわなくても自然に順序がつけられる。誤りはあっても一つぐらいのものである。二つあっても、次の機会に順序を逆にするだけですむ（四歳一ヵ月）。
85　動作についてコメントをする。「あれは、はなれなかったね。」（四歳一ヵ月）。
86　円錐カップがとび出してこないように、わざと手を円錐カップの上におおうようにしておく（四歳一〇ヵ月）。
87　セットして発射させる前に、円錐カップを一、二個しか使わないのかどうかを決める（四歳一〇ヵ月）。
88　くりかえし行なっていく途中で、相手に何かほかのことについてしゃべろうと手を休める。自発的に、また遊びにもどってつづきを完成させる（四歳一〇ヵ月）。
（他にも観察された反応はある。）

B　個別項目としての円錐カップと空っぽの土台

**観察された遊びのレパートリー**（カッコ内の数字はサンプルの子どもで最初に観察された月齢あるいは年齢）。
1　（相手がさわっていた）支柱に通してない円錐カップに手を伸ばす。口にくわえて指で吟味する（七ヵ月）。

2 ちょうだいといわれても、円錐カップを相手に渡すことができない（七カ月）。
3 （発射のあと）円錐カップが床の上でゆれているのでそれを見守っている。しかし、落下前の空中にある円錐カップは見ていない（七カ月）。
4 からの支柱に手を伸ばし、自分の方へ引き寄せる（七カ月）。
5 空中にある円錐カップを目で追って見守る（七カ月）。それが落下して床をころがるのを見守る（九カ月）。
6 支柱の先端を口の方へもってくる（九カ月）。
7 じゃまにならないように、土台をわきへ動かす（九カ月）。
8 円錐カップをとり除く、あるいは支柱に通してない円錐カップを拾い上げる。指や目を使って探る——左へ捨てる（九カ月）。
9 よそみをしながら、指で探る（九カ月）。
10 一方の手で小さい円錐カップを拾い上げる。それをもう一方の手へ移しかえる（九カ月）。
11 手首を回転させながら円錐カップを空中でくるくるまわす（九カ月）。
12 円錐カップを口にくわえながら、自由になる手で別のおもちゃを探す（九カ月）。
13 別のおもちゃを探そうとして円錐カップを落とす。また円錐カップに気づき、それをとり返す（九カ月）。
14 始動ボタンの取っ手をつかんで、からの土台を持ち上げ、それを落とす（一〇カ月）。
15 相手が円錐カップを積み上げている間に、その人の手から、そのカップをとってしまう（一〇カ月）。
16 何か探るようなやり方で支柱の端を指でさわる。円錐カップの穴を指でさわる（一〇カ月）。
17 それぞれの手で円錐カップを持ち上げ床に投げる（一〇カ月）。
18 円錐カップを相手から取ろうとして手を伸ばす。偶然それを相手の手からたたき落とす。それが落ちるのを見守り、それに手を伸ばす（一〇ヵ月）。
19 円錐カップがはずんでいたり、空中に飛んでいるときに、それをつかまえようと手を伸ばす（一〇ヵ月）。
20 からの支柱の端をもって、土台をどんとたたく（一二ヵ月）。
21 土台をつかむ。土台を上にしてつかむ。指で探る。そして、くぼんだ土台をすかしてみる（一二ヵ月）。
22 一方の手で土台をつかんで、円錐カップを床面につけて押していく（一二ヵ月）。
23 土台を床にまっすぐに立てる（一二ヵ月）。
24 からの土台を肩越しにもち上げ、それを落とす。落ちた土台を見つけるために、ぐるりと向きを変える（一二ヵ月）。
25 土台を使って、ほかのおもちゃをバンとたたいたり、吹き飛ばす（一二ヵ月）。
26 箱に土台を入れる。それから、土台をとり出して床に土台をたてる（一二ヵ月）。
27 からの土台をもち上げる。それから、目で土台の底面をしらべる（二〇ヵ月）。
28 支柱の先端にある穴の中へ、別のおもちゃの部品をつっ込もうとする（二〇ヵ月）。
29 五本の指を動かして、探るようなしかたで、円錐カップを握りしめる（二一ヵ月）。
30 円錐カップの形をした土台が、まるで、支柱に通していないカップであるかのように、その上から力を加えて押し下げる（二二ヵ月）。
31 バネの「反響」音を作るために床を土台でこつこつとたたく（二二ヵ月）。
32 「反響」音に耳を傾けるために（せがまれて）、相手の耳の高さまで土台をもち上げる（二歳六ヵ月）。
33 からの土台を使って、床や別のおもちゃをたたく。また「反響」音を作り出そうと始動ボタンをさわって遊ぶ（二歳六ヵ月）。

34　キノコのように、たくさんの円錐カップの底辺を下に向けて床におく（二歳七カ月）。
35　円錐カップを、別のプラスティック製の部品から選り分ける（二歳七カ月）。
36　一番大きい円錐カップを「大きいもの」と呼ぶ（三歳三カ月）。
37　少し励まされながら、六つの円錐カップを数える（四歳一カ月）。
38　玉子形に変形された円錐カップを、円形にもどすように力を加える（四歳一〇カ月）。
（他にも観察された反応はある。）

## ゆりかごの中の人形

### A　一つのまとまりとしての人形とゆりかご

**観察された遊びのレパートリー**（カッコ内の数字はサンプルの子どもで最初に観察された月齢あるいは年齢）
1　覆いの端を五本の指でさわる（一二カ月）。
2　覆いをとる（一二カ月）。
3　人形の着物を指でさわる（一二カ月）。

4　ゆりかごをわざと揺り動かす（一二ヵ月）。
5　ゆりかごの覆いをとり除き、それから、ゆりかごから人形をとる（やっとのことで）（一二ヵ月）。
6　ゆりかごを自分の方へ引き寄せ、中をすかしてみる（一二ヵ月）。
7　相手が人形をゆすったり、人形について話すのを見守る（一四ヵ月）。
8　ゆりかごの所へはいっていって、人形を見て、叫び声をあげる（一四ヵ月）。
9　ゆりかごを自分の方へ引き寄せ、人形にさわって、「アー、バッ！」と（抑揚をつけて）言う（一四ヵ月）。
10　ゆりかごの覆いを見つけるために、あたりを見渡す（一四ヵ月）。
11　ゆりかごの覆いを取り払う。それで、顔を覆う。そして（いない、いないばあ！　といいながら）覆いをとる（一四ヵ月）。
12　ゆりかごの覆いがゆりかごの長辺と交差するように覆いを無雑作に（荒っぽく）おきかえる（一四ヵ月）。
13　からのゆりかごを指さす（一四ヵ月）。
14　ゆりかごからマットレスをひっぱり出す。そして、それを人形のまわりに荒っぽく覆う。それから、あとでひっぱり出す（一四ヵ月）。
15　ゆりかごの中をのぞきこみ、まくらをはずし、指でさわりしらべる（一四ヵ月）。
16　人形の顔や首を毛布でさわる（一四ヵ月）。
17　まるで寝入るように、頭を毛布の上にすえる。相手に指し示す（一四ヵ月）。
18　マットレスやまくらをはずす。それをみて、すてる（一五ヵ月）。
19　おもちゃをゆりかごの中へ落とす。おもちゃが、一方の端へ転がっていき、それから、またもう一方へ転がるように、ゆりかごを倒してからにする（一五ヵ月）。

20 人形をゆりかごの中へもどすが、覆いはしない（二〇ヵ月）。
21 人形を（きちんと着物を着せて）ゆりかごの中に置く。（相手の提案で）覆いをする（二二ヵ月）。
22 覆いの端を押し込もうとする。あまりうまくはないが折りたたむ。それから、覆いを天蓋の部分に移しかえて終わる（二二ヵ月）。
23 覆いを手でさわる。「毛布だ」という（二二ヵ月）。
24 子ども用のゆり床をわざと左右にゆり動かす（二二ヵ月）。
25 ゆりかごの中に人形をおいたあとで「おやすみ、おやすみ、ちゃんと眠りなさい！」という（二二ヵ月）。
26 覆いを取り去る。人形の帽子をとる。人形を取り出す。そして、（おもちゃのブラシで）人形の髪と服にブラシをかける（二二ヵ月）。
27 子ども用のゆり床が、横向きにつんのめって倒れる。それを自分で、もとのように立たせる（二二ヵ月）。
28 まくらと覆いをもとの場所へ置き直す——しかし、それらを天蓋の中に荒っぽく押し込む。「中に、はいらない」と言う（二二ヵ月）。
29 人形を取り去るときに、覆いを裏返してはずす（二歳四ヵ月）。
30 小児用のゆり床の覆いをゆりかごの縦に沿って置く。しかし上下が逆さま（二歳四ヵ月）。
31 大ざっぱに覆いのはしをつめ込もうとする（二歳四ヵ月）。
32 がらがらをとってふる。そして、ゆり床の覆いの下におく（二歳四ヵ月）。
33 「人形をベッドへねかせる」前に、帽子をとる（つまり、着物を脱がせようとする）（二歳四ヵ月）。
34 人形の目をさまさせる。そして、ゆり床からとり出す（二歳四ヵ月）。
35 覆いを、正しいやり方できちんともとの場所へもどす（二歳四ヵ月）。

36 たまたま覆いが払いのけられてしまったときに、それをもとの場所へもどす（二歳四ヵ月）。
37 人形をもとの場所へもどす。覆いを注意深くかけてやる。そして、じょうずに覆いの端をつめ込む（人形は着物をきちんと着ている）（二歳六ヵ月）。
38 人形をもとの場所にもどして、それを押し込みながら、ゆりかごをゆする（二歳六ヵ月）。
39 ゆりかごを（乳母車のように）床の上をずっと押していく（二歳六ヵ月）。
40 ゆり床を持ち上げて、全体をゆり動かす（二歳六ヵ月）。
41 ゆりかごの中で人形をゆり動かし、「子守り歌」をうたう（二歳六ヵ月）。
（他にも観察された反応はある。）

## B　人形だけについて

**観察された遊びのレパートリー**（カッコ内の数字はサンプルの子どもで最初に観察された月齢または年齢）

1 人形の衣服を手でさわる（一二ヵ月）。
2 人形の足を手でもって床からもち上げる（一二ヵ月）。
3 ただ便宜上ひざの上で人形を休ませる（母親のように世話をする行動ではない）（一二ヵ月）。
4 目をさがし、指を目に突っ込む（一二ヵ月）。
5 スカートをつかんで、人形をもち上げる（一二ヵ月）。
6 足をつかんで人形をもち、その足をしらべる（一二ヵ月）。

7　足をつかんで人形をもちながら、別のおもちゃをしらべる（一二ヵ月）。
8　相手が人形をゆり動かしたり、人形について話すのを見守る（一四ヵ月）。
9　人形を相手から（きちんとした仕方で）両手で受け取る（一四ヵ月）。
10　人形を自分で抱く。笑いながら自分のからだを左右にゆする（あやしているのだろうか）（一四ヵ月）。
11　帽子を脱がして、それを相手に手渡す（一四ヵ月）。
12　赤ん坊にキスをするまねをする（一四ヵ月）。
13　床の片隅に人形をすてる（一四ヵ月）。
14　人形にキスをさせるために相手にそれを渡す（一四ヵ月）。
15　相手の提案にしたがって、人形にキスをする（一四ヵ月）。
16　人形を床において、それから別のおもちゃのところへ行く（一四ヵ月）。
17　何も指示されていないのに、人形をとり上げて、顔を近づける（あやしているのだろうか）。相手に指さす（一四ヵ月）。
18　人形をとり上げて、相手のところへもっていく（一五ヵ月）。
19　人形の帽子をとりはずしてそれを落とす。——人形と帽子の間を行きつもどりつしてみる（一五ヵ月）。
20　「あー、えー」と声の調子を変えながら、人形をとり上げる（一五ヵ月）。
21　別のおもちゃの所へ行くときに、人形をまたいで歩く（一五ヵ月）。
22　人形を拾い上げて、抱きしめ、何も指示されないでキスをする（二〇ヵ月）。
23　相手の提案で、人形の顔を（おもちゃのスポンジを使って）洗う。さらに用意されたブラシ、スポンジ、布切れなども使う（二二ヵ月）。

24 相手の提案で、人形の足を「洗う」、あるいは別のやり方で世話をする（二二ヵ月）。

25 人形の世話をするために、何かがあるふりをする。たとえば「水が鉢の中にあるよ」という。本物のスポンジを、水にみたてたところへ落とす（二二ヵ月）。

26 大きな掃除用のブラシを使って、人形の足にブラシをかける（適切な使い方ではない）（二二ヵ月）。

27 人形に帽子をかぶせようとして、人形を正しい方向へ向ける（二二ヵ月）。

28 人形の帽子をもとのように置こうとするがうまくいかない（二二ヵ月）。

29 ヘアブラシを使って人形の髪をすくというような活動をしすぎる。そして、衣服にまでブラシをかける（二二ヵ月）。

30 人形が帽子をかぶっていないという批評をする（二歳四ヵ月）。

31 （相手の提案で）人形の背中を軽くたたく。それから、自発的に人形を抱く（二歳四ヵ月）。

32 脱げてしまった人形の帽子をさがす（二歳四ヵ月）。

33 帽子を、一人でもとのようにかぶらせる（二歳四ヵ月）。

34 人形を歩かせる（二歳四ヵ月）。

35 人形に飲み物を（プラスティック製のビーカーを使って）与えるまねをする。それから人形について話をする（二歳四ヵ月）。

36 人形におもちゃを与える。そして、「赤ちゃんはこういうものが好きだよ」という（二歳四ヵ月）。

37 人形をみるために自分の前へ人形をさし出しながら歩く（二歳六ヵ月）。

38 偶然、帽子を払い落とす。——それを拾い上げて、テーブルの上に置く（二歳六ヵ月）。

39 人形に名前をつけたり、人形のことを描写する。「この子はかわいい赤ちゃん」という（二歳六ヵ月）。

40　顔の方を向かせるために、人形の頭をぐるりと回す（二歳六ヵ月）。
41　人形を相手のひざの上に（まるで本物の子どものように）置く（二歳六ヵ月）。
42　人形の顔を鏡に映す（二歳六ヵ月）。
43　人形に話しかける（二歳六ヵ月）。
44　くりかえし、人形の帽子をもとの場所へもどそうとする。両手を自由にするために、人形を両ひざの間に押し込む（二歳六ヵ月）。
45　帽子を、もとの場所へもどすことに成功する。その位置を調節して、「さあ、すてきなお人形さん」という（二歳六ヵ月）。
46　人形の手足の位置を調節する（二歳六ヵ月）。
47　電話の受話器をとり上げて、人形の耳の所へもっていく。人形の代わりに話をしながら、相互の会話をする（三歳一ヵ月）。
48　「彼」とか「彼女」といって、人形を指さす（三歳四ヵ月）。（他にも観察された反応はある。）

# 第9章　治療のためのおもちゃと遊び

（ジョーン・ヘッドとケイ・マグフォード）

心身障害児は自発的に遊ぶことがむつかしい。われわれは、この事実を正確に把握し、理解することができる。同時に、そういった彼らの現実をわれわれの手で補い、埋め合わせてやることもできる。子どもの背負う障害が大きければ大きいほど、われわれは、より慎重な配慮のもとで、子どもに数多くの遊びを体験させてやらねばならない。そしてそれによって、その子どもの残された能力を最大限にひき出し、生かすよう努力を払わねばならない。子どもを遊ばせるとき、ただ漠然とその機会を与えるのではなく、遊びが、いかにすればその子どもたちにとって適切で、受け入れやすくなるか、明確な考えを打ち出す必要がある。われわれの考察が少しでもこの方面のお役に立つことを願いつつ、以下の話を進めることにする。

矯正のための遊びなどの場合、その子どもの特徴を理解して、その子どもにふさわしい方法で、探索行動や遊びができるようにしたいものである。一日のスケジュールのなかに何回も、遊びはいろいろな矯正を目的として組み込まれる。そのたびごとに内容と程度を選択し、変化させて、遊びのプログラムを組まねばならない。特定の遊びを選んだ場合、その遊びをすすめると同時に、その遊びに含まれているいろいろな目的を識別することが重要である。

われわれは以前に、心身障害児が要求しているものは、普通児と本来かわりなく、ただいろいろな点で時間を要したり、ある意味で強調されているにすぎないと述べた。このことは、われわれが、子どもの遊びに対する大人の役割をもう一度考えてみるとはっきりしてくることである。正常な幼児と遊ぶ母親をみれば、その幼児が多くの分野で、かなり母親にたよっていることがわかる。遊びは生まれて間もない段階では、おもに母親に導かれて行なわれ、きわめて人間相互の関係のきずなが強い。母親のやさしい手助けによって、遊びはしだいにおもちゃを伴って行なわれるようになる。そして、おもちゃに夢中になって遊ぶようになる。乳児の初期の段階では、おもちゃを物理的に手にすることも母親や遊び友だちにたよらなければならない。たとえば、おもちゃを落としたり、転がしてしまったりすると、ひろってもらって、手に持たせてもらわなければならない。また、新しいおもちゃに注意を向けることも、それがどんなにおもしろいおもちゃであるか、わからせてもらうことも、母親の手を借りなければならない。子どもが成長するにしたがい、探策行動を始める。このときも多くの場合母親の助けを必要としている。このように母親は遊具を使っての遊びを次々に発展させ、拡大していくのである。普通児の場合、能力が発達するにつれて、母親や他の大人たちは、このようなきわめて密接なかかわり方を徐々にやめていく。つまり、子どもへの直接的、身体的な干渉から、言葉による指導へとしだいに移行し、やがて子どもは、母親の存在を時おりヒントや示唆を与えてくれるだけの、きわめて消極的な意味においてしか必要としなくなる。

心身障害児が、遊び相手としての大人に依存する度合は、普通児の場合より大きく、期間もより長期に及ぶ。それというのも、ひとりひとりの子どもが様々であり、遊び友だちとしての役割を果たす大人はいろいろな点に配慮し、それぞれの子どもの要求に、敏感に答えてやらなければならないからである。たとえば、新しいことを体験できるようにしたり、意気消沈しないように、十分励ましてやったり、子どもと大人がいっしょになって生み出した考えを発展させたりなど、必要に応じて介入せざるを得ない場面が多々あるのである。

大人の注意や先見の明がなければ、習得する機会や体験は障害児にはきわめて限られたものになるであろう。しかしながら、このことは、すべての子どもの遊びがこのように大人によって設定され、配慮されるべきだということを意味するのではない。というのは、子どももまた、自分自身で自分の限界を把握し、手さぐりで努力してみる必要があるからである。すなわち、このことは、大人がそのときどきに合わせてする介入の仕方は、何の矯正を目的とした遊びか、またこの子どもが必要としていることは何なのか等によって、その程度をかえなければならない点を強調している。矯正的遊びが成功するか否かは、個々の大人に負うているのである。つまり、大人がなぜある特定の体験が価値をもつのか、その根拠を認識し、子どもの要求と子どもの可能性を把握し、そして、いつどのようにして介入すべきかを敏感にとらえ、それを判断することがきわめて大切だということである。これは単に子どもを知的に理解するだけでなく、子どもと一体化したり、子どもと気持ちを通じ合わせる喜びを通じて得られるものであろう。

セラピストは、強めたり、広げたり、または改善したりする行動や技能のくり返しに、大いに関心を持つ。つまり、遊びの特徴は多種多様な方法で、行動が無理なく自然にくり返されることである。また遊びが子どもによって選ばれ、それが比較的長い期間継続された場合、セラピストたちはこの自発的な遊びを治療手段としては理想的な形であるとみてきた。なぜなら、そういった遊びの本質は確実に子どもの積極的な治療への参加をもたらすからである。言語活動のセラピストや、この分野の専門の物理療法者たちの多くは、学習に必要な場面の設定やそれに不可欠な練習を、ゲームや遊戯の中に組み入れている。その目的は子どもが十分に喜んでセラピストと協同できるようにすることであり、その結果、反復行動が子どもに意義あるものになったり、報酬や喜びをもたらすものになる。

自分は遊んでいるのだという子どもの気持ちをこわさないようにするには、セラピストに、柔軟性と想像力が要求される。と同時に、子どもがわき道へそれたりする自由も認めてやらなければならない。遊びは単におもちゃの存在によって決定されるものでもなければ、子どものおもちゃの扱い方によって限定されるものでもない。遊びの本質は、子どもが自分の活動や他人との関係にかかわっていく態度そのものである。すなわち、遊びは遊び戯れることである。遊ぶときには子どもは、必ずしも自分の課題解決や目的達成への一番近道を選んだり見つけたりする必要はない。子どもは多くの脱線をし、そしてそれらのいくつかが袋小路である場合もあるだろう。そうしているうちに、子どもは最初の意向を忘れたり、さらにおもしろそうなものを見つけると、今までの遊びを途中でやめ、新たな遊びへ向かったりもする。遊びは努力、ねばり、そして集中力の絶頂に子どもを引き込み、喜び以外には目的など少しもない。絶頂に達した遊びは、また緊張をゆるやかにほぐすなだらかな谷間もある、そのくり返しである。治療としての遊びの場合には、子どもがこの経験の特徴を保持し、自分の喜びを分ち、それと同時にある程度まで、その動きを工夫したり自分の進歩を吟味したりすることも可能である。遊ぶことが不可能と思われていた障害児をもつある両親は、子どもと遊ぶときには、思慮深い分析や計画が必要であり、さらに子どもと遊ぶことについての親の自覚が高まれば高まるほど、親と子どもの双方の遊びの喜びも高まることを理解した。そしてそれによって、さらに価値ある関係が築かれていくものであることを知った。

実際に遊びを持続したり、子どもに受け入れさせる場合、大人が押しつけるのではなく、子どもを誘い込むような助力をすることが必要である。子どもに、発達上のある特定の課題や過程を成し遂げさせるとき、成し遂げることばかりに気をとられてしまうと、遊びの根本は失われ、その活動は退屈な訓練になってしまう。このような場合には、ともすれば大人がその動作を代わりに演じてしまいかねないような印象さえうける。そして、子どもの能力を伸ばすというよりも、むしろ子どもの能力を最小限におさえてしまう結果になるのである。

障害のない子どもと遊んでいる親たちを観察したある研究では、ほとんどの両親はただ自分の子どもが興味を

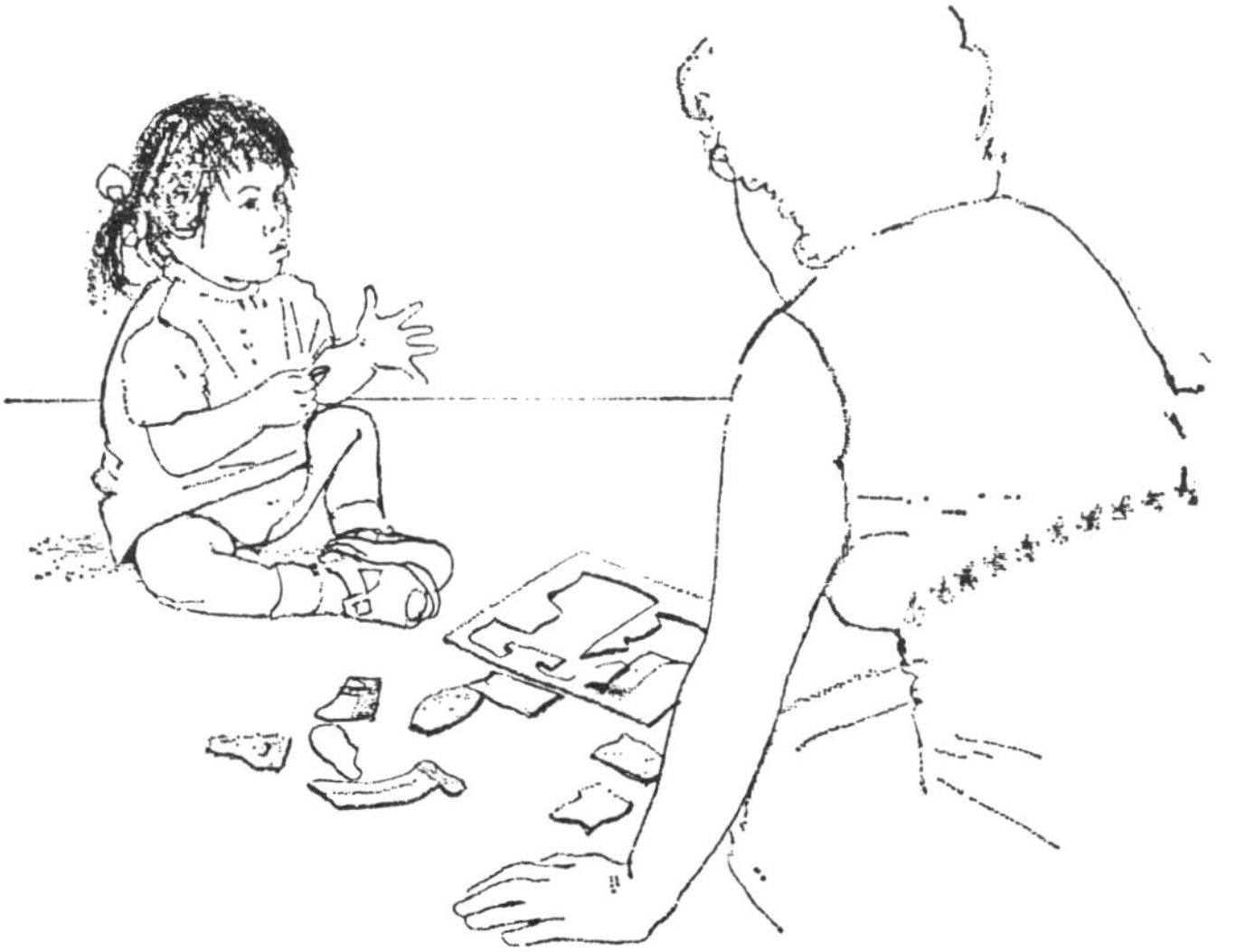

失いかけているときに元気づけるだけであるということを発見した。遊び方が最も上手な両親は、自分の子どもが遊びに熟達するにしたがい、それに応じて遊びを複雑にし、子どもが全力でとりくめるようにする方法を知っており、子どもの生まれつきの能力についてもよく理解していた。子どものほうも明確な好みや意思をもっており、それに対して両親はいつも励ましの言葉をかけていた。これらの親子は最初、単に模倣したり、交替で動いたりするゲームをした。しだいに子どもが主導権をとり、自分でゲームを発展できるようになっていった。くり返しになるが、子どもは自分で遊びができるようになって、明らかに満足したようすをみせ、同時に、大人の介入の必要はほとんどなくなったのである。

ノッティンガム・トイ・ライブラリーでの親と心身障害児に関するわれわれの研究の中で、親子の間で展開するこの種の相互活動を長い間観察してきた。ときには親が子どもといっしょに遊ぶのはむつかしい場合もあるが、しかし、これはやがては解決し、それとともに子どもが親と協同し、意思を通じあえる一般的な能力の成長をも可能にした。つまり規則的、基礎的技能の学習ができるようになったのである。

子どもにとって大人と会話する機会をくりかえしもつことは、言語能力の発達を促すうえで大切である。始話期における子どもは、生き生きとした明確な大人の言葉づかいから最も多くを学びとるからである。遊びの楽しさはまた、最大限に子どもの言語活動を活発にする。子どもを遊びに自然にひき入れるおもちゃもまた、子どもの言葉の発達を促す。あるおもちゃは、同じ単語や短かい文章を微妙に異なる意味あいでくりかえし口にする機会を与え、その結果子どもは、同じ単語を何度もくりかえし聞くことにより、自分で正確にその言葉を使い始めるようになる[1]。言語学習は新しい単語や概念がしぜんに正しい意味で導入されるように、話題に多様性をもたせることが必要である。農場や動物園のおもちゃのような玩具は、きわめて豊かな話題を提供するものだといえる。しかし、一見、活動性の点で、かなり制限されたように思える玩具でさえも（たとえば、ジグソーパズルなど）活発な会話の契機となる場合がある。

ところで、「遊びを治療的に用いる」ということのねらいを要約すると、次のようになる。

1　制約されている体験を補うこと。
2　子どもの遊びの中にかかわっていくことによって、子どもの能力、とくにのちに学校で必要とされる注意力、協調性などのより一般的な能力を発展させてやること。
3　障害という名のもとに、安易に埋れている克服とか達成といったことを子ども自身に体験させるように、子どものイニシァティブを保持させること。
4　遊びを動機づけに使って、不可欠な技能の訓練と発達を促すこと。

以上である。

## 治療的遊びへの二つのアプローチ

これまでのところ、われわれは治療的遊びの方法や手引きでなく、その目的や利点を論じてきたにすぎない。これらは、常識的な命題に従った問題を明らかにしただけのことかもしれない。にもかかわらず、子どもや他の家族のいろいろな要求に対処していくその渦中にあっては、細部にとらわれず、全体を把握することは、きわめてむずかしいことなのである。親たちは、単に自分の子どもは遊ばないとだけわれわれに伝えてくるかもしれない。これはもしかしたら、子どもといっしょに遊ぶために、多くの実りなき試行をくりかえした後で、あきらめ、子どものストレスをやわらげるために、われわれに一種の気晴らしを求めているのかもしれない。これは、親にとっても子どもにとってもよい解決策ではない。また、遊ぶうえで、特別な問題をもっている子どものためのおもちゃをよくたずねられる。しかし、問題を解決するための玩具というものはない。というのは玩具それ自体は、単に子どもと、子どものかかえている障害との、そして子どもをとりまく環境との相互作用全体のなかのただ一つの要因にすぎないからである。第7章で、われわれは、たとえ一つしか障害をもっていない子どもでも「一つの障害が他の分野へも波及する」ために、障害を重複してもつことにならざるを得ないということを述べた。したがって、実際には特定の一つの条件が満たされるだけで、満足ゆく活動ができるということはめったにないのである。単一の障害をもった子どもはほとんどいない。ほとんどの障害児は程度に差こそあれ複数の障害をあわせもち、それが様々な領域の発達に影響を及ぼしている。それゆえ、どの子どももそれぞれに固有な能力と欠陥を示している。にもかかわらず特定の欠陥に必ずしも限定されない行動上の障害が発生する。どの場合にもうまく作用するという解決策の王道というものはないが、試みる価値のある方策がある。これがいわゆる問題指向的アプローチ（個々の問題から帰納的にその障害を克服する方法を推論すること）である。

障害の中には、子どもの成長のある特定の段階で発生するものがあるが、これを解決する一方法としては、子どもの実際の年齢よりもその子の発達段階に適した遊具を選択することである。ほとんどの心身障害児の発達は普通児の発達よりゆるやかで、一貫性に欠ける。そのためそれに合わせた遊びをより多くの機会に与えることが望ましい。これらの子どもたちには、彼ら自身の自然な発達を補足するすぐれた発達的アプローチが必要である。まずこの方法についてみてみよう。

## 発達的アプローチ

発達上の障害もなく着実に成長している普通児の場合、年齢を基準にしたいろいろな発達段階を参照することは、きわめて適切なことである。たとえばわれわれが一八ヵ月の子どもに合ったおもちゃという場合、ちょうど歩きはじめ話しはじめた子どもを想像して、たぶん単純に積木を積み重ねたり、簡単な絵を理解できるものと考えて、それに合ったおもちゃを選ぶ。これは、遊びの内容を能力の適切なレベルに合わせるのに便利な方法である。しかしながら心身障害児に関しては、個々の子どもの適切な発達段階を考慮に入れないと、これらの年齢基準は誤った方向に導くことになる。ほとんどの場合、子どもが持っている障害は他の分野の機能にも影響を与える。たとえば、おもに聴覚障害を持っている子どもの場合は、言語発達の分野で最も影響を受けるのである。しかし、聴覚障害を引き起こした原因にもよるが、言語能力以外の分野の発達には比較的影響が少ない。しかし、たとえばその原因が極端な早産と関係している場合は、その子の運動機能にも発達の遅れが出るであろう。もっとも、言語能力ほどの遅れではないようであるが。適切なおもちゃを与えようとするなら、われわれはその

子どもの特別な要求を満たすものを用意しなければならない。つまり年齢よりも低い水準の理解力や、よりおそい運動能力の発達に合わせた玩具でなければならない。聴覚障害のある子どもに対しては、明確な視覚効果や、適切な音色をもった玩具がよい。そしてこの音色を補聴器を通して聴かせ、できるだけ聴覚を刺激するように促す。この場合、子どもに特別な好き嫌いがあれば、それを頭に置いて全体をみつめなければならない。

個々の発達段階において、単一の障害でも重複した障害でも、それにぴったりと適するおもちゃや遊びが最初から存在しているわけではもちろんない。アプローチはいつもある程度は実験的である。とにかく初めは、子どもの固有の発達パターンに立脚した玩具や遊びを選択することである。

子どもの発達水準や要求を評価する場合は、主に子どもの遊びの重要な側面を観察し、これを、われわれが知っている普通の遊びの発達水準に照らし合わせてみて判断する。これらのことは第2、3、8章においてすでに論じてきた。ここではそのことを強調しておくにとどめる。結局、玩具や遊びの最終的な選択は、これらに対する子どもの反応をみて行なわれることが最も良い方法であるといえる。そのとき、常に次の四つのことがらを自問してみるとよい。

1　このおもちゃは、導入時に、ていねいな説明や紹介がなされたか。そして、現在、子どもの興味をとらえ、探索する気持ちにならせているか。少しでも子どもを熱中させているか。

2　そのおもちゃや遊びが、もし、子どもの心をとらえているならば、そこから何らかの形で、遊び方に発展がみられるか。

3　そのおもちゃから成功感や達成感を明確に感じとることができるか。

4　そのおもちゃは、子どもがすでに到達した段階より、さらに高度な水準へと発展していく可能性を内包しているか。それは、挑戦させるべき目標を提示しているか。すでに達成した技能の単なるくり返しになっていないか。

以上、これらの質問のどの答も「イエス」ならば、明らかに子ども自身楽しく、興奮し、そのおもちゃや遊びに没頭していると考えてよい。しかし、もしこれらの質問に一つでも「ノー」があれば、いずれ子どもの興味は消失し、まもなくそのおもちゃを放棄することになるだろう。たとえ残っていても、それは、儀式的で非進歩的な行為の対象として扱われるにすぎない。

これらの質問に答えるためには、遊びの発達段階や遊びについて、いろいろなことを知っていなければならない。さらに重要なことは、子どもの注意をひいたり、その子どもと心を通わせることができなければならない。子どもと遊ぶ人は、そのおもちゃがどういうものであり、それをどのように使い、それで何をするのかを子どもに教えることができなければならない。一口でいえば、子どもとそのおもちゃの可能性との出会いを実現するのである。子どもが遊びの一つの方法を知り、可能性を知りつくしたとき、相手はそれを確認したうえで別の遊びを提示しなければならない。くり返せば、子どもがおもちゃそれ自体に、もはや発見と、喜び、興奮すべき何ものをも感じられなくなったときは、相手は、子どもが再び新たな興味と喜びをもってそれに取り組めるように、遊び方を工夫したり、遊びの幅を広げたりしなければならない。

ほとんどのおもちゃは、いろいろな遊びの場面を生み出すことができる。そのために、おもちゃの目的や使用方法などについての単純な分類はむずかしい。おもちゃの本来の目的がいかなるものであっても、われわれは子どもがそれを十分に活用できるようにしなければならない。そのためにそのおもちゃが本来の遊び方以外でも遊べる場面が導き出せるようにする必要がある。

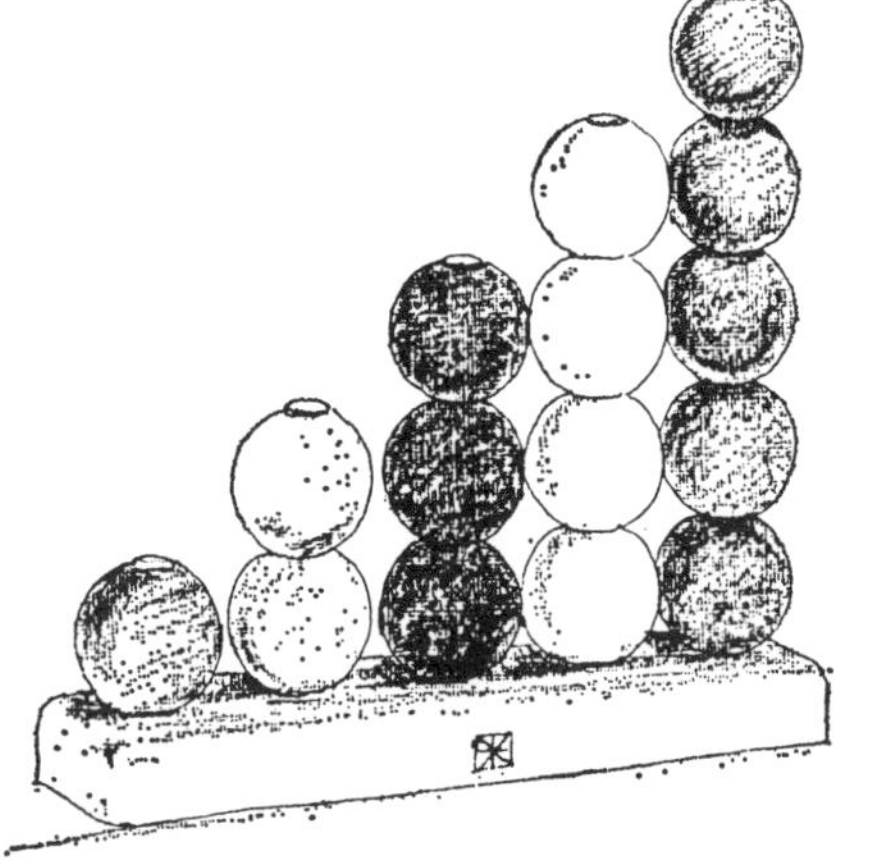

エスコー社の等級そろばん

たとえば、エスコー社の等級そろばんをあげてみよう。一見すると、それは遊びに簡単な量の概念を導入するように作られている。しかし、そのほかにも色合せや色識別、糸通し、そして手動作の技能訓練も含まれている。木製のボールは糸通しができる（かなりむずかしいが…）。また、床を転がしたり、適当な箱の中に落とすこともできる。これらの機能は、全部あるいは一部でも、子どもの能力に応じて選ぶことができる。たとえば、強度の精神障害児の場合、そのそろばんを使って試みられた最初の機能訓練の目標は、そろばんからボールを抜き出し、それをビスケット罐の中へ落とすことであった。はじめは相手にその具体的な所作をやってみせてもらわなければならないが、罐の中でボールがはねたり、罐の内側がぴかぴかと反射する光は、子どもの心をとてもひきつけ、そのため子どもは、すぐに手を伸ばしたい気持ちになる。そして子どもは自分でボールの入った罐をとりあげ、相手に手渡すようになる。他のおもちゃのあるものも同じように用途が広く、子どもの要求とおもちゃの特徴とをむすびつけた方法が示されている。

このように、個々の子どもの好みを考慮したり、学習の遅い子どものほんのわずかな進歩をいちいちとらえて、それに合わせたおもちゃを選んだり、発達の各段階で様々な訓練を行なうためのおもちゃをすべて購入しなければならないとしたら、一般世帯の資力ではとうてい及ばないものになる。そのためおもちゃの供給源が必要となる。トイ・ライブラリーは、これらの要求に沿って厳選されたおもちゃを保有し、高価な品の有効的、経済的利用のみちをひらいている。イギリスにおけるトイ・ライブラリー運動は、おもに心身障害者の両親や福祉にたずさわる個々の専門家の強い要望によって盛り上がりをみせてきた。それは七十年代の最も顕著な自己救済活動の主導権を取ったものの一つである。そのわずか十年の間に、開設当時、一握りの保有数であったものが、一九七七年には、その数が五〇〇個にものぼったのである。ここまで発展し得たのには、知識豊かな大人の遊び相手としての役割や、目的別に設計されたおもちゃに対する両親や専門家の意識の向上が反映されている[2]。

最適なおもちゃの多くは、商店を通じるより専門店のカタログからの方が手に入れやすい。しかしながら、このごろ一般のショッピングセンターにあるふつうの店からも、適切な比較的安いおもちゃが手に入るようになってきた。ところでわれわれは、両親やトイ・ライブラリーの主催者たちがおもちゃを選ぶ手助けとなるように、おもちゃのリストを編集した。これらのおもちゃは、手に入れやすく、われわれが一緒に遊んでみて、子どもにとって有益だと思われたものばかりである。だいたい発達順に並べ、特定の技能に役立つおもちゃを提示した。おもちゃは短命であり、特定の銘柄や種類は次々に新しいものが出ては消えていく。しかし、成功した形式の基盤は外観を変えて、年々くり返されて売り出される。よくあることであるが、各方面で高い評価をうけたおもちやが市場から消えると、別の製造業者によって作られ、違った名前で市場に出されたりする。このため、われわれは多くの場合、銘柄よりも本質を記述して編集した。

## おもちゃ一覧表

### 1　初期のあそび

われわれは、この段階のあそびに乳児が人や物に対して初めてみせる興味あるそぶりをも含めた。これらのそぶり——たとえば、物や人を目で追いかけたり、手を差し出したり、片言をいったりすることを認識することは、きわめて重要である。ある乳児は、とつぜん起こる大きな音を嫌う。そのため、びっくりするような音を出すおもちゃは、赤ん坊に押しつけないほうが賢明である。おもちゃを口へ運ぶ動作は、初期の遊びの段階では重要である。さらに、後にあらわれる手とスプーンの協応の発達にとっても意義がある。この時期のおしゃぶりは奨励されてよい。

| お　も　ち　ゃ | 説　　　明 |
|---|---|
| ◎視覚を刺激するもの（見るもの）<br>。モビール（音がするものやバネつきモビールを含む） | 。明るい色彩のものをさがすこと。<br>ねじじかけで音楽が出るものもよい。 |

| | |
|---|---|
| ◦面白い具合にころがったり動いたりするおもちゃ、たとえば揺れるボール、行きつもどりつするおもちゃ | ◦大人はこれを動かして、幼い子どもや、障害児がその動きをみられるようにしてやる。 |
| ◦鏡類 | ◦ガラスの鏡はいけない。ベビーベッドやベビーサークルの横につり下げられる安全なタイプが容易に手にはいる。 |
| ◎手や指で動かして遊ぶもの | |
| ◦ゆりかご類（とくに簡単に動かせるスウェーデンのセンパー社のもの） | ◦ベビーベッド、乳母車やベビーサークルの上につけられるおもちゃならばよい。 |
| ◦がらがら | ◦一個あるいは二個。二個の場合は、音色が対照的なものを探すこと。 |
| ◦つかんだり操作できるおもちゃ | ◦木製の球体やおしゃぶり用の輪のような、軽くてにぎりやすいおもちゃをさがすこと。 |
| ◦触覚用の手ざわりおもちゃ | ◦おもしろい感触が大切である。やわらかければとげのようなものでもよい。 |
| ◦音を出すおもちゃ | ◦乳児のこぶしや手首に結んでその動きに合わせて音が出る物、キックを促すベビーベッド用ミュージカルボール、センパー社の音楽つきゆりかごおもちゃ。 |

おすわりの時期（または十分に首がすわり、助けられれば、テーブルについたり、もたれいすに横たわっておもちゃで遊ぶことができる時期）

。大小の箱を出し入れしたり、つみ重ねるおもちゃ

。カラフルなもの、「中」と「外」の概念を感じとらせるもの。

。布地で包んだふわふわした積木

。軽く簡単につかめるもの。

。ケリーのはね返り人形

。投げる子どもにはむかない。

。乗り物類（ペグ人形の乗客のついたもの）

。初めての具象的なおもちゃ。たいへん用途が広い。

◎お風呂遊びや水遊び

。浮かぶおもちゃと排水もできるもの——乗員つきボート

。いろいろなことを子どもに体験させられる。たとえば、風呂をこわがらなくなるようなこと。

よちよち歩きの時期

。面白いボール類

。大きさ・色彩・手ざわりを調べること、あるものは、にぎりやすいようにあなやざらざらがついている。内側で鈴がなるものもある。

。引っぱったり押したりするもの。

。引っぱると（あるいは押すと）面白い音色や動きが伴うものがよい。歩いたり、はったり、ころがったりするための動機づけとなる。

## 2　魅惑的なおもちゃ

この部類には、最小の操作で最大の効果を発揮するおもちゃが入る。そのため心身障害児は、欲求不満が少なくなり、興奮が増したりする。

| | |
|---|---|
| ○触れると、動いたり、反応したりするおもちゃ——たとえば、フィッシャープライス社のチャイムボール、エスコー社の五月柱（maypole)。 | ○色彩や動きで興味をそそる。やさしくさわらせるようにすること。エスコー社のものは、大いに推奨できるし、スペア部品も手に入る。 |
| ○リモコンおもちゃ（押しボタンやバッテリーで操作できる)。 | ○指の動きのよい訓練になる。 |
| ○ポップ・アップ（飛びあがる）おもちゃ。 | ○ポーンと飛び出すと驚くが、愉快である。——その仕組みは子どもには謎である。 |

## 3　敏しょう性を促進させるおもちゃ

| | |
|---|---|
| ○台車 | ○子どもは腹ばいになって、両手や両足でこぐ。十分な握りのついたものを探すこと。 |
| ○レバーカート | ○すわりいすつきの手動で操作する車。 |
| ○揺れ動く乗り物 | ○スチール製か木製。大きさはいろいろあり、支えのついているもの。 |

| | |
|---|---|
| ○三輪車 | ○子どもによっては十分な背もたれが必要である。 |
| ○ベビー歩行器 | ○高さを調節できるつまみのついたものや、安定性のための広いフレームのついたものを探す。 |

## 4　目と手の協応動作を促進するおもちゃ

| | |
|---|---|
| ○ひもを通したりしばったりすることができるおもちゃ。 | ○大きいものと小さいもの。ひもの先端に長めの金具がついたもの（穴に通しやすくするため）。 |
| ○積み重ねたり出し入れするおもちゃ。 | ○組み立てたり、倒したり、お菓子をかくしたり、また、お風呂遊びにも使う。 |
| ○組み立ておもちゃ。 | ○ねじ止めするもの——強めるためというより調整 |

。あらゆる種類の積木。

。プラスティック製の組み立てセット。


。両手書き。


するために。注文組立部品もある。

。セットもあり、バラ売りもある。—第4章参照—

。色づけされたパースペックス（ポリメタクリル酸メチル=有機ガラス）は見るからに興味をそそる——レゴ社、メッカーノ社、フィッシャー・テクニック社は手の操作を楽にするために、大きめのものを作っている。

。年長の子どもに適している。とくにギブスで固定されている場合。

## 5　弁別技能を発達させるためのおもちゃ

これらは、色や形によって組み合わせたり、分類したりする。大きさに違いがあればその順位をつける。


。箱の中に、形を分類して入れる。

。型板紙や形見合せのパズル。


。簡単で単純なものから始める。一つの形はただ一つの穴からしか入れられないようにすること。

。厚い板へはめ込むものやジグソーパズルへの導入。数が少なく大きい片でできたものからはじめる。

| | |
|---|---|
| 。ロット・スナップ写真 | 。子どもに理解できるはっきりした絵柄が望ましい。初めは絵を実物に対照させるために利用する。 |
| 。分類用具 | 。家庭で作る——既製品もみてみるとよい。 |
| 。はめ込みやジグソー（ジョージ・ラック社のものは特にすばらしい。） | 。日常的な絵柄（そこから会話が発展するように）で個数の多いものが望ましい。木製のものがより望ましい。 |

**6　話す能力や言語技能を促進させるおもちゃ**

他人を交えたゲームは、すべてこれらの技能を促進させる。こうした状況の中で子どもの理解力を伸ばす機会を求めるとよい。

| | |
|---|---|
| 。ティーセット | 。大人用の小型サイズが、たぶん年少の子どもに一番合うだろう。ことにポリエチレン製やメラミン樹脂製の丈夫なものがよいであろう。 |
| 。下絵のついた二重構造のジグソー（ウィリス社、ガルト社（九三ページ参照） | 。思いがけないものが現われて、会話が刺激される。 |
| 。車庫、空港、鉄道、農場等のレイアウト | 。徐々に増やすこと——新しいものを購入してつけ足していくことは、想像遊びはもちろん、計画性 |

| | |
|---|---|
| | を育てたり、買い物への興味をおこさせる。 |
| ◦絵や写真類（台紙にはりつけたものが一番よい） | ◦家庭で集める。子どもと家族が一緒になったものを含める。既製品のセットも手に入る。——教育カタログをみるとよい。 |
| ◦ロット・スナップ写真（リスト5をみよ） | |
| ◦おもちゃ電話 | ◦子どもによっては緊張をほぐすことができる。——できれば二つ買うとよい。丈夫でベルの音のよいのが望ましい。 |
| ◦手や指のあやつり人形 | ◦とくに、家族や動物の人形が望ましい——しかし、王様とかどう猛な動物とか、説得力のあるものは、子どもに信頼感を与えることができる。 |

## 問題指向的アプローチ

子どもが両親やセラピスト、そして先生と一緒に、普通に遊びながら相互関係を維持していくことが困難であったり、あるいはまったく不可能と思われるような場合には、発達的アプローチでは十分ではない。われわれはここでこれらの問題の解決を模索している人々にわれわれなりの提言をしてみたいと思う。あるものは、その改善に時間と忍耐と努力を必要とするであろう。要するに、これらの問題に対しては、簡単な解答はまったくみあたらないのである。

そこでわれわれはまず、こうした子どもに対する見解を仲間や両親が集まりもちよった。そして彼らの行動の観察結果や、そのときわれわれがどのような判断を下していたかを記録していった。それはとても有益であった。その際、かなり試行を行なった後において、不成功に終わってしまったアプローチだけは切り捨てた。われわれは可能なかぎり分析し、実際に実行不可能なものはその原因を書き留めた。

**重症心身障害児**

われわれは、ここではすわることも頭を持ち上げることもできず、手足の動きが極端に制限されて自由にならない子どもたちをみることにする。視覚、聴覚、また自分自身の運動感覚も損われてしまっている子どもたちは、同時にある程度の精神障害も示している。コミュニケーション・レベルは非常に低く、自発的動作もきわめて少ない。そのため、彼らの知能測定は大変むずかしい。

ある意味では、こうした子どもたちにも、発達的なアプローチが必要でないとはいえない。しかしそれはとてもむずかしいことである。なぜなら、最低水準の発達のもとでは、遊びの可能性があまりにも限定されてしまうからである。正常な発達をしているこの段階の子どもたちの場合は、急速な進歩を当然とみなされる。それゆえ、よほど注意していないと、発達のこまかいところをみおとしてしまう。しかし、こうした子どもたちに対する試行を計画する前に、まずわれわれはこのような正常児の発達の細部を鋭く観察・分析しておかなければならない。その結果、新しく興味がおこりそうなとき、あるいは前進しそうなとき、その兆候をすかさずとらえて励ましたり、賞賛したりすることができるようになる。微妙な影響力をもった行動の数々をうまく組み込むことによって、反応はより刺激を受け生き生きとしたものになる。たとえば、目で対象物を追視する反応は正常な子どもの初期反応の一つである。子どもが、少しでも物と焦点を合わせることができれば、次の段階は目の追視を促進させてやることである。たとえば、はなやかな発光塗料のおもちゃを導入するとか、暗くした部屋で懐中電燈の明かりを追いかけさせるとか、子どもからみえる位置に明るい色彩の魚の入った照明つき水そうを置いてやるなどするとよい。

物理的に手助けして、子どもに様々な身体感覚をひきおこすようにしてやらなければならない。子どもは自分の力ではこれを行なうことができないからである。そして、その機会ごとに子どもを励まし、少しでも多く自分でやらせてみることが大切である。いろいろな身体的なかかわりの中で、その子どもの「世界」が体験できるようにしてやらなければならない。とくに動けない子どもには、頻繁に姿勢を変えてやる必要がある。比較的動きのある変化を好む子どもがいる一方では、少しの変化にも苦しむ子どももいる。その子どもたちに、より広い範囲で感覚をつかませるようにするには、おだやかな説得をつづける必要があるであろう。

子どもが自分の動きや動きが生み出す効果を自覚できるようにするには、フィードバックの機能を働かせねばならない。しかし、一度にあるものというわけにはいかない。そこで、まず次の方法が与えられる。身体の動きを映す鏡はフィード・バックの役目をする。子どもの見える場所につりさげられたモビールも同様である。しばらくは子どもが自由に動かせるように、手首に巻きつけておくとよい。これらの動きに合わせて、鈴が鳴ったり音が出るおもちゃはいっそう効果的である。（たとえば、けるとちりんと鳴るベビーベッド用のベルボールなど。）だぶだぶの袋や、でこぼこのあるマットレスや、水などは、子どもの動作が、彼自身思いもよらないほど大きな効果を生み出す。また、非常に小さな動きにでも反応するおもちゃもある。その一番簡単なものは、こぶしや手首に十二インチほどのひもで結びつけたふうせんである。また、電池式おもちゃは、入、切、といった単純なスイッチで作動するように作られている。これらは、スイッチが入っているかぎり動き、切られれば止まる。こうしておもちゃはすべて、大人が子どもに話しかけたり、子どもの努力を評価し、励ましたりすると、そ

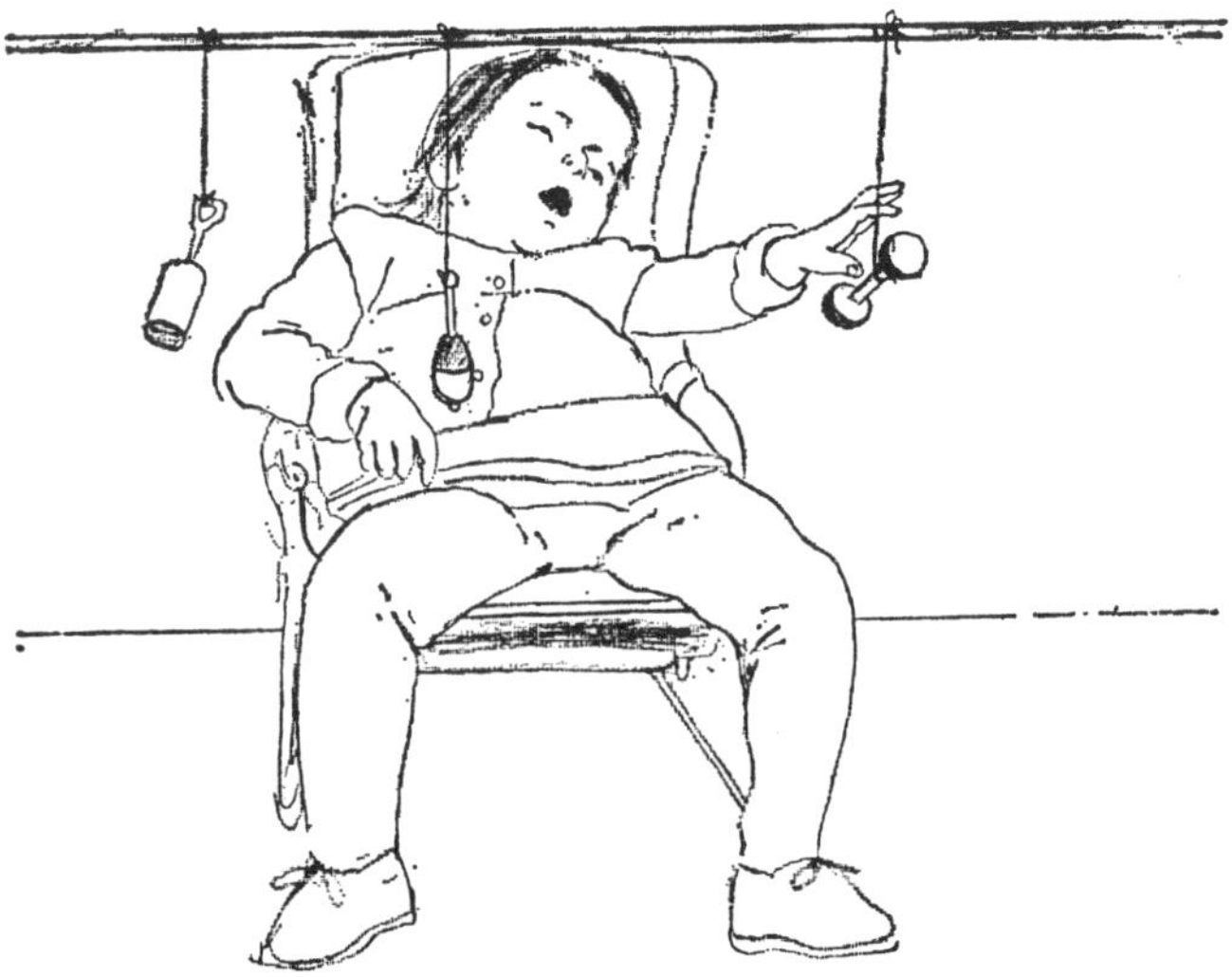

の効果が高められる。

最も敏感に反応する遊具とは、もちろん人間である。前章で述べた歌や身体の動きを主体にした社交ゲームは、大人にも子どもにも非常に楽しめるものである。遊び歌は、子どもも一緒にやらせると、簡単な動作を模倣したり、クライマックスを楽しみに待ったりする。「廻れ廻れお庭を廻れ」のような遊び歌はふたりで組になって簡単な遊戯が含まれている。初めのうち、子どもは「ピープ・ボー」の中でのようにただ見守ったり驚いたりするだけだろう。大人たちは必ずしも決まった動作でなく、子どもとともに、自分たちだけの独自のゲームを発展させてもよいのである。子どもを驚かしたり、喜ばせたり興奮させたりする音や動きや感情に合わせて発展させればよい。ある重度の聴覚障害児は、指がだんだんと目の前に近づいてきて、その指で鼻をキュッとつままれることを非常に喜んだ。一方別の子どもは、父親が自分の耳にぷうと息を吹いてくれるのを楽しみに待つようになった。最後には子どもは、この種のゲームの中で順番を守り、役割を交替できるようになるかもしれない。しかし、強度の心身障害児にとっては、それができるようになるには長い時間が必要である。われわれは実際問題として、この種の役割の交替を教えていかねばならない[3]。

## 非常に引っ込み思案で消極的な子ども、および強迫観念的遊びをする子ども、奇行のある子ども

これらの問題は、同一ではない。しかしながら、よく同時に発生する。そしてこれらの問題解決には、似かよったアプローチがなされてきた。たとえば、引っ込み思案な子どもはしばしば奇行癖があり、それによって社会から自分を切り離してしまおうとする。それをやめさせようとすれば拒絶反応を示す。消極的な子どもは、単に気持ちよくその子どもを刺激する自慰的な反復行動にふけったりする。かれらは、積極的な探索行動に対しては、拒否反応を示している。強迫観念にとりつかれた子どもは、行動選択を無視し、とてもがんこである。たえず同じ行動をくりかえし、遊びをかえさせようとしたり、気をそらそうとすれば、驚くほど強硬にそれを拒みつづける。子どもが反復行動をくり返している場面に第三者が介入してきたときの反応を観察する以外には、子どもがこれらのうちのいずれの情緒的な問題をかかえているかを決めることはできない。一般化は、道を誤らせるもとである。ひとりひとりの子どもは、それぞれ違うからである。その代りにわれわれは、特異な三つの問題例をあげ、その対処法を次に述べる。

アランは、ひどく知的、情緒的に発達の遅れた五歳の少年であった。彼は両手でくりかえし顔をぴしゃりと打つくせをもっていた。だが時には、それをやめて、父母のすることを見たり話を聞いたりもした。またダンプカーを押したりもした。彼は首の後をこすってもらうことが好きであった。母親に両手をつかませたり、さすられたりもした。彼は家の外を好んで歩いた。散歩の途中、両手がつかまれていると、顔を打つのをやめたりもした。そのうち父や母が彼の両腕をとって腰までおろしても怒らなくなった。初めのうちは、ただ大騒ぎをするだ

けだったのが、彼の好きな、単純でドラマチックな動きをする気に入った感じのおもちゃが目の前におかれると、手を伸ばしてさわるようになった。われわれは、彼の両手に砂を少しずつこぼし、彼が上手にそれを受けるようにすることから始めた。後に水で同じことをやってみた。少し間をおくと、彼は再び両手を顔まで持ち上げようとした。そのたびごとに父や母が腕をつかんで止めさせ、彼に厳しく「ノー」といった。両手を、再びおもちゃや砂や水の方に伸ばすと、温かく「良い子だね」といわれ、背中や首をこすってもらった。このアプローチは毎日規則正しく両親によってつづけられた。その間に、彼らは、たえず子どもが興味をもちそうな、あるいはそれによって子どもの気をそらせることができそうな新しいおもちゃや遊具をさがしまわった。しばらくすると、彼の顔たたきをやめさせる「ノー」の声が短かくてすむようになり、両親が制止するちょっとした素振りをみせるだけで顔たたきをやめるようになった。もっと大切なことは、砂や水や小さな車を使った遊びに発展がみられ始めたことだろう。その結果彼が欲求不満になっていたり、気分がふさいでいたり、体の具合が悪いときを除けば、これらの遊びがしだいに「顔たたき」にとって代わるようになった。われわれは顔たたきはもともと自分をいらだたせ、混乱させる外の世界に対する強迫観念的反動として発生したものと推測できる。しかし、われわれが元どおりにする試みを始めたときにはすでに習癖の段階まで落ち込んでしまっていたのであろう。

次にみてみるのは、キャロラインという精神的に発達の遅れた三歳の女の子である。彼女は紙に取りつかれていて、完全に活力をなくしていた。両手に一枚の紙を持ち、上手にひねってひっぱると、こまかく破り裂いた。紙がなくなると別のものを見つけ、再び始めるまで、じっとしておれなかった。彼女に聞きわけさせることは不可能だった。なぜならば、彼女は目の前の紙を広げ、じっとそれを見つめるばかりだったからである。もし紙を取り去ろうとすれば、彼女はたちまち床の上に身を投げだすか、別の紙を見つけに飛び出した。時折りはだれかが遊んでいると、そちらをちらっと見たりした。廊下や大きな部屋にいれられると、大喜びで走り回った。また、両親に抱き上げてもらったり抱きしめてもらうのが好きであった。しかしながら、彼女は話しかけても、それに反応しなかった。われわれのアプローチは部屋から紙切れを（彼女の手が届くものも含めて）いっさい取り除くことであった。それからわれわれは、彼女の機嫌がおさまるのを待ってから、簡単なおもちゃを差し出した。彼女は、初めのうちは、そのおもちゃをちらっと見るだけであった。そのうち、おもちゃに手をのばし、取りあげ、つかむようになった。われわれはできるだけ彼女の注意を引きそうな、音や動きのあるおもちゃを選ぶよう心がけた。たとえば、ちりんちりん鳴るベルとか、ぐるぐる回る風車とか、押したりひっぱったりするおもちゃを与えると、彼女は歩きまわって喜びを表わすことを見出した。こうした遊びをしているうちに、彼女は少しずつコミュニケーションをもてるようになってきた。ついに、紙に対する強迫観念が消えるときがきた。そして、しばらくの間は他の強迫観念が次々に現われたのであるが、それらはいずれも、彼女をまったく外界から遮断してしまうほど激しいものではなかった。

最後は、マークという発育遅れの三歳児の場合である。彼は保育集団から孤立していた。あるときは、彼は自分に向かって、何を言われているのかを理解しているように思われた。またあるときには、無表情な目で人を見つめたりした。彼はときどき意味のないことをしゃべったり、部屋の中をうろうろしたり、胸におもちゃのアイロンを抱きしめたり、電線コードを巻いたり、巻きもどしたりして過ごしていた。ある休日、彼は階段に取りつかれた。家の中で彼は金切り声を上げ、ドアをバターンと鳴らし外へとび出していった。そして、近所の階段を次から次へといつ終わることもなく昇り降りしていた。彼の母からの訴えにより、われわれは、トイ・ライブラリーから木製の積木を借りてきて、彼に与えることにした。母親はその積木で、彼自身のための階段を組み立てた。それ以来、彼は自分で階段を作り始めると、彼の両親や家族にも同じように階段を作ってほしいとたのんだ。彼を担当した学生は、積木をよそへ移そうとしたり、他の活動を導入しようとすると、彼が強く抵抗することに気がついた。そのため学生は、積木を使うことを認め、その代わり、その使い方にいろいろな変化をもたせることにした。あるとき、学生は橋を作ってみせ、その下に車を通す方法を教えた。これが、彼の遊びに他のおもちゃや人間を導入する出発点となった。このことができるようになると、しだいに階段や積木、電線巻に対する強迫観念がうすれてきた。そして、彼の遊びのレパートリーが広がってきた。

## おもちゃをかんだり、吸ったりすることに固執する子ども

正常な発達過程の間には、乳児はおもちゃを口に入れて探索する時期がある。発達の遅れている子どもの場合は、この期間が長びくようである。また、普通児でも、口に手を運ぶ時期が通常より遅かった子どもの場合、やはり長びくようである。もちろん、おしゃぶりは大切な活動であり、適当な時期には奨励されるべきものである。普通児は、たいてい簡単なおもちゃを並べたり、積み重ねたり、合わせたりし始める頃には、おしゃぶりはやめる。または、意識的、建設的な方法でおもちゃと遊び始める前におもちゃに慣れる方法の一つとして、おしゃぶりをしたりする程度である。一方、口をもう一つの手として使う子どもがいる。われわれは最近、耳が聞こえない子どもが両手で土台をしっかりと押えながら、口でガルト社の飛び出しおもちゃのペグ人形を引き抜くのをみた。

しかしながら、ある種の子どもに関しては、おしゃぶりをどうしてもやめない場合があるようである。おしゃぶりが長びくのは、子どもが次の段階へと成長していくことの妨げとなり、障壁ともなりかねない。おしゃぶりしたり、ものをかんだりすることは、子どもに与えるおもちゃの範囲を著しく狭め、発達をそこない、実にやっかいな問題を引き起こす。たとえば、いくら次の段階のおもちゃ、たとえば、大きくて単純な紙製のピクチャーパズルで遊べる時期がきていても、なめるために、そのおもちゃはすぐにだめになってしまう。母親がトイ・

ライブラリーからおもちゃを借りてくるのも、なめることを思うと、ついためらいがちになる。前述した顔たたきのように、手や指のおしゃぶりは、他の遊びを妨げるし、また、習慣的になったり、度を越したりするために、子どもの手や顔のただれの原因にもなる。もちろん、われわれは、指しゃぶりを正常な好ましい習慣とはみなしていない。

子どもは歯がはえはじめると、しきりに何かかむことを好むようになる。そのときには、適切な物を与え、かむことをさせ、そこにいろいろ変化をもたせる。実は、おもしろい特色のあるティーシングおもちゃ（teething toys）というのがたくさんあるのである。子どものおしゃぶりやチュウイングを止めさせようとするよりもむしろ、子どもの遊びの積極的な面を奨励して、のばしてやるほうがよい。たとえば鈴を木製やメラミン製のスプーンの手に取りつける。すると、単なるかむ対象が遊びの要素を獲得し、最後にはスプーンを使って食べるしつけにも発展するのである。はじめのうちは、子どもが遊びに興味をなくしたり、あるいはそれが困難すぎたり、逆に容易すぎたりすると、再びおしゃぶりしたり、かんだりすることを始めてしまう。時として、この習慣があまりにも深くそまる場合は、そこに徹底的な介入が必要となるであろう。そして、「顔たたき」の少年について述べたのと同じようなテクニックを使わねばならなくなるだろう。

## ものを投げることに固執する子ども

おもちゃで遊ばず、それをほうり投げる子どもについても、同じようなアプローチを試みてみたいと思う。これもまた、乳児期にはありがちな発達過程のひとつである。子どもはおもちゃを高い所から落としたり、床の上に投げ捨てたりして、それが動かなくなるまでじっと見守る。このことは、しばしば大人とのゲームに発展していき、それがますます投げる行為に拍車をかける。もしかしたら、これがものをほうり投げることに固執することの一つの原因になっているのかもしれない。子どもがおもちゃを投げると、すぐ大人の反応がある。それが子どもにとってはねらいであるのかもしれない。というのは、たとえその反応が子どもをとがめるようなことであっても、十分に大人の注意を引いたわけであるから、子どもは満足するのである。家庭内で子どもがものを投げつけても無視できる親はほとんどいないであろう。

子どもが他の遊び方をほとんど知らなかったり、ためらいなく慣れたものを投げる。この段階では、子どものおもちゃを片づけておいて、もっと活動的なゲームや遊びに集中させることがよいであろう。あるゲームは、ものを投げることを積極的にとり入れたものもある。そして、これがたぶん子どもの遊びの発達の第一歩にもなるであろう。一例をあげれば、軽いブロックを洗濯バケツに投げ入れては取り出して、また投げるというゲームである。これは、発達上の見地からみて、知覚探索活動に続く一つの適切な活動でもある。一応ものを投げることを容認できる一つの形でもある。ものを投げる子どもは、たいてい「バァン」と音を立てることも好きである。したがって、木くぎ打ちハンマーのようなおもちゃも、より建設的な遊びを発達させるのに役立つであろう。ある子どもは、習得の手段が何もなく、ものを投げるこの段階で立ち往生してしまうことがある。すなわち、彼らは単純な動きを注目したり、模倣したりしないのである。この場合は、打楽器を用いると効果がある。というのは、この種の子どもたちはたいていシロフォンやドラムに興味を持つ傾向があるからである。打楽器よりさらによいものは、小さいポータブル電気オルガンである。これは、子どもがやさしい動作を加えると、たちまち大きな音を出して応えてくれる。まず大人が子どもを模倣する。子どもが大人の活動に明らかに興味を示すようになったら、子どもを励まして、まねさせる。こうして、模倣が進む。子どもは一度まねることができると、簡単な教示を受けるだけで、新種の遊びを覚えるようになる。

**破壊的、攻撃的な子ども、および異常に活動的で注意散漫な子ども**

これらの二種類の子どもの問題については、同時に考えてみたい。というのは、両方とも物理的、社会的環境に問題がある場合に発生し、悪化するからである。破壊的、攻撃的な子どもについて論じる場合、まずその定義を明確にすることが重要である。概して破壊的な子どもと表現される場合は、おもちゃをばらばらにこわしてしまう子どもを指している。また攻撃的な子どもというのは、はっきりした原因もないのに、他の子どもたちに襲いかかる子どもである。しかしながら、時には「攻撃的」という用語はおもちゃを乱暴に扱う子どもも当てはまる。(これは仮定であるが)、彼らは、他に怒りを向けず、おもちゃにぶつけるからであろう。極度に攻撃的な態度は、またさらに問題が複雑であり、ここでは論じない。われわれは、一つの遊びとして、ものをこわす子どもと認識力不足から、同じくものをこわす子どもたちに限って論じるつもりである。たとえば、小さなもろいおもちゃを踏みつける近視の子どもや、発育の遅れた子どもは、本質的には破壊的ではないのである。一方、人形を足で引きずる子どもは、ふつう赤ん坊のような人形は親切に扱うべきだという認識が、まだできていないだけなのである。

真の「破壊的」というのは、遊びが完全に対象を解体したり、破壊したりすることに喜びを感じることにある。われわれがすでにみてきたように、ある発達段階では、子どもたちは積木の塔や城を押し倒したり、砂の城を踏みつぶしたりすることを楽しむ。それらのものは、ただこわしたり、つぶしたりするのが目的で作られるのである。しかし、通常は、そういった行動はすぐにさらに建設的な活動へと進んでゆく。すなわち、組み立てが解体より面白くなるからである。そしてまた、このような子どもたちは、彼らが一つの遊びをやり尽くして、もはやすっかり興味をなくしたと感じるときだけ破壊的になるのである。もし、彼らが別の面白味を教えられたり、もっと意欲をそそる遊び方を示唆されれば、破壊性は消滅するであろう。大人でも、負けるとゲーム盤を引っくり返すように、子どもたちは、時にはおもちゃの扱いがあまりにもむずかしいとき、破壊的な行為に及ぶ。したがって先に少しふれたように、子どもが破壊的になっている環境を明確に観察し、分析することがこの問題の解決に役立つであろう。物を投げる子どもについて述べられたことの多くが、ここにも通用できる。つまり、実際には、おもちゃを投げつける子どもは、たいてい破壊的であるともいえるのである。

次に、両親にとって、まったく建設的に遊んでいるとは思われない「異常に活動的で注意散漫な」子どもについてみてみよう。

この言葉（異常に活動的な）は、もっと厳密な臨床的意義がある。すなわち、脳損傷の結果としてもたらされた一つの症状をあらわす意味で使われるのであるが、しかし、もっと広い意味で、われわれが今まで論じてきた子どもたちとは違って、「何事もすべて始めるだけで、決して終わりまでやりとげない子ども」を指すのにも用いられる。例はあまりないが、活動に引きつけられると、きまってやりかけたことを仕上げずに、散らかしたまま、投げ出してしまう子どもがいる。これらの子どもにとって、「刺激豊かな環境」は実際問題として、最大限にこの性格を助長するのである。つまり多数の新奇な光景や音がますます一つの活動から別の活動へと目移りさせるのである。時に親たちは、子どもを静かで思索的な活動につなぎ留めておくことができず、一緒になって外で走ったり、歩いたり飛び回ったりして時をすごすようになる。そうした運動は、子どもたちが好むからでもあり、親にとっても楽であるからである。しかし、その結果、子どもは精神を集中させる習慣や、ものごとに「終わりとその結果」があるということを学ぶことができない。

この問題を解決することは、比較的簡単な場合がある。すなわち、こうした子どもに必要なものは、より制約された環境である。子どもをテーブルに向かってすわらせ、その上にはただ一つのおもちゃをおいて、それで遊ばせる。ほかに注意をそらせるようなものは何一つない。そこで、たっぷりの助言と励ましを与え、何とか最後までやりとげさせ、結果をほめてやる。それだけで良い結果が得られるであろう。その一方では、綿密な計画に基づいて対処することとあわせて薬治療を必要とする子どももいる。これら両者の間には、慎重に考慮された状況の中で、正しい発達水準に基づいたおもちゃを用いた試行を何度もくりかえせば、遊びに加わるようになる子どもや、仲間と協同しながら長時間にわたって遊びをつづけられるようになる子どもがたくさんいる。子どもは、ほんの一時注意すれば、あとは、部屋の中を走り回っても、それは許されてよいことなのかもしれない。そんな子どもは、やがて決して強要もせず、しかも思いやりもあり、静かに自分を抑えながら、ちょっとした注意や協力に対してもいちいちこたえ、ほめてくれる、そんな大人の元にもどってくるのが一番だと気づくときがくるだろう。そのようにしているうちに、しだいにそういった子どもに最も要求される集中心が養われていくのである。

この分野での一般化はたいていの場合、すでに述べたように道を誤るものである。しかしこの原則にも一つの例外がある。それは、子どもの障害の深さがどの程度であっても、子どもの行動の中に肯定すべき要素がみつかれば、それらがいかにささいなことであろうと、重視しなければならないということである。そして、どんなに小さな反応であっても、それが子どもの発達の流れの中でとらえられるものならば、ただちにとり上げ、さらに遊べることをめざした矯正的アプローチの中に組み入れられるべきなのである。

# 第10章　病気の子どものためのおもちゃと遊び

ここ数年の間に、病気の子どもの治療にたずさわる人々は、子どもの肉体的要求にばかり気を取られているあまり、今まで心理的、情緒的要求をなおざりにしがちであったという点に、ようやく気づきはじめた（子どもの両親が気づかせたといってもよい）。子どもが最も弱っているとき、両親から慰めや励ましを受けることがいかに大切なことかは、以前上映された画期的な二本の科学映画により、鋭く指摘された。それは、一九四五年、レエーネ・スピッツ制作「悲痛――幼児期の危機――」および、一九五三年、ジェイムス・ロバートソンとジョイス・ロバートソン制作の「二歳児病院に行く」である。この後両親の病棟への自由な出入り獲得運動は、十分な成功をみた。その結果、今では治療スタッフがなお親をしめ出そうとすれば、がんこで時代遅れだという見方をされるまでになった。この現象と並行して、入院中の子どもの安らぎと適応性についての関心が高まり、遊び活動を子どもの入院中に継続して行なうことの重要性を、積極的に評価するようになってきた。そして、この分野の専門家が、子どもが治療的な遊びを通じて病院体験のこわさに慣れることを調査研究するまでに至った。

病棟を気持ちよく遊べる環境にすることについては、有益な示唆を得られる書物が多数出版されている[1]。したがって、この章でわれわれは、家庭内で病気の子どもをかかえた親たちが子どもを面白く、楽しく過ごさせるにはどうしたらよいかという点について述べてみたいと思う。そのことは、また入院中の子どもにおもちゃを買い与える人たちや親たちにも役立ててもらえることとなろう。治療上の遊びを扱った書物は見つけにくいが、われわれは、ジョーン・ジョリー（グリニッジの小児科病院婦長）の著わしたものも含めて参考にした。彼女は、とくに想像力あふれた遊びを治療手段として用いることによって、その方面に業績をあげている病院について研究している。

おそらく病気で寝ている子どもにとって、いちばん必要なものは、父親と母親、とくに母親がそばにいてくれることであろう。われわれが、英国中部地方[2]に住む七百人の子どもの親たちに、そのしつけ方について調査したところによると、子どものしつけに対しては、もちろん父親も関与していた。が、しかし、「子どもがけがをしたり、体の具合が悪いとき、いちばん求めるのは母親であろう」と父・母ともに思っているという結果が出た。これと同じことを、われわれは自分の子どもにも質問してみた。その結果、彼らもやはり同意見であった。われわれは父親も母親も親の役割としてはたいして違わないと思っていたので、意外であった。子どもたちに理由をたずねると、第一に母親の手はやわらかいといった。第二に母親は夜間でも素早く起きてくれるので、信頼がおけると答えた。とくに母乳で育てた母親は、非常に小さなうめき声も聞きもらさない体内警報装置とでもいえるものが発達しているようである。それは何かがあれば、決してそのままに放置せず、ただちに適切な行動に移せる、高性能の装置であるといえようか。

病気の子どもにとって重要なことは、親密なだれかがそばについているということである。子どもの世話をする人がだれであろうと、非常に時間と手間のかかる看病の仕事を喜んでやってくれる人でなければ、子どもにもその看護人にも一種の欲求不満を引き起こしてしまう。たとえば、医者の往診に備えて、家を大掃除して待つような人はこの仕事には不向きである。良い医者ならば、ぴかぴかにみがき上げられた家の中をみせられるよりも、安心して気持ちよさそうにしている患者をみるほうを望むであろう。

次に、病気の子どもにとって必要なことは、とくに病気になってまもない段階においては、子どものペースを守ってやることである。いくらわれわれが子どもの遊び活動の必要性を論じても、病気の子どもに、きちんとした態度で遊ばせるべきであるとまではいわない。比較的軽い病気でも、大切な時期には、眠ったりうたたねすることは自己治療の一つである。ベッドは温かく心地よい場所であり、体を縮めて丸くして横になり、寝ている間に病気を治してしまう。ベッドの中では、食事をしなさい、手を洗いなさい、などと言われることもない。邪魔されないことが何よりよい。したがってわれわれも彼らを何とか喜ばそうと努力する必要がないのである。しかし、子どもたちは部屋の中でだれかにそっと坐っていてもらいたいのである。うとうとしながら足音を聞いて、家族が自分を忘れていないことを確かめたいのである。少し具合が良くなっても、子どもの集中力は、まだいつもほど活動的でなく、また長くつづかないだろう。熱心に始めたゲームにすぐに飽きてしまってベッドに倒れこんでしまう。そして、けだるく壁紙の模様を数えたり、うたたねを始めたりする。子どものために用意された活動には、子どもの体調を考慮に入れて、具体的に健康回復をはからなければならない。子どもを喜ばそうと苦心して考えた娯楽が、子どもにとってありがた迷惑なものであれば、子どものために何もならない。看護者の役目は、その時々の状態に合わせて、子どもの興味の回復を計ることである。子どもの肉体的回復状態をみながら、断続的にゆるやかな動作を再開させていき、子どもがだれにもありがちな病気後の心理的な無感動や無抵抗におちいらないようにする必要がある。もし、その遊びが、病気にふさわしいものであるかどうか自信を持てないときは、医者に相談することが必要である。

今日の多くの医師は、小児期の普通の病気の場合、子どもがベッドから出たいと思ったら、すぐにそうさせてよいと考えている。その場合、子どもが思ったよりも早く疲れたりすることがあるため、すぐにベッドか、やわらかいソファが間に合うように用意しておくべきである。床を離れた子どもたちは、たぶんもう通常の遊びができるであろう。しかし、彼らはいつもより、持続性がなく技能も劣っている。また、動いてはいけないが、他は異常なく気分がいい子どもたちは、家の居間にいることを喜ぶであろう。子どもたちは、そこで家族の生活の営みを膚で感じることができる。寝室が暖かく楽しいところであるかどうか、他の家族がちょっとのぞく範囲内にあるかどうかは重大なことである。二階から上では、子どもは孤立して、寂しさを感じる。子どもにはやさしさが必要である。子どもは一日の大部分を家族とともに過ごすことにこしたことはない。しかし、家族の生活が騒騒しかったり、わずらわしかったりすれば、静かなところへ寝室を移すべきである。寝室を移したりすることは気分転換にもなりうるからである。われわれの子どもたちは病気になると、昼間の寝場所に、よく両親の寝室を選んだ。確かにダブルベッドはベッド脇テーブルやスタンドなどがついており、おもちゃをおいたりするのに都合がよい。また、ほかの姉妹と遊ばせるのもよい。親がベッドのそばに内線電話をつけていれば、子どもはよりいっそう楽しくなる。

それでは、われわれはいろいろな理由からベッドに寝ていなければならない子どもや、固定されて動けない子どもたちに焦点を当てることにしよう。寝ていなければならないということは、小さい子どもにとっては、とくに欲求不満をつのらせる。それは、読書や技能ゲームや冒険ができないばかりでなく、小さい子どもは年長の子どもより、動きたい欲求が非常に強いからである。ある体育教師は、正常な自分の三歳になる子どものあとを追いかけて、一日中のすべての動きを模倣してみる実験をした。一日の終わりには、彼は肉体的に疲れ果てたが、子どもはまだ元気であった。ベッドに寝ていなければならない子どもの興味をそそり、心を引きつけようとするとき、われわれはいつもこの身体的欲求不満のことを思ってしまう。しかし、一方で子どもが固定されているという事実は、われわれがどんな遊びを選ぶべきかを決定する大切な要因になる。たとえば、ギブスをはめている子どもにとって、ギブスそのものが手足や関節をきちんと固定する働きをしている。そこでわれわれは、体が自由にならないということを前提にして、その範囲内でできるかぎり子どもを活動的にするにはどうすればよいかということに、主として関心を持つことになる。しかし、ただベッドで寝て休養することを指示されている子どもの場合は、われわれは、まず医者と綿密にどの程度の休養が必要なのかを打ち合わせなければならない。その結果、子どもにとって面白くて、なおかつ静かな活動を見つけ、子どもが楽に耐えられるような配意をしなければならない。エマ・プランクが指摘しているように、「ある程度の活動を認めることは、かえって、子どもにいい意味での休息を与えることになる。なぜならば、子どもはそれによって、自分の体が自由にならないことに対する抵抗感が弱まり、気持ちが和らぐからである」。

## 一般備品

病気の子どもを看護するに当たって、できれば子どもの生活を具体的に補助するような用具を購入するとよい。あるものは、病気以外のときにも使用することができる。また、廃品や不要なものから作ることもできる。病気が長びくとなれば、当然、多目的に使える品物を買うほうが効果的であろう。

ベッドテーブルやベッド盆は、遊び場所を広げ、とりあえず使わないおもちゃを脇へ置いておく場所に利用できる。とくに役に立つものは、一方だけを固定したカンチレバー・テーブル（cantilever table）である。このテーブルは、必要なときに子どもの前に広げられ、とくに高さが調整できたり、ものが簡単にころげ落ちないように、ビーズなどで縁どりされていれば、一層有効に利用できる。また、ごく普通のお盆でも、いろいろと使い途がある。やりかけの活動を途中で手軽によそへ移動させたり、随意にまた元の場所にもどしたりできるからである。また、食料雑貨入れの箱を一インチの深さに、まっすぐに切れば、特別製のお盆がたちまちにしてできあがる。野菜棚はベッド脇に置くとたいへんよい入れものになる。脚輪のついた高価なものなら、もっと便利である。われわれの子どもたちも細長い野菜棚を利用して、人形の寝台を作って大いに楽しんだものである。ベッドの横や下に違った大きさの雑用箱をおくと整然とおもちゃを保管できる。ひもを編んで作った袋も、中身が見えるので、大変便利である。ポリエチレン製の洗濯用ボールもいろいろな用途がある。粘土やプラスチン（plasticene）や、あらゆるものがごちゃまぜになったものを、すっきりとまとめて入れておけるし、組立て玩具やコラージュや、縫い物の材料もまとめて保管できる総合貯蔵所となる。しかし小児用アスピリンも含めて、医薬品の類は、決してベッドの近くに置いておいてはいけない。

子どもが長い間ベッドの生活をしなければならない場合には、ベッドシートをおおう大きな一枚のポリエチレンのカバーを用意するとよい。そうすれば何も心配しないで、思いっきり散らかして遊ばせることができる。床を保護するためには、多量の新聞紙を重ねて敷いておくとよい。もし必要なら、パジャマのそで口を底を裂いた小さなポリエチレンの袋でおおうか、あるいはそでを短かく切った古いシャツを子どもに着せるのもよい。長期患者に最も重宝なものの一つは、必要に応じてベッド脇にもって来たり、移動したりできる、台のついたベビーバスである。そこに数インチの深さに温水を入れてボートを浮かべることもできるし、ものを入れたり出したりする容器にもなる。また、砂遊びに使ったり、底に土砂を入れて年上の子どもが完全な村や町を作ってみせることもできる。われわれは数ポンドのいんげん豆やえんどう豆やそら豆をこのような容器に入れると、幼児期の子どもはかぎりない楽しみをそこにみつけだすことがわかった。子どもたちは、容器から容器へ豆を移したり、手を突込んではねかえしたりしていろいろ遊ぶ。そのときは大人がいっしょにいて、子どもたちが耳や鼻に豆を詰め込まないように気をつけてやる必要がある。

視る角度を変えることは、視る光景を変えるのと同じくらい楽しいものである。これらのことは両方とも、通常いつでも工夫できることである。たとえば、ベッドの位置を動かしたり空気ベッドやキャンプ用ベッドに寝かせて床の上や庭やバルコニーへおろしてやったりする。移動のとき、大袋（sag-bag）があると便利である。というのは、子どもをすっぽりと中に入れて運ぶことができるからである。しかしながら、これには少々力がいるが、庭用のハンモックは、他の使い途に利用できる。ベッドの真上につりさげれば、子どもの手が届く場所をそれだけ増やすことになる。また、そこからおもちゃや道具にひもをつけてぶらさげておけば、ベッドの上でものを失くしたり、手の届かない所へ転がっていく心配もない。同じように、ハンモックや、あるいは他の網状のものを、赤ん坊のベッドの上に、左右に張ってやるのもよい。そこから面白そうなものをつり下げてやると、赤ん坊は手を伸ばしさえすれば、いつでもそれを手にすることができる。子どもが動けないようなときは、物を安全につり下げるところがあるかどうか部屋を見まわしてみるとよい。ある看護者は、網で大きなボールを包み、ベッドの上につり下げて、それをパンチボールにして子どもに遊ばせた。健康な子どもなら毎日でも楽しめるこのような運動を、病気の子どもたちには、こうでもしなければ、その機会さえ持つことができない。もし天井に安全な留め場所がなければ、一方の壁から、もう一方の壁にロープを取りつけてもよいであろう。そこに物をつるすことができる。遠くにある留め金から子どもの手まで届く長いひもに、カーテンリングをいくつか通してスロープを行ったり来たりさせて遊べば、三十分は楽しるめであろう。もっとよいのは、ベッドの頭の上の壁に滑車をとりつけることである。反対の壁か戸口の柱にもう一つ滑車をつけ、二重にひもをかける。とくにふたりの子どもが同時に病気であったり、別の子どもが仲間としてそこにいれば、面白さも倍加する。ノート、絵、小さな物やおかし、それに櫛さえもコードに結びつけたおもちゃのバケツに入れてたぐり合えば、スリリングな冒険にもなる。まさかと思われるかもしれないが、ほんとうにこのような使い方もできるのである。

## 活動的なおもちゃ

子どもがベッドにいるという事実に制約されることなく、寝具を大きなビニールシートでカバーしてでも、その上で何かをして遊ばせようと決めた以上は、あらゆる種類の遊びが可能になる。われわれは以前に粘土やプラスチンの名をあげたが、ほんとうは練り粉（小麦粉粘土）の方がよい。これは、扱いやすく、快く、たとえかたまりがシーツの間に落ちても、きれいでにおいがない。練り粉の昔ながらの作り方は、一カップの小麦粉に対して半カップの塩（乾燥を防ぐため）を水でねりあわせ、適当な堅さになるまで混ぜ合わせる。ねばねばする場合はさらに小麦粉を入れてねる。こうして自由に延ばしたり、形をつくったりすることのできる小麦粉粘土ができあがる。これは、プラスティックの袋に入れて冷蔵庫にしまっておけば、数日間くり返して使える。色のついた小麦粉粘土を作る場合は、食品用の色粉を少々水を加えて混ぜるとよい。小麦粉粘土は両手で簡単にねじったり、ちぎったり、丸めたりして自由に形が作られる。小道具として、マッチ棒、プラスティックの刃、ねじ、縁に刻みのあるぎざぎざの入った小物、がらくた入れから出したこまかい物等を寄せ集めておくと、あらゆる種類の印象的な模様を作ることができる。平板やめん棒や菓子切り刃で、子どもはジャムやデコレーションでかざったすばらしい人形のお菓子を作るだろう。また、大人が一緒になってやっていれば、本物の菓子の練り粉を使用して、三時のおやつが作れる。今すぐスーパーマーケットの棚に陳列してあるあらゆるインスタント・ケーキの素を物色してごらんなさい。そして、小さな紙ケースや粉砂糖やデコレーションもあわせて求めるとよい。きっとすばらしいほんもののお菓子を子どもたちと一緒に作ることができる。

次に、絵の具について述べよう。絵の具は、小さなつぼやペンキボックスに入った濃いポスターペイントなら

ば、手軽に扱える。が、有名メーカーのものはとても高い。安い絵の具で節約すると、水っぽく、ジャージャーしていて、いたずらに欲求不満がつのるだけである。そこで、粉抹絵の具を混ぜたり、水や、こぼれないビンを用意すれば、ある程度欠点を補える。ビンは自分で作るとよい。スクウィージィボトル（中身を絞り出すことができる容器、プラスティック製）の先端を二インチ程度、底を四インチ切り取る。そして、キャップを取り除く。先端部を逆さまにして、底の部分に差しこむ。ビンに入った絵の具の場合、ぜいたくに思えるかもしれないが、色別にハケを分けて使うと、かえって節約できる。浅いビスケット罐はビンをまとめ、安定して保管するのに都合がよい。その中でしっかり固定するには、クチャクチャにまるめた新聞紙や台所用ペーパーですき間をふさぐ。台所用ペーパーは、ハケをふくにも便利である。画用紙を画板やお盆や板紙に固定するには、粘着テープを使うとよい。また、これらのものすべては即製のベッドテーブルに置くとよい。即製のテーブルは、丈夫なダンボール箱を適当な高さに切って作る。そして、上下を逆にし、下の部分を子どもの足に合わせてアーチ形に切り抜く（子どもは、粘着紙やプラスティックのコラージュで、この

テーブルをおおってやると喜ぶであろう)。絵の具と少量の水性パスタ剤を混ぜ合わせて、フィンガーペイントをしてみなさい。とても楽しくできる。また、版画も試みてみよう。われわれは、ジャガイモを切って作ったが、これには鋭い刃物がいる。その代りに、プラスチンのかたまりを利用するとよい。片側を平らにして、何か堅い物(鉛筆、はさみの手等)で模様をプレスする。こうしているうちに、だんだん斬新な感じになってきて、素晴しいプリント・スタンプになる。壁の掲示板には、こうしてできあがった作品や雑誌の切り抜き、きれいな絵はがき、口絵などが、ピンでとめて展示される。

小学生くらいの子どもの場合、箱いっぱいの小物やがらくたを使って何かを作りながら、何時間も楽しく遊ぶことができる。とくに、できあがった作品を、さらに何かに利用できる場合には。小物の中身というのは、いろいろな色のフエルト、リボン、レース、粘着テープ、コットンプリント、クレープヘアかふわふわしたウール地、えもん掛けなどである。これらを材料にして作られた壁かけ人形は、一番簡単で、しかもおもしろい作品の一つである。われわれの子どもたちは、かつて「人間」をテーマにした展示会の作品構成の手伝いをしたことがある。その展示会の人気の呼び物は、壁かけ人形作りのコーナーであった。そこには前述した材料が積み上げられ、訪れた子どもや大人が大勢立ちどまり、心を奪われて次から次へ人形を作っていた。また別の面白い作品としては、「円錐人形」があげられよう。小さな紙を円錐形にまるめ、とがったほうに顔を描く。さらに、簡単にでも、念入りにでも自由に、自分の好きなように服を着せる。そして、テーブルをトントンたたいて、人形におはじきを飛び越えさせたり、少し傾斜させたお盆の上で、走り降り競走をさせて遊ぶのである。材料を切る際、大切なことは、先端の丸くなった、よく切れるはさみを使うことである(とがったはさみは危険である。なぜなら、子どもは、それらを取り扱う際、力を入れすぎる傾向があるからである)。接着剤も使いやすいものを選ぶ。ファイバーペン(水性)は、人形や模型に形を描くときにいるだろう。穴のついたパスタ(pasta)は彩色し糸を通してネックレスにできる。もし、木綿糸を通した縫い針が必要なら、ベッドの脇のどこか適当なところに針山をとりつけるとよい。そして、ただ一本だけ針を用意する。使わないときは、針をその辺にちょっと置いたりせず、必ず針山に刺し込ませるように習慣づける。ホッチキスは便利な道具である。取っ手の幅が狭ければ、とくによい。

子どもが長い間ベッドに居なければならない場合には、模型の村や町、人形の家などをそばに置いてやると、長い間楽しめるし、いろいろな工夫もできる。われわれは、そういった村を作るためにベビーバスの利用を勧めてきた。しかし、また別の方法としては、一枚のハードボード（硬質繊維板）を用いることである。その上に、一つまた一つと景色を描き加え、はりつけていく。それに合わせて、模型や人間を作って、おもちゃ箱から自動車や動物をつけ加える。子どもがこの遊びをつづけるためには、他の人の協力と子ども自身のかなりの熱意を必要とする。特に途中で行きづまったり、必要な材料が自分でさがし出せない場合は、よけい他の人の協力が必要となる。人形の家は、しっかりしたダンボール箱で作るとよいだろう。またちょっと小さいものは、靴箱をいくつか横に並べてつないでも組み立てられる。模型の家のような建築物を作る場合、作り始めの段階では手助けが要るであろう。しかし、それがだんだん「本物」になり始めるにつれて、子どもは自分のペースで工夫したり、苦心したりするようになる。子どものベッドの横に広がるこれらの小さい世界の素晴らしさは、ベッドの上に体を横たえながら、想像の世界へと子どもを誘い、そこを舞台に、自分だけの空想遊びがくり広げられることだろう。もし、すでに子どもが、人形の家や模型のレイアウトを持っているならば、もちろん、最初から作り始める必要はない。

いろいろな楽器や音のでるおもちゃは、音楽好きの子どもには喜ばれるだろう。ハーモニカは、最適な楽器の一つである。なぜなら、どんな姿勢でも演奏できるし、かなり小さい子どもでも、一日の練習である程度満足のいく音色を出すことができるからである。楽器店では、口琴〔ジュズハープ〕、オカリーナ、カズー〔訳注　木製または金属製の筒に腸線や紙をはったおもちゃの楽器〕等のような安い、昔ながらの管楽器を非常に広範囲にわたって取り扱っている。しかし、櫛と紙、さらには、米を四分の一くらい入れたブリキ罐の一組のシェーカでさえも、ラジオに合わせて演奏すれば、寝室を陽気にできる。卓上ピアノや木琴は、よく初めての誕生日に贈られるが、そのときの興奮がさめてしまうと、どこかへ片づけられてしまったり、忘れられてしまったりする。しかし、またこういった機会に新しい趣きをもってもどってくるようである。ギターやツィター〔訳注　弦楽器の一種〕を借りてきても、たいていの子どもは喜ぶであろう。

兄弟か姉妹がそばにくると、よりいっそう楽しく遊ぶようである。ほとんどの家庭では、二、三人も兄弟姉妹がいれば、彼らを一緒に強制的に遊ばせてきた。われわれのうちのひとりは、十歳のとき集団水ぼうそうにかかったが、その間に家族新聞を作り始めた。そしてそれは、健康編集局で制作され、五回発行された。タイプライターがあると、この種の活動は、さらに発展する。われわれは、頭上滑車鉄道の話をしたが、同様におもちゃ電話を利用すると、コミュニケーションがもっと興味深いものになる。もし子どもが電池式電話をもっていれば、電線を通して語り合う喜びは、確かにただ部屋から部屋へ大声で叫び合うより、楽しいし、便利である。それは他の家族にとっても同様であろう。ふたりが同じ部屋のベッドで寝ているなら、お互いにそれぞれの寝具の下から楽しく電話ができる。安くて、しかも十分に代用品となるものは昔流行したココアの罐の電話である。これを作るには、ふたのない一組の筒状の罐と、ふたりの話し手の間にぴんと張りつめるだけの長さの、細い糸だけである。そして、各々の罐の底の中央部分に、針で小さな穴を開け、そこに糸を通して各々の罐の内側からそれをとめる。そうやってできあがったものを、各自が交替に罐に向かって話し、他方は罐に聞き耳を立てる。そうすれば、不思議なことに、とてもよく相手の声が聞こえる。とくに片方の耳をふさぐと、同室の相手と話しているというよりも、長距離電話で話しているような感じさえ受ける。当然、年長の子どもたちがふたり以上集まれば、あらゆるボード・ゲームやカード・ゲームが始まる。同様に年少の子どもたちも、家や店、宇宙船、学校などのごっこ遊びをする。ボール遊びは理論的には可能だが、場所があまりに狭すぎるため、その中でボールの動きをコントロールするのはむずかしい。しかし、豆を入れた袋ならば扱いやすい。バドミントンの羽根や風船も同じである。また、小規模の卓球程度ならできるであろう。(ひとりだけで遊べるボール遊びは、大きな風船にひもをつけてポンポンつけばできる。それで物足りなければ、先に述べたパンチボールにしてもらうと、もっと満足できるものになろう。)

## 安静期に静かに遊べるおもちゃ

安静期と、少しは活動できる回復期に向かうまでの間は、子どもがただわずかに思考力を働かせられるほどの刺激、つまり、子どもに負担をあまりかけないくらいの刺激が必要なときである。これらの時期のために子どもの集中力や肉体的な努力のいらない、おだやかな魅力を持ったおもちゃがある。

子どもが病気のときには、子どもがいつも慣れ親しんでいて、かつある程度心を慰めるような機能をもったおもちゃがとくに大切である。かつて七百人の四歳児について[2]、われわれが調査した結果、次のことを見出した。すなわち、子どもたちの三分の一はいつも就寝時には、ある特定の軟らかいおもちゃや布に執拗な愛着をもっていて、それらと一緒でなければ寝ることができなかった。また、半数の子どもたちは、ねむるとき、決まって、何かある慰めとなる習慣を要求していた。ただしこの中には、就寝時のお祈りは含まれていない。このごろでは、病院もこのように、身も心も弱っている時期の子どもたちから、人形や他の慰めを「ひきさこう」とはしなくなった。家庭看護の最大の利点の一つは、子どもの特別愛するものや寄り添って寝るものが何であるかを承知していることであり、したがって、すぐにでも子どもの手に与えられることである。お気に入りの人形や動物が、ただ抱きしめたいようなかわいらしさを持っているというだけでは、本当の慰めにならない。われわれの子どものひとりは、お気に入りの人形が自分の仲間の意味をもったとき、すなわち、話しかけたり、話しかけられたりすることができるようになったとき、はじめて慰めになるということをいっていた。すでに慣れ親しんでいるものは別にして、手の中でゆすってあやしたり、手軽に真近で見えるものの中に、病児を強く引きつけるものがある。小さい手のひらの大きさのふんわりしたネズミやリス、小さい三インチほどの背丈のぬいぐるみのくま、パジャマのポケットサイズの人形などである。このような相手は、病児にはうれしい贈物になる。なぜなら、それらの大きさが彼自身の一時的に縮小された世界に似通っているからである。

指人形もまた、子どもにあまり負担をかけないおもちゃである。しかも、子どもの状態が快方に向かうにつれて、次第に活動的な遊びにも使いうる。メリーソート社製の、すばらしい手と腕であやつる動物から、小動物(四本足のついたものもある)や人間の形をしたもの、そして小さな指人形に至るまで、市場には実に多くの種類が出まわっている。しかし、単色で編んだ手袋(それにウール地で顔を刺しゅうし、毛糸をまるめるなどして、柔らかい髪をつける)で、簡単に、上等の指人形が作られる。同じように、手袋の各指の内側に違った顔形を刺しゅうすると(衣服もそれぞれ違ったものをつけると効果的である)、一組の編み手袋から、二つの家族を作ることができる。入院中の子どものために、片方の手に患者、他方に医者、看護婦、そして助手を作ると面白いだろう。

病床からの眺めを変えるおもちゃは、興奮させるというほどではないが、結構患者を楽しませる。その中の一つに万華鏡がある。ここでいう万華鏡は、中をのぞくものではなく、それを通して外を見るものを指している。

回してみると、中に明るいプリズム模様がくりかえし、いつもの見慣れた景色を違ったふうにみせる。半透明プラスティック・プリズム、おもちゃの双眼鏡や望遠鏡（どちらか一方に回して使用する）も同様である。懐中電燈を用いると、寝具の下に不思議なほら穴ができる。光に赤と緑などの色をつけるとさらに効果的であろう。指や舌で拡散される光線の様子を静かに観察できる。もし、病児に子ども用懐中電燈を与えるつもりならば、予備の電池を忘れないようにすることである。ふきでものや、はれもののできた子どもには、手鏡を持たせるとよい。これらがしだいに治っていく様子をみるのは、結構楽しみなものである。また、手鏡があるとベッドに横たわっているうちに、小さい男の子や女の子の賞賛の的となるようなわざを磨くことができる。これは、くり返し練習するに従って、上手にもなる。たとえば、ウィンク、鼻ならし、舌を鼻まで届かせることなどである。パッフィン文庫の『体の奇術』[3]は、この種のものの便利な入門書で、鏡をみながら大いに練習するとよいだろう。また、鏡は天井や壁に光を反射させて、〝ジャック〟遊びをしたり、天井や壁を舞台に反射光を自由に踊り回らせることもできる。〔訳注　ジャック遊びとは、ゴムまりをつきながら、決められた道順にそって、地面に金属品や玉などを投げたり、つかんだり、位置を変えたりする子どもの遊びである。〕

瞑想的な雰囲気をかもし出すおもちゃや物を喜ぶ子どももいるであろう。ドームに入った水晶玉や「スノーストーム（吹雪）」は、ながめているうちに、うとうと眠気を誘われる。みがきあげられた卵形の石瑪瑙《めのう》は見た目の美しさと、感触の両方が楽しめる。「液体クリスタル」を中に入れたプラスティックのブロックや円盤は、触れると、発光体の色や形が変わり、まさに現代工業技術の結晶といえるものである。疑いなくハログラフィックグラス〔訳注　光を一様に拡散させるために、表面にレンズ状模様をつけたガラス〕も、子どもを夢中にさせるだろう。旧式の万華鏡は決してすたれていない。しかし着色オイルを入れた新種もある。それは、手で筒を回すにつれて複雑な模様ができたり、崩れたりする。一瞬の動きで世界がかわり、心が和らいだり、魅惑されたりする。

運よく「磁石式ねずみゲーム」が見つかると、これも病床の子どもの心を慰めるものになる。それは、ねずみがお盆の上で、障害物（古い長ぐつ、にんじん、チーズのかけら等）レースをするものである。お盆の下から、磁石でねずみを動かしながら、これらの障害物の中をくぐらせていく。われわれの子どもたちのひとりが入院中、このようなおもちゃが病棟の病児みんなの中に静かなブームを呼んでいた。子どもが少しがんばる気があれば、単なる静観から一歩進んだ最小限の活動として、シャボン玉遊びが勧められるだろう。

長期、短期、いずれの病気の場合にも、ペット類は慰めになる。また、ものうげな子どもの関心をよび覚ますこともできる。ハフ・ジョリー博士は、かつてわれわれに病棟のモルモットを「われわれの最も重要なスタッフの一員」として紹介したことがある。そして、彼は事実モルモットをスタッフとして扱った。事情が許せば、部屋に家族用ペットの入室が許可される場合がある。われわれのひとりは、猫の季節のおかげで苦しい肺炎に耐えることができた。つまり、その頃は野性行動が目立つ頃で、三匹の猫が互いにベッドの上や下を追いかけまわす。その間、われわれや同室の人はすっかり打ちとけて身も心もくつろげた。猫たちもひざの中で丸くなったりした。もし、子どもの病気が長びくようなら、気晴らしになるようなものをとりつけたり、すぐに飽きてしまわないように特に努力をはらうことは必要である。たとえば窓の外に鳥の止まり木をこしらえたり、小鳥を引きつけるピーナッツの入った網をかけたりする。セキセイインコは、ことばを教えるゆとりのある患者にふさわしい。水そうに入った魚は、ことに照明がついていれば、見ていてとても美しい。さらに、ちょっとかわったもので、食用がめ、とかげ、へびなどがある。虫やナナフシムシでさえも、ゆとりのある人はじっと観察して楽しんでいる。われわれの家庭では、長い間やさしく世話をされている蟻の群れを見せられて以来、しぶしぶながら、蟻を愛するようになった。植物もまた長い療養患者を楽しませることができる。ビンに入ったインゲンマメ、フランネル地の上におかれたカラシナ、皿に入ったにんじんの葉など、なかなか楽しいものである。しかし、夏にはもっとドラマチックな促成植物の栽培をしてみるとよい。朝顔はみる間に窓わくを登っていく。

## 回復期におけるおもちゃ

安静にしている状態から、ある程度体を動かせる状態まで回復するには、たぶん時間がかかるであろう。そしてこの間、両親が子どもと一緒に多くの時を過ごすことができれば、子どもの心はとても落ちつくであろう。さらに子どもが不安定なときは励まし、子どもが退屈しているときは何らかの刺激を与えてやることもできるであろう。われわれが今まで説いてきた多くの活動は、もし、両親が喜んで相手になってくれれば、子どもにとってよりいっそう楽しいものになることはまちがいない。また、こうしたことは、子どもにとって、ただ読んだり、歌ったりするだけでなく、古い遊びを両親とともに楽しみ、新しい遊びを試みるよい機会にもなるのである。あなたが最後に長いひもで「ねこのゆりかご」（cat's cradle）遊びをしたのはいつだろうか。〔訳注「ねこのゆりかご」遊びとは、あやとり遊びのことである。ふたりが交互にお互いの指から、からみ合ったひもをいつも対称な形になるように取り合って遊ぶ。」また、それより複雑な航海むすびをしたのはいつだろうか。氷の庭を作ったり、靴箱からのぞき眼鏡を作ったりするゆとりがいままでにあっただろうか。子どもがとても小さいなら、あなたは子どもと何回くらいひざゲームや指遊びをやってみただろう。あなたは壁にいく種類の動物の影絵を手でつくり出せるだろうか[4]。あなたは、こしょう、香水、化粧品などを布切れに包んで当てっこをする「におい当てごっこ遊び」をしたことがあるだろうか。もし、あなたが今日、小学校で子どもたちが習っている技能に負けまいと思ったことがあるならば、あなたはそれを実際にやってみなければならない。

親が子どもと一緒に遊んでやることは、結果的に、子どもに徐々に独立心を高めさせることになるのである。われわれが今述べてきた、一段と積極的な活動の多くは、単に子どもを楽しませるという機能だけを持っているのではない。それは、子どもに「何事も人にやってもらう」という気持ちから脱却させ、「何事も自分でやってみる」という自覚をもたせる要因をもっているのである。そして、さらにいろいろなことが他の人のためにできるようになれば、なおいっそうよいのである。子どもに自分は便宜をはかってもらっているのだという自覚がまだないようなら、家族に対するお返しに、まず、お茶の用意を手伝わせ始めるとか、赤ちゃんのお守りをさせたり、人を少々驚かすような贈り物をさせるとよい。人をアッといわせるような贈物をするには、少しいたずらを仕掛けるのである。回復期の子どものためのとっておきの贈物は、昔からよく使われているちょっとした悪ふざけの道具で、手品の用具を売っている店で買い求められる。たとえば、ゴム芯の鉛筆、まげられるスプーン、いかにもトロッとした感じのプラスティックのジャム、お茶に入れると浮かぶ角砂糖、これらはみな子どもが人をからかう道具になる。つまり、子どもが人に助けてもらわなければ何もできない立場から、いささかでも積極的に人に何かを仕掛ける立場に立つことを意味している。同じように小さな毛皮のねずみの指人形は、病児のおも気に入りの一つである。病気のためにおとなしくしていなければならない時期には、抱いて可愛がったりするものに、元気づけられるものである。また、子どもは、シーツの間から、ネズミをこっそりのぞかせて、看護婦をびっくりさせて有頂点になる。こういうことをするのは子ども自身に積極性の出てくる回復期の到来と時期が一致している。

ジョーン・ジョリーは、本章の最後にアメリカ小児科センターでのいくつかの観察結果を次のように題して述べている。すなわち――

怖がらないで入院する方法[5]

五歳くらいの年齢では、お母さんの手をしっかり握って病院へ行くことは子どもにとって大きな冒険である。しかも、そのことは決して自分からすすんでいいだしたことでもなければ、承知したわけでもないのだから、なおさらである。大きな見知らぬ明るいホールに到着し、とても背の高い銀色の金属ベッドにすわり、まわりにいる人はみんな見慣れない顔をしていて、ひとり残らず白い服を着ている。そんなとき、どんな感じがするか、想像してみるといい。たぶん話されている言葉の多くは聞いたことのないものであろう。だれかが泣いている声も聞こえる。食事さえもまったく食べたくないときに、否応なく運ばれてくる。体の具合が悪いのに加えて、これらのことで、いっそう気持ちがめいってきてしまうであろう。とつぜん、いろいろなことが一度に変わってしまったのである。そのことが、実は小さな子どもの入院体験を非常に怖いものにしているのである。もちろん、初めて学校へいくとき、まったく後をふり返らなかったり、四歳にならないうちから、恐れを知らない冒険家だっ

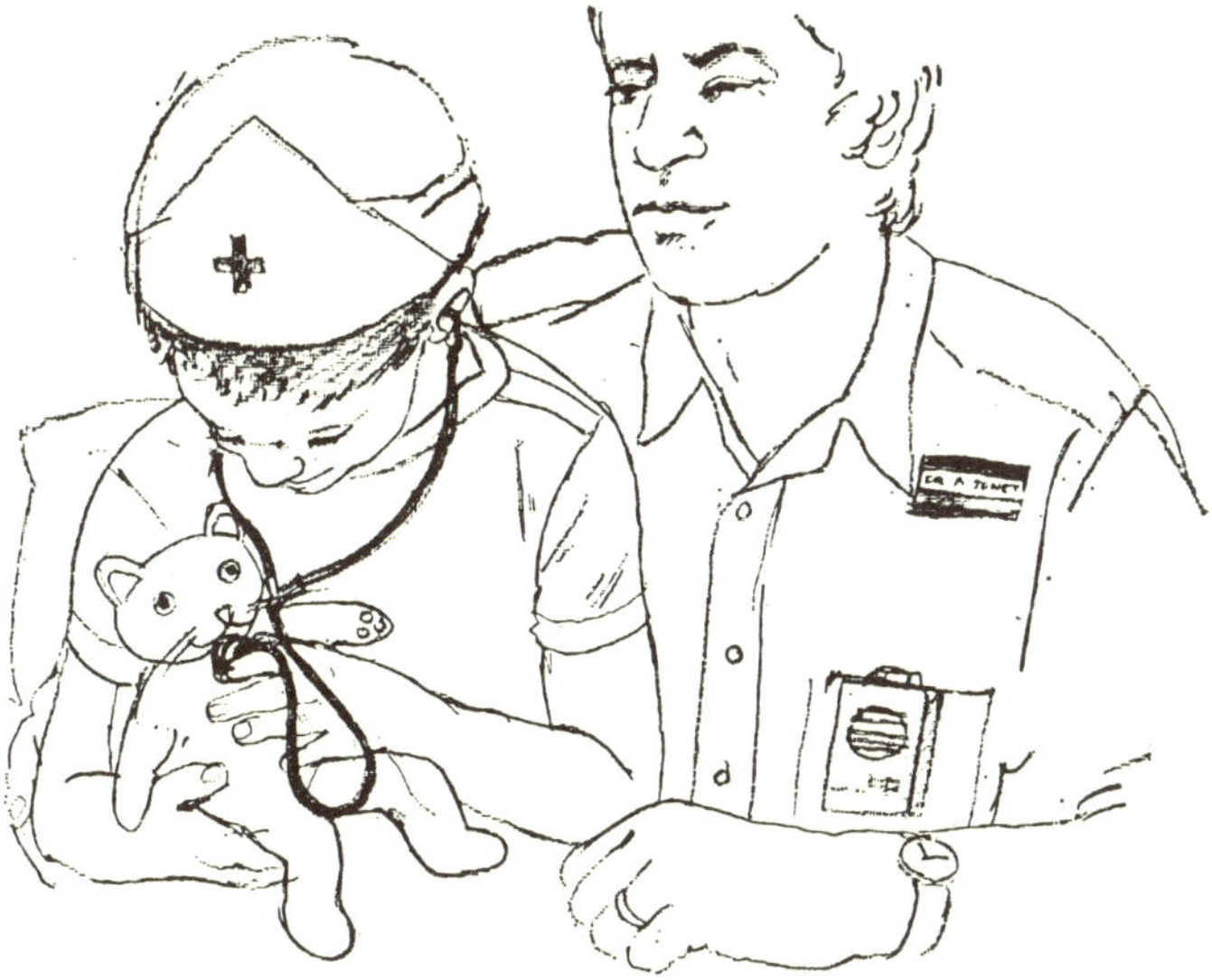

たりする強健な子どももいる。だが多くの子どもは、そのような体験を自分から喜んで求めたりはしないのである。病院のスタッフが注目しなければならないのは、まさにこのような子どもたちである。

入院中の子どもたちが、病院での様々な体験を不安なく受け入れられるようにするため、入院生活に遊びをとり入れた様式を確立するための対策が、現在アメリカの到るところで多大の時間と資金と人材を投じて講じられている。遊びは、幼い子どもがそれによって、自分の感情をほぐし、大人が言葉で言い表わす不安や疑問を子どもは遊びを通じて表現するのである。家庭生活とのふれあいや、それを身につけることの重要性は、やはり日常目にするいろいろな営みを通して体験され、理解されていくものであろう。「お菓子作り遊び」をしたり、人形を洗ったり、時にはお風呂にも入れたり、気楽に電話をかけたり、アイロンがけをしたり、乳母車を押したりしながら、子どもたちはこれらのことを学習しているのである。このような家族遊びの材料や道具を用意することが必要であるのと同様に、子どもが入院中に出合う状況を想定し、それに対処するために必要なものを準備することも大切である。制服を着て、聴診器や包帯を使って、お医者さんごっこや看護婦さんごっこをすることは、イギリスの小児病棟では、よく知られている。・洗浄器、医療用めがね、マスク、手袋、そして手術道具までそろえる必要はないが。しかしながら、単に遊ぶだけでは、不十分である。敏感な大人がそばにいて、適切な時期に子どもを指導し、助言を与える必要がある。それによって、体験をより意義深いものにし、子どもの誤解を避けることにもなろう。人形遊びは、楽しくもあり、治療の上でも役に立つ遊びである。その遊び方には、病院の組織や職員の数と同じ数だけの変化がつけられる。

幼児の看護に最も大切なものは、もちろん家族、ことに両親の変らぬ訪問である。家族の連帯が維持されていると、子どもはあまり度を失ったり、恐れたりしないものである。たとえそうであっても、入院中の子どもには予測もつかない多くのできごとが起きるものである。子どもは、何度も何度も連続的に遊ぶことができるようにならなければならない。いろいろなできごとをくり返しながら、それらに慣れていくのである。そして、子どもの体験の蓄積は、子どもの発達と自立のための大切な財産となるのである。われわれは、フローレンス・ナイチンゲールの訓戒「害のないように」('To do no harm') を超えることができるだろう。そして、子どもが病院帯在中、そこで本当に利益を得る環境を準備できるであろう。アメリカ人の小児科医、ベリイ・ブラジルトンは次のように述べている。

私は適切な方法で対処されれば、入院中の体験や手術から、子どもは特別貴重な体験を学びとることができると強く感じている。子どもが、自分自身について改めて知る多くのことがらは、緊急な事態に役に立つ。もし入院期間中に、子どもが苦痛に耐え、家から遠くはなれた見慣れぬ場所でうまく対処でき、折々に自分自身でなんとかやってゆくことができたとき、子どもは自信をつけることができる。また、医師や看護婦は、子どもの感情を害することはあっても(たとえば病気をなおすためにいたいことをする)、結局は助けてほしいときには助けてくれるということが子どもに判れば、子どもは他の人々に対する信頼感をもつようになる。こうしたことは、子どもが自分の世界を支配していくことを学ぶための実際的な体験になるのであろう。

## 入院の準備のための訓練

アメリカ合衆国の進歩的な小児医療センターでは、入院に備えて、さまざまな配慮がなされているところがある。子どもやその家族を招待して「病院に入る前のパーティ（pre-admission parties）」を開くのは、その一例である。これらは、定期的に二週間に一度開かれ、プレイ・ワーカー（遊びの助言者）、保育・医学関係の職員の有志が主催して行なわれる。私はボストンの小児医学センターの特別パーティに参加したが、たいへん活発なものであった。招待状に答えて、後から電話で確認されたものも含めて、約二十人の子どもや、その家族が集まった。本当のパーティのような雰囲気で、ビスケット、スカッシュ、そして病院の宣伝文字の入った風船がおかれていた。

背景には病院の建物がスケッチされていた。舞台の中央には二つのベビーベッドと病院の備品が置かれていた。ナレーターは、特大の本を持ち、愛らしい人形の装いをして、ロッキングチェアでゆれていた。彼女はつづいて典型的な入院光景の再演を子どもたちに告げた。子どもとパパとママに扮した見習い看護婦が登場した。彼らは病院の人たちの挨拶を受け、子どもは服を脱がされて、ベビーベッドに入れられ、「医者」に診察された。次に「看護婦」が検温し、血圧を測ってから食事を運んできた。尿びんをあてがうところまでも見せられた。夜が更けると「両親」が子どもにさようならをし、「子ども」は寝かせられた。このまったく単純な芝居に子どもたちは見入っていた。ショーが終わると、清涼飲料が出され、子どもたちが促されて病院の制服を着たり、いろいろな備品を手で扱ったりした。医者が喉をのぞく方法とか、心臓音の聞き方を教えた。一方、他の人たちは、ガウン、マスク、手袋などの衣装に寄り集まって楽しく過ごしていた。やがて、会は終わって、子どもたちは家に帰った。このパーティは、子どもたちばかりでなく親たちにとっても明らかに一つの治療実習であった。芝居に若い看護婦が参加したことも効果を上げる要因になった。病棟を調査してみると、確かにパーティに参加したことのある子どもたちを見分けるのは容易であった。というのは、その子どもたちは、他の子どもたちよりもはるかに落ち着いていて、しかも自信をもっていたからである。他の病院では、また違った企画で入院準備の講習を催していた。あるものは、人形劇をみせたり手作りの映画を上映していたが、目的やその成果は同じであった。

子どもたちは、個人的な予行演習も受けることができる。マドレーネ・パトリオは、人形模型を使った準備訓練を開発した。点滴セット、心電図、開導線〔訳注　体内に液を注入したり、液を排出させるため挿入する管〕などがたくさん人形に取りつけられていて、子どもたちに、それらの器具の必要性や目的が説明される。子どもは、人形を手に取って適当な診断を下したり、管を出したり、入れたり、注射したりしながら、「治療」をくり返す。ミス・パトリロとエマ・プランク（クリーブランド）は、医者が身体のどの部分を治し、手当てをしたかを説明するために、子どもの身体の簡単な略図を広範囲に利用している。

看護婦は医学的、看護的処置にも精通しているため、このような説明を担当する人物としては最も適任であるといえる。私はジェイムス・ウィットカム・ライリー病院で、画期的な試みをみることができた。その病院の熱傷科では、看護婦長はどの子どもにも一つずつ人形を与える。子どもは、はさみを与えられ、人形の皮膚のやけどした箇所を切り取るようにいわれる。聞けばひとりの例外を除いて、子どもは、やけどをした部分にほぼ近いところを、正確に切除したとのことだった。ひとりの例外というのは、ある子どもが人形の背中全部を切り取ったことである。婦長が驚いたことに、そこは傷ついたところではなかった。そこで、子どもに、なぜこんなことをしたのかを尋ねると、その子どもは無邪気に答えた。「だって、ここを傷しているもん！」婦長は、その言葉で、初めて子どもの背中に手当が必要なことを発見できた。そしてそれは、この会話の前にはまったく見抜けなかったことであった。その子どもは、それまで、だれにもそのことを話していなかったのだ。切除講座の後、子どもたちを治療したり、塩風呂に入れたりするときは、いつもその人形の持ち出しが許可されている。皮膚の移植が必要なときは、ガーゼを患部に縫いつけ、退院する前に、元の皮膚（外皮と名づけられて、注意深くじっと保管されている）が子どもによって縫いもどされる。子どもたちはたいてい外来治療室に人形を連れて来たり、次の診察の際にも一緒にくる。現在のところ、その婦長は、その人形を利用している唯一の職員メンバーである。がしかし、彼女は病棟チームの他のメンバーにも人形を利用するよう勧め、その結果、彼らもこの試みに参加するようになった。これは私が見たかぎり、モデルを使った看護の中で、最も洗練された方法であった。実に感銘を与えるものであり、大いに子どもに評価されたものであった。

子どもの骨格整形を開業している数箇所の病院で、私はいろいろな種類のトラクション〔訳注　骨折・脱臼治療などのための牽引〕を装着した人形を見せられた。そこでは、ギブスをはめることになっている子どもが、人形に同様のギブスをせわしげに装着していた。このようにして子どもは、実際に自分の手で、のちほど自分自身に対して行なわれる治療について学びながら遊んでいた。こういった準備訓練が不可能な場合には、（緊急処置が必要な状態で入院する患者によくあることだが）やはり人形を利用すると眠っている間に身体に何が起こったかを非常に効果的に説明できる。あるセンターでは手首のトラクションが広範囲のやけどから起こる上腕部と胸部の拘縮（筋肉の病的短縮または変形）を防ぐ目的で使用されている。同じように「ひもでひっぱられた」人形を見せることによって、強制的に手首の自由を奪われることへの恐怖感に子どもが慣れるようにしている。聞くところによると、ある子どもは、数日間というもの人形を見ることさえ耐えられなかった。がそのうち、人形をちらっと見始めると気が鎮められるようになり、最後には、自分自身の手を見られるまでになったという。

クリーブランド（米国オハイオ州）にあるレインボー乳児・小児病院で、遊戯指導者が、子どもにインタビューごっこをやっているそうである。一人の子どもに約三〇分から四五分間ぐらいかけていろいろな質問をし、話を聞きだしている。その遊びを通して、彼は子どもが入院中に覚えるであろうあらゆる不安を想定し、それを解消する手助けをしている。これは、明らかに心理療法であり、未熟な職員では思いつかないものであり、思いついたとしても安易に試さないのが賢明であろう。しかしながら、集団講座を行なっているセンターは数多い。そこでは、子どもたちは、あらかじめ用意された医療器具の中から、好きなものを選んで遊ぶようにいわれる。そして、医者や他の職員の有志が患者の役をする。私が見守っていた子どもたちはすぐにその遊びに没頭した。小さな看護婦や医師の手元は、「患者」に対して少しも同情やあわれみを見せず、三〇分後には、腕ばかりでなく、頭のてっぺん、顔や額にまで注射のあとが広がっていた。ほどなく、子どもたちはその遊びに飽き、ふざけ回り始めた。さっきまであれほど真剣に、夢中になって遊んでいたのが、まるでうそのように。このようにグループとしての活動を観察すると隠されていた問題点をかなり明らかにするはずである。

子どもが入院中の数々の体験を臆せず受け入れられ、なおかつそれによって、子どもがいくらかでも成長できるようにするためには莫大な資金も場所も時間も必要ない。ただ看護中の子どものあらゆる要求に答えるだけの想像力と決断力を持った人材がどうしても必要である。その人たちに健全な子どもの発達の仕方や、子どもが自由に使えるコミュニケーションの手段に精通していなければならない。ぼろ布から人形を作ったり、不要な薬びんから小さな点滴びんを作ったりする才覚のある人間が数人いれば、病棟にマドレーネ・パトリオのように、この道の先駆者を擁したも同様である。何よりもまず、有力な看護者となるための条件としては、現在の子どもの要求を十分に察知し、それを尊重できる感受性が必要であろう。子どもの話に耳を傾けることは、たぶん感受性豊かな大人が果たせる最も大切な役割である。子どものベッドのそばに静かに腰をおろしながら、自然に会話が生まれてくる雰囲気を作り出せば、きっと子どもは病気からくる様々な思いや不安を、とめどなく打ち明けるだろう。残念なことに、喜んでそうした時間をさく人々は、きわめて少ないのである。

# 第11章　どの時代、どの社会でも好まれるおもちゃ

日ごろなれしたしんでいるものの概念に、かえってあいまいなことが多い。遊びはその典型的なものである。あまりにも身近なものであるために、だれでもが専門家になれるような活動があるが、遊びもそういうもののひとつなのである。また遊びは、すべての大人の成長にとって重要な役割をはたしてきたのだけれども、大人も子どももそのことを過小評価している。「ただ遊んでるだけさ」ということばによく表わされているように、大人も子どもも、遊んでばかりいないでもっと大切な、あるいは実際的なことがらへ向かわなくてはいけないと思っているのである。

ホイジンガは、文化の型の研究の一環として遊びをとりあげ、遊びの普遍性を強調し、また、その「すぐれて美的な性質」について論じている[1]。しかし、遊びのすぐれて個別的な性質も同じくらい重要である。われわれのもっている遊びというものの概念は、われわれ自身の幼いころの思い出に深く根ざしているからである。遊びというものは子どもにとって最も重要なものである。そして、われわれのだれもが、かつては子どもだったのであり、しかも、子ども時代の自分は、ある意味では大人の心の中心に今も生きているものである。レズリー・デイクンは、たとえ短かい時間にせよ子どもの中に入って遊ぶ大人を評して、「後年の経験のつみかさねによってできた地層の下から、自分自身の子ども時代を掘りおこしているのだ」と表現している[2]。かつて遊んだことの

あるおもちゃのことを思い出したとき、むかしのことが信じられないくらいはっきりとよみがえってくる。というのは、そういうおもちゃは、大人となった今ではほとんど近づくことのできない子ども時代を、生き生きと象徴しているからである。おもちゃ博物館へ出かけて耳をすましてみるがよい。きっと子ども時代のなつかしい友だちに再会して大喜びしている大人の声がきこえてくるにちがいない。こういうおもちゃは、どんなに精巧にできているミニチュアのおもちゃよりも、大人の心をゆり動かすのである。同じようなことが、今もいろいろの伝統が残っているイングランドの中部地方の町から、ムチやこまがエンフィールドにある筆者たちの店にとどいたときにおこった。(「伝承おもちゃ復活ブーム」のおこる以前のことだ。) 一番先にそれらにとびついたのは、子どもではなくて大人であった。「これ、これ！　このこまなんだ。よく遊んだものさ、ようくみてろよ、こいつの使い方はね、こうやって……」彼らは、こんなすてきなものがこんな値段で手に入るなんてなどといいながら、広いところへ行って昔の腕がにぶっていないかどうか確かめるのであった。昔のおもちゃに再会したときに、われわれの心の中によみがえってくるのは、子ども時代の、あのわれを忘れて夢中になったときの気持ちである。そういう感情は、今になって考えてみれば、大人が何かに打ち込むときの気持ちとは、どこか質的に違っているように思われるのである。

古代文明の時代から伝わっているおもちゃ、それははるか昔の子どもとわれわれの時代の子どもとをつなぐものであるが、こうしたおもちゃは、また別な意味でわれわれの心をとらえる。われわれは、古代の芸術家たちが、力強い英雄や神聖な信仰を表現したいろいろな作品の精巧さや美しさを賞賛する。しかし、われわれにいくつかの文明に共通する子ども時代(そしてさらに人類の共通性)に気づかせ、昔の人たちも自分たちもよく似ているのだという感じをいだかせるのは、ポンペイの遺跡でみつかった「がらがら」であり、古代エジプト時代のよくみがかれた「おてだま」であり、あるいはまた、紀元前三世紀のスコットランドの子どもたちの使っていた石のボールである。

そんなわけで、この最後の章では、長い歴史をもったおもちゃのいくつかをふりかえってながめてみたいと思う。こうしたおもちゃは、何か根本的な力を秘めているにちがいない。というのも、時と場所をこえて、子どもたちのためにおもちゃが作られるところならどんなところでも、姿を変えてくりかえし現われつづけているからである。こうしたおもちゃのいくつか、たとえば人形、がらがら、車のついたのりものなどについては、すでにいくらか紹介してきたのであるが、その他にもその長寿の秘密についてはわずかな紙数ではとても論じきれず、むしろ独立の章が必要となるようなおもちゃがある。とはいえ、最後には、古代人たちが気を悪くするかもしれないようなまったく正反対のおもちゃ、つまり、ガラクタおもちゃやかげろうのように姿を消すおもちゃ、あるいは安ぴかの小物おもちゃなどについても、かんたんに目をとめておこうと思う。

## ボール

さて、こうしたおもちゃについて考えるにあたって、一番はじめにとりあげるべきものとして、最も基本的で完全な形のもの、つまりボールや球よりも適当なものがあるだろうか。ボールというものは、何の助けも借りずに、ただそれだけで人間の遊び友だちとなることができる。それ自身のうちに、遊びを最も積極的にすすめる力を秘めているのである。てのひらにもてば、すぐに指先の方にむかってひとりでに転がりはじめる。地面におとせば、はねあがり、ころころと転がる。まるで子どもたちに、ここまできてごらんといっているかのようだ。私たちは、完全な球形のボールに長くなじんできているので、波にあらわれて丸くなった小石を海の中へ投げこんで遊んだりしてみても、はたしてこうしたボールで遊ぶときほど満足するだろうか。それとも工場で生産されるボールを見たことのない子どもだったら、なめらかに指をはなれるような丸くすりへった小石を、今でもさがして回るだろうか。

変に感じられるかも知れないが、弾力性というものは、現代のわれわれにとっては、ボールの主要な性質であって、ボールを買うときには念入りにテストするのであるが、実際は、何百年ものあいだ、子どもたちは弾力のないボールを使ってきたのである。われわれの時代の子どもたちが当然のものと考えているボールの弾力性というものは、ゴムの使用を待ってはじめて可能になったのであり、それは実に一九世紀の中ごろのことなのである[3]。ゴムのボールは、一六世紀のはじめにスペイン人に滅ぼされたメキシコ原住民のあいだで使われていたけれども、これは固いボールであって、よく弾んだわけではない。もちろん、人類が獣の肉を食べはじめて以来、殺した獣のぼうこうなどの内臓をとり出して、ふくらませて糸で縫い、子どもも大人も楽しんできたのである。しかし何世紀ものあいだ、丸いボールは、その材料の違いのために、現在とは異なった目的のために用いられてきたにちがいない。たとえば、石や大理石のボールは投げると人の生命にとっても、また財産にとってもかなりの危険を及ぼしかねない。ところが、動物の皮やイグサやボロなどでできたやわらかいボールはといえば、赤ん坊はともかく、子どもや大人には満足を与えるほどにはうまく転がらないのである。

やわらかいボールで現存しているものには、古代エジプトの時代のものがある。パピルスの繊維で作られたものや、イグサをかたく編んだり結び合わせたり、あるいは丸めて固めたりしたもので、これらのボールは紀元前一八〇〇年ころのエジプトの壁画にも描かれている。また、ソクラテスはあるとき議論を展開するにあたって、どこの家にでもある皮のボールを例としてもち出している。これはいくつかの色をぬった五角形の皮を十二枚つぎはぎ細工のように縫いあわせ、その中につめものをしたものである。これと同じようなボールは今日でも赤ん坊のために、フェルトの布を使って手作りで作られており、中にはそれぞれの面にししゅうをほどこしたものも見られる。赤ん坊というものは、何でもなめたりかんだりしたがるものであるが、こういう観点から見れば、この種のボールはあまり実用的とはいえない。しかし、美しさやかわいらしさという点ではこれ以上のものはない。いろいろなかたさの動物の皮は、過去二五〇〇年間、ボールの材料として使われてきた。縫い合わせおよび押し型によって球状に細工し、その中におがくず、鳥の羽根、髪の毛、アシや麦ワラなどをつめて作ったのであるが、その後ゴムが使われるようになると、ゴムのボールや芯を保護するために外側に張られるようにもなってきた。グエン・ホワイトによれば、エリザベス女王（I世）の時代には、羊の内臓を中に入れてその外に皮をはったボールをサッカーに使ったことがあるという[4]。またアンデルセンの童話に出てくるモロッコ皮のボールは、「おれの体にはコルクがつまっているんだぞ」と自慢している。

ササやキビなどを編むと、大へん軽くて扱いやすく、そのうえ投げて遊ぶのにもつごうのよいボールができる。これは古代ギリシャでも使われ、マレーシアでは今日までも何百年ものあいだ用いられてきている。大英博物館にはこうして作られた直径二〇センチもの大きなボールが展示してある。グエン・ホワイトはこのボールを「バウンシング・ボール」（はずむボール）と名づけている。筆者たちも、近年になって作られたもので大きさもわずか七・五センチにすぎないが、これと同じ種類のボールをもっている。もっとも、これには、中に鈴が入れてあって、がらがらとしても使えるようになっている。残念ながらうまくはずまない。

編まれた茎と茎との間にすきまがあるので、こうしたボールは赤ん坊がつかんだり押したりできるし、また動かしてもゆっくりとしか動かないのでつごうがよい。現代では「プラクティカル・ボール」と呼ばれるものがこれにあたる。運動具店に行けば、ゴルフボールくらいのものから大きなものまで手に入るが、しかし、現代のものはプラスティックでできていて、その表面に穴（くぼみ）ができている。古代エジプトのパピルス製のボールに相当するものは、「ピス・ボール」である。これは、植物の髄から作られるもので、今でも民芸品店などで売られている。筆者たちも子どものころ、アシの茎をむいて、中から白くてほとんど重さのないくらいに軽い芯をとり出し、それをまるめて小さなボールにしたものである。もっとも今日では、発泡スチロールで作られるようになっている。このボールは、小さなことに多くのエネルギーを使うのがおもしろいとでもいう場合は別として、投げて遊ぶのには向いていない。しかし、「息ふきサッカー」の道具としては理想的である。

やわらかい材料であれば、型にはめることによって、ほとんどどんなものでも投げて遊ぶためのボールにすることができる。遠くにあるクズカゴに紙を入れようと思えば、だれでも自然にその紙を丸めて投げるし、学校へ行くと子どもたちは、すぐに紙をミサイルにしてとばすことをおぼえる。このように紙をまるめてボールにする方法が本格的にすすめられて、うすい紙をしっかりとかためたボールを大量に生産している国がいくつかある。たとえばニッポンでは、紙のボールに何色もの色糸や金銀の糸を網のようにまいて美しい模様にした手まりが、今も作られている。もっともこの国では、遊び道具というよりは装飾品として売られているように思われる。これと形はよく似ているが、二〇〇〇年以上も昔の古代エジプト時代に作られたものに、色をぬったアシの茎で作り、それを網でくるんだボールがある。

一九世紀のゴム製造技術の到来は、車の車輪をすっかり変えてしまったが、同じようにボールにも大きな変化をもたらした。とはいっても、「まじめなスポーツ」用にはゴムは今日でも使われているものの、おもちゃのボールの材料としては全盛期をすぎて、むしろいろいろなプラスティック製品にとって代わられてしまったように思われる。今日でも見つけられるものとしては、スポンジゴムのボールがある。これは重さも手ごろでよくはずみ、そのうえ長もちする。また、壁にぶつけたり舗装された地面でついたりして遊ぶときは、よくはずむボールが必要なのであるが、こういう遊びをする年長の子どもたちからも重宝がられている。ビニールゴムは、赤ん坊のための布をはったボールによく使われている。しかし、われわれが子どものころ使っていたのと同じような中が空洞になっているゴムボールは、まったく姿を消してしまったようだ。(もっともこのボールの中には、思うようにはずまなかったり、長いあいだ日なたに出しておくと固くなったりするものがあったのだけれども)それに変わって登場したのは、中が空洞で外側にはきれいなもようのついたボールである。これは大きさもさまざまで、その上よくはずむので、小さな子どもにもむいている。残念ながら、このボールも一年もすると、人間と同じように年をとって色つやを失ってしまう。このボールは、将来のおもちゃ博物館で陳列されたとしても、あまり生彩を放つというわけにはいかないであろう。

一九七〇年代になって登場した興味あるボールとして「パワーボール」がある。これはスカッシュ競技のボールと形は似ているけれども、もっとはやく飛ぶ。しかも、投げたり受けたりするためのボールとしてよりも、むしろ他人をおどろかせたり、困らせたりするためのボールとして作られたものである。あまりよくはずむので、年長の、しかも大へん器用な子でないと、とうていつかまえられない。そのうえ、思いもよらない方向へ飛んだりする。このボールの材料はたぶんふつうでは考えられないような張力(内力)をもっているうえに、必ずしも物理的に安定していないのであろう。というのも、不意にこわれてバラバラになってしまうことがあるからである。こうしたボールの中には、発光塗料をぬったものもある。しかし、何といっても美しいのは、ヴィクトリア時代のガラスのおはじきとおなじように、すきとおっていて、内部にいろいろな違ったうずまきの見られるものである。大きさは、直径二・五センチから六センチあまりのものまでさまざまである。こうした最新の技術をみていると、この世に子どもがあらわれたときから、ボールというものは存在しているとはいえ、まだまだその歴史は終わっていないということがわかるのである。

## ボーリング（木球）、おはじき、おてだま

人類の歴史において遊び道具としての最初のボールは小石であったが、小石の本来の特徴から、投げて遊ぶゲームよりも、ころがして遊ぶゲームがうまれたのであろうと思われる。そして、いったんころがして遊ぶゲームがうまれると、今度はそれに使われるボールは、はずんだのでは具合がわるくなる。ころがすための固いボールは、やわらかいボールよりも長いあいだ生きのびることができた。それにこういうボールの多くは大へん美しく作られている。きざみもようのついた石のボールがスコットランドで見つかっているが、これらはおよそ四〇〇〇年も前のものだと信じられているし、ローマ人の支配していたころのイギリスのものと思われるもようのない石のボールも発見されている。玉ころがしの材料としては、カシやマホガニーなどの堅い木が昔から使われている。バットや木づちで叩かれて地面の上をころがされるからである。世界のあちこちの古い文学をしらべてみると、こうしたゲームは二〇〇〇年以上も前から行なわれていたらしい。ポロ競技などは、もっと古くからあったようである。ペルメルというゲームは、一七世紀のサミュエル・ピープスの『日記』にも出てくるが、ペイルメイル、ピルミルあるいはポルモルと呼ばれて、それ以前からあったらしい。このゲームでは、木づちと、クロケットのボールよりもまだ小さなつげの木のボールとが使われ、このボールを空中の輪めがけて打ちこんで遊んだのは確かだと思われる。現在（本書執筆時）では、カシの木のボールとつちのついたしゃれた「テーブル・クロケット」のセットを、わずか二ポンドたらずで手に入れることができる。これは今世紀はじめのエドワード七世の時代のものによく似ているが、実は中国製である。グエン・ホワイトは、「一七世紀はじめの貴族や金持ちの家では、廊下でころがして遊ぶための、色のついた美しいやきもののボールがみられた」と記しているが、これ

は、ボーリングの一種で、『カーペット・ボールズ』と呼ばれることもある。色づきのやきもののボールは、古代のエジプト、ギリシャ、ローマでも使われていた。

ころがして遊ぶボールとしては、いうまでもなく、おはじきをとりあげねばならない。これは小さなボールのような形をしているけれども、おはじきとして遊ぶためには、一個ではなく数個いるというところが、ふつうのボールとのおもな違いである。これらはもともと大へん美しい材料から作られたので、中心に穴をあけて糸を通しさえすれば、宝石の首飾りか何かと見まちがえられたことであろう。紀元前四〇〇〇年の昔から今日までに、碧石、めのう、やきもの、もよう入りのガラス、そしてその名の通り大理石《マーブル》などが、おはじきの材料として使われてきた。そして、もよう入りのガラスのおはじきは今日でも作られている。（もっとも前世紀のものと同じ性質のものではない。）大英博物館に行くと、まだらもようのおはじきと、司教のかぶる法冠のような形をした九柱戯と、アーチを作ってくぐらせるための三本の四角の棒とがセットになったものが見られる。これは、古代エジプト王朝のその前の時代の子どもの墓から出てきたもので、材料は灰色と白の大理石である[5]。

おはじきは、子ども時代の思い出をもっとも強くよみがえらせるおもちゃのひとつであろう。というのも、大へん多くの子どもにとって、おはじきは、単なるお金よりもっと貴重な通貨となっていたからである。多くの大人たちは、ガラスのおはじきはふつうの石のおはじき何個分だとか、赤いろう石のおはじきの交換レートはいくらだとかいう知識を、今もなお記憶の中にしっかりともちつづけている。おはじきの相場の半ペンスは、粘土を焼いて作った鈍い色のボールであった。また、ボール・ベアリングの玉も、「はがねっこ（steelies）」と呼ばれて使われた。ガラスのおはじきは、色や内部のねじれもようのよしあしによって値打ちがちがった。大理石や雪花石こうとよばれる石や、赤みがかった斑点やしまもようのある上等のろう石などでできたおはじきは、いつも高い値段がついたものである。マーク・トゥエインの小説の読者は、大きなへいにペンキをぬっていたトム・ソーヤに、彼の友だちが、おれにもやらせてくれとせがむのを覚えておられるであろう。最後にとうとう、トムは、「おはじきをやるよ、白いろう石のだぜ」ということばに心を動かされて、取り引きに応じてしまうのである。前世紀のヴィクトリア女王時代のおはじきは、ねじれもようのその中に、また細かいねじれもようが入っている。これは、長いあいだ使われたために表面がすりへって、そのもようが今ではぼんやりとしか見えないようなものでも、こっとう品として高い値で売買されている。第二次大戦後一九七〇年代後半までは、これといって変わったおはじきは見られなかったが、今日では、おはじきはまた昔のスタイルにもどろうとしている。もっともかつてのもののようにもようが対称にはなっていない。しかし、それでも十分に鑑賞にたえうる美しさをもっている。これらのおはじきには、単色のしかも濃淡のないねじれもようや、二色のねじれもようの組み合わせのものもあれば、何本かの色つきの繊維をからませたものもあり、またさらに、単色のきらきら輝くものが流行することもある。子どもたちは現代でも、大へん注意深く、ほかのおはじきと見分けるのに役立つような斑点やガラスの中の気泡などをしらべ

ながら、おはじきを選ぶ。筆者たち自身の子どもたちも、自分たちのおはじきのひとつひとつに名前と性格を与え、それぞれの動き方まで決めている。おはじきをもっている子には、おはじき袋が必要になる。イギリスの伝統では、母親に作ってもらった小さな布製の袋で、ひもがついており、ポケットに入れられるくらいに小さいけれども、勝負に勝った分も入れるだけの大きさのものである。おはじきのつまった袋を手にする喜びが動機づけとなって、いかに多くのボロをまとった人が、金持ちの資本家にまで出世したことであろうか。

ころがしたり投げたりして遊ぶゲームについてはこれくらいにして、次に進もうと思うが、その前に、たいていの場合球形をしたおもちゃとはいえないけれども、おてだま（fivestones）についても一言ふれておきたいと思う。このおもちゃも、ずいぶん昔からあり、中には動物の関節の部分の骨（knucklebones）を丸くみがいたものもある。子ども時代に別れをつげるときがくると、ギリシャの少年や少女は、神をたたえる詩と自分たちのおもちゃとを祭壇にささげたのであるが、これらの詩のひとつに、動物の骨で作ったおてだまも出てくる。このゲームには、一度に手の中に入り、しかも少しはころがるが、余りころがりすぎても困る五個の石または骨が必要である。遊ぶときには、てのひらと甲でこれらの石や骨をほうりあげたりつかんだりする。ふつうは丸い石をほうりあげ、それがおちてくる前に下にある四角い石をつかまねばならない。古代からずっとつづいている他のゲームと同様、これも時代によって、また特に地方によっていろいろな名前で呼ばれている。イギリスの子どもは「ファイブストーンズ」とか「ナックルボーン」とかの他に、「ディブズ」「ジャックス」「アリーゴブズ」「スノッブズ」[6]などと呼んでいる。イングランドでは「ディブズ」という名で売られており、白い陶器製の立方体で細い線が彫られている。また「ジャックス」というのは、鋼鉄でできていて先に六個のつのがついたおてだまである。イングランドの製陶業者のリン・アンド・ジョン・ウィールドンは、もちやすいように溝のついたやきもののおてだまを作り、「スノッブズ」と名づけて売っている。もっとも商品を展示しておくと、見に来た人はみな、それぞれ別の名で呼んでいるのであるが。

ころがしたり投げたりする遊びといっても、単純なものから複雑なものまでさまざまである。たとえば赤ん坊にとっては、目の前のボールを押してそのあとを追いかけるだけで十分である。とくにそれが自分よりも大きくふくらまされたボールであれば、いっそう興奮して遊ぶ。年長の子どもになると、一人でするボール遊びでも、「どれくらい高く投げて受けとめることができるか」といった単なる肉体的な能力に挑戦するものから、壁などを使った複雑なボール遊びまでいろいろある。壁を使ったボール遊びの場合に子どもたちが挑戦するのは、何十回もつづけてボールをはずませることであり、ときには片足の下をくぐらせたり、体を一回転させたり、さらにI・オーピーとP・オーピーによって収集されたような種類の歌に合わせたりする複雑な動作がある。これが、テニスのような競技になったり、バスケットボールのようにチームワークをとり入れたり、あるいはケン玉のようにボールにまとを加えたり、クロケーやビリヤードのように障害物を設定したり、さらにこれらを組み合わせたりすると、細かな配慮を伴なった体の動きがますます必要となってくる。最も新しいボール遊びは、単純な光のボールをプレーヤーが操作するテレビゲームである。ここまでくると、ボールは単なるシンボルにすぎなくなる。歴史的にみてボール遊びがこのようにさまざまな形に作りかえられることができたということは、ボールというものはすべておもちゃの中で、最も基本的なものであり、また多方面への発展性に富むものであるということをはっきりと示している。

## ながめるおもちゃ、のぞくおもちゃ

われわれをながめたりのぞいたりするように誘うおもちゃは、たいてい、われわれの目をひきつけて離さない動きや変化のおもしろさをもっている。今ここで筆者たちの念頭にあるのは、機械じかけのおもちゃ、つまり、そのしかけがおもちゃを動かし、そのために子どもがじっと見つめたり、その巧妙さにおどろいたりするおもちゃと、視覚おもちゃとである。視覚おもちゃというのは、視覚認知の再構成をもたらすような経験を与えるおもちゃ、たとえば、その構造によって錯覚をおこさせるようなおもちゃのことである。この動きと視覚の両方を結びつけたものもみられる。たとえば、ある種のこまの場合、いったんらせん式の「こままわし」で動きを与えられ回転しはじめると、こまがとまっているときには存在しないいろいろな色の帯が次々とできる。ある意味では、これらは受身的なおもちゃであるといえよう。というのも子どもに要求されるのは、巻いたりふったりして力を与えてやることだけだからである。しかし、こうしたことは、別にこれらのおもちゃにとって不名誉なことではない。人が興奮するということは、そこに知性が働いていようといまいと、精神の能動的な動きであるともいえるからである。

## 動くおもちゃ（自動人形）

機械じかけのおもちゃの歴史は古いが、それが子どもの歴史に登場したのは、わりあい最近のことである。つまり、産業革命以降、すべてのものを機械じかけにしようとする熱狂的な願いのおこぼれが、子どもの遊び道具にも及んできたのである。機械じかけのおもちゃや自動人形は古代のエジプトやギリシャやインドでも知られていた。しかしそれらは、科学上の原理の実験として発明家たちに作られたか（紀元前一五〇年のアレキサンドリアのヘロの作ったおもちゃはその好例）、あるいは、金持ちの大人の楽しみのために作られたかのいずれかである。だからそのような宝物を与えられたのは、王侯貴族の子どもにすぎなかったであろう。実際、イギリスやフランスの王族や上流階級の子ども部屋には、そのようなたいへん精巧な動くおもちゃがみられたという記録が残っているのである。それらの多くは、他国の外交官などがその好運な子どもたちの親にあいさつに来たときの贈物だったにちがいない。アンデルセンは、「皇帝陛下のナイチンゲール」のおはなしの中で、大人のための機械じかけのおもちゃの古典とでもいうべきもののお話をしている。金と銀でできていてサファイアやダイヤモンドやルビーをちりばめられた鳥のおかげで、本物のナイチンゲールが、皇帝の寵愛を失うという物語である。この鳥は、ネジを巻くと本物のナイチンゲールがうたう歌のひとつをうたいながら、小さな銀色のしっぽを上下にふるのである。機械じかけのおもちゃは、たとえばロンドンのビクトリア・アルバート博物館にある実物大の人食いトラのように、それをもつ人の好みによっていろいろなものが作られる。これは、インドのマイスール地方の君主だったティプーのもっていたおもちゃで、腹の中のしかけによってトラがほえると、えじきとなったかわいそうな人間（実は彼の大きらいな英国軍兵士）が、弱々しく体をくねらすのである。

ぜんまいじかけで音を出すおもちゃは、一八世紀の末ごろ、とくにスイスなどで多く作られるようになった。しかし、安いブリキ製のものが多くの子ども用品の市場に出まわるようになったのは、一九世紀の中ごろのことである。そして、そのころから始まったやわらかいゴムの使用が、こうした機械じかけの可能性をおおいに広げることになった。ドイツのニュルンベルグは、何世紀にもわたって伝統的な木のおもちゃを生産し、また、一七世紀にはこうした機械じかけのおもちゃも作りはじめていたが、このころ、こうしたおもちゃの本場となった。そしてフランス、アメリカ、日本、そしてイギリスの業者たちは、必死でそのあとを追いかけたのである。ぜんまいで動くさまざまな生きものがおもちゃ屋にあふれるようになり、その多くが今日まで生き残っている。ロンドン博物館に行けば、一九世紀から今世紀はじめの安物の動くおもちゃが、陳列棚いっぱいに並んでいる。その中に、腕に子どもをかかえた父親ネズミのおもちゃがみられる。これが、子どもが大きくなって用がなくなってしまい、あわれにも落ちぶれはてたぜんまいじかけのおもちゃたちを描いたラッセル・ホーバンの風変わり

な童話「ネズミとその子ども」の主人公のモデルになったのではないかと思われる。人形とはちがい、ぜんまいじかけのおもちゃのおもしろさは、われわれが目を向けると、われわれを見返すというところにあるのではない。むしろ、たとえネジを巻くまでは死んだようであっても、ネジを巻けば、まるで生きているかのように見えるところにある。

昔のぜんまいじかけのおもちゃは、今では、収集家たちの手に入ってしまっている。それらの歴史や種類については、何冊かの書物があり、これらの書物の方が筆者たちよりも正確に伝えることができる。しかし、こうした動くおもちゃ一般について一、二の考察を加えるのもムダではないであろう。本書のはじめの方で、筆者たちが示唆したように、とくに乳幼児は、完全には予測することのできない動きをおもしろがる。だから、くるまや不安定なボールや、あるいは炎などは、いずれも人間の表情と同じように、それ自体生きていて子どもが完全にコントロールすることはできないものであると受けとめられる。動くおもちゃは、もともと生きているように見えるおもちゃであるが、これもまたもともとこの予測不能という性質をもっている。たとえばあるものは、はずみ車や、中心をはずれたところに心棒のついた車がつけ

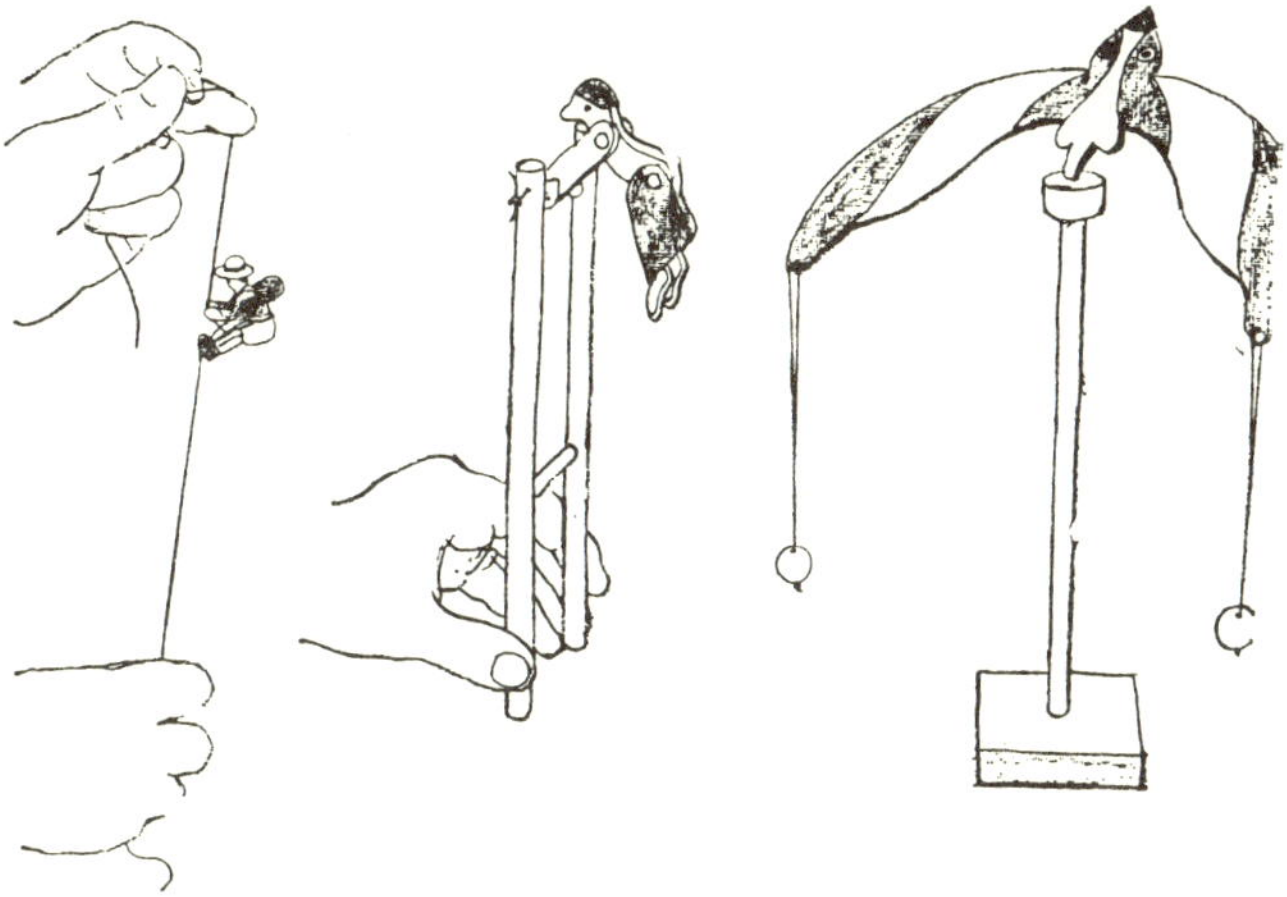

られていて、急にとまったり、回転したり、とんでもない方向へ動き出したりするように作られている。こうしたおもちゃ（テントウムシ、カブトムシ、ネズミなど）は、今日もなおますます人気をよんでいる。

動くといっても、ぜんまいじかけをまったくつかわないものもある。一例をあげると、砂を利用したもので、箱の上面につき出た軸の上に一人（まれには二人）の軽業師が立ち、その軸が箱の内部の羽根つきの砂車につながっているものがある。箱の横につけられた箱をひっくり返してタンクに砂をいっぱいにすると、下へおちる砂が内部の羽根車をまわし、軽業師が間けつ的に、そして不規則な運動をするのである。これはヴィクトリア女王の時代のものであるが、今日のイングランドでも手に入れることができる。サッフォークのおもちゃ作り職人でデザイナーでもあるロナルド・フラーが、わずかな数ではあるが手作りで作っているからである。似たような性質のおもちゃで、ぜんまいじかけと、他の機械じかけを結びつけたものもある。たとえば筆者たちの手許には、ケースの上にのり、音楽に合わせて体を動かす手品師のおもちゃがある。これはネジを巻くと音楽が鳴りひびき、足をふらふらさせた人形が、箱の上のピンの上で動きはじめる。足はただ軽くばたばたさせるだけであるが、手は、細いはりがねにとりつけられたボールをいろいろな強さで叩くようになっている。だから、ときには、片方の手からもう一方の手へボールを投げたように見えることもあるし、また、ただてのひらでボールをころがしているように見えることもある。このおもちゃに独得のおもしろさを与えているのは、この動きの単純な不規則性なのである。これは、その性質からみて、ヴィクトリア女王時代のおもちゃの典型であるといってよい。しかし、おもしろいことに、プラスティックでできている（スイスのルージュ社製）。筆者たちはこれを一九七七年にケンブリッジで買い求めた（三四四ページ参照）。

糸やおもりをひっぱったり、重力を利用したりして動かす伝統的なおもちゃのことを忘れてはいけない。こうしたものの中で一番よく知られているのは、たぶんロシアの「エサをくうニワトリ」であろう。これは丸い板のうえに何羽かのニワトリが外向きにのっているおもちゃで、一羽一羽のニワトリのくちばしから体の中を糸がとおっていて、その糸は板のまん中の穴から下へ出ており、一本にまとめられてその下におもりがついている。おもりが水平にぐるぐるまわるように板をふると、ニワトリたちは順番に次々とエサをついばむというしかけである。これは今でもロシアから輸出されているが、その基本的なアイディアはいろいろなものに生かされている。「ジャンピング・ジャック」というのは、イギリスでは、中央の糸を引くと、手と足をぴくぴく動かす人形のことであるが、きれいにけずられたロシア製の木彫りのクマも、その好例である。ロシアではまた、糸を引くかわりに壁にかけておいて、中央にあるカギに何かをひっかけると翼を大きくひろげるフクロウなども作られている。同じようなもので、もう一世紀以上も前から作られているおもちゃに、H型の枠の上端にはられた糸につかまって鉄棒をする軽業師がある。枠の下のはしを手でおさえたりはなしたりすると、彼はとんぼ返りをするし、バランスがうまくとれれば逆立ちでもやってのける。ころがりながらはしごを降りてくる軽業師や、ゆするとカタカタと木をつつきながら針金の木を降りるキツツキもある。足を上手につければ、坂道を歩いておりる人間や動物を作ることもできる。最近では、ロボットの足の裏に一部だけ顔を出すように鋼鉄のボールをとりつけることによって、同じような動きをさせることができるようになった。ボールが坂をころがると、ちょうど歩いているように見える。あるいはいかにもロボットにふさわしくすべるような進み方に見えるのである。ひもをぴんとはったりゆるめたりすることによって、そのひもを登っていく登山家の人形は、何百年も前のものであるが、東ドイツの玩具製造協同組合（中世のおもちゃ作りのギルドの現代版といってもよい）によって今日でも作られている。もっとも現代のはプラスティック製で、そのうえ横向きに登るようにできている。二本のレールのあいだを体をゆすってすすむ道化師や、とがった棒の上で綱わたりのようにバランスをとる人形なども、こうしたおもちゃの仲間である。いずれも、支点よりずっと下の方までのびた針金の先のおもりでバランスを保っている。「ボールティング・ホース」と呼ばれるウマは、テーブルのはしなどにおくと今にも落ちそうな危なっかしいかっこうをして後脚だけでゆれている。しかし、これも腹のあたりから背後の下の方へ長くのびている針金につけられたおもりのおかげでバランスを保っている。この昔からの原理を応用した新しいおもちゃに、「スリンキー」とか「フレクシー」と呼ばれるものがある。これは弾力にとんだ平らな鋼鉄をバネ状にしたもので、ちょうど尺取り虫のようにのびたりちぢんだりしながら、坂道を歩いておりるのである。

### 視覚おもちゃ

昔からどんな子どもでも、たまたま手に入った色ガラスのかけらなどを通すと、世の中がまるで違ったものに見えるという経験をしたにちがいない。しかし、そうした視覚の経験そのものを目的として考え出されたおもちゃというものは、一九世紀まではほとんど見られなかった。当時の教育および科学にたいする強い関心は、しばしば、科学上の驚きと知的な教育とを結びつけたおもちゃを生み出した。テレビはいうにおよばず、まだ映画もみたことのない子どもたちにとって、ものが動いて見えるおもちゃは、何にもまして興奮させるものであったにちがいない。そうしたおもちゃのひとつにヴィクトリア女王時代の「ゾイトローブ」（驚き盤）がある。これは、台の上にくるくる回転する円筒をとりつけ、その内側に少しずつ変化した絵を何枚かはりつけて、その外側に縦に細長いすきまのならんだ枠をつけたもので、内側の絵のついた円筒を回転させると、描かれた物体がちょうど動いているように見えるのである。円筒の絵は別のものとつけかえることができるし、子どもの教育ということを考えれば、子どもたち自身に描かせることもできる。もちろん、たいした道具や材料がなくても「フリック・ブック」を作れば、似たような「動いて見える」という効果をあげることができる。これは、いろいろな知恵を身につけた今日の子どもをも十分によろこばせることができるものである。その原理はノートの各ページに動くもの、たとえば小さな走っている人間の絵を少しずつ変化させて描きこみ、これをパラパラめくれば動いて見えるというわけである[7]。

万華鏡（kaleidscope）も光を利用したおもちゃであるが、今日大量生産されるものは、たいていの場合昔のものほどには美しくない。しかし、そのうつり変わりは大へん興味深い。現在ではおもちゃ屋でもめったに見られないが、一番はじめのころの万華鏡は、先が細くなっている三枚のガラスをくみ合わせて、その外側および底に黒い紙をはったもので、細くなっている方の端にのぞき穴をつけ、底近くの一方からだけ光が入るように小さな窓があいている。そうしておいて銀紙などキラキラするもののクズやビーズ玉などを入れ、のぞき穴からのぞくと、鏡の働きをするガラスの反射によって、実際のもようが六角形のもように拡大され、しかもその形が筒をふるたびにさまざまに変化して見える。現在売られているものは、横からではなくて、底から光をとるようになっている。だから、底は透明であってはつごうが悪いので、半透明の材料でなければならず、ふつうはつやけしのプラスティックが使われている。だから、もようの鮮かさがいくぶん失われてしまうのである。さらに、鏡としてガラスの代わりにブリキ板を使うので、せっかくの図形の美しさが、いくらかそこなわれる。そのうえ、中に入っているものも昔のものほど想像力にとんでいるとはいえないようだ。

万華鏡から発達した興味あるおもちゃに、「オクタスコープ」（八角鏡）、または「ディカスコープ」（十角鏡）がある。これは中に何も入れず、筒の先にレンズをつける。そして、のぞき穴からのぞくと向うまで見えるのであるが、その見えるものがすべて八ないし十倍になって見える。つまり、八ないし十個の同じ風景やものが円をえがいて見えるのである。違ったものに向けるともようも変わる。こうして、ふだん見ている同一のものが、ひとつの空間にいくつにもなってあらわれ、別の新しいパターンを作るのを見ると、思わず心を奪われてしまう。

同じように魅力的なものに、底にいろいろの色の油の入った万華鏡がある。油どうしはまじらないで互いに入り込んだり渦を巻いたりして、ちょうど顕微鏡で見る細胞の動きのような動きをする。しかし顕微鏡とは違って、それが何個にも増幅されて、均整はとれているが、ダイナミックなもようを作りあげるのである。

万華鏡の変種の三番目のものは、「ターナスコープ」という名で売られているもので、これはとくに巧妙に作られており、最も複雑な視覚経験を与えてくれるものだといえるだろう。本体は伝統的な万華鏡と同じように内側を向いた反射鏡からできていて、その底にすきとおった車輪がとりつけられている。車輪の周辺部はいくつもの部屋に分かれていて、中にいろいろな色の紙片などが入っている。のぞき穴からその周辺部の小部屋のひとつひとつを順にのぞくと、ふつうの万華鏡のもようが見られるのであるが、それが二重になっている。この車輪のまわり具合によって、もようは外側へ広がるように見えたり、まん中に集中するように見えたりする。この信じられないくらいすばらしいおもちゃは、ホンコン製である。材料はすべてプラスティックで、一九七七年には二五ペンスであった。

回転するおもちゃは、色のおもしろさのおかげで今日までずっと大切にされてきた。とりわけ「こま」は、ローマ時代のヴィルギリウスの詩、あるいはそれ以前の文学作品の中で、とらわれのない喜びにみちた子ども時代の象徴として登場しているが、子どもというものは、すぐにこまの表面に色をぬることをおぼえ、その色がまじって別の色になるのを見てたのしんだらしい。そして、一九世紀までに、回転によって色が変化するというこまの性質は、おもちゃ業者にも利用されていたのはたしかである。ベスナール・グリーン博物館にある一八五八年製の「万華鏡ごま」には、表面にのせるための色のついた何枚かの円板や、もようを描いた円板がついている。この取りかえ用の円板には、業者のつくったものもあるが、あきらかに自家製のものもある*。「ジャイロスコープ」（地球ごま）は、一八七〇年にイングランドで発明され、一八七二年のモスクワ博覧会では賞をとっている。その後百年間そのデザインは、まったく変わっていない。よく似たものにジャイログラフがあり、その復活を待ちのぞむ人もあると思われる。これは一八九五年にフランスで作られたもので、まん中に心棒としてエンピツをさしこんで回転させると、紙の上にいろいろなもようが描かれるようになっている。

たいていの人は今までに、「ぶんまわし」（あるいは「ぶんぶん」「水切り」）を作ったことがあるだろう。これは一本の糸をボタンの二つの穴に通して輪にして結び、ボタンをまんなかにして両端をもって、回転させながら引いたりゆるめたりして回転させるおもちゃで、一八九八年**の室内あそびに関する書物の中でも、よく使

---

*ベスナール・グリーン博物館には、一八〇〇年にジャックス社によって作られたこまもある。これは、こまが回転を始めると次々と八個の「子どもごま」がわかれ出て、そのすべてがいっしょになって回るかのようにできている。なお、ジャックス社は今日でもおもちゃ会社として存続している。

**しかし、このおもちゃの起源はずっと古い。昔のエスキモーや日本人の作ったものが今でも残っているし、イギリス軍がニューヨーク湾内の小島で野営したときにも、その地から一七世紀のウィリアム三世の肖像のあるコインで作ったものが掘りおこされたことがある。

われるおもちゃのひとつとして取りあげられている。

光と色の効果を生み出すおもちゃとしては、その他に何層にもわかれて回転する円板や輪を使ったものがある。たとえば、カードの表に小鳥をかき裏側にとりかごをかいて、両側に糸をつけて回転させると、ちょうど小鳥がかごの中に入っているように見える。また単純でしかも魅力的なおもちゃとして「金魚鉢」がある。これは一九世紀に出版された『アマチュアのためのおもちゃ作り』という創意工夫にとんだ、わずか一シリングのうすい書物にのっているもので、一九六〇年代には、安い新案おもちゃとして売られたこともある。ブリキの輪に針金をとおし、輪の中心にやはりブリキ製の魚をとりつけて、輪を回転させると、魚が鉢の中に入れられているように見えるのである。

## おウマごっこ

子どもというものは、のって遊ぶためのウマがあろうとなかろうと、おウマごっこをするものである。おそらく、子どもたちがウマにのるという観念は、まだよちよち歩きのころ、大人が背中や肩にのせて、「パカパカ」とか「シッシッ」とかいったり、あるいは「はい、どうどう」などとかけ声をかけながら遊んでくれたときの経験から生まれているのであろう。文学の中で、小さい子どもと遊んでいる男性を描いた部分をさがしてみると、この遊びは古代ギリシャの昔から行なわれていたことがすぐわかる。この遊びは長いあいだ、あまり大人の威厳を失わずに子どもに接することを可能にする遊びと考えられてきたにちがいない。昔からの古いかけ声をかけながら膝の上にのって遊ぶとき、子どもたちは「おウマごっこ」のたのしみをいっそう強く感じる。ウマは、ずっと昔から人間の移動を助ける大切な存在であった。このことは、当然のことながら、よちよち歩きを始めたばかりの子どもが自分の後にしたがえて歩くための「引き車」にも影響を与えている。つまり、ウマと馬車がつながっているものにせよ、あるいはウマに車輪のついたものにせよ、古代文明の時代から生き残っているウマの引き車が大へん多いのである。ルーゲルの有名な子どもの遊びを描いた絵(一五六〇年)では、子どもたちがウマの騎手になって遊んでいる。そして子どもたちは現代でも同じようにして遊んでいるのである。

おもちゃのウマを使わないで「おウマごっこ」をするには、二人の子どもで遊ばなくてはならない。そして、両方が同時にウマになったり、騎手になったりするわけにはいかない。(とはいっても、エニド・バグノールドの小説『ナショナル・ベルベット』の主人公のベルベットという子は、紙を切りぬいて作ったウマを片手にもち、もう一方の手で自分の膝を叩きながらかけまわったり、夜ベッドに入ると、つま先に結んだひもを手綱にして自分の足をウマがわりにしたりすることによって、この難問を解決したのである。)多くの子どもたちは、だれに教えられることもなく、棒やほうきを使って一人で「おウマごっこ」をすることを考えつく。そして、もう少しリアリスティックに遊びたいという欲求をみたすために生まれたのが「棒ウマ」である。これは、ほうきの柄の先にウマの頭をつけたもので、すすみやすいようにその反対側に車がついていることもある。棒ウマはソクラテスの家にもあったし、また紀元一世紀の中国でも使われていた。また、中世の木版画や彫刻にひんぱんに登場していることから判断すると、中世全体にわたってこの上なく人気のあるおもちゃであったように思われる。一五世紀の版画には、子どものころのキリストが棒ウマにのっているものがある。たぶん、この版画の作者も絵の中のキリストと同じようにして遊んだ経験をもっていたのであろう。われわれの時代に近いところでは、一八九五年のハロッズ社のカタログには大小二種の棒ウマ(値段は二シリング六ペンスと三シリング六ペンス)、さらに、その他に二二種のウマのおもちゃ(大きさの違いも計算に入れればもっと多くの種類になる)と、数えきれないくらいの「引き車」がのっている。レズリー・デイクンは一九六三年に、現代の子どもはもはや棒ウマを見ることはできないと書いている。しかしはたして完全に姿を消したのであろうか。I・オーピーとP・オーピーは、一九六〇年代に子どもたちのゲームを収集したさいに、二人の子どもがウエイブリッジで三頭の手製の棒ウマで遊んでいたと報告している。この手作りの棒ウマは、古いくつ下の中にものをつめて作ったもので、目と耳と手綱がぬいつけられ、棒の先にとりつけられていたという。それは筆者たちの一人が、一九四〇年代にもっていたものとまったく同じものである。そして、棒ウマは近年になって人気をとりもどしつつあるし、また、少し大きなおもちゃ屋へ行けば、わりあいかんたんに手に入るようになってきているように思われる。個々の職人たちが布につめものをして作ったものもあれば、たとえばディヴィド・レスブリッジ・デザイン社やウッドペッカー社のような会社が作った木製の大きなものもある。それにペガサス社のように大きな「揺り木馬」を作っている会社が、それと同じように豪華な棒ウマの生産を始めているのである。

棒ウマといえば、次のような変わり種もあることにも触れた方がよいであろう。これは、楕円形の輪をウマの体にみたて、子どもがその中に体をくぐらせて肩からつるすもので、一方のはしにウマの頭とクビがつけられ、反対側からはウマのしっぽがたれさがっている。しかも、楕円形の部分は頭を出すところをのぞいて、布でおおわれており、ちょうど中世の飾りたてた軍馬のような装いになっている。こうして作られたウマは、ロビンフッドの伝説などの人物に扮しておどる仮装舞踊（モリスダンス）などで、いろいろと姿を変えながら現在までずっと伝えられている。ジェームズ・マッケイの『育児のこっとう品』という書物では、「ホビー・ホース」というと、棒ウマよりもむしろこのようなウマのことをさしていて、かんたんな棒ウマの方は「コック・ホース」と呼ばれている。マッケイは、この軍馬のおもちゃは、一六世紀および一七世紀には大へん人気があったけれども、一九世紀までにすっかり影をひそめたと述べている。しかしながら、一九一三年のガーミジ社のカタログには、「昔の棒ウマ」という名で登場している。値段は六シリング六ペンスで、説明文には「小さな騎士たちに喜ばれることうけあい」と書かれている。グエン・ホワイトは、これと同じような原理で作られているが、両足のあいだにさげて遊ぶ「つるし木馬」を紹介している。同じころ中国から入ってきたものである。

二〇世紀に入ると、乗ったりつかまったりして遊ぶウマの代用品がいくつか登場した。もっとも車輪のついたウマ、いいかえると「引き車」の大型のものは、乗って遊ぶウマとしてはあまり自由がきかない。乗って遊ぶにしても動かすためには大人か年上のきょうだいの力を借りなければならないからである。しかし、ウマに乗るというモチーフは、機械化の時代の進展とともに三輪車やスクーターとなって現われた。ウマの頭のついた三輪車(それもゴムの輪をつけた車輪つきのものもある)が、一八九五年のハロッズ社のカタログに出ている。値段は大きさによって二七シリング六ペンスから五〇シリングまでとなっている。クリストファー・ロビンの書物にさし絵をかいたアーネスト・シェパードは、その自伝の中で似たようなおもちゃについて述べている。一八八七年、彼の七歳の誕生日についてのくだりである。

何かすごく神聖な力が私の幸せのために働いて、アリシアおばさんを、子ども用のふつうの贈りものの売場よりもっと奥の方に導いたのにちがいない。そこには天使のガブリエルの人形が、まるであのミスター・ジェームズ・シュールブレズ百貨店の売場監督みたいなかっこうで立っていたのだが、その人形にみとれて歩いて行ったのかもしれない。とにかく、そこには、「七本足」という名の三輪車があったのだ。目をむき、鼻の穴をふくらませ、まるで三個の木の車をふりきろうとするかのように、前足を高くあげたウマの形の三輪車だ。じょうずに乗れるようになるまでに、少し時間がかかったけれども、乗れるようになると、私は玄関のところへもち出して、「パカパカパカ」と大声でさけびながら、何度も何度も行ったりきたりしたものだ。私の小さな足は、わが「七本足」も私自身も息切れがしてどうにもならなくなるまで、あるいは、女中のリジーが顔を出して「ごはんですよう」と声をかけるまで、ずっと回転しつづけたのだ。「ごはん」になると、「七本足」は玄関の燈柱につながれて、御主人様のお帰りを待つというわけだ8。

ガーミジ社のカタログを見ると、一九一三年までに、次のような、乗って動かすことのできるウマのおもちゃが登場している。まず、ウマの三輪車、これは、鉄の車輪のついた幼児用のもの（十シリング九ペンス）から、ギャロップで走る二頭のウマに二輪馬車をつけた形をしていて、車輪はチェーンで動かし、ランプや警笛までついたもの（五二シリング六ペンス）まで、何種類ものものがある。そのほか、ウマの形をしていて車輪のついた椅子、車輪にバネをつけて騎手が本物そっくりの揺れを楽しめるようになっているウマが二種類、ロープにつるして前後にゆすって遊ぶ「ギー・スウィング」（「はい、どうどう」）という商品名のウマ、さらに「揺り木馬」や、ウマの頭のついたロッキング・チェアなどが見られる。

「人形の館」というものはしばしば先祖代々の家宝として伝えられるが、ウマのおもちゃの中でこれと張り合うことのできるのは、何といっても「揺り木馬」である。揺り木馬は、場所はくうけれども、「人形の館」ほどには注意深く扱わなくてもよいのだが、子どもたちがほしがるという点では、「人形の館」にひけをとらないであろう。現存する最も古い揺り木馬は、チャールズ一世のころの王室の子ども部屋で使われていたもので、一六二八年ごろ作られたらしい。体の大部分が半円形にけずられた木の揺り子で占められ、それに頭と首だけをつけてウマであることを表わすという点で、一七世紀のほとんどの揺り木馬の典型である。よく似た揺り木馬は、ロンドン博物館でも見られるが、これは、もっと大きくてずっしりしており、二人の子どもが乗れるようになっていて、木のピストルをつるすためのケースと木のあぶみとがついている。別の一七世紀のゆり木馬は二頭のウマと揺り子からできており、そのうちの一頭は、より写実的に足も含めてすべてついている。二頭の頭はふだんは台の上にのせられていて、遊ぶときには、そのどちらかが台ごと揺り子の上にとりつけられたのである。一八世紀になると、揺り子とウマとがわかれて、ウマの足が重要なものとなってくる。今日われわれが見るのと同じように、四つ足をひろげてじかに揺り子の上にしっかりとめられるようになったのである。ウマののっていた台はしだいに小さくなって、もはや補強以上の目的をもたなくなってきた。そして、ウマそのものは、だんだんと精巧で元気よく見えるようになってきた。揺り子は、二世紀のあいだずっと半円形をしていて、安全性を考えてウマの前後のひずめの間隔よりも十分に広くなるように作られていた。だから、このウマを入れるにはかなり大きな子ども部屋が必要だったのである。一八八〇年になって初めて、ロンドンのダンクリーズ社が、ずっしりとした木の代わりに弓の形の鉄の揺り子を使った木馬を考察し、特許をとった。同じ年に、アメリカのオハイオ州のおもちゃ業者もイギリスの特許を獲得し、それ以来、このデザインが揺り木馬の標準になってきている。この木馬は、大へん安全なうえに、大きくて本物そっくりの揺れを楽しめるので、大人と子どもの両方を満足させるという点で大へん有利にできている[8]。

一九三九年は第二次大戦が始まってから二〇年間、ごくわずかの手作りのものを除けば、新しい揺り木馬を手に入れるのはむずかしかった。その後市場に出はじめたのは、塗料をぬった金属製のもので、これは、木の枠からバネでつるされており、六歳以上の子どもが乗るには小さすぎた。だから昔の木製の揺り木馬のことをおぼえている人は、ヴィクトリア時代やエドワード七世時代の「たからもの」をまあまあの値段で買ったのである。筆者たちも一九五一年と一九六七年にそうした昔の木馬を手に入れたが、それぞれ五ポンドと十ポンドであった。しかし、一九七〇年代になって世の中の懐古趣味が高まると、昔つくられた揺り木馬は貴重なこっとう品扱いをされるようになり、どれもこれも百ポンド以上するのがあたりまえになってしまった。と同時に、新しい技術は、揺り木馬のデザインを変え始めた。今日イギリスでもっとも売れている揺り木馬のデザインは二つある。ひとつは、木のウマにやわらかい繊維を巻き、それをいかにも小馬の肌のような手ざわりのアクリルの布でおおったものである(ペガサス社およびイクェストリス社)。もうひとつは、まだらのラバのように見えるもので、こちらの方が昔ふうに思われるけれども、実際はグラスファイバーをかためて作ったものである（ハドン・ロッカーズ社）。いずれも、皮やビニールの鞍の手綱がついている。安定させるための台や、昔ふうの弓形の揺り子のついた木馬も再び手に入るようになった。しかも、いずれも伝統的な作り方に従って、ペンキやニスをぬった木でできている。これらは、昔のこっとう品を買うのと同じくらい値がはるにもかかわらず、今のところちょっとしたブームになっている。木馬は、しばしばいろいろと形を変えて登場してくる。たとえば一九七七年の「イングランドおもちゃフェア」は、バネを使って後足で立つように作られた木馬が展示された。また、ウールワースのようなスーパーの入口などには、コインを入れると機械で動くウマがおいてあるが、木馬に乗った経験といえばこれしかないという子どももある。しかしながら、揺り子のついた木馬という基本概念は、じつに四世紀も時の流れや、自動車や宇宙船などの到来にもよく耐えてきたのであり、今のところ子どもの遊び場から姿を消すということは考えられない。

## 安ものの小物おもちゃ、かげろうのように消えゆくおもちゃ

「かげろうのようなおもちゃ」、つまり一時的なおもちゃとは、どのようなおもちゃのことをいうのであろうか。それは、「かげろうのような」ということばをどのように定義するかによってきまる。ほんのしばらく楽しんだあとで、忘却のかなたへ追いやってしまうおもちゃはいろいろあるけれども、その理由はさまざまなのである。初めて手にしたときはとても気に入られるけれども、あまり精巧にできていて子どもが想像力を働かせる余地がないとか、子ども自身の要求をみたすことができないとかいうことが原因で、長いあいだ大事にしてもらうことができないというおもちゃもある。また、もともとすぐにすて去られるように作られているおもちゃ、つま

り、そのときそのときの楽しみのためのものであって、ずっと長く手許にあるとむしろ困ってしまうおもちゃもある。たとえば、パーティのときのおもちゃ、いろいろな市の日に使うおもちゃ、そのほかこまごました「小物玩具」である。あるいはまた、捨ててしまわないでおもちゃ棚に保存はされているけれども、今までとは違った遊び方が見つかったときなどに、ある時期だけ急に集中的に使われるようになるおもちゃもある。

われわれは過去の「小物玩具」について知りたいと思っても、十分に知ることはできない。なぜなら、もともとそういうものは長く残るようにはできていないのであって、うすっぺらな材料を使って安く作られており、また、そのもちぬしも、たとえ一時的にどんなに喜んで遊んだにせよ、すぐにすて去るものと考えているからである。たとえば、昔、小さなマッチ箱の中に、紙きれとマッチ棒のような木を使って作られた家や風景のおもちゃがあったが、筆者たちの一人も七歳のころ、週一回のわずかのおこづかいのすべてをそれにつぎ込んだものである。大人の今になって、それを、われわれのおもちゃのコレクションに加えることができたらどんなにすてきだろうかと思わずにいられない。そのほかにも、ガラスのしっぽのついた紙の小鳥とか、柄のところに「主の祈り」の文字の書かれたわずか一インチの長さのナイフとか、しっぽの下にしょうのうのかたまりをつけて泳ぐアヒルなどは、どこへ行ってしまったのだろう。自分の子どもたちが大人になったときに、どのおもちゃをなつかしく思うかしら、と自分のまわりを見まわしてみるがよい。いったんそうしたおもちゃが遊びに使われたあとでは、それらを孫やひ孫の代まで良い状態のままで伝えるということが、どんなに難しいかがわかるであろう。

こうした「かげろうのようなおもちゃ」の最後の実例で、しかも、もっとも喜ばれているもののひとつが、毎年十月の「ノッティンガムがちょう市」と呼ばれる祭で売られている。それはうすみどり色のすきとおった風船を水素でふくらませ、その内側に糸で「金魚」をつるしたもので、この風船を買うための口実にするためなら、いつまでも子どもを腕に抱いていてもよいと思うくらいである。この祭で買える別のおもちゃに、棒の先にひもでつるした紙の小鳥がある。これは、木をうすくけずって作ったしっぽがついていて、棒のはしをもってぐるぐる回すと、しっぽを回転させながら大きな声でさえずるのである。そのほか、きっちりと折りたたまれているけれども、のばすとハチの巣の形をした竜や小鳥などになる紙のおもちゃとか、同じようにハチの巣状のくねくねした体と石こうでつくった頭をもったヘビを棒の先につけたものとか、紙の管を丸くたたんでその先に羽根をつけ、吹きのばしてパーティなどでお互いにびっくりさせあって遊ぶおもちゃとか、さらに熱した空気を入れた風船とか、かざぐるまなどの回転おもちゃとかも、こうした安くてすぐこわれるおもちゃである。もう少し長もちするものとしては、麦ワラで作った昆虫、別名「毛糸虫」とも呼ばれるシェニール糸でできた中国製の鳥や動物、チェコスロバキアのとうもろこし人形、さらにロシアの綿を圧縮して作った人形などがある。中には、遊ぶという行為そのものによって消費されてしまうおもちゃもある。たとえば、貝の中にきっちりと折りたたまれていて、コップの水の中へ入れるとだんだん開いてくるニッポン製の紙の花や、壁に投げつけたり、らせん状の紙につめられ、指と指のあいだで押しつけたりして破裂させて遊ぶかんしゃく玉や、火打ち石とはがねをこすり合わせて火花を散らすけれども、すぐにダメにな

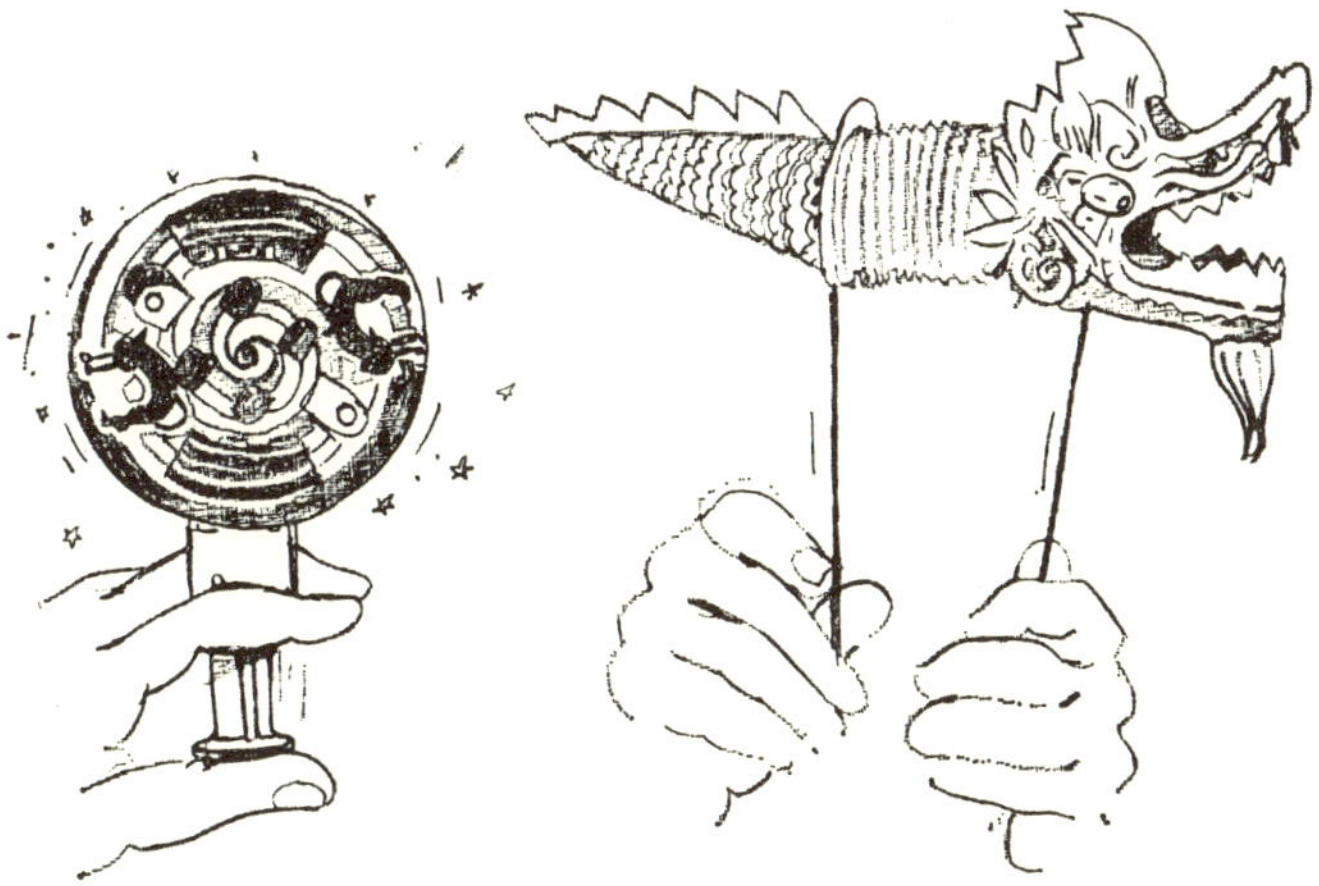

る鉄砲などがこれにあたる。

昔からつづいているおもちゃの中には、一年のうち特定の季節にだけしか使われないものもある。これもその意味では一時的なおもちゃだといえるであろう。たとえば早春のころのこま、それにつづくなわとび、秋の新学期の始まったころのおはじきなどであり、また「トチの実わり」もトチの実が熟して落ちるころにかぎられる。都会の子どもでも、二〇年前にはいくらか季節に注意を払ったものであるが、今日ではほとんど気にとめないようだ。そのかわり都会では、あるおもちゃが急にある特別の使い方をされるようになり、そして同じくらい急に忘れさられてしまって、何年ものあいだ再び姿を現わさないということがある。たとえば、一九六〇年代の一時期「チャイニーズ・スキッピング」という遊びが大流行した。これは、ロープの先におもりをつけ、反対側のはしを輪にして片方の足首にはめ、その足をぐるぐるまわしてロープに大きな円を描かせ、もう一方の足でロープがまわってくるたびにとびこすように、両方の足を巧みにスキップして遊ぶものである。またフープ（輪）は、長い間学校以外ではみられなかったが、腰を回転させてぐるぐるとまわすあのフラフープとして、文字通り狂ったような勢いで復活した。プラスティックのフープの製造が、このような遊び方を可能にしたのである。昔の鉄のフープでは、こんな遊びはまず不可能であろう。しかし、それではなぜフラフープがあのようにこつぜんと姿を消してしまい、もう何年ものあいだふつうのおもちゃ屋では見ようと思っても見られなくなったのかということになると、さっぱり説明がつかなくなる。さかのぼって一九三九年には、「ハイライ」というバットの先にゴムひもで小さなゴムボールをつけたおもちゃが大流行したことがあるし、その前には、「ヨーヨー」が、何世紀も前からのおもちゃであるにもかかわらず、一時的にもてはやされた時期があった。

本書がこれまでに扱ったおもちゃの多くは、時の流れをこえて存在してきたおもちゃであった。が、これは自然のなりゆきであったというのも、子どもが子どもらしくありつづけるかぎり、彼らの要求や興味には変わりはないからである。生きながらえることのできたおもちゃというのは、技と力をのばしたいという子どもの願いをかなえてくれるおもちゃ、子どもの想像力を養い、感情をとらえ、好奇心をひきつけるおもちゃ、そして、単純明快に子どもをおもしろがらせ、おどろかせ、そして笑わせるおもちゃである。おもちゃにとってこうした性質ほど重要なものはない。とくに筆者たちは、本書のような書物を読んでその結果、読者が、おもちゃの機能について意識過剰になり、子どもにかげろうのようにうつろいやすいおもちゃを与えることを恐れるようにならないようにと願っている。以前にも述べたように、筆者たちの三歳の子どもに最も歓迎されたプレゼントは、帽子のいっぱい入ったペーパー・バックであった。また、四歳の子にことのほか喜ばれたのは、ゴム製のケムシやイモムシやクモといった気味のわるい生き物の入った袋であった。そして、五歳の子は、にせものの歯とか、折りたたみのスプーンとか、ゴムのえんぴつとかいったこっけいな品物の入った箱を喜んだ。中には、おもちゃ屋では見られないものの方を喜ぶ子どももある。われわれは焦点を少しずらして、「どのおもちゃにしようか」と考えるよりも、「この子どもはどんなことをするのが好きだろうか、そのためには何があったらよいだろうか」と自問自答した方がよいのではないだろうか。筆者たちが、本書で試みたことは、ひとことでいえば、こうした問いにたいする答をさぐることであったといえよう。

# 訳者あとがき

本書は、Newson, J. and E., *Toys and Playthings*, Allen and Unwin, 1979 and Penguin Books. の全訳である。

遊びは、子どもにとって欠くことのできないものであり、遊びを通して人間生活の基本を学ぶとさえいわれる。この遊びをより豊かに、より楽しいものにするのが、おもちゃであり遊具であろう。

さて、遊びについてはこれまで多数のすぐれた著作がある。J・ホイジンガ、R・カイヨワ、M・J・エリスの書はわが国でもよく知られている。しかし、遊びと人間を結びつけてくれるおもちゃに関する理論的なものは、ほとんどみあたらないといってよいのではないだろうか。

本書の著者ニューソン夫妻によれば、おもちゃに対する関心が高まってきたのはごく最近のことである。一九七〇年代にアンティックブームがあらわれ、大人がおもちゃに注目しはじめたこと、地域の遊戯団体が遊びを構成するためおもちゃの取扱い書を必要としたこと、それに心身障害児の治療におもちゃを使用するようになったことなどが、その理由であるという。

訳者あとがき

著者ニューソン夫妻はロンドン大学ユニバーシティ・カレッジで心理学を学んだ後、一九五二年以降ノッティンガム大学で教育と研究にとりくんできた。「育児のパターン」「都会の四歳児」「家庭における七歳児」などの主著からもわかるように、発達心理学を専門とし、とくに育児に関した研究が多い。また発達が阻害された心身障害児にも深い関心をよせている。それに、本書のタイトルであるおもちゃや遊具にも研究の関心を向けるようになり、有名な玩具会社のコンサルタントとして、子どものためのすぐれたおもちゃの開発に努めている。本書でおもちゃと子どもとの相互作用が実に生き生きと描かれ、おもちゃに対する子どもの心の動き、おもちゃが及ぼす心理的影響がよく分析されているのも、こうしたニューソン夫妻の研究歴を知るとうなずける。

ニューソン夫妻によれば、遊びはある程度ゆきあたりばったりの、無限に柔軟性のある活動である。ゲームとは違って規則もない。もしあったとしても、それは主観的なもので、いつでも破棄できるものである。この柔軟性こそが遊びを創造的にするのである。そしておもちゃは創造性を生み出していくときの働きかけの一助となるものであると考える。したがって、おもちゃがあって遊びがあるわけではない。遊びがあっておもちゃがある。遊びはおもちゃに先行する。誕生まもない赤ん坊にとっては母親がおもちゃとしての役割をする。自分の手足の指がおもちゃの役割をする。子どもにとっては自分の周囲にあるものをおもちゃにして遊ぶ。これがおもちゃについて考えるときの出発点である。

子どものおもちゃへの関心は次第に変化する。音がするおもちゃから動くおもちゃ、形の弁別力を必要とするはめこみおもちゃ、さらに運動能力の発達につれてブランコやジャングルジムなどへと関心がうつる。しかし本書の目的とすることは、それぞれの発達段階に適したおもちゃが何であるかということよりも、子どもの成長を助け、よりよく発達させるにはどのようなおもちゃがよいかについてである。

こうした健常児に対するおもちゃのほかに心身障害児、また病床にある子どものためのおもちゃについて書かれている。情緒障害児などに遊戯療法が行われるが、その際おもちゃは治療者と子どもを媒介する重要な働きをする。では、どのようなおもちゃを整えたらよいのか、臨床心理学の面からおもちゃの役割についても述べられている。その意味で本書は二冊の書物として刊行されてもよかったかもしれない。しかし、健常児の成長パターンと照合しながら、発達の障害を理解した方がより有益であると考え、一冊にまとめられたものである。

本年（一九八一年）は国際障害者年にあたり、障害をもつ人々がよりよく社会参加できるよう国際的な呼びかけがおこなわれている年でもある。健常児のみでなく、障害児のためのおもちゃや遊具が検討されることは、すべての子どもの幸福を考えるとき、必要なことであり、大切なことである。

ちょうど本書刊行と同じころに、東京では、東京国際玩具見本市が開かれる。わが国にも高価なおもちゃ、商業主義に毒されたおもちゃではなく、子どもの生活を豊かに、楽しくし、同時に自発性や創造力などの成長をうながすようなおもちゃを考案しようとする気運もある。この訳書がよりよいおもちゃの普及の一助になれば、と願っている。

最後に本訳書の出版をおすすめくださり、また翻訳がなかなかはかどらないのを忍耐強く待ち、励ましてくださった黎明書房の高田利彦社長、武馬久仁裕編集長、木本澄子氏に深く感謝の意を表したい。また翻訳の過程、原稿を通読して訳文について有益なご助言をいただいた名古屋大学名誉教授、大西誠一郎先生、名古屋大学助教授、山田幹郎先生、名古屋女子大学講師、依岡道子先生に謝意を表するものである。

一九八一年六月

訳者代表　三　輪　弘　道

訳者紹介

**三輪弘道**（みわ　ひろみち）

名古屋大学大学院教育学研究科博士課程修了，現在，名古屋女子大学名誉教授。

**後藤宗理**（ごとう　もとみち）

名古屋大学大学院教育学研究科博士課程修了，現在，名古屋市立大学大学院人間文化研究科教授。

**三神広子**（みかみ　ひろこ）

愛知県立大学文学部児童福祉科卒業，現在，名古屋芸術大学人間発達学部教授。

**堀真一郎**（ほり　しんいちろう）

京都大学大学院教育学研究科博士課程中退，大阪市立大学教授を経て，現在，きのくに子どもの村学園長。

**大家さつき**（おおか　さつき）

南山大学英米科卒業，黎明書房編集部員を経て，現在，中京高校講師。

**精神医学選書《せいしんいがくせんしょ》⑨　おもちゃと遊具《ゆうぐ》の心理学《しんりがく》**

2007年10月25日　初版発行
2009年 1月25日　2刷発行

訳　者　三《み》輪《わ》弘《ひろ》道《みち》他
発行者　武馬久仁裕
印　刷　株式会社チューエツ
製　本　株式会社渋谷文泉閣

発行所　株式会社　黎《れい》明《めい》書《しょ》房《ぼう》

〒460-0002　名古屋市中区丸の内3-6-27 EBSビル　☎052-962-3045
FAX052-951-9065　振替・00880-1-59001
〒101-0051　東京連絡所・千代田区神田神保町1-32-2
南部ビル302号　☎03-3268-3470

落丁本・乱丁本はお取替します。　ISBN978-4-654-00159-0
2007, Printed in Japan

# 索　引

# 原　注

＜第2章＞

1 Ambrose, J. A. (ed.), *Stimulation in Early Infancy*, Academic Press, 1969.

2 Sandhu, J. S. and Hendriks-Jansen, H., 'Special School Environments for Handicapped Children', the Built Environment Research Group, Polytechnic of Central London(mimeo), 1974 よりの報告。

3 Winnicott, D. W., *The Child and the Family*, Tavistock, 1957.

4 Newson, J., 'An Intersubjective Approach to the Systematic Description of Mother-infant Interaction', in Schaffer, H. R. (ed.), *Infant Interaction*, Academic Press, 1977.

5 Newson, J., 'Towards a Theoy of Infant Understanding', in Bullowa, M. (ed.), *Before Speech*, Cambridge University Press, Cambridge, 1978. これについては，John and Elizabeth Newson, 'On the Social Origins of Symbolic Functioning, in Varma, V. P. and Williams, P. (eds), *Piaget, Psychology and Education*, Hodder and Stoughton, 1976 も見よ。

6 Trevarthen, C., 'Early Attempts at Speech'; これは Lewin, R,. *Child Alive*, Temple Smith, 1975 に掲載されている論文の一つで，それほど専門的ではないが，興味深い内容である。

7 たとえば Susan Pawlby と Olwen Jones による研究がある。どちらも Nottingham Child Development Research Unit. にて研究されたものである。彼らの研究のいくつかは，Pawlby, S., 'Imitative Interaction', と Jones, O.H. M., 'Mother-child Communication with Pre-linguistic Down's, Syndrome and Normal Infants; の中で紹介され，両方とも Schaffer の引用文中に発表された。

8 オーピー夫妻は，「子どもの遊び歌は，おそらく現存する最も古い詩歌に属するものである」と解説している。ピープ・ボー遊びに関する文献は，16〜17世紀の文学作品中に多くみられる。ここで，オーピー夫妻は1364年の手書きの文書から一例を拾っている。その中には，「こちらにメイヤー卿，こちらに家来」のように，単に体や顔のあちこちをさわる遊びもあれば，ほかに，突ついたり，人差し指と中指を二本の足のように歩かせたり（finger-walking），くすぐったり，またひざ小僧をゆすったり，あるいはこれらの動作をつなぎ合わせて行

なったりするものもある。いずれにしても最初はゆっくりした動作で始まり，しだいに興奮を高めていく。われわれのひとりが，彼女の祖父から教わった歌を次にあげておく。これは歌詞を次々に変化させていくものである。

これは貴婦人の乗り方よ
　ニミニー，ニミニー，ニミニー，ニミニー（気取って）
これは農夫の乗り方さ
　ウンブル，ウンブル，ウンブル，ウンブル（鈍重に）
これは商人の乗り方さ
　トゥトゥロ，トゥトゥロ，トゥトゥロ，トゥトゥロ（元気よく）
そしてこれは紳士の乗り方である（もったいぶった様子で）
　パカッ，パカッ，パカッ，パカッ

――このつづきにわれわれは，自分たちの子どもがこの遊びを習ったとき，次の文句をつけ加えた。

5本の横木の上を飛び越え，畑のみぞへ突っ込んだ！

――こうして以下につけ加えていく文句は，「お母さんと一緒に聞きましょう」というレコードや，童謡集のような本からも採集が可能である。このように，現代の童謡は昔ながらの祖父母からの伝承とレコードや本によって形式が整った詩歌とがまざり合ったものとなる。

Opie, I. and P. (eds), *The Oxford Dictionary of Nursery Rhymes*, Oxford University Press, 1951. 童謡や指遊びをまとめた本としては，*This Little Puffin* by E. Matterson, Penguin Books, 1969 がある。

9 Gregory, S（当時 Susan Treble），'The Development of Shape Perception in Young Children'，博士論文，University of Nottigham, 1972.

10 Gray, H. 'Learning to Take an Object from the Mother', in Lock. Andrew (ed.), *Action, Gesture and Symbol:the Emergence of Language*, Academic Press, 1978.

<第3章>

1 Haskell, A. and Lewis, M., *Infantilia : the Archeology of the Nursery*, Dobson, 1971.

2 考案者キャッテル（Cattell, P.）の名前からとった。「サイケ・キャッテル」という名で知られているテストから。Cattell, P., *The Measurment of Intelligence in Infants and Young Children*, Psychological Corporation, New York, 1940.

3 *Gamages Christmas Bazzar*, 1913,（再版の複製）. David and Charles,

Newton Abbot, 1974.

4　White, G., *Antique Toys and Their Background*, Batsford, 1971. パトリック・リランズ（Rylands, P.）は，1970年にその優雅なデザインで，デューク・オブ・エジンバラ賞を獲得した。

5　Pawlby, S. in Schaffer, H. R. (ed.), *Infant Interaction*, Academic Press, 1977.

＜第4章＞

1　Stallibrass, A., *The Self-Respecting Child*, Thames and Hudson, 1974.

2　Manning, K. and Sharp, A., *Structuring Play in the Early Years at School*（学校審議会プロジェクト），Ward Lock Educational, 1977.

3　Newson, J. and E., *Seven Years Old in the Home Environment*, Allen and Unwin, 1976, and Penguin Books, 1978.

4　オーピー夫妻は彼らの著書『学童の伝承と言語』（*Lore and Language of Schoolchildren*）の中でこれらの遊び歌を実にたくさんあげている。多くは，その時代その時代の興味にあわせて変化しながら，世代から世代へ受け継がれてきたものである。われわれの仲間のひとりの母親は，バークシャー州に子どものころから伝わっている次のようなまりつき歌を教えてくれた。（オーピー夫妻はその年代と現在それがどのような歌として知られているか調査した。）

いち，に，さん，でアーラーリー
私のボールは中庭*に落ちた
それをメアリーに渡すのを忘れないで
チャーリー・チャップリンにでもいいわ

*中庭――斜面にひな段式に建てられた家の地下にあたる部屋の庭。一段とくぼんでいる。そこから階段をのぼっていくと通常の道路の高さになる。

この歌のかえ歌は，オーピー夫妻が1940年にエジンバラで，さらに1952年にカークキャルディで採集した。そのときもやはりまりつき歌として歌われていた。

いち，に，さん，でアーラーリー
私はウォーレス・バーリーに会ったよ
彼は腰かけて
シャーリー・テンプルにキスしてた

次のなわとび歌は，1957年にスワンシーで採集されたもので，映画スターの名前と跳ぶ動作を組み合わせている。その点でチャーリー・チャップリンに特徴づけられている1930年代のまりつき歌やあるいは比較的最近のまりつき歌とも非常に類似しているといえる。彼は民衆のヒーローとして根強い人気を保っている。

こんにちは，ロイ・ロジャース！
デイトしませんか？
私とあの角のところで
8時半に会って。
私はルンバも踊れるわ
両足をまっすぐ開くこともできるわ
くるくるとターンもできるし
足でけることだってできるのよ。

5　このような意味で人形を使うことは，現代，われわれの社会においても全然みられないことではない。カール・フォックスの見事なさし絵入りの本には，ぞっとするような二つの人形の写真が載っている。それらは，2インチほどの大きさの木綿でできたブーズー教の人形で，1960年代にコニーアイランドの海岸で，小さな棺の形をした箱の中にはいっているのを発見された。それらはノートをひきちぎった紙でくるまれ，その紙には6人の名前がなぐり書きされていた。そして人形の頭と腕と体には長い針が突き刺してあった。Fox, C., *The Doll*, Abrams, New York, 1973.

6　たとえば，Max von Boehn, *Dolls*, Dover, New York, 1972.（もとは，1929年にドイツで出版されている）

7　White, G., *European and American Dolls*, Batsford, 1966.

8　Newson, J. and E., *Four Years Old in an Urban Community*, Allen and Unwin, 1968, and Penguin Books, 1970.

9　Pakenham, E., *Points for Parents*, Weidenfeld and Nicolson, 1954.

10　モルゲンサラ（Morgenthaler）の1950年代の作品のうち三つがバックマンの *Dolls the Wide World Over*, Harrap, 1973 の中にさし絵として載っている。

11　おもちゃのこの面に関する興味深い論文は（D. W. ウィニコットの序文で）オリーブ・スティーブンソンの以下の著作の中にみられる。'The First Treasured Possession', in *The Psychoanalytic Study of the Child*, Vol. IX, Imago, 1954.

12　Bel Mooney の *Guardian* 8.1.76の中の一節。

<第5章>

1　Newson, J. and E., *Seven Years Old in the Home Environment*, Allen and Unwin, 1976, and Penguin Books, 1978.

2　Vygotsky, L. S., 'Play and Its Role in the Mental Development of the

Child' もともとは1933年に行なわれた講演の内容である。in Bruner, J. S., Jolly, A., and Sylva, K., *Play—Its Role in Development and Evolution*, Penguin Books, 1976.

3 Hostler, P., 'Play with a purpose', in Blishen, E.,(ed.), *The World of Children*, Paul Hamlyn, 1966.

4 Newson, J. and E., *Four Years Old in an Urban Community*, chapter 7, 'Shared and private worlds', Allen and Unwin, 1968 and Penguin Books, 1970.

5 Ibid. chapter 12, 'Who told three that thou wast naked?'

6 Newson, J. and E., *Seven Years Old in the Home Environment*, chapter 5, 'The constraints of reality', op. cit.

7 *Open Stage Kits*, ジャネット・シンプソンとガイ・チャップマンの考案による。

＜第6章＞

1 Axline, V., *Dibs : In Search of Self*, Penguin Books, 1971.

2 とくに興味深いいくつかの例は，次の文献の中に見出される。Bowyer, R., *The Lowenfeld World Technique*, Pergamon 1970; Isaacs, S., *Social Development in Young Children*, Routledge and Kegan Paul, 1933（今もって内容は素晴らしい）; Moustakas, C., *Children in Play Therapy*, 2nd edn, Ballantine, 1976, Tanner, J. and Inhelder, B., *Discussions on Child Development*, vol. Ⅲ, chapter by E. Erikson, Tavistock, 1956.

3 子どもの遊びの好みが，男女の性別によって分化していくことを論じたものは，次の文献の中に見出される。J. and E. Newson, *Seven Years Old in the Home Environment*, Allen and Unwin, 1976, pp. 143-8, and Penguin Books, 1978, pp. 155-60. さらに追求したものとしては，J. and E. Newson, D. Richardson and J. Scaife, 'Perspectives in Sex-Role Steleotyping', in J. Chetwynd and O. Hartnett, *The Sex Role System*, Routledge and Kegan Paul, 1978.

4 子どもが描く人物画の発達段階については，われわれが次の文献の中に要約している。Lorna Selfe's *Nadia: a Case of Exceptional Drawing Ability in an Autistic Child*, Academic Press, 1977, 解説入りのオーディオテープ—— *The Innocent Eye* (Elizabeth Newson)——は医療，録音サービス協会(Medical Recording Service Foundation）より借用できる。

5 ケン・エディというある経営幹部が，おもちゃの商業誌に次のようなことを

述べている。すなわち，シンディブームは自分には理解しかねる現象である。「昨年一年間でわれわれは50万個以上のシンディ人形を売ったが，いったいその人形たちはみんなどこへおさまってしまうのか想像もつかない。われわれは，今年，さらに60万〜70万個の売り上げ目標をもっている。英国では毎年女の子は35万人しか生まれないというのに。」 *British Toys and Hobbies*, 26. 7. 1977.

<第7章>

1　音声に反応する映写装置は，1971年に王立芸術大学において開催された展示会で陳列された。この展示会は，RCA 工業デザイン（工学）研究会と，ノッティンガム大学児童発達研究会の共催によるものである。このような映写装置を自閉症の子どもに対してどのように用いるかは（その詳しい作り方とともに）次の文献に報告されている。Jelleis, Trevor and Grainger, Sam 'The back projection of Kaleidoscopic patterns as a technique for eliciting verbalizations in an autistic Child', *British Journal of Disorders of Communication*, 8, 1972, pp. 157-62.

2　Sandhu, J. S., and Hendriks-Jansen, H., *Environmental design for Handicapped Children*, Saxon House, Farnborough, 1976.

3　Kay Mogford:'The communication of young severely handicapped children : a preliminary to assessment and remediation', 学内の回覧紙，ノッティンガム大学児童発達研究会

4　この種の評価の一例としては，エリザベス・ニューソンの次の文献に述べられている。Newson, E., 'Parents as a resource in diagnosis and assessment', in Woodford, P. and Oppé, T.(eds), *The Early Management of Handicapping Disorders*, IRMMH/Elsevier, N. Holland, 1976.

<第8章>

1　この臨床教室では，両親も臨床ティームの一員として常時参加しているが，その活動の模様はすべて次の文献に紹介されている。Newson, E, 'Parents as a resource in diagnosis and Assessment', in T. Oppé and P. Woodford (eds). *The Eary Management of Handicapping Disorders*, IRMMH/ Elsevier, N. Holland, 1976.

2　Wood, H., 'The Development of Children from Birth to Six Years of Age: a Collection of Eighteen Developmental Tests', この複写版は £1.50 でノッティンガム大学 CDRU から入手できる。

3　Woodward, M., 'The Assessment of Cognitive Processes: Piaget's Approach', in Mittler, P. (ed.), *Psycholoical Assessment of Mental and Physical Handicaps*, Methuen, 1970.

4　Lunzer, E. A., 'Studies in the Development of Play Behaviour in Young Children Between the Age of Two and Six', 博士論文につき出版されていない。1955年，バーミンガム大学。あわせて彼の論文。
'Intellectual Development in the Play of Young Children', *Educational Review*, Ⅱ, 205-17, 1959をみよ。

5　レパートリーは，大きめの返信用封筒を同封してノッティンガム大学児童発達研究会に請求すれば，全部の解説とともに入手できる。

＜第9章＞

1　スーザン・ノウルズ（Knowles, S.）とケイ・マグフォード（Mogford, K.）が，これらのおもちゃについて述べた小冊子 'Hear and Say: Toys for Children with Hearing, Speech and Language Difficulties', がトイ・ライブラリー協会から出版されている（注2をみよ）。

2　ジョン・ヘッド(Head, J.)とケイ・マグフォードが，英国で初めてトイ・ライブラリーの専門的運営を始めたのは，1970年，ノッティンガム大学児童発達研究会においてであった。当初は障害児とその家族のために遊びを供給するための研究プロジェクトの一部として発足し，ナッフィールド財団と身障児のための活動研究によって支援を受けていた。ジョン・ヘッドのトイ・ライブラリー運動に関する研究をまとめたものは，請求すればこの研究会より入手できる。トイ・ライブラリーを設立するに当たってのさらに突っこんだ知識やアドバイスを得たいときは，シーブルック・ハウス，ウィリオット・メイナー，ダークス・レイン，ポッターズ・バー，ハーツが加盟している英国トイ・ライブラリー協会に問い合わせるとよい。

3　重度障害児のための遊びについて，実践的な指針を与える二冊の書物がある。それは，ナンシー・フィニー（Finnie, N）の *Handling the Young Cerebral Palsied Child at Home*. 2nd edn, Heinemann, 1974, とペギー・フリーマン(Freeman, P.)の *Understanding the Deaf/Blind Child*, Heinemann, 1970である。両者とも，いかなる障害をもった子どもにもあてはまる豊富な活動指針を示してくれるであろう。

＜第10章＞

1　Harvey, S. and Hales-Tooke, A., *Play in Hospital*, Faber, 1971.

Noble, E., *Play and the Sick Child*, Faber, 1967.

Plank, E., *Working with Children in Hospital*, Western Reserve University, 1962, and Tavistock, 1964.

2 Newson, J. and E., *Four Years Old in an Urban Community*, Allen and Unwin, 1968, and Penguin Books, 1970. *Seven years Old in the Home Environment*, Allen and Unwin 1976, and Penguin Books, 1978.

3 Body Tricks, Gribble and McPhee, Penguin Books, 1976.

4 これらの活動のための有益なテキストは：

Haddon, K., *String Games for Beginners*, John Adams, Wargrave, Berks., 1978; Fry, E. C., *The Shell Book of Knots and Ropework*, David and Charles, Newton Abbot, 1977; Matterson, E., *This Little Puffin*…; *Finger Plays and Nursery Games*, Penguin Books, 1969; Bursill, H., *Handshadows*, reprint of 1859 original, Dover, New York, 1967.

5 われわれはナーシング・タイムス社に，この抜粋を再発行する許可をいただいた。

＜第11章＞

1 Huizinga, J., *Homo Ludens*, Routledge and Kegan Paul, 1949.

2 Daiken, L., *Children's Toys Throughout the Ages*, Spring Books, 1963.

3 A. A. マイルン (Milne, A. A.) は，次の一文からジョン王の私生活に新たな視点を向けたが，

「そうだ，ねえ，サンタクロース，もしあなたが僕を少しでも思ってくれるのなら，僕に大きくて赤い，インドゴムのボールを持ってきておくれ!!」

それは残念ながら時代をとり違えていたことがわかった。マイルンの *Now We are Six*, Methuen, 1927. より。

4 White, G., *Antique Toys and Their Background*, Batsford 1971.

5 これらの美しいおもちゃの写真は，ロバート・カルフ (Culff. R.) の *The World of Toys*, Hamlyn, London, 1969 の中に見出される。おはじきについての素晴らしい絵入りの記事としては，フレッド・フェレティ (Feretti, *F.*) による *The Great American Marble Book* (Workman Publ. Co., New York, 1973) がある。ボタンもおはじきと同じように，お金と同じくらいの価値をもったものとして扱われ，糸に通して大切にとっておかれた。

6 スグリーガ (Sgreaga) と呼ばれるゲームは，アラン島（スコットランド南西部にある島）で5個の石で遊ばれていると記されている。そのルールはもともとゲール語で書かれていたが，レズリー・デイクン (Daiken, L.) が，彼の

著書 *Children's Games Throughout the Year* (Batsford, 1949) の中でその文章を引用した。それはわれわれの子ども時代，すなち1940年代に遊んだ「おはじき山 (alleygobs)」という名前の遊びに非常によく似ている。いろいろな地方によって一つの遊びに様々な名前がつけられているように，遊びの中で，捕えられることが一時的に免除される，一連の「免除の言葉」にもいろいろな名前がつけられている。オーピー夫妻は英国における，遊びのときに用いる休戦の言葉をいろいろ集めている。地方ごとのこれらの言葉の発生地図は，次の彼らの書物に載っている。*The Lore and Language of Schoolchildren* (Oxford University Press, 1959), *Children's Games in Street and Playground* (Oxford University Press, 1969)

7　ゾイトロープ，万華鏡，バランスおもちゃ，水晶の庭や，ほかのたくさんの愉快なおもちゃのわかりやすい作り方は，カーソン・リッチー (Ritchie, C.) の *Making Scientific Toys* (Lutterworth Press, 1978) に載っている。それは，ヴィクトリア王朝ふうの精巧さと，現代工業技術の両方に迫っている。

8　Ernest Shepard, *Drawn from Memory*, Methuen, 1957, and Penguin Books, 1975.

## すすめたい本

各章の注にあげた参考文献がすべてここに再収録されているとはかぎらないが，もちろんそれらもおすすめしたい書物である。

### 遊びに関する本


ALLEN OF HURTWOOD, LADY, *Planning for Play*, Thames & Hudson, 1968

BENGTSSON, A., *Adventure Playgrounds*, Crosby Lockwood, 1972

BLURTON JONES, N., *Ethological Studies of Child Behaviour*, Cambridge University Press, 1972

BOWYER, RUTH, *The Lowenfeld World Technique*, Pergamon, 1970

BRUNER, J., JOLLY, A. and SYLVA, K. (eds), *Play: Its Role in Development and Evolution*, Penguin, 1976

CARR, JANET, *I'm Handicapped – Teach Me*, Penguin, 1979

CUNNINGHAM, C., *Handling Your Handicapped Baby*, Souvenir Press, 1978

DICKINSON, S. (ed.), *Mother's Help*, Collins, 1972

FRAIBERG, SELMA, *The Magic Years*, Methuen, 1968

GARVEY, CATHERINE, *Play*, Fontana/Open Books, 1977

HERRON, R., and SUTTON SMITH, B., *Child's Play*, Wiley, New York, 1971

HOSTLER, PHYLLIS, *The Child's World*, Penguin, 1959

JEFFREE, D., MCCONKEY, R., and HEWSON, S., *Let Me Play*, Souvenir Press, 1976

LAMBERT, J. and PEARSON, J., *Adventure Playgrounds*, Penguin, 1974

LEAR, ROMA, *Play Helps: Toys and Activities for Handicapped Children*, Heinemann, 1977

LINDSAY, ZAIDEE, *Art and the Handicapped Child,* Studio Vista, 1972

MARZOLLO, JEAN, and LLOYD, JANICE, *Learning through Play,* Penguin, 1977

MATTERSON, E. M., *Play with a Purpose for Under-Sevens,* Penguin, 1965

MATTHEWS, G. and J., 'Apparatus, Toys and Games' (booklet), from *Early Mathematical Experiences* (Schools Council Project), Addison-Wesley, 1978

MILLAR, SUSANNA, *Psychology of Play,* Penguin, 1968

OPIE, I. and P., *Children's Games in Street and Playground,* Oxford University Press, 1969

PIAGET, J., *Play, Dreams and Imitation in Childhood,* Heinemann, 1951; new edition, Routledge, 1972

PINES, MAYA, *Revolution in Learning: the Years from Birth to Five,* Allen Lane, 1969

SHERIDAN, MARY, *Spontaneous Play in Early Childhood,* National Foundation for Educational Research, 1977

SINGER, J. L., *Child's World of Make-Believe: Experimental Studies of Imaginative Play,* Academic Press, New York and London, 1973

STEVENS, M., *Educational and Social Needs of Children with Severe Handicap,* Edward Arnold, 1976

TIZARD, B. and HARVEY, D. (eds), *The Biology of Play,* Heinemann, 1976

WARD, COLIN, *The Child in the City,* Architectural Press, 1978

WINN, M. and PORCHER, M. A., *The Playgroup Book,* Fontana, 1971

WINNICOTT, D. W., *Playing and Reality,* Penguin, 1974

## おもちゃに関する本

CADBURY, BETTY, *Playthings Past,* David and Charles, 1976

CULF, ROBERT, *The World of Toys,* Hamlyn, 1969

DAIKEN, LESLIE, *World of Toys,* Lambarde Press, 1963

DAIKEN, LESLIE, *Children's Toys throughout the Ages,* Spring Books, 1963

HASKELL, A., and LEWIS, M., *Infantilia: the Archeology of the Nursery*, Dennis Dobson, 1971

HILLIER, MARY, *Automata and Mechanical Toys*, Jupiter Books, 1976

MACKAY, JAMES, *Nursery Antiques*, Ward Lock, 1976

PRESSLAND, DAVID, *The Art of the Tin Toy*, New Cavendish Books, London, and Crown, New York, 1976

WHITE, GWEN, *Marks and Labels*, Batsford, 1975

### 人形と人形の家に関する本

BACHMANN, M., and HANSMANN, C., *Dolls the Wide World Over*, Harrap, 1973

BAKER, ROGER, *Dolls and Dolls' Houses*, Orbis Books, 1973

VON BOEHN, M., *Dolls*, first published 1929; Dover Books, New York, 1972

COLEMAN, DOROTHY, ELIZABETH and EVELYN, *The Collector's Encyclopaedia of Dolls*, Hale, 1968

DESMONDE, KAY, *Dolls*, Octopus Books, 1974

FLICK, PAULINE and JACKSON, VALERIE, *Dolls' Houses: Furniture and Decoration*, Blond & Briggs, 1974

FOX, CARL, *The Doll*, H. N. Abrams, New York, 1973

JOHNSON, AUDREY, *How to Make Dolls' Houses*, Bell, 1957

JOHNSON, AUDREY, *How to Repair and Dress Old Dolls*, Bell, 1967

JOHNSON, AUDREY, *Dressing Dolls*, Bell, 1969

JOHNSON, AUDREY, *Furnishing Dolls' Houses*, Bell, 1972

KING, C. E., *Dolls and Dolls' Houses*, Hamlyn, 1977

WHITE, GWEN, *European and American Dolls*, Batsford, 1966

WITZIG, H., and KUHN, G. E., *Making Dolls*, Sterling, New York, 1969

WORRELL, E. A., *The Dollhouse Book*, Van Nostrand Reinhold, New York, 1964

## おもちゃの販売リスト

本書で述べられているおもちゃに興味をもたれた読者は，最寄りの玩具会社に問い合わせてみるとよい。しかしながら，おぼえておいていただきたいことは，本書に出てくるものとよく似ていてしかも品質的に何ら劣らないおもちゃが，別の，おそらくあまり有名でない玩具会社で製造されていることもあるということである。このリストでは，この方面ではかなり有名な玩具会社とその所在地を簡単に紹介した。

| 製造会社名 | イギリス | アメリカ | カナダ | オーストララシア | 対応ページ |
|---|---|---|---|---|---|
| ベック社 | All inquiries:<br>Beck Toys,<br>Brook House,<br>St James St,<br>Narberth, Dyfed. | | | | 85 |
| ブリオ社 | Brio U.K. Ltd,<br>Belton Rd West,<br>Loughborough,<br>Leics. | Brio Scanditoy Corp,<br>6531 North Sidney<br>Place,<br>Milwaukee,<br>Wisconsin 53209. | Brian, Hulst and<br>Woton Ltd,<br>127 Portland St,<br>Toronto, Ont.<br>M5V 2N4. | Modern Teaching<br>Aids Pty,<br>P.O. Box 608,<br>Brookvale,<br>N.S.W. 2100 | 75，190 |

| 製造会社名 | イギリス | アメリカ | カナダ | オーストララシア | 対応ページ |
|---|---|---|---|---|---|
| クルーディ・ウッド・プロダクツ社 | All inquiries:<br>Crowdys Wood<br>Products Ltd,<br>The Old Bakery,<br>Clanfield,<br>Oxford. | | | | 79, 84 |
| チャド・ヴァリ社 | Chad Valley Co. Ltd,<br>234 Bradford St,<br>Birmingham B12<br>OPP. | not available | .not available | John Sands (Pty) Ltd,<br>P.O. Box 164,<br>Herbert & Frederick<br>St, Artarmon,<br>N.S.W. 2064. | 95 |
| ＥＳＡ社 | All inquiries:<br>E.S.A. Creative Learning<br>Ltd,<br>Pinnacles,<br>Harlow, Essex. | | | | 105, 240 |
| エスコー社 | Escor Toys Ltd,<br>Grovely Rd,<br>Christchurch,<br>Dorset. | Childcraft Education<br>Corp.,<br>20 Kilmer Rd,<br>Edison, N.J. 08817<br>Ruth Glasser Inc.,<br>1107 Broadway,<br>New York, NY 10010. | Louise Kool & Sons<br>Ltd,<br>13 Sunrise Ave,<br>Toronto, Ont.<br>M4A 1B6. | Hop-Scotch,<br>Melbourne and<br>Sidney. | 71, 85, 92<br>96, 171, 236,<br>240, 249, 282,<br>287 |

| | | | | | |
|---|---|---|---|---|---|
| フィッシャー・プライス社 | Fisher Price Toys Ltd, Scottish Life House, 29 St Katherine St, Northampton. | Fisher Price Toys, East Aurora, Erie County, NY 14052. | Fisher Price Toys, 98 Rutherford Rd, South Brampton, Ont. L6W 3J5. | Consolidated Merchandise, 124 Exhibition St, Melbourne. | 69, 71, 83 87, 170, 188, 287 |
| フィッシャー・テクニック社 | Artur Fischer (U.K.) Ltd, 25 Newtown Rd, Marlow, Bucks. | | | | 193–6, 289 |
| ガルト社 | Galt Toys, Brookfield Road, Cheadle, Cheshire. (head office) | Galt Toys, Northbrook Court, Northbrook, Chicago, Ill. (and many other outlets – inquire). | Louise Kool & Sons Ltd, 130 Sunrise Ave, Toronto, M4A.1B6. (and many others – inquire) | A. R. Whitelaw & Co. Pty Ltd, 51a Russell St, Melbourne 3000. (and many others inquire) | 74, 93, 180, 240, 249, 290, 298 |
| ハドン社 | All inquiries: Haddon Rockers Ltd, Station Rd Industrial Estate, Wallingford, Oxfordshire. | | | | 357 |
| ハンタークラフト社 | All inquiries: Huntercraft, Stalbridge, Dorset. | | | | 111 |

| 製造会社名 | イギリス | アメリカ | カナダ | オーストラランア | 対応ページ |
|---|---|---|---|---|---|
| キディクラフト社 | Hestair Kiddicraft Ltd,<br>Godstone Rd,<br>Kenley, Surrey. | F. A. O. Schwartz,<br>745 Fifth Avenue,<br>New York,<br>N.Y. 10022. | Sopamco Inc.,<br>449 Rue St Vincent,<br>Granby,<br>Quebec J2G 4A3. | Kenbrite Corp. of Australia Pty Ltd,<br>1–3 Power St,<br>South Melbourne,<br>Victoria 3205. | 65, 88 |
| クヴァリアス社 | Agents: Dean's Childsplay Toys,<br>Pontypool,<br>Gwent.<br>(for Kouvalias,<br>3 Klisthenous St,<br>Athens, Greece.) | Reeves,<br>1107 Broadway,<br>New York,<br>N.Y. 10010. | Irwin,<br>43 Havana Ave,<br>Toronto. | Atgemis,<br>247 King St,<br>Newtown 2042. | 88 |
| レゴ社 | British Lego Ltd,<br>Wrexham,<br>N. Wales. | Lego Systems Inc.,<br>555 Taylor Rd,<br>Enfield,<br>Connecticut 06082. | Samsonite of Canada Ltd,<br>753 Ontario Street,<br>Stratford, Ont. | British Lego Ltd,<br>P.O. Box 281,<br>North Ryde 2113,<br>N.S.W. | 92, 189, 193–6, 289 |
| ジョージ・ラック社 | All inquiries:<br>George Luck,<br>12 Gastons Lane,<br>Martock,<br>Somerset. | | | | 290 |

| | | | | | |
|---|---|---|---|---|---|
| マッチボックス社 | Lesney Products Co. Ltd, Lee Conservancy Road, London E9 5PA. | | | | 87, 117, 171, 188, 189, 190 |
| メッカーノ社 | Meccano Ltd, Binns Road, Liverpool L13 1DA. | AVA International Inc., P.O. Box 7611, Waco, Texas 76710. | Parker Brothers, P.O. Box 600, Concord, Ont. | Liberty Trading Pty Ltd, 38 Marshall St, Surry Hills, N.S.W. 2010. | 192-4, 289 |
| メリーソート社 | All inquiries: Merrythought Ltd, Dale End, Ironbridge, Telford, Shropshire. | | A. C. Lambe, 117 Donegan Ave, Pointe Claire, Quebec. | | 167, 317 |
| マザーケア社 | Mothercare, Cherry Tree Rd, Watford, Herts. | Mothercare Stores, 150 Lackawanna Ave, Parsipanny, New Jersey 07054. | As U.K. | As U.K. | 65, 72, 83, 84, 89, 247, 254 |
| オーチャード・トイズ社 | Orchard Toys Ltd, Main Street, Keyworth, Notts. | As U.K. | | A. R. Whitelaw & Co. Pty, 51A Russell St, Melbourne, Victoria 3000. | 113 |

| 製造会社名 | イギリス | アメリカ | カナダ | オーストララシア | 対応ページ |
|---|---|---|---|---|---|
| ペガサス社 | **All inquiries: Pegasus Toys Ltd, Springfield House, Second Ave, Crewe, Cheshire.** | | | | 353, 357 |
| ローヴェックス(ペディグリー)社 | Pedigree Dolls and Toys Ltd, Market Way, Canterbury. | Louis Marx & Co. Inc., 633 Hope St, Stamford, Conn. 06904. | Marx Toys, 98 Rutherford Rd, Brampton, Ont. | Lidrana Pty Ltd, 70 Clarendon St, Melbourne 3205. | 65, 72, 132 197-8, 249, 254 |
| ヴェラ・スモール社 | All inquiries: Vera Small, 6 Shepherd's Bush Road, London w6 | | | | 133 |
| トンカ社 | Tonka Ltd, Fishponds Rd, Wokingham, Berks. | Tonka Toys, Division Head-quarters, P.O. Box 1188, Spring Park, Minnesota 55386. | Tonka Corp. Canada Ltd, 7630 Airport Road, Mississauga, Ont. | Tonka Corp. Pty Ltd, P.O. Box 157, West Ryde, N.S.W. 2114. | 110 |
| トゥレンドン社（サーシャ） | Trendon Ltd, Stockport, Cheshire. | International Playthings Inc., 151 Forest St, Montclair, New Jersey 07042. | Pierre Belvedere Inc., 105 East St Paul East, Montreal. | Kangaroo Trading Pty Ltd, Box 7005, GPO Sydney 2001. | 125, 130 131 |

| | | | | | |
|---|---|---|---|---|---|
| トゥリディアス社<br>（ハニーチャーチ） | All inquiries:<br>Tridias,<br>8 Saville Row,<br>Bath BA1 2QP. | | | | 184, 187 |
| タッパウェア社 | Tupperware Co.,<br>Tupperware House,<br>43 Upper Grosvenor<br>St, London<br>W1V OBE. | Tupperware<br>Home Parties,<br>P.O. Box 2353,<br>Orlando,<br>Florida 328020. | Tupperware Canada,<br>Suite 201,<br>1111 Finch Ave West,<br>Downsview, Ontario<br>M3J 2E5. | Tupperware Australia,<br>Trak Centre,<br>445 Toorak Rd,<br>Toorak,<br>Victoria 3142. | 93 |
| ウィリス社<br>（とニコル） | Willis Toys Ltd,<br>Elsenham,<br>Bishop's Stortford,<br>Herts. | Ruth Glasser, Inc.,<br>1107 Broadway,<br>Suite 1410,<br>New York,<br>N.Y. 10010. | Steppe Enterprises Ltd,<br>243 Lilac St,<br>Winnipeg, Manitoba. | Judios Pty Ltd,<br>Box M15,<br>Sydney Mail<br>Exchange,<br>N.S.W. 2012. | 84, 290 |
| ウッドペッカー社 | All inquiries:<br>Woodpecker Toys Ltd.<br>Burvill St,<br>Lynton,<br>North Devon. | | | | 80, 85, 180<br>353 |